2021年版 企业所得税纳税申报必备工具书

企业所得税
纳税调整
实务与案例

主　编　翟继光

副主编　次旺贡布　达瓦仓决　陈　铃

编委会（排名不分先后）

丛维良　邹明宇　姜　倩　陈冬梅　黄乐声　樊　磊
张　莹　卓别峰　韩秀娴　袁　芸　陈吉峰　段婷婷
常　江　翟梦雨　王永凤　王文星　刘　平　李　哲
郭宇泰　刘改平　刘园媛　张　媛

立信会计出版社
LIXIN ACCOUNTING PUBLISHING HOUSE

图书在版编目（CIP）数据

企业所得税纳税调整实务与案例：2021年版 / 翟继光主编. — 上海：立信会计出版社，2021.1
ISBN 978-7-5429-6578-3

Ⅰ. ①企… Ⅱ. ①翟… Ⅲ. ①企业所得税—税收管理—案例—中国 Ⅳ. ① F812.424

中国版本图书馆 CIP 数据核字 (2020) 第 200968 号

策划编辑 蔡伟莉
责任编辑 毕芸芸

企业所得税纳税调整实务与案例（2021年版）

出版发行 立信会计出版社
地　　址 上海市中山西路 2230 号　　邮政编码 200235
电　　话 （021）64411389　　传　　真 （021）64411325
网　　址 www.lixinaph.com　　电子邮箱 lixinaph2019@126.com
网上书店 http://lixin.jd.com　　http://lxkjcbs.tmall.com
经　　销 各地新华书店

印　　刷 北京鑫海金澳胶印有限公司
开　　本 710 毫米 ×1000 毫米　1/16
印　　张 30
字　　数 674 千字
版　　次 2021 年 1 月第 1 版
印　　次 2021 年 1 月第 1 次
书　　号 ISBN 978-7-5429-6578-3 /F
定　　价 78.00 元

前言

企业所得税汇算清缴是广大企业纳税人每年必须完成的一项工作，其中最复杂、最烦琐的当属纳税调整申报表的填写。为帮助广大纳税人掌握纳税调整的税收政策及其实务操作方法，顺利完成每年一度的企业所得税纳税申报，西藏东旺润雨商务服务有限责任公司组织相关专家编写了《企业所得税纳税调整实务与案例》一书。

本书以 2007 年 3 月 16 日第十届全国人民代表大会第五次会议通过、2018 年 12 月 29 日第十三届全国人民代表大会常务委员会第七次会议第二次修正的《中华人民共和国企业所得税法》以及 2007 年 12 月 6 日国务院令第 512 号发布、2019 年 4 月 23 日国务院令第 714 号修正的《中华人民共和国企业所得税法实施条例》为基本依据，根据财政部和国家税务总局发布的相关文件，全面阐述了企业纳税调整的基本制度与实务操作方法。

本书分为六章，第一章介绍企业所得税基本制度，包括企业所得税的纳税人与税率、企业所得税应纳税额、企业所得税的税收优惠、企业所得税的特别纳税调整以及企业所得税的征收管理。第二章介绍收入类调整项目，包括视同销售收入、未按权责发生制原则确认的收入、投资收益、不征税收入以及销售折扣、折让和退回。第三章介绍扣除类调整项目，包括禁止税前扣除项目、工资薪金与相关保险费、职工福利费与劳动保护支出、职工教育经费与工会经费、业务招待费支出、广告费和业务宣传费支出、捐赠支出、借款费用与利息支出以及佣金和手续费支出。第四章介绍资产类调整项目，包括资产折旧、资产摊销、资产减值准备金以及资产损失。第五章介绍特殊事项调整项目，包括企业重组、递延纳税事项、政策性搬迁、特殊行业准备金、房地产开发企业特定业务计算的纳税调整额、合伙企业法人合伙人应分得的应纳税所得额以及发行永续债利息支出。第六章介绍特别纳税调整，包括关联申报、同期资料管理、转让定价方法、转让定价调查及调整、预约定价安排管理、成本分摊协议管理、受控外国企业管理、资本弱化管理、一般反避税管理、相应调整及国际磋商、税务机关内部工作制度以及纳税调整项目明细表的填写。

本书具有以下特点：第一，政策全面。本书内容涵盖了截至 2020 年 12 月 30 日的所有涉及企业所得税纳税调整的法律法规与规范性文件，可谓“一本书在手，纳税调整不用愁”。第二，实操案例丰富。本书列举了企业纳税申报实践中发生的 85 个实操案例，帮助广大纳税人直观了解和认识纳税调整的过程。第三，查找方便。为了方便广大纳税人查找法律法规和规范性文件的原文，本书在介绍相关制度时均明确列出了所依据的文件名称和文号，便于纳税人拓展学习以及后续政策变化的调整。

本书由中国政法大学翟继光教授担任主编，由西藏东旺润雨商务服务有限责任公司次旺贡布、达瓦仓决、中国政法大学陈铃教授担任副主编。编委包括国家税务总局哈尔滨市税务局第一稽查局丛维良、国家税务总局肇东市税务局邹明宇、北京华捷艾米科技有限公司高级法务经理 & 执业律师姜倩、京东数字科技控股有限公司高级经理 & 注册会计师陈冬梅、广东启盟律师事务所合伙人黄乐声、北京集创北方科技股份有限公司樊磊、北京市汉卓律师事务所执业律师张莹、北京东然律师事务所律师卓别峰、广东容林律师事务所主任韩秀娴、江苏恒闻律师事务所主任袁芸、山东东方太阳律师事务所律师陈吉峰、新疆国法律师事务所律师段婷婷、襄阳好助手财务咨询公司董事长常江、弘阳集团有限公司集团战略投资部翟梦雨、北京明税律师事务所王永凤、太原时空在线信息技术有限公司王文星、安徽卓越管理工作室 / 安徽文化艺术品交易中心股份有限公司 CEO 刘平、中国建设银行股份有限公司九江市分行李哲、贵州济元律师事务所郭宇泰、江苏恒闻律师事务所律师刘园媛。

本书适宜作为广大企事业单位学习和掌握新企业所得税法以及进行企业所得税汇算清缴申报的辅导书，也适宜作为税务机关对税务人员及企业财务人员进行培训的参考书，同时，本书也适宜作为高校税法及税收实务类课程的教科书。

翟继光

2020 年 12 月

目录

第一章
企业所得税基本制度

【导读】

本章介绍企业所得税基本制度，包括五节内容，分别介绍企业所得税的纳税人与税率、企业所得税应纳税额、企业所得税的税收优惠、企业所得税的特别纳税调整以及企业所得税的征收管理。

第一节
企业所得税的纳税人与税率

一、企业所得税的纳税人及其分类

（一）企业所得税的纳税人

根据《中华人民共和国企业所得税法》（2007 年 3 月 16 日第十届全国人民代表大会第五次会议通过，根据 2017 年 2 月 24 日第十二届全国人民代表大会常务委员会第二十六次会议《关于修改〈中华人民共和国企业所得税法〉的决定》第一次修正，根据 2018 年 12 月 29 日第十三届全国人民代表大会常务委员会第七次会议《关于修改〈中华人民共和国电力法〉等四部法律的决定》第二次修正，以下简称《企业所得税法》）的规定，在中华人民共和国境内，企业和其他取得收入的组织（以下统称企业）为企业所得税的纳税人，依照《企业所得税法》的规定缴纳企业所得税。

个人独资企业、合伙企业不适用《企业所得税法》。

根据《中华人民共和国企业所得税法实施条例》（2007 年 12 月 6 日国务院令第 512 号发布，根据 2019 年 4 月 23 日国务院令第 714 号《国务院关于修改部分行政法规的决定》修正，以下简称《企业所得税法实施条例》）的规定，上述个人独资企业、合伙企业，是指依照中国法律、行政法规成立的个人独资企业、合伙企业。

（二）居民企业和非居民企业

企业分为居民企业和非居民企业。

居民企业，是指依法在中国境内成立，或者依照外国（地区）法律成立但实际管理机构在中国境内的企业。依法在中国境内成立的企业，包括依照中国法律、行政法规在中国境内成立的企业、事业单位、社会团体以及其他取得收入的组织。依照外国（地区）法律成立的企业，包括依照外国（地区）法律成立的企业和其他取得收入的组织。实际管理机构，是指对企业的生产经营、人员、账务、财产等实施实质性全面管理和控制的机构。

非居民企业，是指依照外国（地区）法律成立且实际管理机构不在中国境内，但在中国境内设立机构、场所的，或者在中国境内未设立机构、场所，但有来源于中国境内所得的企业。机构、场所，是指在中国境内从事生产经营活动的机构、场所，包括：

（1）管理机构、营业机构、办事机构；

（2）工厂、农场、开采自然资源的场所；

（3）提供劳务的场所；

（4）从事建筑、安装、装配、修理、勘探等工程作业的场所；

（5）其他从事生产经营活动的机构、场所。

非居民企业委托营业代理人在中国境内从事生产经营活动的，包括委托单位或者个人经常代其签订合同，或者储存、交付货物等，该营业代理人视为非居民企业在中国境内设立的机构、场所。

二、居民企业和非居民企业的纳税义务

（一）居民企业的纳税义务

居民企业应当就其来源于中国境内、境外的所得缴纳企业所得税。

所得，包括销售货物所得、提供劳务所得、转让财产所得、股息红利等权益性投资所得、利息所得、租金所得、特许权使用费所得、接受捐赠所得和其他所得。

来源于中国境内、境外的所得，按照以下原则确定：

（1）销售货物所得，按照交易活动发生地确定；

（2）提供劳务所得，按照劳务发生地确定；

（3）转让财产所得，不动产转让所得按照不动产所在地确定，动产转让所得按照转让动产的企业或者机构、场所所在地确定，权益性投资资产转让所得按照被投资企业所在地确定；

（4）股息、红利等权益性投资所得，按照分配所得的企业所在地确定；

（5）利息所得、租金所得、特许权使用费所得，按照负担、支付所得的企业或者机构、场所所在地确定，或者按照负担、支付所得的个人的住所地确定；

（6）其他所得，由国务院财政、税务主管部门确定。

（二）非居民企业的纳税义务

非居民企业在中国境内设立机构、场所的，应当就其所设机构、场所取得的来源于中国境内的所得，以及发生在中国境外但与其所设机构、场所有实际联系的所得，缴纳企业所得税。

非居民企业在中国境内未设立机构、场所的，或者虽设立机构、场所但取得的所得与其所设机构、场所没有实际联系的，应当就其来源于中国境内的所得缴纳企业所得税。

实际联系，是指非居民企业在中国境内设立的机构、场所拥有据以取得所得的股权、债权，以及拥有、管理、控制据以取得所得的财产等。

三、企业所得税的税率

企业所得税的税率为25%。

非居民企业在中国境内未设立机构、场所，或者虽设立机构、场所但取得的所得与其所设机构、场所没有实际联系，其来源于中国境内的所得，适用税率为20%。

第二节
企业所得税应纳税额

一、应纳税所得额的计算与收入总额

（一）应纳税所得额的计算

企业每一纳税年度的收入总额，减除不征税收入、免税收入、各项扣除以及允许弥补的以前年度亏损后的余额，为应纳税所得额。

亏损，是指企业依照《企业所得税法》和《企业所得税法实施条例》的规定将每一纳税年度的收入总额减除不征税收入、免税收入和各项扣除后小于零的数额。

企业应纳税所得额的计算，以权责发生制为原则，属于当期的收入和费用，不论款项是否收付，均作为当期的收入和费用；不属于当期的收入和费用，即使款项已经在当期收付，均不作为当期的收入和费用。《企业所得税法实施条例》和国务院财政、税务主管部门另有规定的除外。

（二）收入总额的定义与形式

企业以货币形式和非货币形式从各种来源取得的收入，为收入总额。

企业取得收入的货币形式，包括现金、存款、应收账款、应收票据、准备持有至到期的债券投资以及债务的豁免等。

企业取得收入的非货币形式，包括固定资产、生物资产、无形资产、股权投资、存货、不准备持有至到期的债券投资、劳务以及有关权益等。

企业以非货币形式取得的收入，应当按照公允价值确定收入额。公允价值，是指按照市场价格确定的价值。

（三）收入总额的种类

收入总额的种类包括：

（1）销售货物收入。销售货物收入是指企业销售商品、产品、原材料、包装物、低值易耗品以及其他存货取得的收入。

（2）提供劳务收入。提供劳务收入是指企业从事建筑安装、修理修配、交通运输、仓储租赁、金融保险、邮电通信、咨询经纪、文化体育、科学研究、技术服务、教育培训、餐饮住宿、中介代理、卫生保健、社区服务、旅游、娱乐、加工以及其他劳务服务活动取得的收入。

（3）转让财产收入。转让财产收入是指企业转让固定资产、生物资产、无形资产、股权、债权等财产取得的收入。

（4）股息、红利等权益性投资收益。股息、红利等权益性投资收益是指企业因权益性投资从被投资方取得的收入。股息、红利等权益性投资收益，除国务院财政、税务主管部门另有规定外，按照被投资方作出利润分配决定的日期确认收入的实现。

（5）利息收入。利息收入是指企业将资金提供他人使用但不构成权益性投资，或者因他人占用本企业资金取得的收入，包括存款利息、贷款利息、债券利息、欠款利息等收入。利息收入，按照合同约定的债务人应付利息的日期确认收入的实现。

（6）租金收入。租金收入是指企业提供固定资产、包装物或者其他有形资产的使用权取得的收入。租金收入，按照合同约定的承租人应付租金的日期确认收入的实现。

（7）特许权使用费收入。特许权使用费收入是指企业提供专利权、非专利技术、商标权、著作权以及其他特许权的使用权取得的收入。特许权使用费收入，按照合同约定的特许权使用人应付特许权使用费的日期确认收入的实现。

（8）接受捐赠收入。接受捐赠收入是指企业接受的来自其他企业、组织或者个人无偿给予的货币性资产、非货币性资产。接受捐赠收入，按照实际收到捐赠资产的日期确认收入的实现。

（9）其他收入。其他收入是指企业取得的除上述收入外的其他收入，包括企业资产溢余收入、逾期未退包装物押金收入、确实无法偿付的应付款项、已作坏账损失处理后又收回的应收款项、债务重组收入、补贴收入、违约金收入、汇兑收益等。

（四）收入确认的特殊规定

企业的下列生产经营业务可以分期确认收入的实现：

（1）以分期收款方式销售货物的，按照合同约定的收款日期确认收入的实现；

（2）企业受托加工制造大型机械设备、船舶、飞机，以及从事建筑、安装、装配工程业务或者提供其他劳务等，持续时间超过12个月的，按照纳税年度内完工进度或者完成的工作量确认收入的实现。

采取产品分成方式取得收入的，按照企业分得产品的日期确认收入的实现，其收入额按照产品的公允价值确定。

企业发生非货币性资产交换，以及将货物、财产、劳务用于捐赠、偿债、赞助、集资、广告、样品、职工福利或者利润分配等用途的，应当视同销售货物、转让财产或者提供劳务，但国务院财政、税务主管部门另有规定的除外。

（五）不征税收入

收入总额中的下列收入为不征税收入：

（1）财政拨款。财政拨款是指各级人民政府对纳入预算管理的事业单位、社会团体等组织拨付的财政资金，但国务院和国务院财政、税务主管部门另有规定的除外。

（2）依法收取并纳入财政管理的行政事业性收费。依法收取并纳入财政管理的行政事业性收费是指依照法律法规等有关规定，按照国务院规定程序批准，在实施社会公共管理，以及在向公民、法人或者其他组织提供特定公共服务过程中，向特定对象收取并纳入财政管理的费用。

（3）依法收取并纳入财政管理的政府性基金。依法收取并纳入财政管理的政府性基金是指企业依照法律、行政法规等有关规定，代政府收取的具有专项用途的财政资金。

（4）国务院规定的其他不征税收入。国务院规定的其他不征税收入是指企业取得的，由国务院财政、税务主管部门规定专项用途并经国务院批准的财政性资金。

二、税前扣除

（一）一般规定

企业实际发生的与取得收入有关的、合理的支出，包括成本、费用、税金、损失和其他支出，准予在计算应纳税所得额时扣除。

有关的支出，是指与取得收入直接相关的支出。

合理的支出，是指符合生产经营活动常规，应当计入当期损益或者有关资产成本的必要和正常的支出。

成本，是指企业在生产经营活动中发生的销售成本、销货成本、业务支出以及其他耗费。

费用，是指企业在生产经营活动中发生的销售费用、管理费用和财务费用，已经计入成本的有关费用除外。

税金，是指企业发生的除企业所得税和允许抵扣的增值税以外的各项税金及其附加。

损失，是指企业在生产经营活动中发生的固定资产和存货的盘亏、毁损、报废损失，转让财产损失，呆账损失，坏账损失，自然灾害等不可抗力因素造成的损失以及其他损失。企业发生的损失，减除责任人赔偿和保险赔款后的余额，依照国务院财政、税务主管部门的规定扣除。企业已经作为损失处理的资产，在以后纳税年度又全部收回或者部分收回时，应当计入当期收入。

其他支出，是指除成本、费用、税金、损失外，企业在生产经营活动中发生的与生产经营活动有关的、合理的支出。

企业发生的支出应当区分收益性支出和资本性支出。收益性支出在发生当期直接扣除；资本性支出应当分期扣除或者计入有关资产成本，不得在发生当期直接扣除。

企业的不征税收入用于支出所形成的费用或者财产，不得扣除或者计算对应的折旧、摊销扣除。

除《企业所得税法》和《企业所得税法实施条例》另有规定外，企业实际发生的成本、费用、税金、损失和其他支出，不得重复扣除。

（二）工资薪金类支出

企业发生的合理的工资薪金支出，准予扣除。工资薪金，是指企业每一纳税年度支付给在本企业任职或者受雇的员工的所有现金形式或者非现金形式的劳动报酬，包括基本工资、奖金、津贴、补贴、年终加薪、加班工资，以及与员工任职或者受雇有关的其他支出。

企业依照国务院有关主管部门或者省级人民政府规定的范围和标准为职工缴纳的基本养老保险费、基本医疗保险费、失业保险费、工伤保险费、生育保险费等基本社会保险费和住房公积金，准予扣除。企业为投资者或者职工支付的补充养老保险费、补充医疗保险费，在国务院财政、税务主管部门规定的范围和标准内，准予扣除。

除企业依照国家有关规定为特殊工种职工支付的人身安全保险费和国务院财政、税务主管部门规定可以扣除的其他商业保险费外，企业为投资者或者职工支付的商业保险费，不得扣除。

（三）借款费用与利息支出

企业在生产经营活动中发生的合理的不需要资本化的借款费用，准予扣除。

企业为购置、建造固定资产、无形资产和经过 12 个月以上的建造才能达到预定可销售状态的存货发生借款的，在有关资产购置、建造期间发生的合理的借款费用，应当作为资本性支出计入有关资产的成本，并依照《企业所得税法实施条例》的规定扣除。

企业在生产经营活动中发生的下列利息支出，准予扣除：

（1）非金融企业向金融企业借款的利息支出、金融企业的各项存款利息支出和同业拆借利息支出、企业经批准发行债券的利息支出；

（2）非金融企业向非金融企业借款的利息支出，不超过按照金融企业同期同类贷款利率计算的数额的部分。

企业在货币交易中，以及纳税年度终了时将人民币以外的货币性资产、负债按照期末即期人民币汇率中间价折算为人民币时产生的汇兑损失，除已经计入有关资产成本以及与向所有者进行利润分配相关的部分外，准予扣除。

（四）职工福利费、教育经费与工会经费支出

企业发生的职工福利费支出，不超过工资薪金总额 14% 的部分，准予扣除。

企业拨缴的工会经费，不超过工资薪金总额 2% 的部分，准予扣除。

除国务院财政、税务主管部门另有规定外，企业发生的职工教育经费支出，不超过工资薪金总额 2.5% 的部分，准予扣除；超过部分，准予在以后纳税年度结转扣除。

企业发生的合理的劳动保护支出，准予扣除。

（五）业务招待费与广告费支出

企业发生的与生产经营活动有关的业务招待费支出，按照发生额的 60% 扣除，但最高不得超过当年销售（营业）收入的 5‰。

企业发生的符合条件的广告费和业务宣传费支出，除国务院财政、税务主管部门另有规定外，不超过当年销售（营业）收入 15% 的部分，准予扣除；超过部分，准予在以后纳税年度结转扣除。

（六）专项资金与保险费支出

企业依照法律、行政法规有关规定提取的用于环境保护、生态恢复等方

面的专项资金，准予扣除。上述专项资金提取后改变用途的，不得扣除。

企业参加财产保险，按照规定缴纳的保险费，准予扣除。

（七）租赁费与跨境支出

企业根据生产经营活动的需要租入固定资产支付的租赁费，按照以下方法扣除：

（1）以经营租赁方式租入固定资产发生的租赁费支出，按照租赁期限均匀扣除；

（2）以融资租赁方式租入固定资产发生的租赁费支出，按照规定构成融资租入固定资产价值的部分应当提取折旧费用，分期扣除。

非居民企业在中国境内设立的机构、场所，就其中国境外总机构发生的与该机构、场所生产经营有关的费用，能够提供总机构出具的费用汇集范围、定额、分配依据和方法等证明文件，并合理分摊的，准予扣除。

（八）公益性捐赠支出

企业发生的公益性捐赠支出，在年度利润总额 12% 以内的部分，准予在计算应纳税所得额时扣除；超过年度利润总额 12% 的部分，准予结转以后三年内在计算应纳税所得额时扣除。

公益性捐赠，是指企业通过公益性社会组织或者县级以上人民政府及其部门，用于符合法律规定的慈善活动、公益事业的捐赠。

公益性社会组织，是指同时符合下列条件的慈善组织以及其他社会组织：

（1）依法登记，具有法人资格；

（2）以发展公益事业为宗旨，且不以营利为目的；

（3）全部资产及其增值为该法人所有；

（4）收益和营运结余主要用于符合该法人设立目的的事业；

（5）终止后的剩余财产不归属任何个人或者营利组织；

（6）不经营与其设立目的无关的业务；

（7）有健全的财务会计制度；

（8）捐赠者不以任何形式参与该法人财产的分配；

（9）国务院财政、税务主管部门会同国务院民政部门等登记管理部门规定的其他条件。

企业当年发生以及以前年度结转的公益性捐赠支出，不超过年度利润总额 12% 的部分，准予扣除。年度利润总额，是指企业依照国家统一会计制度的规定计算的年度会计利润。

三、不得扣除项目

在计算应纳税所得额时，下列支出不得扣除：

（1）向投资者支付的股息、红利等权益性投资收益款项；

（2）企业所得税税款；

（3）税收滞纳金；

（4）罚金、罚款和被没收财物的损失；

（5）符合条件的公益性捐赠支出以外的捐赠支出；

（6）赞助支出（是指企业发生的与生产经营活动无关的各种非广告性质支出）；

（7）未经核定的准备金支出（是指不符合国务院财政、税务主管部门规定的各项资产减值准备、风险准备等准备金支出）；

（8）与取得收入无关的其他支出。

企业之间支付的管理费、企业内营业机构之间支付的租金和特许权使用费，以及非银行企业内营业机构之间支付的利息，不得扣除。

四、资产的税务处理

（一）一般规定

企业的各项资产，包括固定资产、生物资产、无形资产、长期待摊费用、投资资产、存货等，以历史成本为计税基础。

历史成本，是指企业取得该项资产时实际发生的支出。

企业持有各项资产期间资产增值或者减值，除国务院财政、税务主管部门规定可以确认损益外，不得调整该资产的计税基础。

（二）固定资产

固定资产，是指企业为生产产品、提供劳务、出租或者经营管理而持有的、使用时间超过 12 个月的非货币性资产，包括房屋、建筑物、机器、机械、运输工具以及其他与生产经营活动有关的设备、器具、工具等。在计算应纳税所得额时，企业按照规定计算的固定资产折旧，准予扣除。

固定资产按照以下方法确定计税基础：

（1）外购的固定资产，以购买价款和支付的相关税费以及直接归属于使该资产达到预定用途发生的其他支出为计税基础；

（2）自行建造的固定资产，以竣工结算前发生的支出为计税基础；

（3）融资租入的固定资产，以租赁合同约定的付款总额和承租人在签订租赁合同过程中发生的相关费用为计税基础，租赁合同未约定付款总额的，以该资产的公允价值和承租人在签订租赁合同过程中发生的相关费用为计税基础；

（4）盘盈的固定资产，以同类固定资产的重置完全价值为计税基础；

（5）通过捐赠、投资、非货币性资产交换、债务重组等方式取得的固定资产，以该资产的公允价值和支付的相关税费为计税基础；

（6）改建的固定资产，除已足额提取折旧的固定资产的改建支出以及租入固定资产的改建支出外，以改建过程中发生的改建支出增加计税基础。

固定资产按照直线法计算的折旧，准予扣除。企业应当自固定资产投入使用月份的次月起计算折旧；停止使用的固定资产，应当自停止使用月份的次月起停止计算折旧。企业应当根据固定资产的性质和使用情况，合理确定固定资产的预计净残值。固定资产的预计净残值一经确定，不得变更。

除国务院财政、税务主管部门另有规定外，固定资产计算折旧的最低年限如下：

（1）房屋、建筑物，为20年；

（2）飞机、火车、轮船、机器、机械和其他生产设备，为10年；

（3）与生产经营活动有关的器具、工具、家具等，为5年；

（4）飞机、火车、轮船以外的运输工具，为4年；

（5）电子设备，为3年。

下列固定资产不得计算折旧扣除：

（1）房屋、建筑物以外未投入使用的固定资产；

（2）以经营租赁方式租入的固定资产；

（3）以融资租赁方式租出的固定资产；

（4）已足额提取折旧仍继续使用的固定资产；

（5）与经营活动无关的固定资产；

（6）单独估价作为固定资产入账的土地；

（7）其他不得计算折旧扣除的固定资产。

从事开采石油、天然气等矿产资源的企业，在开始商业性生产前发生的费用和有关固定资产的折耗、折旧方法，由国务院财政、税务主管部门另行规定。

（三）生产性生物资产

生产性生物资产，是指企业为生产农产品、提供劳务或者出租等而持有的生物资产，包括经济林、薪炭林、产畜和役畜等。

生产性生物资产按照以下方法确定计税基础：

（1）外购的生产性生物资产，以购买价款和支付的相关税费为计税基础；

（2）通过捐赠、投资、非货币性资产交换、债务重组等方式取得的生产性生物资产，以该资产的公允价值和支付的相关税费为计税基础。

生产性生物资产按照直线法计算的折旧，准予扣除。企业应当自生产性生物资产投入使用月份的次月起计算折旧；停止使用的生产性生物资产，应当自停止使用月份的次月起停止计算折旧。企业应当根据生产性生物资产的性质和使用情况，合理确定生产性生物资产的预计净残值。生产性生物资产的预计净残值一经确定，不得变更。

生产性生物资产计算折旧的最低年限如下：

（1）林木类生产性生物资产，为 10 年；

（2）畜类生产性生物资产，为 3 年。

（四）无形资产

无形资产，是指企业为生产产品、提供劳务、出租或者经营管理而持有的、没有实物形态的非货币性长期资产，包括专利权、商标权、著作权、土地使用权、非专利技术、商誉等。

无形资产按照以下方法确定计税基础：

（1）外购的无形资产，以购买价款和支付的相关税费以及直接归属于使该资产达到预定用途发生的其他支出为计税基础；

（2）自行开发的无形资产，以开发过程中该资产符合资本化条件后至达到预定用途前发生的支出为计税基础；

（3）通过捐赠、投资、非货币性资产交换、债务重组等方式取得的无形资产，以该资产的公允价值和支付的相关税费为计税基础。

在计算应纳税所得额时，企业按照规定计算的无形资产摊销费用，准予扣除。

无形资产按照直线法计算的摊销费用，准予扣除。无形资产的摊销年限不得低于 10 年。作为投资或者受让的无形资产，有关法律规定或者合同约定了使用年限的，可以按照规定或者约定的使用年限分期摊销。外购商誉的支出，在企业整体转让或者清算时，准予扣除。

下列无形资产不得计算摊销费用扣除：

（1）自行开发的支出已在计算应纳税所得额时扣除的无形资产；

（2）自创商誉；

（3）与经营活动无关的无形资产；

（4）其他不得计算摊销费用扣除的无形资产。

（五）长期待摊费用

在计算应纳税所得额时，企业发生的下列支出作为长期待摊费用，按照规定摊销的，准予扣除：

（1）已足额提取折旧的固定资产的改建支出（是指改变房屋或者建筑物结构、延长使用年限等发生的支出）。该项支出，按照固定资产预计尚可使用年限分期摊销。

（2）租入固定资产的改建支出。该项支出，按照合同约定的剩余租赁期限分期摊销。

（3）固定资产的大修理支出。

（4）其他应当作为长期待摊费用的支出。

改建的固定资产延长使用年限的，除上述第（1）项和第（2）项规定外，应当适当延长折旧年限。

固定资产的大修理支出，是指同时符合下列条件的支出：

（1）修理支出达到取得固定资产时的计税基础 50% 以上；

（2）修理后固定资产的使用年限延长 2 年以上。

固定资产的大修理支出，按照固定资产尚可使用年限分期摊销。

其他应当作为长期待摊费用的支出，自支出发生月份的次月起，分期摊销，摊销年限不得低于 3 年。

（六）存货

存货，是指企业持有以备出售的产品或者商品、处在生产过程中的在产品、在生产或者提供劳务过程中耗用的材料和物料等。企业使用或者销售存货，按照规定计算的存货成本，准予在计算应纳税所得额时扣除。

存货按照以下方法确定成本：

（1）通过支付现金方式取得的存货，以购买价款和支付的相关税费为成本；

（2）通过支付现金以外的方式取得的存货，以该存货的公允价值和支付的相关税费为成本；

（3）生产性生物资产收获的农产品，以产出或者采收过程中发生的材料费、人工费和分摊的间接费用等必要支出为成本。

企业使用或者销售的存货的成本计算方法，可以在先进先出法、加权平均法、个别计价法中选用一种。计价方法一经选用，不得随意变更。

（七）其他规定

企业对外投资期间，投资资产的成本在计算应纳税所得额时不得扣除。

投资资产，是指企业对外进行权益性投资和债权性投资形成的资产。企业在转让或者处置投资资产时，投资资产的成本，准予扣除。

投资资产按照以下方法确定成本：

（1）通过支付现金方式取得的投资资产，以购买价款为成本；

（2）通过支付现金以外的方式取得的投资资产，以该资产的公允价值和支付的相关税费为成本。

企业转让资产，该项资产的净值，准予在计算应纳税所得额时扣除。资产的净值，是指有关资产、财产的计税基础减除已经按照规定扣除的折旧、折耗、摊销、准备金等后的余额。

除国务院财政、税务主管部门另有规定外，企业在重组过程中，应当在交易发生时确认有关资产的转让所得或者损失，相关资产应当按照交易价格重新确定计税基础。

五、亏损抵减与弥补

企业在汇总计算缴纳企业所得税时，其境外营业机构的亏损不得抵减境内营业机构的盈利。

企业纳税年度发生的亏损，准予向以后年度结转，用以后年度的所得弥补，但结转年限最长不得超过 5 年。

六、非居民企业应纳税所得额的计算

非居民企业在中国境内未设立机构、场所，或者虽设立机构、场所但取得的所得与其所设机构、场所没有实际联系，其来源于中国境内的所得，按照下列方法计算其应纳税所得额：

（1）股息、红利等权益性投资收益和利息、租金、特许权使用费所得，以收入全额为应纳税所得额。

收入全额，是指非居民企业向支付人收取的全部价款和价外费用。

（2）转让财产所得，以收入全额减除财产净值后的余额为应纳税所得额。

财产净值，是指有关资产、财产的计税基础减除已经按照规定扣除的折旧、折耗、摊销、准备金等后的余额。

（3）其他所得，参照前两项规定的方法计算应纳税所得额。

七、应纳税额的计算

（一）计算公式

企业的应纳税所得额乘以适用税率，减除依照《企业所得税法》关于税收优惠的规定减免和抵免的税额后的余额，为应纳税额。

应纳税额的计算公式为：

应纳税额＝应纳税所得额 × 适用税率－减免税额－抵免税额

公式中的减免税额和抵免税额，是指依照《企业所得税法》和国务院的税收优惠规定减征、免征和抵免的应纳税额。

（二）境外所得直接抵免

企业取得的下列所得已在境外缴纳的所得税税额，可以从其当期应纳税额中抵免，抵免限额为该项所得依照《企业所得税法》规定计算的应纳税额；超过抵免限额的部分，可以在以后 5 个年度内，用每年度抵免限额抵免当年应抵税额后的余额进行抵补：

（1）居民企业来源于中国境外的应税所得；

（2）非居民企业在中国境内设立机构、场所，取得发生在中国境外但与该机构、场所有实际联系的应税所得。

已在境外缴纳的所得税税额，是指企业来源于中国境外的所得依照中国境外税收法律以及相关规定应当缴纳并已经实际缴纳的企业所得税性质的税款。

抵免限额，是指企业来源于中国境外的所得，依照《企业所得税法》和《企业所得税法实施条例》的规定计算的应纳税额。除国务院财政、税务主管部门另有规定外，该抵免限额应当分国（地区）不分项计算，计算公式如下：

抵免限额＝中国境内、境外所得依照《企业所得税法》和《企业所得税法实施条例》的规定计算的应纳税总额 × 来源于某国（地区）的应纳税所得额 ÷ 中国境内、境外应纳税所得总额

5 个年度，是指从企业取得的来源于中国境外的所得，已经在中国境外缴纳的企业所得税性质的税额超过抵免限额的当年的次年起连续 5 个纳税年度。

（三）境外所得间接抵免

居民企业从其直接或者间接控制的外国企业分得的来源于中国境外的股息、红利等权益性投资收益，外国企业在境外实际缴纳的所得税税额中属于该项所得负担的部分，可以作为该居民企业的可抵免境外所得税税额，在《企业所得税法》第二十三条规定的抵免限额内抵免。

直接控制，是指居民企业直接持有外国企业 20% 以上股份。间接控制，是指居民企业以间接持股方式持有外国企业 20% 以上股份，具体认定办法由国务院财政、税务主管部门另行制定。

企业依照规定抵免企业所得税税额时，应当提供中国境外税务机关出具

的税款所属年度的有关纳税凭证。

第三节 企业所得税的税收优惠

一、免税收入

（一）免税收入的种类

企业的下列收入为免税收入：

（1）国债利息收入。是指企业持有国务院财政部门发行的国债取得的利息收入。

（2）符合条件的居民企业之间的股息、红利等权益性投资收益。是指居民企业直接投资于其他居民企业取得的投资收益，不包括连续持有居民企业公开发行并上市流通的股票不足12个月取得的投资收益。

（3）在中国境内设立机构、场所的非居民企业从居民企业取得与该机构、场所有实际联系的股息、红利等权益性投资收益，不包括连续持有居民企业公开发行并上市流通的股票不足12个月取得的投资收益。

（4）符合条件的非营利组织的收入。

（二）符合条件的非营利组织的收入

符合条件的非营利组织，是指同时符合下列条件的组织：

（1）依法履行非营利组织登记手续；

（2）从事公益性或者非营利性活动；

（3）取得的收入除用于与该组织有关的、合理的支出外，全部用于登记核定或者章程规定的公益性或者非营利性事业；

（4）财产及其孳息不用于分配；

（5）按照登记核定或者章程规定，该组织注销后的剩余财产用于公益性或者非营利性目的，或者由登记管理机关转赠给与该组织性质、宗旨相同的组织，并向社会公告；

（6）投入人对投入该组织的财产不保留或者享有任何财产权利；

（7）工作人员工资福利开支控制在规定的比例内，不变相分配该组织的财产。

符合条件的非营利组织的收入，不包括非营利组织从事营利性活动取得的收入，但国务院财政、税务主管部门另有规定的除外。

二、免征、减征企业所得税

（一）一般规定

企业的下列所得，可以免征、减征企业所得税：

（1）从事农、林、牧、渔业项目的所得；

（2）从事国家重点扶持的公共基础设施项目投资经营的所得；

（3）从事符合条件的环境保护、节能节水项目的所得；

（4）符合条件的技术转让所得；

（5）非居民企业在中国境内未设立机构、场所，或者虽设立机构、场所但取得的所得与其所设机构、场所没有实际联系，其来源于中国境内的所得。

（二）农、林、牧、渔业项目

企业从事农、林、牧、渔业项目的所得，可以免征、减征企业所得税，是指企业从事下列项目的所得，免征企业所得税：

（1）蔬菜、谷物、薯类、油料、豆类、棉花、麻类、糖料、水果、坚果的种植；

（2）农作物新品种的选育；

（3）中药材的种植；

（4）林木的培育和种植；

（5）牲畜、家禽的饲养；

（6）林产品的采集；

（7）灌溉、农产品初加工、兽医、农技推广、农机作业和维修等农、林、牧、渔服务业项目；

（8）远洋捕捞。

企业从事下列项目的所得，减半征收企业所得税：

（1）花卉、茶以及其他饮料作物和香料作物的种植；

（2）海水养殖、内陆养殖。

企业从事国家限制和禁止发展的项目，不得享受上述企业所得税优惠。

（三）国家重点扶持的公共基础设施项目

国家重点扶持的公共基础设施项目，是指《公共基础设施项目企业所得税优惠目录》规定的港口码头、机场、铁路、公路、城市公共交通、电力、水利等项目。

企业从事上述国家重点扶持的公共基础设施项目的投资经营的所得，自项目取得第一笔生产经营收入所属纳税年度起，第1年至第3年免征企业所得税，第4年至第6年减半征收企业所得税。

企业承包经营、承包建设和内部自建自用上述项目，不得享受上述企业所得税优惠。

依照上述规定享受减免税优惠的项目，在减免税期限内转让的，受让方自受让之日起，可以在剩余期限内享受规定的减免税优惠；减免税期限届满后转让的，受让方不得就该项目重复享受减免税优惠。

（四）环境保护、节能节水项目

符合条件的环境保护、节能节水项目，包括公共污水处理、公共垃圾处理、沼气综合开发利用、节能减排技术改造、海水淡化等。项目的具体条件和范围由国务院财政、税务主管部门商国务院有关部门制订，报国务院批准后公布施行。

企业从事上述符合条件的环境保护、节能节水项目的所得，自项目取得第一笔生产经营收入所属纳税年度起，第1年至第3年免征企业所得税，第4年至第6年减半征收企业所得税。

依照上述规定享受减免税优惠的项目，在减免税期限内转让的，受让方自受让之日起，可以在剩余期限内享受规定的减免税优惠；减免税期限届满后转让的，受让方不得就该项目重复享受减免税优惠。

（五）技术转让所得

符合条件的技术转让所得免征、减征企业所得税，是指一个纳税年度内，居民企业技术转让所得不超过500万元的部分，免征企业所得税；超过500万元的部分，减半征收企业所得税。

（六）其他所得

非居民企业在中国境内未设立机构、场所，或者虽设立机构、场所但取得的所得与其所设机构、场所没有实际联系，其来源于中国境内的所得，减按10%的税率征收企业所得税。

下列所得可以免征企业所得税：

（1）外国政府向中国政府提供贷款取得的利息所得；

（2）国际金融组织向中国政府和居民企业提供优惠贷款取得的利息所得；

（3）经国务院批准的其他所得。

三、低税率优惠

（一）小型微利企业

符合条件的小型微利企业，减按20%的税率征收企业所得税。

符合条件的小型微利企业，是指从事国家非限制和禁止行业，并符合下列条件的企业：

（1）工业企业，年度应纳税所得额不超过30万元，从业人数不超过100人，资产总额不超过3 000万元；

（2）其他企业，年度应纳税所得额不超过30万元，从业人数不超过80人，资产总额不超过1 000万元。

（二）高新技术企业

国家需要重点扶持的高新技术企业，减按15%的税率征收企业所得税。

国家需要重点扶持的高新技术企业，是指拥有核心自主知识产权，并同时符合下列条件的企业：

（1）产品（服务）属于《国家重点支持的高新技术领域》规定的范围；

（2）研究开发费用占销售收入的比例不低于规定比例；

（3）高新技术产品（服务）收入占企业总收入的比例不低于规定比例；

（4）科技人员占企业职工总数的比例不低于规定比例；

（5）高新技术企业认定管理办法规定的其他条件。

《国家重点支持的高新技术领域》和高新技术企业认定管理办法由国务院科技、财政、税务主管部门商国务院有关部门制订，报国务院批准后公布施行。

四、民族自治地方减免税

民族自治地方的自治机关对本民族自治地方的企业应缴纳的企业所得税中属于地方分享的部分，可以决定减征或者免征。自治州、自治县决定减征或者免征的，须报省、自治区、直辖市人民政府批准。

民族自治地方，是指依照《中华人民共和国民族区域自治法》的规定，实行民族区域自治的自治区、自治州、自治县。

对民族自治地方内国家限制和禁止行业的企业，不得减征或者免征企业所得税。

五、加计扣除

企业的下列支出，可以在计算应纳税所得额时加计扣除：

（1）开发新技术、新产品、新工艺发生的研究开发费用；

（2）安置残疾人员及国家鼓励安置的其他就业人员所支付的工资。

研究开发费用的加计扣除，是指企业为开发新技术、新产品、新工艺发生的研究开发费用，未形成无形资产计入当期损益的，在按照规定据实扣除的基础上，按照研究开发费用的 50% 加计扣除；形成无形资产的，按照无形资产成本的 150% 摊销。

企业安置残疾人员所支付的工资的加计扣除，是指企业安置残疾人员的，在按照支付给残疾职工工资据实扣除的基础上，按照支付给残疾职工工资的 100% 加计扣除。残疾人员的范围适用《中华人民共和国残疾人保障法》的有关规定。

六、创业投资税收优惠

创业投资企业从事国家需要重点扶持和鼓励的创业投资，可以按投资额的一定比例抵扣应纳税所得额。

抵扣应纳税所得额，是指创业投资企业采取股权投资方式投资于未上市的中小高新技术企业 2 年以上的，可以按照其投资额的 70% 在股权持有满 2 年的当年抵扣该创业投资企业的应纳税所得额；当年不足抵扣的，可以在以后纳税年度结转抵扣。

七、加速折旧

企业的固定资产由于技术进步等原因，确需加速折旧的，可以缩短折旧年限或者采取加速折旧的方法。

可以采取缩短折旧年限或者采取加速折旧的方法的固定资产，包括：

（1）由于技术进步，产品更新换代较快的固定资产；

（2）常年处于强震动、高腐蚀状态的固定资产。

采取缩短折旧年限方法的，最低折旧年限不得低于《企业所得税法实施条例》规定折旧年限的 60%；采取加速折旧方法的，可以采取双倍余额递减法或者年数总和法。

八、减计收入

企业综合利用资源，生产符合国家产业政策规定的产品所取得的收入，可以在计算应纳税所得额时减计收入。

减计收入，是指企业以《资源综合利用企业所得税优惠目录》规定的资源作为主要原材料，生产国家非限制和禁止并符合国家和行业相关标准的产品取得的收入，减按 90% 计入收入总额。

上述原材料占生产产品材料的比例不得低于《资源综合利用企业所得税优惠目录》规定的标准。

九、税额抵免

企业购置用于环境保护、节能节水、安全生产等专用设备的投资额，可以按一定比例实行税额抵免。

税额抵免，是指企业购置并实际使用《环境保护专用设备企业所得税优惠目录》《节能节水专用设备企业所得税优惠目录》和《安全生产专用设备企业所得税优惠目录》规定的环境保护、节能节水、安全生产等专用设备的，该专用设备的投资额的 10% 可以从企业当年的应纳税额中抵免；当年不足抵免的，可以在以后 5 个纳税年度结转抵免。

享受上述企业所得税优惠的企业，应当实际购置并自身实际投入使用上述专用设备；企业购置上述专用设备在 5 年内转让、出租的，应当停止享受企业所得税优惠，并补缴已经抵免的企业所得税税款。

十、核算要求

企业同时从事适用不同企业所得税待遇的项目的，其优惠项目应当单独计算所得，并合理分摊企业的期间费用；没有单独计算的，不得享受企业所得税优惠。

企业同时从事适用不同企业所得税待遇的项目的，其优惠项目应当单独计算所得，并合理分摊企业的期间费用；没有单独计算的，不得享受企业所得税优惠。

第四节
企业所得税的特别纳税调整

一、关联交易税制

（一）关联交易与独立交易原则

企业与其关联方之间的业务往来，不符合独立交易原则而减少企业或者其关联方应纳税收入或者所得额的，税务机关有权按照合理方法调整。

关联方，是指与企业有下列关联关系之一的企业、其他组织或者个人：

（1）在资金、经营、购销等方面存在直接或者间接的控制关系；

（2）直接或者间接地同为第三者控制；

（3）在利益上具有相关联的其他关系。

独立交易原则，是指没有关联关系的交易各方，按照公平成交价格和营业常规进行业务往来遵循的原则。

合理方法，包括：

（1）可比非受控价格法，是指按照没有关联关系的交易各方进行相同或者类似业务往来的价格进行定价的方法；

（2）再销售价格法，是指按照从关联方购进商品再销售给没有关联关系的交易方的价格，减除相同或者类似业务的销售毛利进行定价的方法；

（3）成本加成法，是指按照成本加合理的费用和利润进行定价的方法；

（4）交易净利润法，是指按照没有关联关系的交易各方进行相同或者类似业务往来取得的净利润水平确定利润的方法；

（5）利润分割法，是指将企业与其关联方的合并利润或者亏损在各方之间采用合理标准进行分配的方法；

（6）其他符合独立交易原则的方法。

（二）成本分摊协议

企业与其关联方共同开发、受让无形资产，或者共同提供、接受劳务发生的成本，在计算应纳税所得额时应当按照独立交易原则进行分摊。企业可以依照上述规定，按照独立交易原则与其关联方分摊共同发生的成本，达成成本分摊协议。

企业与其关联方分摊成本时，应当按照成本与预期收益相配比的原则进行分摊，并在税务机关规定的期限内，按照税务机关的要求报送有关资料。企业与其关联方分摊成本时违反上述规定的，其自行分摊的成本不得在计算应纳税所得额时扣除。

（三）预约定价安排

企业可以向税务机关提出与其关联方之间业务往来的定价原则和计算方法，税务机关与企业协商、确认后，达成预约定价安排。

预约定价安排，是指企业就其未来年度关联交易的定价原则和计算方法，向税务机关提出申请，与税务机关按照独立交易原则协商、确认后达成的协议。

（四）关联业务往来报告

企业向税务机关报送年度企业所得税纳税申报表时，应当就其与关联方之间的业务往来，附送年度关联业务往来报告表。

税务机关在进行关联业务调查时，企业及其关联方，以及与关联业务调查有关的其他企业，应当按照规定提供相关资料。

相关资料，包括：

（1）与关联业务往来有关的价格、费用的制定标准、计算方法和说明等同期资料；

（2）关联业务往来所涉及的财产、财产使用权、劳务等的再销售（转让）价格或者最终销售（转让）价格的相关资料；

（3）与关联业务调查有关的其他企业应当提供的与被调查企业可比的产品价格、定价方式以及利润水平等资料；

（4）其他与关联业务往来有关的资料。

与关联业务调查有关的其他企业，是指与被调查企业在生产经营内容和方式上相类似的企业。

企业应当在税务机关规定的期限内提供与关联业务往来有关的价格、费用的制定标准、计算方法和说明等资料。关联方以及与关联业务调查有关的其他企业应当在税务机关与其约定的期限内提供相关资料。

（五）核定应纳税所得额

企业不提供与其关联方之间业务往来资料，或者提供虚假、不完整资料，未能真实反映其关联业务往来情况的，税务机关有权依法核定其应纳税所得额。

税务机关依照上述规定核定企业的应纳税所得额时，可以采用下列方法：

（1）参照同类或者类似企业的利润率水平核定；

（2）按照企业成本加合理的费用和利润的方法核定；

（3）按照关联企业集团整体利润的合理比例核定；

（4）按照其他合理方法核定。

企业对税务机关按照上述方法核定的应纳税所得额有异议的，应当提供相关证据，经税务机关认定后，调整核定的应纳税所得额。

二、受控外国企业税制

由居民企业，或者由居民企业和中国居民控制的设立在实际税负明显低于25%税率水平的国家（地区）的企业，并非由于合理的经营需要而对利润不作分配或者减少分配的，上述利润中应归属于该居民企业的部分，应当计入该居民企业的当期收入。

中国居民，是指根据《中华人民共和国个人所得税法》的规定，就其从中国境内、境外取得的所得在中国缴纳个人所得税的个人。

控制，包括：

（1）居民企业或者中国居民直接或者间接单一持有外国企业 10% 以上有表决权股份，且由其共同持有该外国企业 50% 以上股份；

（2）居民企业或者居民企业和中国居民持股比例没有达到第（1）项规定的标准，但在股份、资金、经营、购销等方面对该外国企业构成实质控制。

实际税负明显低于 25% 税率水平，是指低于 25% 税率的 50%。

三、资本弱化税制

企业从其关联方接受的债权性投资与权益性投资的比例超过规定标准而发生的利息支出，不得在计算应纳税所得额时扣除。

债权性投资，是指企业直接或者间接从关联方获得的，需要偿还本金和支付利息或者需要以其他具有支付利息性质的方式予以补偿的融资。

企业间接从关联方获得的债权性投资，包括：

（1）关联方通过无关联第三方提供的债权性投资；

（2）无关联第三方提供的、由关联方担保且负有连带责任的债权性投资；

（3）其他间接从关联方获得的具有负债实质的债权性投资。

权益性投资，是指企业接受的不需要偿还本金和支付利息，投资人对企业净资产拥有所有权的投资。

四、一般反避税条款与加收利息

（一）一般反避税条款

企业实施其他不具有合理商业目的的安排而减少其应纳税收入或者所得额的，税务机关有权按照合理方法调整。

不具有合理商业目的，是指以减少、免除或者推迟缴纳税款为主要目的。

（二）补征税款与加收利息

税务机关依照上述规定作出纳税调整，需要补征税款的，应当补征税款，并按照国务院规定加收利息。

税务机关根据税收法律、行政法规的规定，对企业作出特别纳税调整的，应当对补征的税款，自税款所属纳税年度的次年6月1日起至补缴税款之日止的期间，按日加收利息。加收的利息，不得在计算应纳税所得额时扣除。

上述利息，应当按照税款所属纳税年度中国人民银行公布的与补税期间同期的人民币贷款基准利率加5个百分点计算。企业依照《企业所得税法》规定提供有关资料的，可以只按人民币贷款基准利率计算利息。

（三）纳税调整的期限

企业与其关联方之间的业务往来，不符合独立交易原则，或者企业实施其他不具有合理商业目的安排的，税务机关有权在该业务发生的纳税年度起10年内，进行纳税调整。

第五节 企业所得税的征收管理

一、企业所得税的源泉扣缴

（一）强制源泉扣缴

非居民企业在中国境内未设立机构、场所，或者虽设立机构、场所但取得的所得与其所设机构、场所没有实际联系，对其来源于中国境内的所得，实行源泉扣缴，以支付人为扣缴义务人。税款由扣缴义务人在每次支付或者到期应支付时，从支付或者到期应支付的款项中扣缴。

支付人，是指依照有关法律规定或者合同约定对非居民企业直接负有支付相关款项义务的单位或者个人。支付，包括现金支付、汇拨支付、转账支付和权益兑价支付等货币支付和非货币支付。到期应支付的款项，是指支付人按照权责发生制原则应当计入相关成本、费用的应付款项。

（二）指定源泉扣缴

对非居民企业在中国境内取得工程作业和劳务所得应缴纳的所得税，税务机关可以指定工程价款或者劳务费的支付人为扣缴义务人。

可以指定扣缴义务人的情形，包括：

（1）预计工程作业或者提供劳务期限不足一个纳税年度，且有证据表明不履行纳税义务的；

（2）没有办理税务登记或者临时税务登记，且未委托中国境内的代理人履行纳税义务的；

（3）未按照规定期限办理企业所得税纳税申报或者预缴申报的。

上述规定的扣缴义务人，由县级以上税务机关指定，并同时告知扣缴义务人所扣税款的计算依据、计算方法、扣缴期限和扣缴方式。

（三）追缴税款

依照上述规定应当扣缴的所得税，扣缴义务人未依法扣缴或者无法履行扣缴义务的，由纳税人在所得发生地缴纳。纳税人未依法缴纳的，税务机关可以从该纳税人在中国境内其他收入项目的支付人应付的款项中，追缴该纳税人的应纳税款。

所得发生地，是指依照《企业所得税法实施条例》规定的原则确定的所得发生地。在中国境内存在多处所得发生地的，由纳税人选择其中之一申报缴纳企业所得税。

该纳税人在中国境内其他收入，是指该纳税人在中国境内取得的其他各种来源的收入。税务机关在追缴该纳税人应纳税款时，应当将追缴理由、追缴数额、缴纳期限和缴纳方式等告知该纳税人。

（四）扣缴方法

扣缴义务人每次代扣的税款，应当自代扣之日起 7 日内缴入国库，并向所在地的税务机关报送扣缴企业所得税报告表。

二、纳税地点与汇总、合并纳税

（一）纳税地点

除税收法律、行政法规另有规定外，居民企业以企业登记注册地为纳税地点；但登记注册地在境外的，以实际管理机构所在地为纳税地点。企业登记注册地，是指企业依照国家有关规定登记注册的住所地。

非居民企业在中国境内设立机构、场所，其所设机构、场所取得的来源于中国境内的所得，以及发生在中国境外但与其所设机构、场所有实际联系的所得，以机构、场所所在地为纳税地点。非居民企业在中国境内设立两个或者两个以上机构、场所，符合国务院税务主管部门规定条件的，可以选择由其主要机构、场所汇总缴纳企业所得税。

主要机构、场所，应当同时符合下列条件：

（1）对其他各机构、场所的生产经营活动负有监督管理责任；

（2）设有完整的账簿、凭证，能够准确反映各机构、场所的收入、成本、费用和盈亏情况。

非居民企业在中国境内未设立机构、场所，或者虽设立机构、场所但取得的所得与其所设机构、场所没有实际联系，其来源于中国境内的所得，以扣缴义务人所在地为纳税地点。

（二）汇总纳税

居民企业在中国境内设立不具有法人资格的营业机构的，应当汇总计算并缴纳企业所得税。

企业汇总计算并缴纳企业所得税时，应当统一核算应纳税所得额，具体办法由国务院财政、税务主管部门另行制定。

（三）合并纳税

除国务院另有规定外，企业之间不得合并缴纳企业所得税。

三、纳税年度

企业所得税按纳税年度计算。纳税年度自公历 1 月 1 日起至 12 月 31 日止。

企业在一个纳税年度中间开业，或者终止经营活动，使该纳税年度的实际经营期不足 12 个月的，应当以其实际经营期为一个纳税年度。

企业依法清算时，应当以清算期间作为一个纳税年度。

四、预缴企业所得税

企业所得税分月或者分季预缴。企业所得税分月或者分季预缴，由税务机关具体核定。企业根据规定分月或者分季预缴企业所得税时，应当按照月度或者季度的实际利润额预缴；按照月度或者季度的实际利润额预缴有困难的，可以按照上一纳税年度应纳税所得额的月度或者季度平均额预缴，或者按照经税务机关认可的其他方法预缴。预缴方法一经确定，该纳税年度内不得随意变更。

企业应当自月份或者季度终了之日起 15 日内，向税务机关报送预缴企业所得税纳税申报表，预缴税款。企业应当自年度终了之日起5个月内，向税务机关报送年度企业所得税纳税申报表，并汇算清缴，结清应缴应退税款。企业在报送企业所得税纳税申报表时，应当按照规定附送财务会计报告和其他有关资料。

企业在纳税年度内无论盈利或者亏损，都应当依照规定的期限，向税务机关报送预缴企业所得税纳税申报表、年度企业所得税纳税申报表、财务会计报告和税务机关规定应当报送的其他有关资料。

五、企业所得税汇算清缴

企业在年度中间终止经营活动的，应当自实际经营终止之日起60日内，向税务机关办理当期企业所得税汇算清缴。

企业应当在办理注销登记前，就其清算所得向税务机关申报并依法缴纳企业所得税。清算所得，是指企业的全部资产可变现价值或者交易价格减除资产净值、清算费用以及相关税费等后的余额。投资方企业从被清算企业分得的剩余资产，其中相当于从被清算企业累计未分配利润和累计盈余公积中应当分得的部分，应当确认为股息所得；剩余资产减除上述股息所得后的余额，超过或者低于投资成本的部分，应当确认为投资资产转让所得或者损失。

六、其他事项

依《企业所得税法》缴纳的企业所得税，以人民币计算。所得以人民币以外的货币计算的，应当折合成人民币计算并缴纳税款。

企业所得以人民币以外的货币计算的，预缴企业所得税时，应当按照月度或者季度最后一日的人民币汇率中间价，折合成人民币计算应纳税所得额。年度终了汇算清缴时，对已经按照月度或者季度预缴税款的，不再重新折合计算，只就该纳税年度内未缴纳企业所得税的部分，按照纳税年度最后一日的人民币汇率中间价，折合成人民币计算应纳税所得额。

经税务机关检查确认，企业少计或者多计前款规定的所得的，应当按照检查确认补税或者退税时的上一个月最后一日的人民币汇率中间价，将少计或者多计的所得折合成人民币计算应纳税所得额，再计算应补缴或者应退的税款。

第二章
收入类调整项目

【导读】

本章介绍收入类调整项目，包括五节内容，分别介绍视同销售收入、未按权责发生制原则确认的收入、投资收益、不征税收入以及销售折扣、折让和退回。

第一节
视同销售收入

一、收入确认制度

（一）一次性确认原则

根据《国家税务总局关于企业取得财产转让等所得企业所得税处理问题的公告》（国家税务总局公告2010年第19号）的规定，企业取得财产（包括各类资产、股权、债权等）转让收入、债务重组收入、接受捐赠收入、无法偿付的应付款收入等，不论是以货币形式，还是非货币形式体现，除另有规定外，均应一次性计入确认收入的年度计算缴纳企业所得税。

（二）融资性售后回租业务中收入的确认

根据《国家税务总局关于融资性售后回租业务中承租方出售资产行为有关税收问题的公告》（国家税务总局公告2010年第13号）的规定，融资性售后回租业务是指承租方以融资为目的将资产出售给经批准从事融资租赁业务的企业后，又将该项资产从该融资租赁企业租回的行为。融资性售后回租业务中承租方出售资产时，资产所有权以及与资产所有权有关的全部报酬和风险并未完全转移。

根据现行增值税和营业税有关规定，融资性售后回租业务中承租方出售资产的行为，不属于增值税和营业税征收范围，不征收增值税和营业税。

根据现行《企业所得税法》及有关收入确定规定，融资性售后回租业务中，承租人出售资产的行为，不确认为销售收入，对融资性租赁的资产，仍按承租人出售前原账面价值作为计税基础计提折旧。租赁期间，承租人支付的属于融资利息的部分，作为企业财务费用在税前扣除。

（三）企业接收政府划入资产的企业所得税处理

根据《国家税务总局关于企业所得税应纳税所得额若干问题的公告》（国家税务总局公告2014年第29号）的规定，企业接收政府划入资产的企业所得税处理如下：

（1）县级以上人民政府（包括政府有关部门，下同）将国有资产明确以股权投资方式投入企业，企业应作为国家资本金（包括资本公积）处理。该项资产如为非货币性资产，应按政府确定的接收价值确定计税基础。

（2）县级以上人民政府将国有资产无偿划入企业，凡指定专门用途并按《财政部　国家税务总局关于专项用途财政性资金企业所得税处理问题的通知》（财税〔2011〕70号）规定进行管理的，企业可作为不征税收入进行企业所得税处理。其中，该项资产属于非货币性资产的，应按政府确定的接收价值计算不征税收入。

县级以上人民政府将国有资产无偿划入企业，属于上述第（1）（2）项以外情形的，应按政府确定的接收价值计入当期收入总额计算缴纳企业所得税。政府没有确定接收价值的，按资产的公允价值计算确定应税收入。

（四）企业接收股东划入资产的企业所得税处理

根据《国家税务总局关于企业所得税应纳税所得额若干问题的公告》（国家税务总局公告2014年第29号）的规定，企业接收股东划入资产的企业所得税处理如下：

（1）企业接收股东划入资产（包括股东赠予资产、上市公司在股权分置改革过程中接收原非流通股股东和新非流通股股东赠予的资产、股东放弃本企业的股权，下同），凡合同、协议约定作为资本金（包括资本公积）且在会计上已做实际处理的，不计入企业的收入总额，企业应按公允价值确定该项资产的计税基础。

（2）企业接收股东划入资产，凡作为收入处理的，应按公允价值计入收入总额，计算缴纳企业所得税，同时按公允价值确定该项资产的计税基础。

二、视同销售企业所得税制度

（一）视同销售的一般规定

根据《企业所得税法实施条例》第二十五条的规定，企业发生非货币性资产交换，以及将货物、财产、劳务用于捐赠、偿债、赞助、集资、广告、样品、职工福利或者利润分配等用途的，应当视同销售货物、转让财产或者提供劳务，但国务院财政、税务主管部门另有规定的除外。

（二）买一赠一组合销售商品的收入确认

根据《国家税务总局关于确认企业所得税收入若干问题的通知》（国税

函〔2008〕875 号）的规定，企业以买一赠一等方式组合销售本企业商品的，不属于捐赠，应将总的销售金额按各项商品的公允价值的比例来分摊确认各项的销售收入。

（三）企业内部处置资产

根据《国家税务总局关于企业处置资产所得税处理问题的通知》（国税函〔2008〕828 号）的规定，企业发生下列情形的处置资产，除将资产转移至境外以外，由于资产所有权属在形式和实质上均不发生改变，可作为内部处置资产，不视同销售确认收入，相关资产的计税基础延续计算。

（1）将资产用于生产、制造、加工另一产品；

（2）改变资产形状、结构或性能；

（3）改变资产用途（如，自建商品房转为自用或经营）；

（4）将资产在总机构及其分支机构之间转移；

（5）上述两种或两种以上情形的混合；

（6）其他不改变资产所有权属的用途。

（四）企业处置资产视同销售

根据《国家税务总局关于企业处置资产所得税处理问题的通知》（国税函〔2008〕828 号）的规定，企业将资产移送他人的下列情形，因资产所有权属已发生改变而不属于内部处置资产，应按规定视同销售确定收入。

（1）用于市场推广或销售；

（2）用于交际应酬；

（3）用于职工奖励或福利；

（4）用于股息分配；

（5）用于对外捐赠；

（6）其他改变资产所有权属的用途。

根据《国家税务总局关于企业所得税有关问题的公告》（国家税务总局公告 2016 年第 80 号）的规定，企业发生《国家税务总局关于企业处置资产所得税处理问题的通知》（国税函〔2008〕828 号）规定情形视同销售的，除另有规定外，应按照被移送资产的公允价值确定销售收入。

【实操案例】

【例 2-1】

甲房地产开发公司 2020 年 3 月将一套自建商品房转为自用，同时将两套自建商品房奖励给销售业绩突出的两名员工。甲公司处置上述三套商品房的行为是否应视同销售确认收入?

解析:

甲公司将自建商品房转为自用，所有权并未发生改变，应当视为内部处置资产，不视同销售，不需要确认收入。甲公司将自建商品房奖励给员工，所有权发生了改变，应当视同销售，按照同类商品房同期对外销售价格确认销售收入。

【例 2–2】

某卷烟企业为增值税一般纳税人，2019 全年取得产品销售收入总额 1 000 万元，应扣除的产品销售成本 500 万元。企业当年还将自制的卷烟对外赠送，该批卷烟成本为 50 万元，市场公允价值为 80 万元。计算该企业 2019 年度产品销售收入总额与允许税前扣除的产品销售成本。

解析:

该企业 2019 年度产品销售收入总额＝ 1 000 ＋ 80 ＝ 1 080（万元），允许税前扣除的产品销售成本＝ 500 ＋ 50 ＝ 550（万元）。

三、视同销售增值税制度

根据《中华人民共和国增值税暂行条例实施细则》（2008 年 12 月 18 日财政部、国家税务总局令第 50 号公布，根据 2011 年 10 月 28 日《关于修改〈中华人民共和国增值税暂行条例实施细则〉和〈中华人民共和国营业税暂行条例实施细则〉的决定》修订）第四条的规定，单位或者个体工商户的下列行为，视同销售货物：

（1）将货物交付其他单位或者个人代销；

（2）销售代销货物；

（3）设有两个以上机构并实行统一核算的纳税人，将货物从一个机构移送其他机构用于销售，但相关机构设在同一县（市）的除外；

（4）将自产或者委托加工的货物用于非增值税应税项目；

（5）将自产、委托加工的货物用于集体福利或者个人消费；

（6）将自产、委托加工或者购进的货物作为投资，提供给其他单位或者个体工商户；

（7）将自产、委托加工或者购进的货物分配给股东或者投资者；

（8）将自产、委托加工或者购进的货物无偿赠送其他单位或者个人。

根据《财政部 国家税务总局关于全面推开营业税改征增值税试点的通知》（财税〔2016〕36 号）所附《营业税改征增值税试点实施办法》第十四

的规定，下列情形视同销售服务、无形资产或者不动产：

（1）单位或者个体工商户向其他单位或者个人无偿提供服务，但用于公益事业或者以社会公众为对象的除外；

（2）单位或者个人向其他单位或者个人无偿转让无形资产或者不动产，但用于公益事业或者以社会公众为对象的除外；

（3）财政部和国家税务总局规定的其他情形。

【实操案例】

【例 2-3】

2019 年 11 月，甲公司将其生产的不锈钢保温杯作为福利发放给职工，保温杯的单位成本为 30 元，市场价为 70 元，适用的增值税税率为 13%。甲公司有职工 200 名，其中一线职工 170 名，管理人员 30 人。2019 年度发放工资薪金 102 万元，除发放保温杯外的职工福利费支出为 5 万元。根据上述条件，分析不同会计核算对纳税申报的影响。

解析：

1. 账务处理

（1）结转成本费用

借：生产成本——职工福利费　　13 447

　　管理费用——职工福利费　　2 373

　　贷：应付职工薪酬——职工福利费　　15 820

生产成本＝170×70×（1＋13%）＝13 447（元）

管理费用＝30×70×（1＋13%）＝2 373（元）

（2）结转收入成本

借：应付职工薪酬　　15 820

　　贷：主营业务收入　　14 000

　　　　应交税费——应交增值税（销项税额）　　1 820

借：主营业务成本　　6 000

　　贷：库存商品　　6 000

应交增值税＝（170×70＋30×70）×13%＝14 000×13%＝1 820（元）

2. 2019 年度的纳税申报

（1）销售收入的纳税处理

甲企业会计核算时已按售价确认主营业务收入 14 000 元，按成本价结转主营业务成本 6 000 元。

甲企业纳税申报时填报“主营业务收入”14 000 元，并入主表第一行；同时填报“主营业务成本”6 000 元，并入主表第二行；填报“用于职工奖励或福利视同销售收入”14 000 元。

（2）职工福利费的纳税处理

甲企业会计核算按售价分别结转“生产成本——职工福利费”13 447 元、“管理费用——职工福利费”2 373 元，共计 15 820 元。

甲企业职工福利费的纳税申报：一是利润中列支职工福利费支出 65 820 元（50 000 + 15 820）；二是甲企业 2019 年度工资薪金 1 020 000 元，税前扣除职工福利费限额 142 800 元。实际计算税前准予扣除的职工福利费应为 57 820 元，即 50 000 元加上此项按成本价计算的职工福利费 7 820 元（6 000 + 1 820）；三是纳税调增 8 000 元（65 820 − 57 820）。

甲企业纳税申报时“职工福利费支出”填报：“账载金额”65 820 元，“税收金额”57 820 元，“纳税调整金额”8 000 元。

【例 2–4】

甲公司从乙公司购买了 100 盒饼干发放给企业职工，并取得了增值税专用发票，税率为 13%，市场零售不含税价为每盒 100 元。如何进行会计处理？

解析：

借：管理费用　　11 300
　　贷：应付职工薪酬　　11 300
借：应付职工薪酬　　11 300
　　应交税费——应交增值税（进项税额）　　13 00
　　贷：银行存款　　11 300
　　　　应交税费——应交增值税（进项税额转出）　　13 00

【例 2–5】

丙公司（增值税一般纳税人）将外购的一批库存商品用于市场推广，不含税采购价格为 10 000 元，正常情况下对外销售不含税售价为 20 000 元，适用增值税税率为 13%。如何进行会计处理？

解析：

借：销售费用　　12 600
　　贷：库存商品　　10 000
　　　　应交税费——应交增值税（销项税额）　　2 600

四、企业会计准则关于收入的定义

根据《企业会计准则第 14 号——收入》（财会〔2017〕22 号，以下简称 14 号准则）第二条的规定，收入，是指企业在日常活动中形成的、会导致所有者权益增加的、与所有者投入资本无关的经济利益的总流入。

五、视同销售纳税申报表的填写

（一）纳税申报表样式（见表2-1）

表2-1　A105010　视同销售和房地产开发企业特定业务纳税调整明细表（部分）

行次	项目	税收金额	纳税调整金额
		1	2
1	一、视同销售（营业）收入（2＋3＋4＋5＋6＋7＋8＋9＋10）		
2	（一）非货币性资产交换视同销售收入		
3	（二）用于市场推广或销售视同销售收入		
4	（三）用于交际应酬视同销售收入		
5	（四）用于职工奖励或福利视同销售收入		
6	（五）用于股息分配视同销售收入		
7	（六）用于对外捐赠视同销售收入		
8	（七）用于对外投资项目视同销售收入		
9	（八）提供劳务视同销售收入		
10	（九）其他		
11	二、视同销售（营业）成本（12＋13＋14＋15＋16＋17＋18＋19＋20）		
12	（一）非货币性资产交换视同销售成本		
13	（二）用于市场推广或销售视同销售成本		
14	（三）用于交际应酬视同销售成本		
15	（四）用于职工奖励或福利视同销售成本		
16	（五）用于股息分配视同销售成本		
17	（六）用于对外捐赠视同销售成本		
18	（七）用于对外投资项目视同销售成本		
19	（八）提供劳务视同销售成本		
20	（九）其他		

（二）适用范围

《视同销售和房地产开发企业特定业务纳税调整明细表》（A105010）适用于发生视同销售、房地产企业特定业务纳税调整项目的纳税人填报。纳税人根据《企业所得税法》《国家税务总局关于企业处置资产所得税处理问题的通知》（国税函〔2008〕828号）、《国家税务总局关于印发〈房地产开发经营业务企业所得税处理办法〉的通知》（国税发〔2009〕31号）、《国家税务总局关于企业所得税有关问题的公告》（国家税务总局公告2016年第80号）等相关规定，以及国家统一企业会计制度，填报视同销售行为、房地产企业销售未完工产品、未完工产品转完工产品特定业务的税收规定及纳税调整情况。

（三）项目填报说明

（1）第1行"一、视同销售收入"：填报会计处理不确认销售收入，而税收规定确认为应税收入的金额，本行为第2行至第10行小计数。第1列"税收金额"填报税收确认的应税收入金额；第2列"纳税调整金额"等于第1列"税收金额"。

（2）第2行"（一）非货币性资产交换视同销售收入"：填报发生非货币性资产交换业务，会计处理不确认销售收入，而税收规定确认为应税收入的金额。第1列"税收金额"填报税收确认的应税收入金额；第2列"纳税调整金额"等于第1列"税收金额"。

（3）第3行"（二）用于市场推广或销售视同销售收入"：填报发生将货物、财产用于市场推广、广告、样品、集资、销售等，会计处理不确认销售收入，而税收规定确认为应税收入的金额。填列方法同第2行。

（4）第4行"（三）用于交际应酬视同销售收入"：填报发生将货物、财产用于交际应酬，会计处理不确认销售收入，而税收规定确认为应税收入的金额。填列方法同第2行。

（5）第5行"（四）用于职工奖励或福利视同销售收入"：填报发生将货物、财产用于职工奖励或福利，会计处理不确认销售收入，而税收规定确认为应税收入的金额。企业外购资产或服务不以销售为目的，用于替代职工福利费用支出，且购置后在一个纳税年度内处置的，以公允价值确定视同销售收入。填列方法同第2行。

（6）第6行"（五）用于股息分配视同销售收入"：填报发生将货物、财产用于股息分配，会计处理不确认销售收入，而税收规定确认为应税收入的金额。填列方法同第2行。

（7）第7行"（六）用于对外捐赠视同销售收入"：填报发生将货物、财产用于对外捐赠或赞助，会计处理不确认销售收入，而税收规定确认为应税收入的金额。填列方法同第 2 行。

（8）第 8 行“（七）用于对外投资项目视同销售收入”：填报发生将货物、财产用于对外投资，会计处理不确认销售收入，而税收规定确认为应税收入的金额。填列方法同第 2 行。

（9）第 9 行“（八）提供劳务视同销售收入”：填报发生对外提供劳务，会计处理不确认销售收入，而税收规定确认为应税收入的金额。填列方法同第 2 行。

（10）第 10 行“（九）其他”：填报发生除上述列举情形外，会计处理不作为销售收入核算，而税收规定确认为应税收入的金额。填列方法同第 2 行。

（11）第 11 行“一、视同销售成本”：填报会计处理不确认销售收入，税收规定确认为应税收入对应的视同销售成本金额。本行为第 12 行至第 20 行小计数。第 1 列“税收金额”填报予以税前扣除的视同销售成本金额；将第 1 列税收金额以负数形式填报第 2 列“纳税调整金额”。

（12）第 12 行“（一）非货币性资产交换视同销售成本”：填报发生非货币性资产交换业务，会计处理不确认销售收入，税收规定确认为应税收入所对应的应予以税前扣除的视同销售成本金额。第 1 列“税收金额”填报予以扣除的视同销售成本金额；将第 1 列税收金额以负数形式填报第 2 列“纳税调整金额”。

（13）第 13 行“（二）用于市场推广或销售视同销售成本”：填报发生将货物、财产用于市场推广、广告、样品、集资、销售等，会计处理不确认销售收入，税收规定确认为应税收入时，其对应的应予以税前扣除的视同销售成本金额。填列方法同第 12 行。

（14）第 14 行“（三）用于交际应酬视同销售成本”：填报发生将货物、财产用于交际应酬，会计处理不确认销售收入，税收规定确认为应税收入时，其对应的应予以税前扣除的视同销售成本金额。填列方法同第 12 行。

（15）第 15 行“（四）用于职工奖励或福利视同销售成本”：填报发生将货物、财产用于职工奖励或福利，会计处理不确认销售收入，税收规定确认为应税收入时，其对应的应予以税前扣除的视同销售成本金额。填列方法同第 12 行。

（16）第 16 行“（五）用于股息分配视同销售成本”：填报发生将货物、财产用于股息分配，会计处理不确认销售收入，税收规定确认为应税收入时，其对应的应予以税前扣除的视同销售成本金额。填列方法同第 12 行。

（17）第 17 行“（六）用于对外捐赠视同销售成本”：填报发生将货物、财产用于对外捐赠或赞助，会计处理不确认销售收入，税收规定确认为应税收入时，其对应的应予以税前扣除的视同销售成本金额。填列方法同第 12 行。

（18）第 18 行“（七）用于对外投资项目视同销售成本”：填报会计处

理发生将货物、财产用于对外投资，会计处理不确认销售收入，税收规定确认为应税收入时，其对应的应予以税前扣除的视同销售成本金额。填列方法同第 12 行。

（19）第 19 行“（八）提供劳务视同销售成本”：填报会计处理发生对外提供劳务，会计处理不确认销售收入，税收规定确认为应税收入时，其对应的应予以税前扣除视同销售成本金额。填列方法同第 12 行。

（20）第 20 行“（九）其他”：填报发生除上述列举情形外，会计处理不确认销售收入，税收规定确认为应税收入的同时，予以税前扣除视同销售成本金额。填列方法同第 12 行。

（四）表内关系

（1）第 1 行＝第 2 ＋ 3 ＋…＋ 10 行。

（2）第 11 行＝第 12 ＋ 13 ＋…＋ 20 行。

（五）表间关系

（1）第 1 行第 1 列＝表 A105000 第 2 行第 2 列。

（2）第 1 行第 2 列＝表 A105000 第 2 行第 3 列。

（3）第 11 行第 1 列＝表 A105000 第 13 行第 2 列。

（4）第 11 行第 2 列的绝对值＝表 A105000 第 13 行第 4 列。

第二节 未按权责发生制原则确认的收入

一、权责发生制原则

（一）权责发生制原则的含义

根据《企业所得税法实施条例》第九条的规定，企业应纳税所得额的计算，以权责发生制为原则，属于当期的收入和费用，不论款项是否收付，均作为当期的收入和费用；不属于当期的收入和费用，即使款项已经在当期收付，均不作为当期的收入和费用。《企业所得税法实施条例》和国务院财政、税务主管部门另有规定的除外。

（二）销售商品收入的确认

根据《国家税务总局关于确认企业所得税收入若干问题的通知》（国税函〔2008〕875号）的规定，除《企业所得税法》及《企业所得税法实施条例》另有规定外，企业销售收入的确认，必须遵循权责发生制原则和实质重于形式原则。

企业销售商品同时满足下列条件的，应确认收入的实现：

（1）商品销售合同已经签订，企业已将商品所有权相关的主要风险和报酬转移给购货方；

（2）企业对已售出的商品既没有保留通常与所有权相联系的继续管理权，也没有实施有效控制；

（3）收入的金额能够可靠地计量；

（4）已发生或将发生的销售方的成本能够可靠地核算。

符合上款收入确认条件，采取下列商品销售方式的，应按以下规定确认收入实现时间：

（1）销售商品采用托收承付方式的，在办妥托收手续时确认收入。

（2）销售商品采取预收款方式的，在发出商品时确认收入。

（3）销售商品需要安装和检验的，在购买方接受商品以及安装和检验完毕时确认收入。如果安装程序比较简单，可在发出商品时确认收入。

（4）销售商品采用支付手续费方式委托代销的，在收到代销清单时确认收入。

采用售后回购方式销售商品的，销售的商品按售价确认收入，回购的商品作为购进商品处理。有证据表明不符合销售收入确认条件的，如以销售商品方式进行融资，收到的款项应确认为负债，回购价格大于原售价的，差额应在回购期间确认为利息费用。

销售商品以旧换新的，销售商品应当按照销售商品收入确认条件确认收入，回收的商品作为购进商品处理。

（三）提供劳务收入的确认

根据《国家税务总局关于确认企业所得税收入若干问题的通知》（国税函〔2008〕875号）的规定，企业在各个纳税期末，提供劳务交易的结果能够可靠估计的，应采用完工进度（完工百分比）法确认提供劳务收入。

提供劳务交易的结果能够可靠估计，是指同时满足下列条件：

（1）收入的金额能够可靠地计量；

（2）交易的完工进度能够可靠地确定；

（3）交易中已发生和将发生的成本能够可靠地核算。

企业提供劳务完工进度的确定，可选用下列方法：

（1）已完工作的测量；

（2）已提供劳务占劳务总量的比例；

（3）发生成本占总成本的比例。

企业应按照从接受劳务方已收或应收的合同或协议价款确定劳务收入总额，根据纳税期末提供劳务收入总额乘以完工进度扣除以前纳税年度累计已确认提供劳务收入后的金额，确认为当期劳务收入；同时，按照提供劳务估计总成本乘以完工进度扣除以前纳税期间累计已确认劳务成本后的金额，结转为当期劳务成本。

下列提供劳务满足收入确认条件的，应按规定确认收入：

（1）安装费。应根据安装完工进度确认收入。安装工作是商品销售附带条件的，安装费在确认商品销售实现时确认收入。

（2）宣传媒介的收费。应在相关的广告或商业行为出现于公众面前时确认收入。广告的制作费，应根据制作广告的完工进度确认收入。

（3）软件费。为特定客户开发软件的收费，应根据开发的完工进度确认收入。

（4）服务费。包含在商品售价内可区分的服务费，在提供服务的期间分期确认收入。

（5）艺术表演、招待宴会和其他特殊活动的收费。在相关活动发生时确认收入。收费涉及几项活动的，预收的款项应合理分配给每项活动，分别确认收入。

（6）会员费。申请入会或加入会员，只允许取得会籍，所有其他服务或商品都要另行收费的，在取得该会员费时确认收入。申请入会或加入会员后，会员在会员期内不再付费就可得到各种服务或商品，或者以低于非会员的价格销售商品或提供服务的，该会员费应在整个受益期内分期确认收入。

（7）特许权费。属于提供设备和其他有形资产的特许权费，在交付资产或转移资产所有权时确认收入；属于提供初始及后续服务的特许权费，在提供服务时确认收入。

（8）劳务费。长期为客户提供重复的劳务收取的劳务费，在相关劳务活动发生时确认收入。

（四）递延收益

根据《国家税务总局关于广西合山煤业有限责任公司取得补偿款有关所得税处理问题的批复》（国税函〔2009〕18号）的规定，广西合山煤业有限责任公司取得的未来煤矿开采期间因增加排水或防止浸没支出等而获得的补偿款，应确认为递延收益，按直线法在取得补偿款当年及以后的10年内分期计入应纳税所得，如实际开采年限短于10年，应在最后一个开采年度将尚未计入应纳税所得的赔偿款全部计入应纳税所得。

（五）保险公司再保险业务赔款支出

根据《国家税务总局关于保险公司再保险业务赔款支出税前扣除问题的通知》（国税函〔2009〕313号）的规定，从事再保险业务的保险公司（以下称再保险公司）发生的再保险业务赔款支出，按照权责发生制的原则，应在收到从事直保业务公司（以下称直保公司）再保险业务赔款账单时，作为企业当期成本费用扣除。为便于再保险公司再保险业务的核算，凡在次年企业所得税汇算清缴前，再保险公司收到直保公司再保险业务赔款账单中属于上年度的赔款，准予调整作为上年度的成本费用扣除，同时调整已计提的未决赔款准备金；次年汇算清缴后收到直保公司再保险业务赔款账单的，按该赔款账单上发生的赔款支出，在收单年度作为成本费用扣除。

【实操案例】

【例2–6】

某企业2019年9月至12月企业利息费用已经发生4万元，但尚未支付，按权责发生制原则处理则允许当年扣除；而按收付实现制原则处理则不能当年扣除，只能在实际支付时一次性扣除。

【例2–7】

甲公司以100万元销售一批商品给乙公司，合同约定，甲公司应当于2020年8月1日交货，乙公司应当于9月30日付款。甲公司按约于8月1日交货，乙公司因资金紧张，延迟至10月10日才实际付款。甲公司应当在何时确认销售收入?

解析：

根据税法规定，确认收入的原则是权责发生制，而非收付实现制。2020年9月30日，甲公司取得货款的权利已经产生，因此，甲公司此时就应当确认收入，而不应延迟到10月10日再确认收入。

【例2–8】

某企业以100万元的价格销售一批商品，由于购买方提前支付价款，该企业给与购买方5万元的现金折扣。该企业应当确认多少收入?

解析：

企业应当确认销售收入100万元，同时确认财务费用5万元。

【例 2-9】

甲俱乐部实行会员制，顾客缴纳一定费用成为会员后就可以参与该俱乐部的一切活动，但俱乐部在向会员提供服务或者商品时，仍然要收费，但收费的价格是非会员的 60%。会员资格的有效期为 1 年，需要每年缴纳年度会员费。已知 2020 年 1 月 1 日，甲俱乐部取得本年度会员费 120 万元，该俱乐部应当在何时确认该笔 120 万元的收入？

解析：

根据税法规定，甲俱乐部收取的会员费实际上相当于未来提供服务和商品的部分对价，因此，甲俱乐部应当分 12 个月来确认该笔收入，每个月确认 10 万元收入。

二、权责发生制原则下各项收入的确认

（一）股息、红利等权益性投资收益

根据《企业所得税法实施条例》第十七条的规定，股息、红利等权益性投资收益，除国务院财政、税务主管部门另有规定外，按照被投资方作出利润分配决定的日期确认收入的实现。

（二）利息收入

根据《企业所得税法实施条例》第十八条的规定，利息收入，按照合同约定的债务人应付利息的日期确认收入的实现。

根据《国家税务总局关于金融企业贷款利息收入确认问题的公告》（国家税务总局公告 2010 年第 23 号）的规定，金融企业按规定发放的贷款，属于未逾期贷款（含展期，下同），应根据先收利息后收本金的原则，按贷款合同确认的利率和结算利息的期限计算利息，并于债务人应付利息的日期确认收入的实现；属于逾期贷款，其逾期后发生的应收利息，应于实际收到的日期，或者虽未实际收到，但会计上确认为利息收入的日期，确认收入的实现。

金融企业已确认为利息收入的应收利息，逾期 90 天仍未收回，且会计上已冲减了当期利息收入的，准予抵扣当期应纳税所得额。

金融企业已冲减了利息收入的应收未收利息，以后年度收回时，应计入当期应纳税所得额计算纳税。

（三）租金收入

根据《企业所得税法实施条例》第十九条的规定，租金收入，按照合同

约定的承租人应付租金的日期确认收入的实现。

根据《国家税务总局关于贯彻落实企业所得税法若干税收问题的通知》（国税函〔2010〕79号）的规定，企业提供固定资产、包装物或者其他有形资产的使用权取得的租金收入，应按交易合同或协议规定的承租人应付租金的日期确认收入的实现。其中，如果交易合同或协议中规定租赁期限跨年度，且租金提前一次性支付的，根据《企业所得税法实施条例》第九条规定的收入与费用配比原则，出租人可对上述已确认的收入，在租赁期内，分期均匀计入相关年度收入。出租方如为在我国境内设有机构场所、且采取据实申报缴纳企业所得的非居民企业，也按上述规定执行。

（四）特许权使用费收入

根据《企业所得税法实施条例》第二十条的规定，特许权使用费收入，按照合同约定的特许权使用人应付特许权使用费的日期确认收入的实现。

（五）接受捐赠收入

根据《企业所得税法实施条例》第二十一条的规定，接受捐赠收入，按照实际收到捐赠资产的日期确认收入的实现。

（六）债务重组收入

根据《国家税务总局关于贯彻落实企业所得税法若干税收问题的通知》（国税函〔2010〕79号）的规定，企业发生债务重组，应在债务重组合同或协议生效时确认收入的实现。

【实操案例】

【例2-10】

甲公司将一台机器出租给乙公司，租赁合同约定租赁期限为1年，从2019年4月1日至2020年3月31日，租金为12万元，租金在2019年4月1日一次性支付。甲公司应当如何确认该笔租赁收入？

解析：

根据税法规定的收入与费用配比原则，甲公司应当将12万元租金收入分配到12个月份，然后，在2019年度确认9万元租金收入，在2020年度确认3万元租金收入。

三、分期确认收入与产品分成确认收入

（一）分期确认收入

根据《企业所得税法实施条例》第二十三条的规定，企业的下列生产经营业务可以分期确认收入的实现：

（1）以分期收款方式销售货物的，按照合同约定的收款日期确认收入的实现；

（2）企业受托加工制造大型机械设备、船舶、飞机，以及从事建筑、安装、装配工程业务或者提供其他劳务等，持续时间超过12个月的，按照纳税年度内完工进度或者完成的工作量确认收入的实现。

（二）产品分成确认收入

根据《企业所得税法实施条例》第二十四条的规定，采取产品分成方式取得收入的，按照企业分得产品的日期确认收入的实现，其收入额按照产品的公允价值确定。

【实操案例】

【例2–11】

甲公司是一家大型医疗设备制造企业。2019年1月与一家医院谈妥并签署一台医疗设备的分期收款销售商品合同：付款期限3年，合同总额1 080万元，医院每月15日支付30万元（含税），甲公司每月收到货款后开具增值税专用发票。2019年的价款已经全部收到。已知：该设备现销价格850万元（含税），是甲公司生产制造并用于对外出售的，成本450万元（不含税），为简化计算，假设2019全年适用增值税税率为13%。2019年度甲公司分期收款销售商品如何进行会计处理？

解析：

1. 销售发出商品时

借：长期应收款　　10 800 000

　　贷：主营业务收入（850÷1.13）　　7 522 100

　　　　应交税费——待转销项税额（1 080÷1.13×13%）

　　　　　　1 242 500

　　　　未实现融资收益　　2 035 400

说明：由于是分期收取货款，增值税纳税义务的产生时间为合同或协议约定收款时间，因此在纳税义务未产生前将增值税销项税额按照财税（2016）

22号文规定暂时计入“应交税费——待转销项税额”。

同时，结转存货销售成本：

借：主营业务成本　　4 500 000

　　贷：存货　　4 500 000

2. 每月收取货款时

借：银行存款　　300 000

　　贷：长期应收款　　300 000

同时，确认增值税纳税义务：

借：应交税费——待转销项税额（30÷1.13×13%）　　34 500

　　贷：应交税费——应交增值税（销项税额）　　34 500

3. 每月摊销“未确认融资收益”

该案例中的“未确认融资收益”金额较大，应采用实际利率法进行摊销，不可按照直线法摊销（具体计算过程省略）。

借：未确认融资收益　　98 500

　　贷：财务费用　　98 500

四、企业会计准则中关于收入的确认

（一）确认收入的时间点与确认条件

1. 确认收入的时间点

根据《企业会计准则第14号——收入》（财会〔2017〕22号，以下简称14号准则）第二章的规定，企业应当在履行了合同中的履约义务，即在客户取得相关商品控制权时确认收入。取得相关商品控制权，是指能够主导该商品的使用并从中获得几乎全部的经济利益。

2. 确认收入的条件

当企业与客户之间的合同同时满足下列条件时，企业应当在客户取得相关商品控制权时确认收入：

（1）合同各方已批准该合同并承诺将履行各自义务；

（2）该合同明确了合同各方与所转让商品或提供劳务（以下简称转让商品）相关的权利和义务；

（3）该合同有明确的与所转让商品相关的支付条款；

（4）该合同具有商业实质，即履行该合同将改变企业未来现金流量的风险、时间分布或金额；

（5）企业因向客户转让商品而有权取得的对价很可能收回。

在合同开始日即满足上述条件的合同，企业在后续期间无需对其进行重新评估，除非有迹象表明相关事实和情况发生重大变化。合同开始日通常是指合同生效日。

（二）不满足条件合同的确认与多份合同的合并

1. 不满足条件合同的确认

在合同开始日不符合 14 号准则第五条规定的合同，企业应当对其进行持续评估，并在其满足 14 号准则第五条规定时按照该条的规定进行会计处理。

对于不符合 14 号准则第五条规定的合同，企业只有在不再负有向客户转让商品的剩余义务，且已向客户收取的对价无需退回时，才能将已收取的对价确认为收入；否则，应当将已收取的对价作为负债进行会计处理。没有商业实质的非货币性资产交换，不确认收入。

2. 多份合同的合并

企业与同一客户（或该客户的关联方）同时订立或在相近时间内先后订立的两份或多份合同，在满足下列条件之一时，应当合并为一份合同进行会计处理：

（1）该两份或多份合同基于同一商业目的而订立并构成一揽子交易。

（2）该两份或多份合同中的一份合同的对价金额取决于其他合同的定价或履行情况。

（3）该两份或多份合同中所承诺的商品（或每份合同中所承诺的部分商品）构成 14 号准则第九条规定的单项履约义务。

（三）合同变更的会计处理与合同评估

1. 合同变更的会计处理

企业应当区分下列三种情形对合同变更分别进行会计处理：

（1）合同变更增加了可明确区分的商品及合同价款，且新增合同价款反映了新增商品单独售价的，应当将该合同变更部分作为一份单独的合同进行会计处理。

（2）合同变更不属于第（1）项规定的情形，且在合同变更日已转让的商品或已提供的服务（以下简称已转让的商品）与未转让的商品或未提供的服务（以下简称未转让的商品）之间可明确区分的，应当视为原合同终止，同时，将原合同未履约部分与合同变更部分合并为新合同进行会计处理。

（3）合同变更不属于第（1）项规定的情形，且在合同变更日已转让的商品与未转让的商品之间不可明确区分的，应当将该合同变更部分作为原合同的组成部分进行会计处理，由此产生的对已确认收入的影响，应当在合同变更日调整当期收入。

上述合同变更，是指经合同各方批准对原合同范围或价格作出的变更。

2. 合同评估

合同开始日，企业应当对合同进行评估，识别该合同所包含的各单项履约义务，并确定各单项履约义务是在某一时段内履行，还是在某一时点履行，然后，在履行了各单项履约义务时分别确认收入。

履约义务，是指合同中企业向客户转让可明确区分商品的承诺。履约义务既包括合同中明确的承诺，也包括由于企业已公开宣布的政策、特定声明或以往的习惯做法等导致合同订立时客户合理预期企业将履行的承诺。企业为履行合同而应开展的初始活动，通常不构成履约义务，除非该活动向客户转让了承诺的商品。

企业向客户转让一系列实质相同且转让模式相同的、可明确区分商品的承诺，也应当作为单项履约义务。

转让模式相同，是指每一项可明确区分商品均满足 14 号准则第十一条规定的、在某一时段内履行履约义务的条件，且采用相同方法确定其履约进度。

（四）可明确区分商品

企业向客户承诺的商品同时满足下列条件的，应当作为可明确区分商品：

（1）客户能够从该商品本身或从该商品与其他易于获得资源一起使用中受益；

（2）企业向客户转让该商品的承诺与合同中其他承诺可单独区分。

下列情形通常表明企业向客户转让该商品的承诺与合同中其他承诺不可单独区分：

（1）企业需提供重大的服务以将该商品与合同中承诺的其他商品整合成合同约定的组合产出转让给客户。

（2）该商品将对合同中承诺的其他商品予以重大修改或定制。

（3）该商品与合同中承诺的其他商品具有高度关联性。

（五）时段与时点履行履约义务

1. 时段与时点履行履约义务的区分

满足下列条件之一的，属于在某一时段内履行履约义务；否则，属于在某一时点履行履约义务。

（1）客户在企业履约的同时即取得并消耗企业履约所带来的经济利益。

（2）客户能够控制企业履约过程中在建的商品。

（3）企业履约过程中所产出的商品具有不可替代用途，且该企业在整个合同期间内有权就累计至今已完成的履约部分收取款项。

具有不可替代用途，是指因合同限制或实际可行性限制，企业不能轻易地将商品用于其他用途。

有权就累计至今已完成的履约部分收取款项，是指在由于客户或其他方原因终止合同的情况下，企业有权就累计至今已完成的履约部分收取能够补偿其已发生成本和合理利润的款项，并且该权利具有法律约束力。

2. 时段内履行的履约义务

对于在某一时段内履行的履约义务，企业应当在该段时间内按照履约进度确认收入，但是，履约进度不能合理确定的除外。企业应当考虑商品的性质，采用产出法或投入法确定恰当的履约进度。其中，产出法是根据已转移给客户的商品对于客户的价值确定履约进度；投入法是根据企业为履行履约义务的投入确定履约进度。对于类似情况下的类似履约义务，企业应当采用相同的方法确定履约进度。

当履约进度不能合理确定时，企业已经发生的成本预计能够得到补偿的，应当按照已经发生的成本金额确认收入，直到履约进度能够合理确定为止。

3. 时点履行的履约义务

对于在某一时点履行的履约义务，企业应当在客户取得相关商品控制权时点确认收入。在判断客户是否已取得商品控制权时，企业应当考虑下列迹象：

（1）企业就该商品享有现时收款权利，即客户就该商品负有现时付款义务。

（2）企业已将该商品的法定所有权转移给客户，即客户已拥有该商品的法定所有权。

（3）企业已将该商品实物转移给客户，即客户已实物占有该商品。

（4）企业已将该商品所有权上的主要风险和报酬转移给客户，即客户已取得该商品所有权上的主要风险和报酬。

（5）客户已接受该商品。

（6）其他表明客户已取得商品控制权的迹象。

五、企业会计准则关于收入的计量

（一）计量收入的基本单位与交易价格的确定

1. 计量收入的基本单位

根据《企业会计准则第 14 号——收入》（财会〔2017〕22 号，以下简称 14 号准则）第三章的规定，企业应当按照分摊至各单项履约义务的交易价格计量收入。

交易价格，是指企业因向客户转让商品而预期有权收取的对价金额。企业代第三方收取的款项以及企业预期将退还给客户的款项，应当作为负债进行会计处理，不计入交易价格。

2. 交易价格的确定

企业应当根据合同条款，并结合其以往的习惯做法确定交易价格。在确定交易价格时，企业应当考虑可变对价、合同中存在的重大融资成分、非现金对价、应付客户对价等因素的影响。

（二）确定交易价格的特殊情形

1. 可变对价的确定

合同中存在可变对价的，企业应当按照期望值或最可能发生金额确定可变对价的最佳估计数，但包含可变对价的交易价格，应当不超过在相关不确定性消除时累计已确认收入极可能不会发生重大转回的金额。企业在评估累计已确认收入是否极可能不会发生重大转回时，应当同时考虑收入转回的可能性及其比重。

每一资产负债表日，企业应当重新估计应计入交易价格的可变对价金额。可变对价金额发生变动的，按照 14 号准则第二十四条和第二十五条规定进行会计处理。

2. 存在重大融资成分时价格的确定

合同中存在重大融资成分的，企业应当按照假定客户在取得商品控制权时即以现金支付的应付金额确定交易价格。该交易价格与合同对价之间的差额，应当在合同期间内采用实际利率法摊销。

合同开始日，企业预计客户取得商品控制权与客户支付价款间隔不超过 1 年的，可以不考虑合同中存在的重大融资成分。

3. 非现金对价的确定

客户支付非现金对价的，企业应当按照非现金对价的公允价值确定交易价格。非现金对价的公允价值不能合理估计的，企业应当参照其承诺向客户转让商品的单独售价间接确定交易价格。非现金对价的公允价值因对价形式以外的原因而发生变动的，应当作为可变对价，按照 14 号准则第十六条规定进行会计处理。

单独售价，是指企业向客户单独销售商品的价格。

4. 应付对价冲减交易价格

企业应付客户（或向客户购买本企业商品的第三方，下同）对价的，应当将该应付对价冲减交易价格，并在确认相关收入与支付（或承诺支付）客户对价两者孰晚的时点冲减当期收入，但应付客户对价是为了向客户取得其他可明确区分商品的除外。

企业应付客户对价是为了向客户取得其他可明确区分商品的，应当采用与本企业其他采购相一致的方式确认所购买的商品。企业应付客户对价超过向客户取得可明确区分商品公允价值的，超过金额应当冲减交易价格。向客户取得的可明确区分商品公允价值不能合理估计的，企业应当将应付客户对价全额冲减交易价格。

5. 可变对价的分摊

对于可变对价及可变对价的后续变动额，企业应当按照14号准则第二十条至第二十三条规定，将其分摊至与之相关的一项或多项履约义务，或者分摊至构成单项履约义务的一系列可明确区分商品中的一项或多项商品。

对于已履行的履约义务，其分摊的可变对价后续变动额应当调整变动当期的收入。

（三）多项履约义务的分摊与确定单独售价的证据

1. 多项履约义务的分摊

合同中包含两项或多项履约义务的，企业应当在合同开始日，按照各单项履约义务所承诺商品的单独售价的相对比例，将交易价格分摊至各单项履约义务。企业不得因合同开始日之后单独售价的变动而重新分摊交易价格。

2. 确定单独售价的证据

企业在类似环境下向类似客户单独销售商品的价格，应作为确定该商品单独售价的最佳证据。单独售价无法直接观察的，企业应当综合考虑其能够合理取得的全部相关信息，采用市场调整法、成本加成法、余值法等方法合理估计单独售价。在估计单独售价时，企业应当最大限度地采用可观察的输入值，并对类似的情况采用一致的估计方法。

市场调整法，是指企业根据某商品或类似商品的市场售价考虑本企业的成本和毛利等进行适当调整后，确定其单独售价的方法。

成本加成法，是指企业根据某商品的预计成本加上其合理毛利后的价格，确定其单独售价的方法。

余值法，是指企业根据合同交易价格减去合同中其他商品可观察的单独售价后的余值，确定某商品单独售价的方法。

企业在商品近期售价波动幅度巨大，或者因未定价且未曾单独销售而使售价无法可靠确定时，可采用余值法估计其单独售价。

（四）合同折扣与变更的会计处理

1. 合同折扣的会计处理

对于合同折扣，企业应当在各单项履约义务之间按比例分摊。

有确凿证据表明合同折扣仅与合同中一项或多项（而非全部）履约义务相关的，企业应当将该合同折扣分摊至相关一项或多项履约义务。

合同折扣仅与合同中一项或多项（而非全部）履约义务相关，且企业采用余值法估计单独售价的，应当首先按照前款规定在该一项或多项（而非全部）履约义务之间分摊合同折扣，然后采用余值法估计单独售价。

合同折扣，是指合同中各单项履约义务所承诺商品的单独售价之和高于合同交易价格的金额。

2. 合同变更的会计处理

合同变更之后发生可变对价后续变动的，企业应当区分下列三种情形分别进行会计处理：

（1）合同变更属于14号准则第八条（一）规定情形的，企业应当判断可变对价后续变动与哪一项合同相关，并按照第二十四条规定进行会计处理。

（2）合同变更属于14号准则第八条（二）规定情形，且可变对价后续变动与合同变更前已承诺可变对价相关的，企业应当首先将该可变对价后续变动额以原合同开始日确定的基础进行分摊，然后再将分摊至合同变更日尚未履行履约义务的该可变对价后续变动额以新合同开始日确定的基础进行二次分摊。

（3）合同变更之后发生除上述情形以外的可变对价后续变动的，企业应当将该可变对价后续变动额分摊至合同变更日尚未履行的履约义务。

六、企业会计准则关于租赁的规定

（一）总则

根据《企业会计准则第21号——租赁》（财会〔2018〕35号，以下简称21号准则）的规定，租赁，是指在一定期间内，出租人将资产的使用权让与承租人以获取对价的合同。

21号准则适用于所有租赁，但下列各项除外：

（1）承租人通过许可使用协议取得的电影、录像、剧本、文稿等版权、专利等项目的权利，以出让、划拨或转让方式取得的土地使用权，适用《企业会计准则第6号——无形资产》。

（2）出租人授予的知识产权许可，适用《企业会计准则第14号——收入》。

勘探或使用矿产、石油、天然气及类似不可再生资源的租赁，承租人承租生物资产，采用建设经营移交等方式参与公共基础设施建设、运营的特许经营权合同，不适用本准则。

（二）租赁的识别

在合同开始日，企业应当评估合同是否为租赁或者包含租赁。如果合同中一方让渡了在一定期间内控制一项或多项已识别资产使用的权利以换取对价，则该合同为租赁或者包含租赁。除非合同条款和条件发生变化，企业无需重新评估合同是否为租赁或者包含租赁。

为确定合同是否让渡了在一定期间内控制已识别资产使用的权利，企业应当评估合同中的客户是否有权获得在使用期间内因使用已识别资产所产生的几乎全部经济利益，并有权在该使用期间主导已识别资产的使用。

已识别资产通常由合同明确指定，也可以在资产可供客户使用时隐性指定。但是，即使合同已对资产进行指定，如果资产的供应方在整个使用期间拥有对该资产的实质性替换权，则该资产不属于已识别资产。

同时符合下列条件时，表明供应方拥有资产的实质性替换权：

（1）资产供应方拥有在整个使用期间替换资产的实际能力；

（2）资产供应方通过行使替换资产的权利将获得经济利益。

企业难以确定供应方是否拥有对该资产的实质性替换权的，应当视为供应方没有对该资产的实质性替换权。

如果资产的某部分产能或其他部分在物理上不可区分，则该部分不属于已识别资产，除非其实质上代表该资产的全部产能，从而使客户获得因使用该资产所产生的几乎全部经济利益。

在评估是否有权获得因使用已识别资产所产生的几乎全部经济利益时，企业应当在约定的客户可使用资产的权利范围内考虑其所产生的经济利益。

存在下列情况之一的，可视为客户有权主导对已识别资产在整个使用期间内的使用：

（1）客户有权在整个使用期间主导已识别资产的使用目的和使用方式。

（2）已识别资产的使用目的和使用方式在使用期开始前已预先确定，并且客户有权在整个使用期间自行或主导他人按照其确定的方式运营该资产，或者客户设计了已识别资产并在设计时已预先确定了该资产在整个使用期间的使用目的和使用方式。

（三）租赁的分拆和合并

合同中同时包含多项单独租赁的，承租人和出租人应当将合同予以分拆，并分别各项单独租赁进行会计处理。

合同中同时包含租赁和非租赁部分的，承租人和出租人应当将租赁和非租赁部分进行分拆，除非企业适用21号准则第十二条的规定进行会计处理，租赁部分应当分别按照21号准则进行会计处理，非租赁部分应当按照其他适用的企业会计准则进行会计处理。

同时符合下列条件的，使用已识别资产的权利构成合同中的一项单独租赁：

（1）承租人可从单独使用该资产或将其与易于获得的其他资源一起使用中获利；

（2）该资产与合同中的其他资产不存在高度依赖或高度关联关系。

在分拆合同包含的租赁和非租赁部分时，承租人应当按照各租赁部分单独价格及非租赁部分的单独价格之和的相对比例分摊合同对价，出租人应当根据《企业会计准则第 14 号——收入》关于交易价格分摊的规定分摊合同对价。

为简化处理，承租人可以按照租赁资产的类别选择是否分拆合同包含的租赁和非租赁部分。承租人选择不分拆的，应当将各租赁部分及与其相关的非租赁部分分别合并为租赁，按照 21 号准则进行会计处理。但是，对于按照《企业会计准则第 22 号——金融工具确认和计量》应分拆的嵌入衍生工具，承租人不应将其与租赁部分合并进行会计处理。

企业与同一交易方或其关联方在同一时间或相近时间订立的两份或多份包含租赁的合同，在符合下列条件之一时，应当合并为一份合同进行会计处理：

（1）该两份或多份合同基于总体商业目的而订立并构成一揽子交易，若不作为整体考虑则无法理解其总体商业目的。

（2）该两份或多份合同中的某份合同的对价金额取决于其他合同的定价或履行情况。

（3）该两份或多份合同让渡的资产使用权合起来构成一项单独租赁。

（四）承租人的会计处理——确认和初始计量

在租赁期开始日，承租人应当对租赁确认使用权资产和租赁负债，应用 21 号准则第三章第三节进行简化处理的短期租赁和低价值资产租赁除外。使用权资产，是指承租人可在租赁期内使用租赁资产的权利。租赁期开始日，是指出租人提供租赁资产使其可供承租人使用的起始日期。租赁期，是指承租人有权使用租赁资产且不可撤销的期间。承租人有续租选择权，即有权选择续租该资产，且合理确定将行使该选择权的，租赁期还应当包含续租选择权涵盖的期间。承租人有终止租赁选择权，即有权选择终止租赁该资产，但合理确定将不会行使该选择权的，租赁期应当包含终止租赁选择权涵盖的期间。发生承租人可控范围内的重大事件或变化，且影响承租人是否合理确定将行使相应选择权的，承租人应当对其是否合理确定将行使续租选择权、购买选择权或不行使终止租赁选择权进行重新评估。

使用权资产应当按照成本进行初始计量。该成本包括：

（1）租赁负债的初始计量金额；

（2）在租赁期开始日或之前支付的租赁付款额，存在租赁激励的，扣除已享受的租赁激励相关金额；

（3）承租人发生的初始直接费用；

（4）承租人为拆卸及移除租赁资产、复原租赁资产所在场地或将租赁资产恢复至租赁条款约定状态预计将发生的成本。前述成本属于为生产存货而发生的，适用《企业会计准则第 1 号——存货》。

承租人应当按照《企业会计准则第 13 号——或有事项》对本条第（四）项所述成本进行确认和计量。租赁激励，是指出租人为达成租赁向承租人提供的优惠，包括出租人向承租人支付的与租赁有关的款项、出租人为承租人偿付或承担的成本等。初始直接费用，是指为达成租赁所发生的增量成本。增量成本是指若企业不取得该租赁，则不会发生的成本。

租赁负债应当按照租赁期开始日尚未支付的租赁付款额的现值进行初始计量。在计算租赁付款额的现值时，承租人应当采用租赁内含利率作为折现率；无法确定租赁内含利率的，应当采用承租人增量借款利率作为折现率。租赁内含利率，是指使出租人的租赁收款额的现值与未担保余值的现值之和等于租赁资产公允价值与出租人的初始直接费用之和的利率。承租人增量借款利率，是指承租人在类似经济环境下为获得与使用权资产价值接近的资产，在类似期间以类似抵押条件借入资金须支付的利率。

租赁付款额，是指承租人向出租人支付的与在租赁期内使用租赁资产的权利相关的款项，包括：

（1）固定付款额及实质固定付款额，存在租赁激励的，扣除租赁激励相关金额；

（2）取决于指数或比率的可变租赁付款额，该款项在初始计量时根据租赁期开始日的指数或比率确定；

（3）购买选择权的行权价格，前提是承租人合理确定将行使该选择权；

（4）行使终止租赁选择权需支付的款项，前提是租赁期反映出承租人将行使终止租赁选择权；

（5）根据承租人提供的担保余值预计应支付的款项。

实质固定付款额，是指在形式上可能包含变量但实质上无法避免的付款额。可变租赁付款额，是指承租人为取得在租赁期内使用租赁资产的权利，向出租人支付的因租赁期开始日后的事实或情况发生变化（而非时间推移）而变动的款项。取决于指数或比率的可变租赁付款额包括与消费者价格指数挂钩的款项、与基准利率挂钩的款项和为反映市场租金费率变化而变动的款项等。

担保余值，是指与出租人无关的一方向出租人提供担保，保证在租赁结束时租赁资产的价值至少为某指定的金额。未担保余值，是指租赁资产余值中，出租人无法保证能够实现或仅由与出租人有关的一方予以担保的部分。

（五）承租人的会计处理——后续计量

在租赁期开始日后，承租人应当按照 21 号准则第二十一条、第二十二条、

第二十七条及第二十九条的规定，采用成本模式对使用权资产进行后续计量。

承租人应当参照《企业会计准则第 4 号——固定资产》有关折旧规定，对使用权资产计提折旧。承租人能够合理确定租赁期届满时取得租赁资产所有权的，应当在租赁资产剩余使用寿命内计提折旧。无法合理确定租赁期届满时能够取得租赁资产所有权的，应当在租赁期与租赁资产剩余使用寿命两者孰短的期间内计提折旧。

承租人应当按照《企业会计准则第 8 号——资产减值》的规定，确定使用权资产是否发生减值，并对已识别的减值损失进行会计处理。

承租人应当按照固定的周期性利率计算租赁负债在租赁期内各期间的利息费用，并计入当期损益。按照《企业会计准则第 17 号——借款费用》等其他准则规定应当计入相关资产成本的，从其规定。该周期性利率，是按照 21 号准则第十七条规定所采用的折现率，或者按照 21 号准则第二十五条、二十六条和二十九条规定所采用的修订后的折现率。

未纳入租赁负债计量的可变租赁付款额应当在实际发生时计入当期损益。按照《企业会计准则第 1 号——存货》等其他准则规定应当计入相关资产成本的，从其规定。

在租赁期开始日后，发生下列情形的，承租人应当重新确定租赁付款额，并按变动后租赁付款额和修订后的折现率计算的现值重新计量租赁负债：

（1）因依据 21 号准则第十五条第四款规定，续租选择权或终止租赁选择权的评估结果发生变化，或者前述选择权的实际行使情况与原评估结果不一致等导致租赁期变化的，应当根据新的租赁期重新确定租赁付款额。

（2）因依据 21 号准则第十五条第四款规定，购买选择权的评估结果发生变化的，应当根据新的评估结果重新确定租赁付款额。在计算变动后租赁付款额的现值时，承租人应当采用剩余租赁期间的租赁内含利率作为修订后的折现率；无法确定剩余租赁期间的租赁内含利率的，应当采用重估日的承租人增量借款利率作为修订后的折现率。

在租赁期开始日后，根据担保余值预计的应付金额发生变动，或者因用于确定租赁付款额的指数或比率变动而导致未来租赁付款额发生变动的，承租人应当按照变动后租赁付款额的现值重新计量租赁负债。在这些情形下，承租人采用的折现率不变，但是，租赁付款额的变动源自浮动利率变动的，使用修订后的折现率。

承租人在根据 21 号准则第二十五条、第二十六条或因实质固定付款额变动重新计量租赁负债时，应当相应调整使用权资产的账面价值。使用权资产的账面价值已调减至零，但租赁负债仍需进一步调减的，承租人应当将剩余金额计入当期损益。

租赁发生变更且同时符合下列条件的，承租人应当将该租赁变更作为一项单独租赁进行会计处理：

（1）该租赁变更通过增加一项或多项租赁资产的使用权而扩大了租赁范围；

（2）增加的对价与租赁范围扩大部分的单独价格按该合同情况调整后的金额相当。

租赁变更，是指原合同条款之外的租赁范围、租赁对价、租赁期限的变更，包括增加或终止一项或多项租赁资产的使用权，延长或缩短合同规定的租赁期等。

租赁变更未作为一项单独租赁进行会计处理的，在租赁变更生效日，承租人应当按照 21 号准则第九条至第十二条的规定分摊变更后合同的对价，按照 21 号准则第十五条的规定重新确定租赁期，并按照变更后租赁付款额和修订后的折现率计算的现值重新计量租赁负债。

在计算变更后租赁付款额的现值时，承租人应当采用剩余租赁期间的租赁内含利率作为修订后的折现率；无法确定剩余租赁期间的租赁内含利率的，应当采用租赁变更生效日的承租人增量借款利率作为修订后的折现率。租赁变更生效日，是指双方就租赁变更达成一致的日期。

租赁变更导致租赁范围缩小或租赁期缩短的，承租人应当相应调减使用权资产的账面价值，并将部分终止或完全终止租赁的相关利得或损失计入当期损益。其他租赁变更导致租赁负债重新计量的，承租人应当相应调整使用权资产的账面价值。

（六）承租人的会计处理——短期租赁和低价值资产租赁

短期租赁，是指在租赁期开始日，租赁期不超过 12 个月的租赁。包含购买选择权的租赁不属于短期租赁。

低价值资产租赁，是指单项租赁资产为全新资产时价值较低的租赁。低价值资产租赁的判定仅与资产的绝对价值有关，不受承租人规模、性质或其他情况影响。低价值资产租赁还应当符合 21 号准则第十条的规定。承租人转租或预期转租租赁资产的，原租赁不属于低价值资产租赁。

对于短期租赁和低价值资产租赁，承租人可以选择不确认使用权资产和租赁负债。作出该选择的，承租人应当将短期租赁和低价值资产租赁的租赁付款额，在租赁期内各个期间按照直线法或其他系统合理的方法计入相关资产成本或当期损益。其他系统合理的方法能够更好地反映承租人的受益模式的，承租人应当采用该方法。

对于短期租赁，承租人应当按照租赁资产的类别作出 21 号准则第三十二条所述的会计处理选择。对于低价值资产租赁，承租人可根据每项租赁的具体情况作出 21 号准则第三十二条所述的会计处理选择。

按照 21 号准则第三十二条进行简化处理的短期租赁发生租赁变更或者因

租赁变更之外的原因导致租赁期发生变化的，承租人应当将其视为一项新租赁进行会计处理。

（七）出租人的租赁分类

出租人应当在租赁开始日将租赁分为融资租赁和经营租赁。租赁开始日，是指租赁合同签署日与租赁各方就主要租赁条款作出承诺日中的较早者。融资租赁，是指实质上转移了与租赁资产所有权有关的几乎全部风险和报酬的租赁。其所有权最终可能转移，也可能不转移。经营租赁，是指除融资租赁以外的其他租赁。在租赁开始日后，出租人无需对租赁的分类进行重新评估，除非发生租赁变更。租赁资产预计使用寿命、预计余值等会计估计变更或发生承租人违约等情况变化的，出租人不对租赁的分类进行重新评估。

一项租赁属于融资租赁还是经营租赁取决于交易的实质，而不是合同的形式。如果一项租赁实质上转移了与租赁资产所有权有关的几乎全部风险和报酬，出租人应当将该项租赁分类为融资租赁。

一项租赁存在下列一种或多种情形的，通常归为融资租赁：

（1）在租赁期届满时，租赁资产的所有权转移给承租人。

（2）承租人有购买租赁资产的选择权，所订立的购买价款与预计行使选择权时租赁资产的公允价值相比足够低，因而在租赁开始日就可以合理确定承租人将行使该选择权。

（3）资产的所有权虽然不转移，但租赁期占租赁资产使用寿命的大部分。

（4）在租赁开始日，租赁收款额的现值几乎相当于租赁资产的公允价值。

（5）租赁资产性质特殊，如果不作较大改造，只有承租人才能使用。

一项租赁存在下列一项或多项迹象的，也可能归为融资租赁：

（1）若承租人撤销租赁，撤销租赁对出租人造成的损失由承租人承担。

（2）资产余值的公允价值波动所产生的利得或损失归属于承租人。

（3）承租人有能力以远低于市场水平的租金继续租赁至下一期间。

转租出租人应当基于原租赁产生的使用权资产，而不是原租赁的标的资产，对转租赁进行分类。但是，原租赁为短期租赁，且转租出租人应用 21 号准则第三十二条对原租赁进行简化处理的，转租出租人应当将该转租赁分类为经营租赁。

（八）出租人对融资租赁的会计处理

在租赁期开始日，出租人应当对融资租赁确认应收融资租赁款，并终止确认融资租赁资产。出租人对应收融资租赁款进行初始计量时，应当以租赁投资净额作为应收融资租赁款的入账价值。租赁投资净额为未担保余值和租赁期开始日尚未收到的租赁收款额按照租赁内含利率折现的现值之和。

租赁收款额，是指出租人因让渡在租赁期内使用租赁资产的权利而应向承租人收取的款项，包括：

（1）承租人需支付的固定付款额及实质固定付款额，存在租赁激励的，扣除租赁激励相关金额；

（2）取决于指数或比率的可变租赁付款额，该款项在初始计量时根据租赁期开始日的指数或比率确定；

（3）购买选择权的行权价格，前提是合理确定承租人将行使该选择权；

（4）承租人行使终止租赁选择权需支付的款项，前提是租赁期反映出承租人将行使终止租赁选择权；

（5）由承租人、与承租人有关的一方以及有经济能力履行担保义务的独立第三方向出租人提供的担保余值。

在转租的情况下，若转租的租赁内含利率无法确定，转租出租人可采用原租赁的折现率（根据与转租有关的初始直接费用进行调整）计量转租投资净额。

出租人应当按照固定的周期性利率计算并确认租赁期内各个期间的利息收入。该周期性利率，是按照 21 号准则第三十八条规定所采用的折现率，或者按照 21 号准则第四十四条规定所采用的修订后的折现率。

出租人应当按照《企业会计准则第 22 号——金融工具确认和计量》和《企业会计准则第 23 号——金融资产转移》的规定，对应收融资租赁款的终止确认和减值进行会计处理。出租人将应收融资租赁款或其所在的处置组划分为持有待售类别的，应当按照《企业会计准则第 42 号——持有待售的非流动资产、处置组和终止经营》进行会计处理。

出租人取得的未纳入租赁投资净额计量的可变租赁付款额应当在实际发生时计入当期损益。

生产商或经销商作为出租人的融资租赁，在租赁期开始日，该出租人应当根据租赁资产公允价值与租赁收款额按市场利率折现的现值两者孰低确认收入，并按照租赁资产账面价值扣除未担保余值的现值后的余额结转销售成本。生产商或经销商出租人为取得融资租赁发生的成本，应当在租赁期开始日计入当期损益。

融资租赁发生变更且同时符合下列条件的，出租人应当将该变更作为一项单独租赁进行会计处理：

（1）该变更通过增加一项或多项租赁资产的使用权而扩大了租赁范围；

（2）增加的对价与租赁范围扩大部分的单独价格按该合同情况调整后的金额相当。

融资租赁的变更未作为一项单独租赁进行会计处理的，出租人应当分别下列情形对变更后的租赁进行处理：

（1）假如变更在租赁开始日生效，该租赁会被分类为经营租赁的，出租人应当自租赁变更生效日开始将其作为一项新租赁进行会计处理，并以租赁变更生效日前的租赁投资净额作为租赁资产的账面价值；

（2）假如变更在租赁开始日生效，该租赁会被分类为融资租赁的，出租人应当按照《企业会计准则第22号——金融工具确认和计量》关于修改或重新议定合同的规定进行会计处理。

（九）出租人对经营租赁的会计处理

在租赁期内各个期间，出租人应当采用直线法或其他系统合理的方法，将经营租赁的租赁收款额确认为租金收入。其他系统合理的方法能够更好地反映因使用租赁资产所产生经济利益的消耗模式的，出租人应当采用该方法。

出租人发生的与经营租赁有关的初始直接费用应当资本化，在租赁期内按照与租金收入确认相同的基础进行分摊，分期计入当期损益。

对于经营租赁资产中的固定资产，出租人应当采用类似资产的折旧政策计提折旧；对于其他经营租赁资产，应当根据该资产适用的企业会计准则，采用系统合理的方法进行摊销。出租人应当按照《企业会计准则第8号——资产减值》的规定，确定经营租赁资产是否发生减值，并进行相应会计处理。

出租人取得的与经营租赁有关的未计入租赁收款额的可变租赁付款额，应当在实际发生时计入当期损益。

经营租赁发生变更的，出租人应当自变更生效日起将其作为一项新租赁进行会计处理，与变更前租赁有关的预收或应收租赁收款额应当视为新租赁的收款额。

（十）售后租回交易

承租人和出租人应当按照《企业会计准则第14号——收入》的规定，评估确定售后租回交易中的资产转让是否属于销售。

售后租回交易中的资产转让属于销售的，承租人应当按原资产账面价值中与租回获得的使用权有关的部分，计量售后租回所形成的使用权资产，并仅就转让至出租人的权利确认相关利得或损失；出租人应当根据其他适用的企业会计准则对资产购买进行会计处理，并根据本准则对资产出租进行会计处理。

如果销售对价的公允价值与资产的公允价值不同，或者出租人未按市场价格收取租金，则企业应当将销售对价低于市场价格的款项作为预付租金进行会计处理，将高于市场价格的款项作为出租人向承租人提供的额外融资进行会计处理；同时，承租人按照公允价值调整相关销售利得或损失，出租人按市场价格调整租金收入。

在进行上述调整时，企业应当基于以下两者中更易于确定的项目：销售对价的公允价值与资产公允价值之间的差额、租赁合同中付款额的现值与按租赁市价计算的付款额现值之间的差额。

售后租回交易中的资产转让不属于销售的，承租人应当继续确认被转让资产，同时确认一项与转让收入等额的金融负债，并按照《企业会计准则第22号——金融工具确认和计量》对该金融负债进行会计处理；出租人不确认被转让资产，但应当确认一项与转让收入等额的金融资产，并按照《企业会计准则第22号——金融工具确认和计量》对该金融资产进行会计处理。

（十一）承租人的列报

承租人应当在资产负债表中单独列示使用权资产和租赁负债。其中，租赁负债通常分别非流动负债和1年内到期的非流动负债列示。

在利润表中，承租人应当分别列示租赁负债的利息费用与使用权资产的折旧费用。租赁负债的利息费用在财务费用项目列示。

在现金流量表中，偿还租赁负债本金和利息所支付的现金应当计入筹资活动现金流出，支付的按21号准则第三十二条简化处理的短期租赁付款额和低价值资产租赁付款额以及未纳入租赁负债计量的可变租赁付款额应当计入经营活动现金流出。

承租人应当在附注中披露与租赁有关的下列信息：

（1）各类使用权资产的期初余额、本期增加额、期末余额以及累计折旧额和减值金额；

（2）租赁负债的利息费用；

（3）计入当期损益的按21号准则第三十二条简化处理的短期租赁费用和低价值资产租赁费用；

（4）未纳入租赁负债计量的可变租赁付款额；

（5）转租使用权资产取得的收入；

（6）与租赁相关的总现金流出；

（7）售后租回交易产生的相关损益；

（8）其他按照《企业会计准则第37号——金融工具列报》应当披露的有关租赁负债的信息。

承租人应用21号准则第三十二条对短期租赁和低价值资产租赁进行简化处理的，应当披露这一事实。

承租人应当根据理解财务报表的需要，披露有关租赁活动的其他定性和定量信息。此类信息包括：

（1）租赁活动的性质，如对租赁活动基本情况的描述；

（2）未纳入租赁负债计量的未来潜在现金流出；

（3）租赁导致的限制或承诺；
（4）售后租回交易除 21 号准则第五十四条第（7）项之外的其他信息；
（5）其他相关信息。

（十二）出租人的列报

出租人应当根据资产的性质，在资产负债表中列示经营租赁资产。

出租人应当在附注中披露与融资租赁有关的下列信息：

（1）销售损益、租赁投资净额的融资收益以及与未纳入租赁投资净额的可变租赁付款额相关的收入；

（2）资产负债表日后连续 5 个会计年度每年将收到的未折现租赁收款额，以及剩余年度将收到的未折现租赁收款额总额；

（3）未折现租赁收款额与租赁投资净额的调节表。

出租人应当在附注中披露与经营租赁有关的下列信息：

（1）租赁收入，并单独披露与未计入租赁收款额的可变租赁付款额相关的收入；

（2）将经营租赁固定资产与出租人持有自用的固定资产分开，并按经营租赁固定资产的类别提供《企业会计准则第 4 号——固定资产》要求披露的信息；

（3）资产负债表日后连续 5 个会计年度每年将收到的未折现租赁收款额，以及剩余年度将收到的未折现租赁收款额总额。

出租人应当根据理解财务报表的需要，披露有关租赁活动的其他定性和定量信息。此类信息包括：

（1）租赁活动的性质，如对租赁活动基本情况的描述；
（2）对其在租赁资产中保留的权利进行风险管理的情况；
（3）其他相关信息。

（十三）衔接规定

对于首次执行日前已存在的合同，企业在首次执行日可以选择不重新评估其是否为租赁或者包含租赁。选择不重新评估的，企业应当在财务报表附注中披露这一事实，并一致应用于前述所有合同。

承租人应当选择下列方法之一对租赁进行衔接会计处理，并一致应用于其作为承租人的所有租赁：

按照《企业会计准则第 28 号——会计政策、会计估计变更和差错更正》的规定采用追溯调整法处理。

根据首次执行本准则的累积影响数，调整首次执行本准则当年年初留存收益及财务报表其他相关项目金额，不调整可比期间信息。采用该方法时，应当按照下列规定进行衔接处理：

（1）对于首次执行日前的融资租赁，承租人在首次执行日应当按照融资租入资产和应付融资租赁款的原账面价值，分别计量使用权资产和租赁负债。

（2）对于首次执行日前的经营租赁，承租人在首次执行日应当根据剩余租赁付款额按首次执行日承租人增量借款利率折现的现值计量租赁负债，并根据每项租赁选择按照下列两者之一计量使用权资产：①假设自租赁期开始日即采用本准则的账面价值（采用首次执行日的承租人增量借款利率作为折现率）；②与租赁负债相等的金额，并根据预付租金进行必要调整。

（3）在首次执行日，承租人应当按照《企业会计准则第8号——资产减值》的规定，对使用权资产进行减值测试并进行相应会计处理。

首次执行日前的经营租赁中，租赁资产属于低价值资产且根据21号准则第三十二条的规定选择不确认使用权资产和租赁负债的，承租人无需对该经营租赁按照衔接规定进行调整，应当自首次执行日起按照21号准则进行会计处理。

承租人采用21号准则第六十一条第（二）项进行衔接会计处理时，对于首次执行日前的经营租赁，可根据每项租赁采用下列一项或多项简化处理：

（1）将于首次执行日后12个月内完成的租赁，可作为短期租赁处理。

（2）计量租赁负债时，具有相似特征的租赁可采用同一折现率；使用权资产的计量可不包含初始直接费用。

（3）存在续租选择权或终止租赁选择权的，承租人可根据首次执行日前选择权的实际行使及其他最新情况确定租赁期，无需对首次执行日前各期间是否合理确定行使续租选择权或终止租赁选择权进行估计。

（4）作为使用权资产减值测试的替代，承租人可根据《企业会计准则第13号——或有事项》评估包含租赁的合同在首次执行日前是否为亏损合同，并根据首次执行日前计入资产负债表的亏损准备金额调整使用权资产。

（5）首次执行21号准则当年年初之前发生租赁变更的，承租人无需按照21号准则第二十八条、第二十九条的规定对租赁变更进行追溯调整，而是根据租赁变更的最终安排，按照21号准则进行会计处理。

承租人采用21号准则第六十三条规定的简化处理方法的，应当在财务报表附注中披露所采用的简化处理方法以及在合理可能的范围内对采用每项简化处理方法的估计影响所作的定性分析。

对于首次执行日前划分为经营租赁且在首次执行日后仍存续的转租赁，转租出租人在首次执行日应当基于原租赁和转租赁的剩余合同期限和条款进行重新评估，并按照21号准则的规定进行分类。按照21号准则重分类为融资租赁的，应当将其作为一项新的融资租赁进行会计处理。除上述情形外，出租人无需对其作为出租人的租赁按照衔接规定进行调整，而应当自首次执行日起按照21号准则进行会计处理。

对于首次执行日前已存在的售后租回交易，企业在首次执行日不重新评估资产转让是否符合《企业会计准则第14号——收入》作为销售进行会计处理的规定。对于首次执行日前应当作为销售和融资租赁进行会计处理的售后租回交易，卖方（承租人）应当按照与首次执行日存在的其他融资租赁相同的方法对租回进行会计处理，并继续在租赁期内摊销相关递延收益或损失。对于首次执行日前应当作为销售和经营租赁进行会计处理的售后租回交易，卖方（承租人）应当按照与首次执行日存在的其他经营租赁相同的方法对租回进行会计处理，并根据首次执行日前计入资产负债表的相关递延收益或损失调整使用权资产。

承租人选择按照21号准则第六十一条第（二）项规定对租赁进行衔接会计处理的，还应当在首次执行日披露以下信息：

（1）首次执行日计入资产负债表的租赁负债所采用的承租人增量借款利率的加权平均值；

（2）首次执行日前一年度报告期末披露的重大经营租赁的尚未支付的最低租赁付款额按首次执行日承租人增量借款利率折现的现值，与计入首次执行日资产负债表的租赁负债的差额。

七、《未按权责发生制确认收入纳税调整明细表》的填写

（一）纳税申报表样式（见表2-2）

表2-2　A105020　未按权责发生制确认收入纳税调整明细表

行次	项　　目	合同金额（交易金额）	账载金额		税收金额		纳税调整金额
			本年	累计	本年	累计	
		1	2	3	4	5	6（4—2）
1	一、跨期收取的租金、利息、特许权使用费收入（2＋3＋4）						
2	（一）租金						
3	（二）利息						
4	（三）特许权使用费						
5	二、分期确认收入（6＋7＋8）						
6	（一）分期收款方式销售货物收入						

（续表）

行次	项　　目	合同金额（交易金额）	账载金额		税收金额		纳税调整金额
			本年	累计	本年	累计	
		1	2	3	4	5	6（4—2）
7	（二）持续时间超过 12 个月的建造合同收入						
8	（三）其他分期确认收入						
9	三、政府补助递延收入（10 ＋ 11 ＋ 12）						
10	（一）与收益相关的政府补助						
11	（二）与资产相关的政府补助						
12	（三）其他						
13	四、其他未按权责发生制确认收入						
14	合计（1 ＋ 5 ＋ 9 ＋ 13）						

（二）适用范围

本表适用于会计处理按权责发生制确认收入、税收规定未按权责发生制确认收入需纳税调整的纳税人填报。纳税人根据税法、《国家税务总局关于贯彻落实企业所得税法若干税收问题的通知》（国税函〔2010〕79 号）、《国家税务总局关于确认企业所得税收入若干问题的通知》（国税函〔2008〕875 号）等相关规定，以及国家统一企业会计制度，填报会计处理按照权责发生制确认收入、税收规定未按权责发生制确认收入的会计处理、税收规定，以及纳税调整情况。符合税收规定不征税收入条件的政府补助收入，本表不作调整，在《专项用途财政性资金纳税调整明细表》（A105040）中纳税调整。

（三）项目填报说明

（1）第 1 列“合同金额或交易金额”：填报会计处理按照权责发生制确认收入、税收规定未按权责发生制确认收入的项目的合同总额或交易总额。

（2）第 2 列“账载金额—本年”：填报纳税人会计处理按权责发生制在本期确认金额。

（3）第 3 列“账载金额—累计”：填报纳税人会计处理按权责发生制累计确认金额（含本年）。

（4）第 4 列“税收金额—本年”：填报纳税人按税收规定未按权责发生

制在本期确认金额。

（5）第 5 列“税收金额—累计”：填报纳税人按税收规定未按权责发生制累计确认金额（含本年）。

（6）第 6 列“纳税调整金额”：填报纳税人会计处理按权责发生制确认收入、税收规定未按权责发生制确认收入的差异需纳税调整金额，为第 4-2 列的余额。

（四）表内关系

（1）第 1 行＝第 2 ＋ 3 ＋ 4 行。
（2）第 5 行＝第 6 ＋ 7 ＋ 8 行。
（3）第 9 行＝第 10 ＋ 11 ＋ 12 行。
（4）第 14 行＝第 1 ＋ 5 ＋ 9 ＋ 13 行。
（5）第 6 列＝第 4－2 列。

（五）表间关系

（1）第 14 行第 2 列＝表 A105000 第 3 行第 1 列。
（2）第 14 行第 4 列＝表 A105000 第 3 行第 2 列。
（3）若第 14 行第 6 列≥ 0，第 14 行第 6 列＝表 A105000 第 3 行第 3 列；若第 14 行第 6 列＜ 0，第 14 行第 6 列绝对值＝表 A105000 第 3 行第 4 列。

第三节 投资收益

一、投资资产的含义与所得税处理

（一）投资资产的含义

根据《企业所得税法实施条例》第七十一条的规定，投资资产，是指企业对外进行权益性投资和债权性投资形成的资产。

（二）投资资产的所得税处理

根据《企业所得税法》第十四条的规定，企业对外投资期间，投资资产的成本在计算应纳税所得额时不得扣除。

根据《企业所得税法实施条例》第七十一条的规定，企业在转让或者处置投资资产时，投资资产的成本，准予扣除。

投资资产按照以下方法确定成本：

（1）通过支付现金方式取得的投资资产，以购买价款为成本；

（2）通过支付现金以外的方式取得的投资资产，以该资产的公允价值和支付的相关税费为成本。

二、投资收益税收政策

（一）股息红利所得的定义与确认时间

根据《企业所得税法实施条例》第十七条的规定，股息、红利等权益性投资收益，是指企业因权益性投资从被投资方取得的收入。股息、红利等权益性投资收益，除国务院财政、税务主管部门另有规定外，按照被投资方作出利润分配决定的日期确认收入的实现。

（二）股息红利免税政策

根据《企业所得税法》第二十六条的规定，企业的下列收入为免税收入：

（1）国债利息收入；

（2）符合条件的居民企业之间的股息、红利等权益性投资收益；

（3）在中国境内设立机构、场所的非居民企业从居民企业取得与该机构、场所有实际联系的股息、红利等权益性投资收益；

（4）符合条件的非营利组织的收入。

根据《企业所得税法实施条例》第八十三条的规定，符合条件的居民企业之间的股息、红利等权益性投资收益，是指居民企业直接投资于其他居民企业取得的投资收益。

股息、红利等权益性投资收益，不包括连续持有居民企业公开发行并上市流通的股票不足12个月取得的投资收益。

（三）股息红利收入的确认与资本公积转股本的税务处理

根据《国家税务总局关于贯彻落实企业所得税法若干税收问题的通知》（国税函〔2010〕79号）的规定，企业权益性投资取得股息、红利等收入，应以被投资企业股东会或股东大会作出利润分配或转股决定的日期，确定收入的实现。

被投资企业将股权（票）溢价所形成的资本公积转为股本的，不作为投资方企业的股息、红利收入，投资方企业也不得增加该项长期投资的计税基础。

（四）撤回或减少投资中股息所得的确认

根据《国家税务总局关于企业所得税若干问题的公告》（国家税务总局公告 2011 年第 34 号）的规定，投资企业从被投资企业撤回或减少投资，其取得的资产中，相当于被投资企业累计未分配利润和累计盈余公积按减少实收资本比例计算的部分，应确认为股息所得。

（五）企业清算业务中的股息所得

根据《财政部　国家税务总局关于企业清算业务企业所得税处理若干问题的通知》（财税〔2009〕60 号）的规定，被清算企业的股东分得的剩余资产的金额，其中相当于被清算企业累计未分配利润和累计盈余公积中按该股东所占股份比例计算的部分，应确认为股息所得。

（六）房地产开发经营中的股息红利收入

根据《房地产开发经营业务企业所得税处理办法》（国税发〔2009〕31 号）第三十六条的规定，企业以本企业为主体联合其他企业、单位、个人合作或合资开发房地产项目，且该项目未成立独立法人公司的，凡开发合同或协议中约定分配项目利润的，投资方取得该项目的营业利润应视同股息、红利进行相关的税务处理。

（七）特殊主体投资收益免税政策

根据《财政部　国家税务总局 证监会关于 QFII 和 RQFII 取得中国境内的股票等权益性投资资产转让所得暂免征收企业所得税问题的通知》（财税〔2014〕79 号）的规定，从 2014 年 11 月 17 日起，对合格境外机构投资者（QFII）、人民币合格境外机构投资者（RQFII）取得来源于中国境内的股票等权益性投资资产转让所得，暂免征收企业所得税。在 2014 年 11 月 17 日之前 QFII 和 RQFII 取得的上述所得应依法征收企业所得税。

上述规定适用于在中国境内未设立机构、场所，或者在中国境内虽设立机构、场所，但取得的上述所得与其所设机构、场所没有实际联系的 QFII、RQFII。

三、投资资产的种类及其会计处理

（一）交易性金融资产

交易性金融资产是指企业打算通过积极管理和交易以获取利润的债权证券和权益证券。

根据金融工具确认与计量会计准则的规定，金融资产或金融负债满足下列条件之一的，应当划分为交易性金融资产或金融负债：

（1）取得该金融资产的目的，主要是近期内出售或回购，如购入的拟短期持有的股票，可作为交易性金融资产。

（2）属于进行集中管理的可辨认金融工具组合的一部分，且有客观证据表明企业近期采用短期获利方式对该组合进行管理，如基金公司购入的一批股票，目的是短期获利，该组合股票应作为交易性金融资产。

（3）属于衍生工具。一般情况下，购入的期货等衍生工具，应作为交易性金融资产，因为购入衍生工具的目的就是交易。但是，被指定且为有效套期工具的衍生工具、属于财务担保合同的衍生工具、与在活跃市场中没有报价且其公允价值不能可靠计量的权益工具投资挂钩并须通过交付该权益工具结算的衍生工具除外，因为它们不能随时交易。

【实操案例】

【例 2–12】

甲公司有关交易性金融资产交易情况如下：

（1）2018 年 12 月 5 日购入股票 100 万元，发生相关手续费、税金 0.2 万元，作为交易性金融资产

借：交易性金融资产——成本　1 000 000

　　投资收益　2 000

　　贷：银行存款　1 002 000

（2）2018 年年末，该股票收盘价为 108 万元

借：交易性金融资产——公允价值变动　80 000

　　贷：公允价值变动损益　80 000

（3）2019 年 1 月 15 日处置，收到 110 万元

借：银行存款　1 100 000

　　贷：交易性金融资产——成本　1 000 000

　　　　交易性金融资产——公允价值变动　80 000

　　　　投资收益　20 000

借：公允价值变动损益　　　　　　　　　　　　　　80 000
　　贷：投资收益　　　　　　　　　　　　　　　　　80 000

【例 2-13】

2007 年 1 月 1 日，甲企业从二级市场支付价款 1 020 000 元（含已到付息期但尚未领取的利息 20 000 元）购入某公司发行的债券，另发生交易费用 20 000 元。该债券面值 1 000 000 元，剩余期限为 2 年，票面年利率为 4%，每半年付息一次，甲企业将其划分为交易性金融资产。其他资料如下：

（1）2007 年 1 月 5 日，收到该债券 2006 年下半年利息 20 000 元；

（2）2007 年 6 月 30 日，该债券的公允价值为 1 150 000 元（不含利息）；

（3）2007 年 7 月 5 日，收到该债券半年利息；

（4）2007 年 12 月 31 日，该债券的公允价值为 1 100 000 元（不含利息）；

（5）2008 年 1 月 5 日，收到该债券 2007 年下半年利息；

（6）2008 年 3 月 31 日，甲企业将该债券出售，取得价款 1 180 000 元（含 1 季度利息 10 000 元）。假定不考虑其他因素。

甲企业的账务处理如下：

（1）2007 年 1 月 1 日，购入债券

借：交易性金融资产——成本　　　　　　　　　　1 000 000
　　应收利息　　　　　　　　　　　　　　　　　　20 000
　　投资收益　　　　　　　　　　　　　　　　　　20 000
　　贷：银行存款　　　　　　　　　　　　　　　　1 040 000

（2）2007 年 1 月 5 日，收到该债券 2006 年下半年利息

借：银行存款　　　　　　　　　　　　　　　　　　20 000
　　贷：应收利息　　　　　　　　　　　　　　　　　20 000

（3）2007 年 6 月 30 日，确认债券公允价值变动和投资收益（上半年利息收入）

借：交易性金融资产——公允价值变动　　　　　　　150 000
　　贷：公允价值变动损益（1 150 000 － 1 000 000）　150 000
借：应收利息　　　　　　　　　　　　　　　　　　20 000
　　贷：投资收益（1 000 000×4%÷2）　　　　　　　20 000

（4）2007 年 7 月 5 日，收到该债券半年利息

借：银行存款　　　　　　　　　　　　　　　　　　20 000
　　贷：应收利息　　　　　　　　　　　　　　　　　20 000

（5）2007 年 12 月 31 日，确认债券公允价值变动和投资收益（下半年利息收入）

借：公允价值变动损益（1 100 000 － 1 150 000）　　50 000
　　贷：交易性金融资产——公允价值变动　　　　　　50 000

借：应收利息　　20 000

　　贷：投资收益　　20 000

（6）2008 年 1 月 5 日，收到该债券 2007 年下半年利息

借：银行存款　　20 000

　　贷：应收利息　　20 000

（7）2008 年 3 月 31 日，将该债券出售

借：应收利息　　10 000

　　贷：投资收益（1 000 000×4%÷4）　　10 000

借：银行存款（1 180 000 − 10 000）　　1 170 000

　　公允价值变动损益　　100 000

　　贷：交易性金融资产——成本　　1 000 000

　　　　　　　　　　——公允价值变动　　100 000

　　　　投资收益　　170 000

借：银行存款　　10 000

　　贷：应收利息　　10 000

（二）可供出售金融资产

可供出售金融资产是指交易性金融资产和持有至到期投资以外的其他的债权证券和权益证券。企业购入可供出售金融资产的目的是获取利息、股利或市价增值。对于可供出售金融资产，也不会像对交易性金融资产那样积极管理。如果企业打算在 1 年内或超过 1 年的一个营业周期内卖出可供出售金融资产，那么就应该将这些可供出售金融资产归为短期投资；如果企业不打算在 1 年内或超过 1 年的一个营业周期内卖出可供出售金融资产，那么就应该将它们归为长期投资。

可供出售金融资产的一般会计分录如下：

1. 取得可供出售金融资产时

如果是股权投资则分录如下：

借：可供出售金融资产——成本（买价 − 已宣告未发放的股利 + 交易费用）

　　贷：银行存款

如果是债券投资则此分录调整如下：

借：可供出售金融资产——成本（面值）

　　　　　　　　　　——应计利息

　　　　　　　　　　——利息调整（溢价时）

　　应收利息

　　贷：银行存款

　　　　可供出售金融资产——利息调整（折价时）

2. 可供出售债券的利息计提

同持有至到期投资的核算，只需替换总账科目为“可供出售金融资产”。

3. 资产负债表日，按公允价值调整可供出售金融资产的价值

（1）如果是股权投资

期末公允价值高于此时的账面价值时：

借：可供出售金融资产——公允价值变动

　　贷：其他综合收益

期末公允价值低于此时的账面价值时：

反之即可。

（2）如果是债券投资

期末公允价值高于摊余成本时

借：可供出售金融资产——公允价值变动

　　贷：其他综合收益

如果是低于则反之。

需特别注意的是，此公允价值的调整不影响每期利息收益的计算，即每期利息收益始终用期初摊余成本乘以当初的内含报酬率来测算。

4. 可供出售金融资产减值的一般处理

借：资产减值损失

　　贷：可供出售金融资产——公允价值变动

反冲时：

借：可供出售金融资产——公允价值变动

　　贷：资产减值损失

如果该可供出售金融资产为股票等权益工具投资的（不含在活跃市场上没有报价、公允价值不能可靠计量的权益工具投资）：

借：可供出售金融资产——公允价值变动

　　贷：其他综合收益

5. 出售可供出售金融资产时

（1）如果是债券投资

借：银行存款

　　其他综合收益（持有期间公允价值的调整额可能列借方也可能列贷方）

　　贷：可供出售金融资产——成本

　　　　　　　　　　　——公允价值变动（持有期间公允价值的调整额可能列贷方也可能列借方）

　　　　　　　　　　　——利息调整

　　　　　　　　　　　——应计利息

　　　　投资收益（倒挤额，可能借方也可能贷方）

（2）如果是股权投资

借：银行存款
　　其他综合收益(持有期间公允价值的调整额可能列借方也可能列贷方)
　　贷：可供出售金融资产——成本
　　　　　　　　　　　　——公允价值变动（持有期间公允价值的调整额可能列贷方也可能列借方）
　　　　投资收益（倒挤额，可能借方也可能贷方）

（三）持有至到期投资

1. 定义

持有至到期投资是指企业打算并且能够持有到期的债权证券。如果这些证券在1年或企业超过1年的一个营业周期内到期，那么它们应在流动资产中列报；如果到期时间超过1年或1年以上的一个营业周期，那么持有至到期投资应在长期资产中列报。所有持有至到期投资在购入时都要以成本入账，利息收入则要在赚得时入账。

2. 账务处理

持有至到期投资应采用实际利率法，按摊余成本计量。实际利率法指按实际利率计算摊余成本及各期利息费用的方法，摊余成本为持有至到期投资初始金额扣除已偿还的本金和加上或减去累计摊销额以及扣除减值损失后的金额。

（1）企业取得的持有至到期投资，应按该投资的面值，借记本科目（成本），按支付的价款中包含的已到付息期但尚未领取的利息，借记“应收利息”科目，贷记“银行存款”等科目，按其差额，借记或贷记本科目（利息调整）。

（2）资产负债表日，持有至到期投资为分期付息、一次还本债券投资的，应按票面利率计算确定的应收未收利息，借记“应收利息”科目，按持有至到期投资摊余成本和实际利率计算确定的利息收入，贷记“投资收益”科目，按其差额，借记或贷记本科目（利息调整）。

持有至到期投资为一次还本付息债券投资，应于资产负债表日按票面利率计算确定的应收未收利息，借记本科目（应计利息），持有至到期投资摊余成本和实际利率计算确定的利息收入。

收到取得持有至到期投资支付的价款中包含的已到付息期的债券利息，借记“银行存款”科目，贷记“应收利息”科目。

收到分期付息、一次还本持有至到期投资持有期间支付的利息，借记“银行存款”，贷记“应收利息”科目。

（3）出售持有至到期投资时，应按实际收到的金额，借记“银行存款”等科目，已计提减值准备的，借记“持有至到期投资减值准备”科目，按其账面余额，贷记本科目（成本、利息调整、应计利息），按其差额，贷记或借记“投资收益”科目。

（4）本科目期末借方余额，反映企业持有至到期投资的摊余成本。

（四）衍生工具

1. 定义

衍生工具是与现货市场合同相对应的另外一种合约。合约的持有者有义务或选择权在未来买入或卖出某种资产。合约的价格来源于标的资产，如某些农产品与矿产品以及金融指数或利率等。合约的价值从标的资产中衍生出来。最基本的衍生工具是期货合约和期权合约。发明衍生工具的目的是为标的产品的交易者提供一种对冲风险的工具，随着市场参与者的增加，对衍生工具的利用不仅仅是对冲，而是大量的投资与投机性交易。

2. 特征

衍生产品具有以下特征：

（1）跨期交易。衍生工具是为了规避或防范未来价格、利率、汇率等变化风险而创设的合约，合约标的物的实际交割、交收或清算都是约定在未来的时间进行。跨期可以是即期与远期的跨期，也可以是远期与远期的跨期。

（2）杠杆效应。衍生工具具有以小博大的能量，借助不到合约标的物市场价值 5% ～ 10% 的保证金，或者支付一定比例的权益费而获得一定数量合约标的物在未来时间交易的权限。无论是保证金还是权益费，与合约标的物价值相比都是很小的数目，衍生工具交易相当于以 0.5 ～ 1 折买到商品或金融资产，具有 10 ～ 120 倍的交易放大效应。

（3）高风险性。衍生工具价格变化具有显著的不确定性，由此给衍生工具的交易者带来的风险也是很高的，无论是买方或者卖方，都要承受未来价格、利率、汇率等波动造成的风险。

（4）合约存续的短期性。衍生工具的合约都有期限，从签署到失效的这段时间为存续期，衍生工具的存续期一般不超过 1 年。

3. 功能

衍生产品具有以下功能：

（1）套期保值。这是衍生工具为交易者提供的最主要功能，也是衍生工具产生的原动力。最早出现的衍生工具——远期合约，就是为适应农产品的交易双方出于规避未来价格波动风险的需要而创设的。

（2）价格发现。预测未来往往是件困难的事，但衍生工具具有预测价格功能。

（3）投机套利。只要商品或资产存在价格波动就有投机与套利的空间。

4. 账务处理

衍生工具的主要账务处理如下：

（1）企业取得衍生工具，按其公允价值，借记本科目，按发生的交易费用，借记“投资收益”科目，按实际支付的金额，贷记“银行存款”“存放中央银行款项”等科目。

（2）资产负债表日，衍生工具的公允价值高于其账面余额的差额，借记本科目，贷记“公允价值变动损益”科目；公允价值低于其账面余额的差额做相反的会计分录。

（3）终止确认的衍生工具，应当比照“交易性金融资产”“交易性金融负债”等科目的相关规定进行处理。

（五）交易性金融负债

1. 定义

交易性金融负债，是指企业采用短期获利模式进行融资所形成的负债，如应付短期债券。对交易双方来说，甲方的金融债权就是乙方的金融负债，由于融资方需要支付利息，因此，就形成了金融负债。交易性金融负债是企业承担的交易性金融负债的公允价值。

2. 账务处理

交易性金融负债的主要账务处理如下：

（1）企业承担的交易性金融负债，应按实际收到的金额，借记“银行存款”“存放中央银行款项”“结算备付金”等科目，按发生的交易费用，借记“投资收益”科目，按交易性金融负债的公允价值，贷记本科目（本金）。

（2）资产负债表日，按交易性金融负债票面利率计算的利息，借记“投资收益”科目，贷记“应付利息”科目。资产负债表日，交易性金融负债的公允价值高于其账面余额的差额，借记“公允价值变动损益”科目，贷记本科目（公允价值变动）；公允价值低于其账面余额的差额做相反的会计分录。

（3）处置交易性金融负债，应按该金融负债的账面余额，借记本科目，按实际支付的金额，贷记“银行存款”“存放中央银行款项”“结算备付金”等科目，按其差额，贷记或借记“投资收益”科目。同时，按该金融负债的公允价值变动，借记或贷记“公允价值变动损益”科目，贷记或借记“投资收益”科目。资金交收日，按实际交收的证券清算款，借记“证券清算款”科目，贷记“银行存款”“结算备付金”等科目。

（4）本科目期末贷方余额，反映企业承担的交易性金融负债的公允价值。

（六）长期股权投资

1. 定义

长期股权投资，是指通过投资取得被投资单位的股份。企业对其他单位的股权投资，通常视为长期持有，以及通过股权投资达到控制被投资单位，或对被投资单位施加重大影响，或为了与被投资单位建立密切关系，以分散经营风险。

2. 小企业的核算方法

小企业对外进行长期股权投资，应当视对被投资单位的影响程度，分别采用成本法或权益法核算。

小企业对被投资单位无共同控制且无重大影响的，长期股权投资应当采用成本法核算；对被投资单位具有共同控制或重大影响的，长期股权投资应当采用权益法核算。

通常情况下，小企业对其他单位的投资占该单位有表决权资本总额的20%或20%以上，或虽投资不足20%但具有重大影响的，应当采用权益法核算。企业对其他单位的投资占该单位有表决权资本的20%以下，或对其他单位的投资虽占该单位有表决权资本总额的20%或20%以上，但不具有重大影响的，应当采用成本法核算。

小企业处置长期股权投资时，按实际取得的价款，借记“银行存款”等科目，按长期股权投资的账面余额，贷记本科目，按尚未领取的现金股利或利润，贷记“应收股息”科目，按其差额，贷记或借记“投资收益”科目。

3. 投资成本的核算与账务处理

长期股权投资在取得时，应按实际成本作为投资成本。

（1）以现金购入的长期股权投资，按实际支付的全部价款（包括支付的税金、手续费等相关费用）作为投资成本。实际支付的价款中包含已宣告但尚未领取的现金股利，应按实际支付的价款减去已宣告但尚未领取的现金股利后的差额，作为投资的实际成本，借记本科目，按已宣告但尚未领取的现金股利金额，借记“应收股利”科目，按实际支付的价款，贷记“银行存款”科目。

（2）接受投资者投入的长期股权投资，应按投资各方确认的价值作为实际成本，借记本科目，贷记“实收资本”等科目。

4. 长期股权投资成本法的账务处理

（1）采用成本法核算时，除追加或收回投资外，长期股权投资的账面余额一般应当保持不变。

（2）股权持有期间内，企业应于被投资单位宣告发放现金股利或利润时确认投资收益。按被投资单位宣告发放的现金股利或利润中属于应由本企业享有的部分，借记“应收股息”科目，贷记“投资收益”科目。收到现金股利或利润时，借记“银行存款”科目，贷记“应收股息”科目。

5. 长期股权投资权益法的账务处理

（1）采用权益法核算时，长期股权投资的账面余额应根据享有被投资单位所有者权益份额的变动，对长期股权投资的账面余额进行调整。

（2）股权持有期间，企业应于每个会计期末，按照应享有或应分担的被投资单位当年实现的净利润或净亏损的份额，调整长期股权投资的账面余额。如被投资单位实现净利润，企业应按应实有的份额，借记本科目，贷记“投资收益”科目；如被投资单位发生净亏损，则应作相反分录，但以长期股权投资的账面余额减记至零为限。被投资单位宣告分派现金股利或利润，企业按持股比例计算应享有的份额，借记“应收股息”科目，贷记本科目；实际分得现金股利或利润时，借记“银行存款”科目，贷记“应收股息”科目。

（七）短期投资

1. 定义

短期投资，是指企业购入的各种能随时变现、持有时间不超过 1 年的有价证券，以及不超过 1 年的其他投资。有价证券包括各种股票和债券等，如购买其他股份公司发行的各种股票，政府或其他企业发行的各种债券（国库券、国家重点建设债券、地方政府债券和企业融资债券等）；其他投资如企业向其他单位投出的货币资金、材料、固定资产和无形资产等。

2. 以固定资产换入作为短期投资的股票、债券、基金等的账务处理

（1）不涉及补价的

借：固定资产清理（按换出固定资产账面净值加上应支付的相关税费）
　　累计折旧（按换出固定资产已提的折旧）
　　贷：固定资产（按换出固定资产的账面原价）
　　　　固定资产减值准备（按换出固定资产已计提的减值准备）
　　　　银行存款（应支付的相关费用）
　　　　应交税金（按应支付的相关税金）

借：短期投资——××股票和债券、基金（按“固定资产清理”科目的余额）
　　贷：固定资产清理

（2）涉及补价的，收到补价的企业

借：固定资产清理（按换出固定资产的账面净值加上应支付的相关税费）
　　累计折旧（按换出固定资产已提的折旧）
　　贷：固定资产（按换出固定资产的账面原价）
　　　　固定资产减值准备（按换出固定资产已计提的减值准备）
　　　　银行存款（应支付的相关费用）
　　　　应交税金（按应支付的相关税金）

借：银行存款（按收到的补价）
　　贷：固定资产清理

借：固定资产
　　贷：营业外收入——非货币性交易收益（应确认的收益）

借：短期投资——×× 股票、债券、基金（按“固定资产清理”科目的余额）
　　贷：固定资产清理

（3）涉及补价的，支付补价的企业

借：固定资产清理（按换出固定资产的账面净值加上应支付相关税费）
　　累计折旧（按换出固定资产已提的折旧）
　　贷：固定资产（按换出固定资产的账面原价）
　　　　固定资产减值准备（按换出固定资产已计提的减值准备）
　　　　银行存款（应支付的相关费用）
　　　　应交税金（按应支付的相关税金）

借：固定资产清理
　　贷：银行存款（按支付的补价）

借：短期投资——×× 股票、债券、基金（按固定资产清理科目的余额）
　　贷：固定资产清理

3. 以无形资产换入作为短期投资的股票、债券、基金等的账务处理

（1）不涉及补价的

借：短期投资——×× 股票及债券、基金（按换出资产的账面价值加上应支付的相关税费）
　　无形资产减值准备（按换出无形资产已计提的减值准备）
　　贷：无形资产（按换出无形资产的账面余额）
　　　　银行存款（应支付的相关费用）
　　　　应交税金（按应支付的相关税金）

（2）涉及补价的，收到补价的企业

借：短期投资——×× 股票以及债券、基金（按换出资产的账面价值减去补价加应确认的收益和应支付的相关税费）
　　无形资产减值准备（按换出无形资产已计提的减值准备）
　　银行存款（按收到的补价）
　　贷：无形资产（按换出无形资产的账面余额）
　　　　银行存款（应支付的相关费用）
　　　　应交税金（按应支付的相关税金）
　　　　营业外收入——非货币性交易收益（应确认的收益）

（3）涉及补价的，支付补价的企业

借：短期投资——×× 股票和债券及基金（按换出资产的账面价值加应支付的补价和相关税费）
　　无形资产减值准备（按换出无形资产已计提的减值准备）
　　贷：无形资产（按换出无形资产的账面余额）
　　　　银行存款（按支付的补价和应支付的相关费用）
　　　　应交税金（按应支付的相关税金）

4. 以长期投资换入作为短期投资的股票、债券、基金等的账务处理

（1）不涉及补价的

借：短期投资——×× 股票、债券、基金（按换出资产的账面价值加上应支付的相关税费）

长期投资减值准备（按换出资产已计提的减值准备）

贷：长期股权投资、长期债权投资（按换出资产的账面余额）

银行存款（应支付的相关费用）

应交税金（按应支付的相关税金）

（2）涉及补价的，收到补价的企业

借：短期投资——×× 股票、债券、基金（按换出资产的账面价值减去补价加应确认的收益和应支付的相关税费）

长期投资减值准备（按换出资产已计提的减值准备）

银行存款（按收到的补价）

贷：长期股权投资、长期债权投资（按换出资产的账面余额）

银行存款（应支付的相关费用）

应交税金（按应支付的相关税金）

营业外收入——非货币性交易收益（应确认的收益）

（3）涉及补价的，支付补价的企业

借：短期投资——×× 股票、债券、基金（按换出资产的账面价值加应支付的补价和相关税费）

长期投资减值准备（按换出资产已计提的减值准备）

贷：长期股权投资、长期债权投资（按换出资产的账面余额）

银行存款（按支付的补价和应支付的相关费用）

应交税金（按应支付的相关税金）

5. 企业出售股票、债券、基金或到期收回债券本息的账务处理

借：银行存款（实际收到的金额）

短期投资跌价准备

投资收益（实际收到的金额小于成本和未领取的现金股利、利息的差额）

贷：短期投资（按出售或收回短期投资的成本）

应收股利、应收利息（按未领取的现金股利、利息）

投资收益（实际收到的金额大于成本和未领取的现金股利、利息的差额）

企业出售股票、债券等短期投资时，其结转的短期投资成本，可以按加权平均法、先进先出法、后进先出法、个别计价法等方法计算确定出售部分的成本。部分出售某项短期投资时，应按该项投资的总平均成本确定其出售部分的成本。企业计算出售短期投资成本的方法一经确定，不得随

意变更，如需变更，应在会计报表附注中予以说明。

【实操案例】

【例 2–14】

某企业 2020 年 1 月从银行买入按年付息的甲企业债券 100 000 元，2 月收到 2019 年债券利息 5 000 元，3 月将甲企业债券以 107 000 元卖出；2020 年 4 月以银行存款 164 250 元从证券市场购入的股票乙作为短期投资，2020 年 5 月乙公司宣告并分派现金股利 4 250 元，2020 年 6 月以 170 000 元卖出（乙公司适用的企业所得税税率为 15%）。则该企业应作如下会计处理：

2020 年 1 月，购买短期债券时：

借：短期投资——债券甲　　95 000
　　应收利息　　5 000
　　贷：银行存款　　100 000

对实际支付的价款中包括已到付息期但尚未领取的债券利息 5 000 元，应作为应收项目单独核算，不包括在债券的初始投资成本中，税法也认同会计的这种做法。

2020 年 2 月，收到 2019 年债券利息时：

借：银行存款　　5 000
　　贷：应收利息　　5 000

收到购买时已到付息期但尚未领取的债券利息 5 000 元，只冲减已记录的应收利息，不冲减短期债券的初始投资成本，税法也认同会计的这种做法。

2020 年 3 月，处置短期债券时：

借：银行存款　　107 000
　　贷：短期投资——债券甲　　95 000
　　　　投资收益——短期投资处置收益　　12 000

2020 年 3 月，购买短期股票时：

借：短期投资——股票乙　　164 250
　　贷：银行存款　　164 250

2020 年 4 月，收到宣告分派的股利时：

借：银行存款　　4 250
　　贷：短期投资——股票乙　　4 250

2002 年 5 月，处置短期股票时：

借：银行存款　　170 000
　　贷：短期投资——股票乙　　160 000
　　　　投资收益——短期投资处置收益　　10 000

（八）长期债券投资

1. 定义

长期债券投资是投资期限在 1 年以上的债券投资。企业进行长期债券投资的目的主要是为了获得稳定的收益。

2. 特点

长期债券投资的特点如下：

（1）投资的对象是债券。

（2）投资的目的不是为了获得另一企业的剩余资产，而是为了获取高于银行储蓄存款利率的利息，并保证到期收回本金和利息。

（3）持有期限超过 1 年。

四、企业会计准则关于长期股权投资的规定

（一）总则

根据《企业会计准则第 2 号——长期股权投资》（财会〔2014〕14 号）的规定，长期股权投资，是指投资方对被投资单位实施控制、重大影响的权益性投资，以及对其合营企业的权益性投资。

在确定能否对被投资单位实施控制时，投资方应当按照《企业会计准则第 33 号——合并财务报表》的有关规定进行判断。投资方能够对被投资单位实施控制的，被投资单位为其子公司。投资方属于《企业会计准则第 33 号——合并财务报表》规定的投资性主体且子公司不纳入合并财务报表的情况除外。

重大影响，是指投资方对被投资单位的财务和经营政策有参与决策的权力，但并不能够控制或者与其他方一起共同控制这些政策的制定。在确定能否对被投资单位施加重大影响时，应当考虑投资方和其他方持有的被投资单位当期可转换公司债券、当期可执行认股权证等潜在表决权因素。投资方能够对被投资单位施加重大影响的，被投资单位为其联营企业。

在确定被投资单位是否为合营企业时，应当按照《企业会计准则第 40 号——合营安排》的有关规定进行判断。

下列各项适用其他相关会计准则：

（1）外币长期股权投资的折算，适用《企业会计准则第 19 号——外币折算》。

（2）风险投资机构、共同基金以及类似主体持有的、在初始确认时按照《企业会计准则第 22 号——金融工具确认和计量》的规定以公允价值计量且其变动计入当期损益的金融资产，投资性主体对不纳入合并财务报表的子公

司的权益性投资，以及本准则未予规范的其他权益性投资，适用《企业会计准则第 22 号——金融工具确认和计量》。

长期股权投资的披露，适用《企业会计准则第 41 号——在其他主体中权益的披露》。

（二）初始计量

企业合并形成的长期股权投资，应当按照下列规定确定其初始投资成本：

（1）同一控制下的企业合并，合并方以支付现金、转让非现金资产或承担债务方式作为合并对价的，应当在合并日按照被合并方所有者权益在最终控制方合并财务报表中的账面价值的份额确定长期股权投资的初始投资成本。长期股权投资初始投资成本与支付的现金、转让的非现金资产以及所承担债务账面价值之间的差额，应当调整资本公积；资本公积不足冲减的，调整留存收益。

合并方以发行权益性证券作为合并对价的，应当在合并日按照被合并方所有者权益在最终控制方合并财务报表中的账面价值的份额确定长期股权投资的初始投资成本。按照发行股份的面值总额作为股本，长期股权投资初始投资成本与所发行股份面值总额之间的差额，应当调整资本公积；资本公积不足冲减的，调整留存收益。

（2）非同一控制下的企业合并，购买方在购买日应当将按照《企业会计准则第 20 号——企业合并》的有关规定确定的合并成本作为长期股权投资的初始投资成本。

合并方或购买方为企业合并发生的审计、法律服务、评估咨询等中介费用以及其他相关管理费用，应当于发生时计入当期损益。

除企业合并形成的长期股权投资以外，其他方式取得的长期股权投资，应当按照下列规定确定其初始投资成本：

（1）以支付现金取得的长期股权投资，应当按照实际支付的购买价款确定初始投资成本。初始投资成本包括与取得长期股权投资直接相关的费用、税金及其他必要支出。

（2）以发行权益性证券取得的长期股权投资，应当将按照发行权益性证券的公允价值作为初始投资成本。与发行权益行证券直接相关的费用，应当按照《企业会计准则第 37 号——金融工具列报》的有关规定确定。

（3）通过非货币性资产交换取得的长期股权投资，其初始投资成本应当按照《企业会计准则第 7 号——非货币性资产交换》的有关规定确定。

（4）通过债务重组取得的长期股权投资，其初始投资成本应当按照《企业会计准则第 12 号——债务重组》的有关规定确定。

（三）后续计量

投资方能够对被投资单位实施控制的长期股权投资应当采用成本法核算。

采用成本法核算的长期股权投资应当按照初始投资成本计价。追加或收回投资应当调整长期股权投资的成本。被投资单位宣告分派的现金股利或利润，应当确认为当期投资收益。

投资方对联营企业和合营企业的长期股权投资，应当按照本准则第十条至第十三条规定，采用权益法核算。

投资方对联营企业的权益性投资，其中一部分通过风险投资机构、共同基金、信托公司或包括投连险基金在内的类似主体间接持有的，无论以上主体是否对这部分投资具有重大影响，投资方都可以按照《企业会计准则第22号——金融工具确认和计量》的有关规定，对间接持有的该部分投资选择以公允价值计量且其变动计入损益，并对其余部分采用权益法核算。

长期股权投资的初始投资成本大于投资时应享有被投资单位可辨认净资产公允价值份额的，不调整长期股权投资的初始投资成本；长期股权投资的初始投资成本小于投资时应享有被投资单位可辨认净资产公允价值份额的，其差额应当计入当期损益，同时调整长期股权投资的成本。被投资单位可辨认净资产的公允价值，应当比照《企业会计准则第20号——企业合并》的有关规定确定。

投资方取得长期股权投资后，应当按照应享有或应分担的被投资单位实现的净损益和其他综合收益的份额，分别确认投资收益和其他综合收益，同时调整长期股权投资的账面价值；投资方按照被投资单位宣告分派的利润或现金股利计算应享有的部分，相应减少长期股权投资的账面价值；投资方对于被投资单位除净损益、其他综合收益和利润分配以外所有者权益的其他变动，应当调整长期股权投资的账面价值并计入所有者权益。

投资方在确认应享有被投资单位净损益的份额时，应当以取得投资时被投资单位可辨认净资产的公允价值为基础，对被投资单位的净利润进行调整后确认。被投资单位采用的会计政策及会计期间与投资方不一致的，应当按照投资方的会计政策及会计期间对被投资单位的财务报表进行调整，并据以确认投资收益和其他综合收益等。

投资方确认被投资单位发生的净亏损，应当以长期股权投资的账面价值以及其他实质上构成对被投资单位净投资的长期权益减记至零为限，投资方负有承担额外损失义务的除外。被投资单位以后实现净利润的，投资方在其收益分享额弥补未确认的亏损分担额后，恢复确认收益分享额。

投资方计算确认应享有或应分担被投资单位的净损益时，与联营企业、合营企业之间发生的未实现内部交易损益按照应享有的比例计算归属于投资方的部分，应当予以抵销，在此基础上确认投资收益。投资方与被投资单位发生的未实现内部交易损失，按照《企业会计准则第 8 号——资产减值》等的有关规定属于资产减值损失的，应当全额确认。

投资方因追加投资等原因能够对被投资单位施加重大影响或实施共同控制但不构成控制的，应当将按照《企业会计准则第 22 号——金融工具确认和计量》确定的原持有的股权投资的公允价值加上新增投资成本之和作为改按权益法核算的初始投资成本。原持有的股权投资分类为可供出售金融资产的，其公允价值与账面价值之间的差额，以及原计入其他综合收益的累计公允价值变动应当转入改按权益法核算的当期损益。

投资方因追加投资等原因能够对非同一控制下的被投资单位实施控制的，在编制个别财务报表时，应当将按照原持有的股权投资账面价值加上新增投资成本之和作为改按成本法核算的初始投资成本。购买日之前持有的股权投资因采用权益法核算而确认的其他综合收益，应当在处置该项投资时采用与被投资单位直接处置相关资产或负债相同的基础进行会计处理。购买日之前持有的股权投资按照《企业会计准则第 22 号——金融工具确认和计量》的有关规定进行会计处理的，原计入其他综合收益的累计公允价值变动应当在改按成本法核算时转入当期损益。在编制合并财务报表时，应当按照《企业会计准则第 33 号——合并财务报表》的有关规定进行会计处理。

投资方因处置部分股权投资等原因丧失了对被投资单位的共同控制或重大影响的，处置后的剩余股权应当改按《企业会计准则第 22 号——金融工具确认和计量》核算，其在丧失共同控制或重大影响之日的公允价值与账面价值之间的差额计入当期损益。原股权投资因采用权益法核算而确认的其他综合收益，应当在终止采用权益法核算时采用与被投资单位直接处置相关资产或负债相同的基础进行会计处理。

投资方因处置部分权益性投资等原因丧失了对被投资单位的控制的，在编制个别财务报表时，处置后的剩余股权能够对被投资单位实施共同控制或施加重大影响的，应当改按权益法核算，并对该剩余股权视同自取得时即采用权益法核算进行调整；处置后的剩余股权不能对被投资单位实施共同控制或施加重大影响的，应当改按《企业会计准则第 22 号——金融工具确认和计量》的有关规定进行会计处理，其在丧失控制之日的公允价值与账面价值间的差额计入当期损益。在编制合并财务报表时，应当按照《企业会计准则第 33 号——合并财务报表》的有关规定进行会计处理。

对联营企业或合营企业的权益性投资全部或部分分类为持有待售资产的，投资方应当按照《企业会计准则第 4 号——固定资产》的有关规定处理，对于未划分为持有待售资产的剩余权益性投资，应当采用权益法进行会计处理。

已划分为持有待售的对联营企业或合营企业的权益性投资，不再符合持有待售资产分类条件的，应当从被分类为持有待售资产之日起采用权益法进行追溯调整。分类为持有待售期间的财务报表应当作相应调整。

处置长期股权投资，其账面价值与实际取得价款之间的差额，应当计入当期损益。采用权益法核算的长期股权投资，在处置该项投资时，采用与被投资单位直接处置相关资产或负债相同的基础，按相应比例对原计入其他综合收益的部分进行会计处理。

投资方应当关注长期股权投资的账面价值是否大于享有被投资单位所有者权益账面价值的份额等类似情况。出现类似情况时，投资方应当按照《企业会计准则第 8 号——资产减值》对长期股权投资进行减值测试，可收回金额低于长期股权投资账面价值的，应当计提减值准备。

五、企业会计准则关于金融工具的规定

（一）基本定义

1. 金融工具

根据《企业会计准则第 22 号——金融工具确认和计量》（财会〔2017〕7 号，以下简称 22 号准则）的规定，金融工具，是指形成一个企业的金融资产，并形成其他单位的金融负债或权益工具的合同。

2. 金融资产

金融资产，是指企业持有的现金、其他方的权益工具以及符合下列条件之一的资产：

（1）从其他方收取现金或其他金融资产的合同权利。

（2）在潜在有利条件下，与其他方交换金融资产或金融负债的合同权利。

（3）将来须用或可用企业自身权益工具进行结算的非衍生工具合同，且企业根据该合同将收到可变数量的自身权益工具。

（4）将来须用或可用企业自身权益工具进行结算的衍生工具合同，但以固定数量的自身权益工具交换固定金额的现金或其他金融资产的衍生工具合同除外。其中，企业自身权益工具不包括应当按照《企业会计准则第 37 号——金融工具列报》分类为权益工具的可回售工具或发行方仅在清算时才有义务向另一方按比例交付其净资产的金融工具，也不包括本身就要求在未来收取或交付企业自身权益工具的合同。

3. 金融负债

金融负债，是指企业符合下列条件之一的负债：

（1）向其他方交付现金或其他金融资产的合同义务。

（2）在潜在不利条件下，与其他方交换金融资产或金融负债的合同义务。

（3）将来须用或可用企业自身权益工具进行结算的非衍生工具合同，且企业根据该合同将交付可变数量的自身权益工具。

（4）将来须用或可用企业自身权益工具进行结算的衍生工具合同，但以固定数量的自身权益工具交换固定金额的现金或其他金融资产的衍生工具合同除外。企业对全部现有同类别非衍生自身权益工具的持有方同比例发行配股权、期权或认股权证，使之有权按比例以固定金额的任何货币换取固定数量的该企业自身权益工具的，该类配股权、期权或认股权证应当分类为权益工具。其中，企业自身权益工具不包括应当按照《企业会计准则第37号——金融工具列报》分类为权益工具的可回售工具或发行方仅在清算时才有义务向另一方按比例交付其净资产的金融工具，也不包括本身就要求在未来收取或交付企业自身权益工具的合同。

4. 衍生工具

衍生工具，是指属于22号准则范围并同时具备下列特征的金融工具或其他合同：

（1）其价值随特定利率、金融工具价格、商品价格、汇率、价格指数、费率指数、信用等级、信用指数或其他变量的变动而变动，变量为非金融变量的，该变量不应与合同的任何一方存在特定关系。

（2）不要求初始净投资，或者与对市场因素变化预期有类似反应的其他合同相比，要求较少的初始净投资。

（3）在未来某一日期结算。

常见的衍生工具包括远期合同、期货合同、互换合同和期权合同等。

（二）金融工具的确认和终止确认

1. 金融工具的确认

企业成为金融工具合同的一方时，应当确认一项金融资产或金融负债。

对于以常规方式购买或出售金融资产的，企业应当在交易日确认将收到的资产和为此将承担的负债，或者在交易日终止确认已出售的资产，同时确认处置利得或损失以及应向买方收取的应收款项。

以常规方式购买或出售金融资产，是指企业按照合同规定购买或出售金融资产，并且该合同条款规定，企业应当根据通常由法规或市场惯例所确定的时间安排来交付金融资产。

2. 金融资产终止确认的条件

金融资产满足下列条件之一的，应当终止确认：

（1）收取该金融资产现金流量的合同权利终止。

（2）该金融资产已转移，且该转移满足《企业会计准则第23号——金融资产转移》关于金融资产终止确认的规定。

22号准则所称金融资产或金融负债终止确认，是指企业将之前确认的金融资产或金融负债从其资产负债表中予以转出。

3. 金融负债的终止确认

金融负债（或其一部分）的现时义务已经解除的，企业应当终止确认该金融负债（或该部分金融负债）。

4. 金融负债的替换

企业（借入方）与借出方之间签订协议，以承担新金融负债方式替换原金融负债，且新金融负债与原金融负债的合同条款实质上不同的，企业应当终止确认原金融负债，同时确认一项新金融负债。

企业对原金融负债（或其一部分）的合同条款做出实质性修改的，应当终止确认原金融负债，同时按照修改后的条款确认一项新金融负债。

5. 金融负债终止确认的处理

金融负债（或其一部分）终止确认的，企业应当将其账面价值与支付的对价（包括转出的非现金资产或承担的负债）之间的差额，计入当期损益。

6. 回购部分金融负债的处理

企业回购金融负债一部分的，应当按照继续确认部分和终止确认部分在回购日各自的公允价值占整体公允价值的比例，对该金融负债整体的账面价值进行分配。分配给终止确认部分的账面价值与支付的对价（包括转出的非现金资产或承担的负债）之间的差额，应当计入当期损益。

（三）金融资产的分类

1. 三类金融资产

企业应当根据其管理金融资产的业务模式和金融资产的合同现金流量特征，将金融资产划分为以下三类：

（1）以摊余成本计量的金融资产。

（2）以公允价值计量且其变动计入其他综合收益的金融资产。

（3）以公允价值计量且其变动计入当期损益的金融资产。

企业管理金融资产的业务模式，是指企业如何管理其金融资产以产生现金流量。业务模式决定企业所管理金融资产现金流量的来源是收取合同现金流量、出售金融资产还是两者兼有。企业管理金融资产的业务模式，应当以企业关键管理人员决定的对金融资产进行管理的特定业务目标为基础确定。企业确定管理金融资产的业务模式，应当以客观事实为依据，不得以按照合理预期不会发生的情形为基础确定。

金融资产的合同现金流量特征，是指金融工具合同约定的、反映相关金融资产经济特征的现金流量属性。企业分类为 22 号准则第十七条和第十八条规范的金融资产，其合同现金流量特征应当与基本借贷安排相一致，即相关金融资产在特定日期产生的合同现金流量仅为对本金和以未偿付本金金额为基础的利息的支付。其中，本金是指金融资产在初始确认时的公允价值，本金金额可能因提前偿付等原因在金融资产的存续期内发生变动；利息包括对货币时间价值、与特定时期未偿付本金金额相关的信用风险，以及其他基本借贷风险、成本和利润的对价。其中，货币时间价值是利息要素中仅因为时间流逝而提供对价的部分，不包括为所持有金融资产的其他风险或成本提供的对价，但货币时间价值要素有时可能存在修正。在货币时间价值要素存在修正的情况下，企业应当对相关修正进行评估，以确定其是否满足上述合同现金流量特征的要求。此外，金融资产包含可能导致其合同现金流量的时间分布或金额发生变更的合同条款（如包含提前偿付特征）的，企业应当对相关条款进行评估（如评估提前偿付特征的公允价值是否非常小），以确定其是否满足上述合同现金流量特征的要求。

2. 以摊余成本计量的金融资产

金融资产同时符合下列条件的，应当分类为以摊余成本计量的金融资产：

（1）企业管理该金融资产的业务模式是以收取合同现金流量为目标。

（2）该金融资产的合同条款规定，在特定日期产生的现金流量，仅为对本金和以未偿付本金金额为基础的利息的支付。

3. 以公允价值计量且其变动计入其他综合收益的金融资产

金融资产同时符合下列条件的，应当分类为以公允价值计量且其变动计入其他综合收益的金融资产：

（1）企业管理该金融资产的业务模式既以收取合同现金流量为目标又以出售该金融资产为目标。

（2）该金融资产的合同条款规定，在特定日期产生的现金流量，仅为对本金和以未偿付本金金额为基础的利息的支付。

4. 以公允价值计量且其变动计入其他综合收益的金融资产之外的金融资产

按照22号准则第十七条分类为以摊余成本计量的金融资产和按照第十八条分类为以公允价值计量且其变动计入其他综合收益的金融资产之外的金融资产，企业应当将其分类为以公允价值计量且其变动计入当期损益的金融资产。

在初始确认时，企业可以将非交易性权益工具投资指定为以公允价值计量且其变动计入其他综合收益的金融资产，并按照22号准则第六十五条规定确认股利收入。该指定一经做出，不得撤销。企业在非同一控制下的企业合并中确认的或有对价构成金融资产的，该金融资产应当分类为以公允价值计量且其变动计入当期损益的金融资产，不得指定为以公允价值计量且其变动计入其他综合收益的金融资产。

金融资产或金融负债满足下列条件之一的，表明企业持有该金融资产或承担该金融负债的目的是交易性的：

（1）取得相关金融资产或承担相关金融负债的目的，主要是为了近期出售或回购。

（2）相关金融资产或金融负债在初始确认时属于集中管理的可辨认金融工具组合的一部分，且有客观证据表明近期实际存在短期获利模式。

（3）相关金融资产或金融负债属于衍生工具，但符合财务担保合同定义的衍生工具以及被指定为有效套期工具的衍生工具除外。

5. 指定以公允价值计量且其变动计入当期损益的金融资产

在初始确认时，如果能够消除或显著减少会计错配，企业可以将金融资产指定为以公允价值计量且其变动计入当期损益的金融资产。该指定一经做出，不得撤销。

（四）金融负债的分类

1. 以摊余成本计量的金融负债

除下列各项外，企业应当将金融负债分类为以摊余成本计量的金融负债：

（1）以公允价值计量且其变动计入当期损益的金融负债，包括交易性金融负债（含属于金融负债的衍生工具）和指定为以公允价值计量且其变动计入当期损益的金融负债。

（2）金融资产转移不符合终止确认条件或继续涉入被转移金融资产所形成的金融负债。对此类金融负债，企业应当按照《企业会计准则第 23 号——金融资产转移》相关规定进行计量。

（3）不属于上述情形的财务担保合同，以及不属于第（1）项情形的以低于市场利率贷款的贷款承诺。企业作为此类金融负债发行方的，应当在初始确认后按照依据 22 号准则第八章所确定的损失准备金额以及初始确认金额扣除依据《企业会计准则第 14 号——收入》相关规定所确定的累计摊销额后的余额孰高进行计量。

在非同一控制下的企业合并中，企业作为购买方确认的或有对价形成金融负债的，该金融负债应当按照以公允价值计量且其变动计入当期损益进行会计处理。

2. 指定为以公允价值计量且其变动计入当期损益的金融负债

在初始确认时，为了提供更相关的会计信息，企业可以将金融负债指定为以公允价值计量且其变动计入当期损益的金融负债，但该指定应当满足下列条件之一：

（1）能够消除或显著减少会计错配。

（2）根据正式书面文件载明的企业风险管理或投资策略，以公允价值为基础对金融负债组合或金融资产和金融负债组合进行管理和绩效考核，并在企业内部以此为基础向关键管理人员报告。

该指定一经做出，不得撤销。

（五）嵌入衍生工具

1. 嵌入衍生工具的界定

嵌入衍生工具，是指嵌入到非衍生工具（即主合同）中的衍生工具。嵌入衍生工具与主合同构成混合合同。该嵌入衍生工具对混合合同的现金流量产生影响的方式应当与单独存在的衍生工具类似，且该混合合同的全部或部分现金流量随特定利率、金融工具价格、商品价格、汇率、价格指数、费率指数、信用等级、信用指数或其他变量变动而变动，变量为非金融变量的，该变量不应与合同的任何一方存在特定关系。

衍生工具如果附属于一项金融工具但根据合同规定可以独立于该金融工具进行转让，或者具有与该金融工具不同的交易对手方，则该衍生工具不是嵌入衍生工具，应当作为一项单独存在的衍生工具处理。

2. 作为整体的混合合同

混合合同包含的主合同属于22号准则规范的资产的，企业不应从该混合合同中分拆嵌入衍生工具，而应当将该混合合同作为一个整体适用22号准则关于金融资产分类的相关规定。

3. 单独存在的衍生工具

混合合同包含的主合同不属于22号准则规范的资产，且同时符合下列条件的，企业应当从混合合同中分拆嵌入衍生工具，将其作为单独存在的衍生工具处理：

（1）嵌入衍生工具的经济特征和风险与主合同的经济特征和风险不紧密相关。

（2）与嵌入衍生工具具有相同条款的单独工具符合衍生工具的定义。

（3）该混合合同不是以公允价值计量且其变动计入当期损益进行会计处理。

嵌入衍生工具从混合合同中分拆的，企业应当按照适用的会计准则规定，对混合合同的主合同进行会计处理。企业无法根据嵌入衍生工具的条款和条件对嵌入衍生工具的公允价值进行可靠计量的，该嵌入衍生工具的公允价值应当根据混合合同公允价值和主合同公允价值之间的差额确定。使用了上述方法后，该嵌入衍生工具在取得日或后续资产负债表日的公允价值仍然无法单独计量的，企业应当将该混合合同整体指定为以公允价值计量且其变动计入当期损益的金融工具。

4. 整体指定为以公允价值计量且其变动计入当期损益的金融工具

混合合同包含一项或多项嵌入衍生工具，且其主合同不属于22号准则规范的资产的，企业可以将其整体指定为以公允价值计量且其变动计入当期损益的金融工具，但下列情况除外：

（1）嵌入衍生工具不会对混合合同的现金流量产生重大改变。

（2）在初次确定类似的混合合同是否需要分拆时，几乎不需分析就能明确其包含的嵌入衍生工具不应分拆，如嵌入贷款的提前偿还选择权，允许持有人以接近摊余成本的金额提前偿还贷款，该提前偿还选择权不需要分拆。

（六）金融工具的重分类

1. 改变业务模式

企业改变其管理金融资产的业务模式时，应当按照22号准则的规定对所有受影响的相关金融资产进行重分类。

企业对所有金融负债均不得进行重分类。

2. 不属于重分类的情形

企业发生下列情况的，不属于金融资产或金融负债的重分类：

（1）按照《企业会计准则第24号——套期会计》相关规定，某金融工具以前被指定并成为现金流量套期或境外经营净投资套期中的有效套期工具，但已不再满足运用该套期会计方法的条件。

（2）按照《企业会计准则第24号——套期会计》相关规定，某金融工具被指定并成为现金流量套期或境外经营净投资套期中的有效套期工具。

（3）按照《企业会计准则第24号——套期会计》相关规定，运用信用风险敞口公允价值选择权所引起的计量变动。

3. 未来适用法会计处理

企业对金融资产进行重分类，应当自重分类日起采用未来适用法进行相关会计处理，不得对以前已经确认的利得、损失（包括减值损失或利得）或利息进行追溯调整。

重分类日，是指导致企业对金融资产进行重分类的业务模式发生变更后的首个报告期间的第一天。

4. 重分类后的重新计量

企业将一项以摊余成本计量的金融资产重分类为以公允价值计量且其变动计入当期损益的金融资产的，应当按照该资产在重分类日的公允价值进行计量。原账面价值与公允价值之间的差额计入当期损益。

企业将一项以摊余成本计量的金融资产重分类为以公允价值计量且其变动计入其他综合收益的金融资产的，应当按照该金融资产在重分类日的公允价值进行计量。原账面价值与公允价值之间的差额计入其他综合收益。该金融资产重分类不影响其实际利率和预期信用损失的计量。

企业将一项以公允价值计量且其变动计入其他综合收益的金融资产重分类为以摊余成本计量的金融资产的，应当将之前计入其他综合收益的累计利得或损失转出，调整该金融资产在重分类日的公允价值，并以调整后的金额作为新的账面价值，即视同该金融资产一直以摊余成本计量。该金融资产重分类不影响其实际利率和预期信用损失的计量。

企业将一项以公允价值计量且其变动计入其他综合收益的金融资产重分类为以公允价值计量且其变动计入当期损益的金融资产的，应当继续以公允价值计量该金融资产。同时，企业应当将之前计入其他综合收益的累计利得或损失从其他综合收益转入当期损益。

企业将一项以公允价值计量且其变动计入当期损益的金融资产重分类为以摊余成本计量的金融资产的，应当以其在重分类日的公允价值作为新的账面余额。

企业将一项以公允价值计量且其变动计入当期损益的金融资产重分类为以公允价值计量且其变动计入其他综合收益的金融资产的，应当继续以公允价值计量该金融资产。

按照上述规定对金融资产重分类进行处理的，企业应当根据该金融资产在重分类日的公允价值确定其实际利率。同时，企业应当自重分类日起对该金融资产适用本准则关于金融资产减值的相关规定，并将重分类日视为初始确认日。

（七）金融工具的计量

1. 初始确认

企业初始确认金融资产或金融负债，应当按照公允价值计量。对于以公允价值计量且其变动计入当期损益的金融资产和金融负债，相关交易费用应当直接计入当期损益；对于其他类别的金融资产或金融负债，相关交易费用应当计入初始确认金额。但是，企业初始确认的应收账款未包含《企业会计准则第 14 号——收入》所定义的重大融资成分或根据《企业会计准则第 14 号——收入》规定不考虑不超过 1 年的合同中的融资成分的，应当按照该准则定义的交易价格进行初始计量。

交易费用，是指可直接归属于购买、发行或处置金融工具的增量费用。增量费用是指企业没有发生购买、发行或处置相关金融工具的情形就不会发生的费用，包括支付给代理机构、咨询公司、券商、证券交易所、政府有关部门等的手续费、佣金、相关税费及其他必要支出，不包括债券溢价、折价、融资费用、内部管理成本和持有成本等与交易不直接相关的费用。

2. 公允价值的确定

企业应当根据《企业会计准则第 39 号——公允价值计量》的规定，确定金融资产和金融负债在初始确认时的公允价值。公允价值通常为相关金融资产或金融负债的交易价格。金融资产或金融负债公允价值与交易价格存在差异的，企业应当区别下列情况进行处理：

（1）在初始确认时，金融资产或金融负债的公允价值依据相同资产或负债在活跃市场上的报价或者以仅使用可观察市场数据的估值技术确定的，企业应当将该公允价值与交易价格之间的差额确认为一项利得或损失。

（2）在初始确认时，金融资产或金融负债的公允价值以其他方式确定的，企业应当将该公允价值与交易价格之间的差额递延。初始确认后，企业应当根据某一因素在相应会计期间的变动程度将该递延差额确认为相应会计期间的利得或损失。该因素应当仅限于市场参与者对该金融工具定价时将予考虑的因素，包括时间等。

3. 后续计量

初始确认后，企业应当对不同类别的金融资产，分别以摊余成本、以公允价值计量且其变动计入其他综合收益或以公允价值计量且其变动计入当期损益进行后续计量。

初始确认后，企业应当对不同类别的金融负债，分别以摊余成本、以公允价值计量且其变动计入当期损益或以本准则第二十一条规定的其他适当方法进行后续计量。

金融资产或金融负债被指定为被套期项目的，企业应当根据《企业会计准则第 24 号——套期会计》规定进行后续计量。

4. 摊余成本的确定

金融资产或金融负债的摊余成本，应当以该金融资产或金融负债的初始确认金额经下列调整后的结果确定：

（1）扣除已偿还的本金。

（2）加上或减去采用实际利率法将该初始确认金额与到期日金额之间的差额进行摊销形成的累计摊销额。

（3）扣除累计计提的损失准备（仅适用于金融资产）。

实际利率法，是指计算金融资产或金融负债的摊余成本以及将利息收入或利息费用分摊计入各会计期间的方法。

实际利率，是指将金融资产或金融负债在预计存续期的估计未来现金流量，折现为该金融资产账面余额或该金融负债摊余成本所使用的利率。在确定实际利率时，应当在考虑金融资产或金融负债所有合同条款（如提前还款、展期、看涨期权或其他类似期权等）的基础上估计预期现金流量，但不应当考虑预期信用损失。

5. 利息收入的确认

企业应当按照实际利率法确认利息收入。利息收入应当根据金融资产账面余额乘以实际利率计算确定，但下列情况除外：

（1）对于购入或源生的已发生信用减值的金融资产，企业应当自初始确认起，按照该金融资产的摊余成本和经信用调整的实际利率计算确定其利息收入。

（2）对于购入或源生的未发生信用减值，但在后续期间成为已发生信用减值的金融资产，企业应当在后续期间，按照该金融资产的摊余成本和实际利率计算确定其利息收入。企业按照上述规定对金融资产的摊余成本运用实际利率法计算利息收入的，若该金融工具在后续期间因其信用风险有所改善而不再存在信用减值，并且这一改善在客观上可与应用上述规定之后发生的某一事件相联系（如债务人的信用评级被上调），企业应当转按实际利率乘以该金融资产账面余额来计算确定利息收入。

经信用调整的实际利率，是指将购入或源生的已发生信用减值的金融资产在预计存续期的估计未来现金流量，折现为该金融资产摊余成本的利率。在确定经信用调整的实际利率时，应当在考虑金融资产的所有合同条款（如提前还款、展期、看涨期权或其他类似期权等）以及初始预期信用损失的基础上估计预期现金流量。

6. 已发生信用减值的金融资产

当对金融资产预期未来现金流量具有不利影响的一项或多项事件发生时，该金融资产成为已发生信用减值的金融资产。金融资产已发生信用减值的证据包括下列可观察信息：

（1）发行方或债务人发生重大财务困难；

（2）债务人违反合同，如偿付利息或本金违约或逾期等；

（3）债权人出于与债务人财务困难有关的经济或合同考虑，给予债务人在任何其他情况下都不会做出的让步；

（4）债务人很可能破产或进行其他财务重组；

（5）发行方或债务人财务困难导致该金融资产的活跃市场消失；

（6）以大幅折扣购买或源生一项金融资产，该折扣反映了发生信用损失的事实。

金融资产发生信用减值，有可能是多个事件的共同作用所致，未必是可单独识别的事件所致。

7. 确定实际利率时考虑的因素

合同各方之间支付或收取的、属于实际利率或经信用调整的实际利率组成部分的各项费用、交易费用及溢价或折价等，应当在确定实际利率或经信用调整的实际利率时予以考虑。

企业通常能够可靠估计金融工具（或一组类似金融工具）的现金流量和预计存续期。在极少数情况下，金融工具（或一组金融工具）的估计未来现金流量或预计存续期无法可靠估计的，企业在计算确定其实际利率（或经信用调整的实际利率）时，应当基于该金融工具在整个合同期内的合同现金流量。

8. 重新计算与减记账面余额

企业与交易对手方修改或重新议定合同，未导致金融资产终止确认，但导致合同现金流量发生变化的，应当重新计算该金融资产的账面余额，并将相关利得或损失计入当期损益。重新计算的该金融资产的账面余额，应当根据将重新议定或修改的合同现金流量按金融资产的原实际利率（或者购买或源生的已发生信用减值的金融资产的经信用调整的实际利率）或根据《企业会计准则第 24 号——套期会计》第二十三条计算的修正后实际利率（如适用）折现的现值确定。对于修改或重新议定合同所产生的所有成本或费用，企业应当调整修改后的金融资产账面价值，并在修改后金融资产的剩余期限内进行摊销。

企业不再合理预期金融资产合同现金流量能够全部或部分收回的，应当直接减记该金融资产的账面余额。这种减记构成相关金融资产的终止确认。

9. 公允价值计量的方法

企业对权益工具的投资和与此类投资相联系的合同应当以公允价值计量。但在有限情况下，如果用以确定公允价值的近期信息不足，或者公允价值的可能估计金额分布范围很广，而成本代表了该范围内对公允价值的最佳估计的，该成本可代表其在该分布范围内对公允价值的恰当估计。

企业应当利用初始确认日后可获得的关于被投资方业绩和经营的所有信息，判断成本能否代表公允价值。存在下列情形（包含但不限于）之一的，可能表明成本不代表相关金融资产的公允价值，企业应当对其公允价值进行估值：

（1）与预算、计划或阶段性目标相比，被投资方业绩发生重大变化。

（2）对被投资方技术产品实现阶段性目标的预期发生变化。

（3）被投资方的权益、产品或潜在产品的市场发生重大变化。

（4）全球经济或被投资方经营所处的经济环境发生重大变化。

（5）被投资方可比企业的业绩或整体市场所显示的估值结果发生重大变化。

（6）被投资方的内部问题，如欺诈、商业纠纷、诉讼、管理或战略变化。

（7）被投资方权益发生了外部交易并有客观证据，包括发行新股等被投资方发生的交易和第三方之间转让被投资方权益工具的交易等。

权益工具投资或合同存在报价的，企业不应当将成本作为对其公允价值的最佳估计。

（八）金融工具的减值

1. 需要减值处理的项目

企业应当按照 22 号准则规定，以预期信用损失为基础，对下列项目进行减值会计处理并确认损失准备：

（1）按照 22 号准则第十七条分类为以摊余成本计量的金融资产和按照第十八条分类为以公允价值计量且其变动计入其他综合收益的金融资产。

（2）租赁应收款。

（3）合同资产。合同资产是指《企业会计准则第 14 号——收入》定义的合同资产。

（4）企业发行的分类为以公允价值计量且其变动计入当期损益的金融负债以外的贷款承诺和适用第二十一条（三）规定的财务担保合同。

损失准备，是指针对按照第十七条计量的金融资产、租赁应收款和合同资产的预期信用损失计提的准备，按照第十八条计量的金融资产的累计减值金额以及针对贷款承诺和财务担保合同的预期信用损失计提的准备。

2. 预期信用损失

预期信用损失，是指以发生违约的风险为权重的金融工具信用损失的加权平均值。

信用损失，是指企业按照原实际利率折现的、根据合同应收的所有合同现金流量与预期收取的所有现金流量之间的差额，即全部现金短缺的现值。其中，对于企业购买或源生的已发生信用减值的金融资产，应按照该金融资产经信用调整的实际利率折现。由于预期信用损失考虑付款的金额和时间分布，因此即使企业预计可以全额收款但收款时间晚于合同规定的到期期限，也会产生信用损失。

在估计现金流量时，企业应当考虑金融工具在整个预计存续期的所有合同条款（如提前还款、展期、看涨期权或其他类似期权等）。企业所考虑的现金流量应当包括出售所持担保品获得的现金流量，以及属于合同条款组成部分的其他信用增级所产生的现金流量。

企业通常能够可靠估计金融工具的预计存续期。在极少数情况下，金融工具预计存续期无法可靠估计的，企业在计算确定预期信用损失时，应当基于该金融工具的剩余合同期间。

3. 评估信用风险的增加

除了按照 22 号准则第五十七条和第六十三条的相关规定计量金融工具损失准备的情形以外，企业应当在每个资产负债表日评估相关金融工具的信用风险自初始确认后是否已显著增加，并按照下列情形分别计量其损失准备、确认预期信用损失及其变动：

（1）如果该金融工具的信用风险自初始确认后已显著增加，企业应当按照相当于该金融工具整个存续期内预期信用损失的金额计量其损失准备。无论企业评估信用损失的基础是单项金融工具还是金融工具组合，由此形成的损失准备的增加或转回金额，应当作为减值损失或利得计入当期损益。

（2）如果该金融工具的信用风险自初始确认后并未显著增加，企业应当按照相当于该金融工具未来 12 个月内预期信用损失的金额计量其损失准备，无论企业评估信用损失的基础是单项金融工具还是金融工具组合，由此形成的损失准备的增加或转回金额，应当作为减值损失或利得计入当期损益。

未来12个月内预期信用损失，是指因资产负债表日后12个月内（若金融工具的预计存续期少于12个月，则为预计存续期）可能发生的金融工具违约事件而导致的预期信用损失，是整个存续期预期信用损失的一部分。

企业在进行相关评估时，应当考虑所有合理且有依据的信息包括前瞻性信息。为确保自金融工具初始确认后信用风险显著增加即确认整个存续期预期信用损失，企业在一些情况下应当以组合为基础考虑评估信用风险是否显著增加。整个存续期预期信用损失，是指因金融工具整个预计存续期内所有可能发生的违约事件而导致的预期信用损失。

4. 以公允价值计量且其变动计入其他综合收益的金融资产的处理

对于按照22号准则第十八条分类为以公允价值计量且其变动计入其他综合收益的金融资产，企业应当在其他综合收益中确认其损失准备，并将减值利得或损失计入当期损益，且不应减少该金融资产在资产负债表中列示的账面价值。

5. 损失准备的转回与特殊合同的初始确认日

企业在前一会计期间已经按照相当于金融工具整个存续期内预期信用损失的金额计量了损失准备，但在当期资产负债表日，该金融工具已不再属于自初始确认后信用风险显著增加的情形的，企业应当在当期资产负债表日按照相当于未来12个月内预期信用损失的金额计量该金融工具的损失准备，由此形成的损失准备的转回金额应当作为减值利得计入当期损益。

对于贷款承诺和财务担保合同，企业在应用金融工具减值规定时，应当将本企业成为做出不可撤销承诺的一方之日作为初始确认日。

6. 评估风险时应考虑的因素

企业在评估金融工具的信用风险自初始确认后是否已显著增加时，应当考虑金融工具预计存续期内发生违约风险的变化，而不是预期信用损失金额的变化。企业应当通过比较金融工具在资产负债表日发生违约的风险与在初始确认日发生违约的风险，以确定金融工具预计存续期内发生违约风险的变化情况。

在为确定是否发生违约风险而对违约进行界定时，企业所采用的界定标准，应当与其内部针对相关金融工具的信用风险管理目标保持一致，并考虑财务限制条款等其他定性指标。

企业在评估金融工具的信用风险自初始确认后是否已显著增加时，应当考虑违约风险的相对变化，而非违约风险变动的绝对值。在同一后续资产负债表日，对于违约风险变动的绝对值相同的两项金融资产，初始确认时违约风险较低的金融工具比初始确认时违约风险较高的金融工具的信用风险变化更为显著。

7. 预期信用损失的确认

企业通常应当在金融工具逾期前确认该工具整个存续期预期信用损失。

企业在确定信用风险自初始确认后是否显著增加时，企业无须付出额外成本或努力即可获得合理且有依据的前瞻性信息的，不得仅依赖逾期信息来确定信用风险自初始确认后是否显著增加；企业必须付出额外成本或努力才可获得合理且有依据的逾期信息以外的单独或汇总的前瞻性信息的，可以采用逾期信息来确定信用风险自初始确认后是否显著增加。

无论企业采用何种方式评估信用风险是否显著增加，通常情况下，如果逾期超过 30 日，则表明金融工具的信用风险已经显著增加。除非企业在无须付出不必要的额外成本或努力的情况下即可获得合理且有依据的信息，证明即使逾期超过 30 日，信用风险自初始确认后仍未显著增加。如果企业在合同付款逾期超过 30 日前已确定信用风险显著增加，则应当按照整个存续期的预期信用损失确认损失准备。

如果交易对手方未按合同规定时间支付约定的款项，则表明该金融资产发生逾期。

8. 较低信用风险与合同变更的处理

企业确定金融工具在资产负债表日只具有较低的信用风险的，可以假设该金融工具的信用风险自初始确认后并未显著增加。

如果金融工具的违约风险较低，借款人在短期内履行其合同现金流量义务的能力很强，并且较长时期内经济形势和经营环境的不利变化可能但未必降低借款人履行其合同现金流量义务的能力，该金融工具被视为具有较低的信用风险。

企业与交易对手方修改或重新议定合同，未导致金融资产终止确认，但导致合同现金流量发生变化的，企业在评估相关金融工具的信用风险是否已经显著增加时，应当将基于变更后的合同条款在资产负债表日发生违约的风险与基于原合同条款在初始确认时发生违约的风险进行比较。

9. 已发生信用减值金融资产的处理

对于购买或源生的已发生信用减值的金融资产，企业应当在资产负债表日仅将自初始确认后整个存续期内预期信用损失的累计变动确认为损失准备。在每个资产负债表日，企业应当将整个存续期内预期信用损失的变动金额作为减值损失或利得计入当期损益。即使该资产负债表日确定的整个存续期内预期信用损失小于初始确认时估计现金流量所反映的预期信用损失的金额，企业也应当将预期信用损失的有利变动确认为减值利得。

10. 计量预期信用损失方法的要求及其具体方法

企业计量金融工具预期信用损失的方法应当反映下列各项要素：

（1）通过评价一系列可能的结果而确定的无偏概率加权平均金额。

（2）货币时间价值。

（3）在资产负债表日无须付出不必要的额外成本或努力即可获得的有关过去事项、当前状况以及未来经济状况预测的合理且有依据的信息。

对于适用22号准则金融工具减值规定的各类金融工具，企业应当按照下列方法确定其信用损失：

（1）对于金融资产，信用损失应为企业应收取的合同现金流量与预期收取的现金流量之间差额的现值。

（2）对于租赁应收款项，信用损失应为企业应收取的合同现金流量与预期收取的现金流量之间差额的现值。其中，用于确定预期信用损失的现金流量，应与按照《企业会计准则第21号——租赁》用于计量租赁应收款项的现金流量保持一致。

（3）对于未提用的贷款承诺，信用损失应为在贷款承诺持有人提用相应贷款的情况下，企业应收取的合同现金流量与预期收取的现金流量之间差额的现值。企业对贷款承诺预期信用损失的估计，应当与其对该贷款承诺提用情况的预期保持一致。

（4）对于财务担保合同，信用损失应为企业就该合同持有人发生的信用损失向其做出赔付的预计付款额，减去企业预期向该合同持有人、债务人或任何其他方收取的金额之间差额的现值。

（5）对于资产负债表日已发生信用减值但并非购买或源生已发生信用减值的金融资产，信用损失应为该金融资产账面余额与按原实际利率折现的估计未来现金流量的现值之间的差额。

11. 预期信用损失计量的要求

企业应当以概率加权平均为基础对预期信用损失进行计量。企业对预期信用损失的计量应当反映发生信用损失的各种可能性，但不必识别所有可能的情形。

在计量预期信用损失时，企业需考虑的最长期限为企业面临信用风险的最长合同期限（包括考虑续约选择权），而不是更长期间，即使该期间与业务实践相一致。

如果金融工具同时包含贷款和未提用的承诺，且企业根据合同规定要求还款或取消未提用承诺的能力并未将企业面临信用损失的期间限定在合同通知期内的，企业对于此类金融工具（仅限于此类金融工具）确认预期信用损失的期间，应当为其面临信用风险且无法用信用风险管理措施予以缓释的期间，即使该期间超过了最长合同期限。

对于下列各项目，企业应当始终按照相当于整个存续期内预期信用损失的金额计量其损失准备：

（1）由《企业会计准则第14号——收入》规范的交易形成的应收款项或合同资产，且符合下列条件之一：

①该项目未包含《企业会计准则第14号——收入》所定义的重大融资成分，或企业根据《企业会计准则第14号——收入》规定不考虑不超过1年的合同中的融资成分。

②该项目包含《企业会计准则第 14 号——收入》所定义的重大融资成分，同时企业做出会计政策选择，按照相当于整个存续期内预期信用损失的金额计量损失准备。企业应当将该会计政策选择适用于所有此类应收款项和合同资产，但可对应收款项类和合同资产类分别做出会计政策选择。

（2）由《企业会计准则第 21 号——租赁》规范的交易形成的租赁应收款，同时企业做出会计政策选择，按照相当于整个存续期内预期信用损失的金额计量损失准备。企业应当将该会计政策选择适用于所有租赁应收款，但可对应收融资租赁款和应收经营租赁款分别做出会计政策选择。

在适用上述规定时，企业可对应收款项、合同资产和租赁应收款分别选择减值会计政策。

（九）利得和损失

1. 计入当期损益

企业应当将以公允价值计量的金融资产或金融负债的利得或损失计入当期损益，除非该金融资产或金融负债属于下列情形之一：

（1）属于《企业会计准则第 24 号——套期会计》规定的套期关系的一部分。

（2）是一项对非交易性权益工具的投资，且企业已按照 22 号准则第十九条规定将其指定为以公允价值计量且其变动计入其他综合收益的金融资产。

（3）是一项被指定为以公允价值计量且其变动计入当期损益的金融负债，且按照 22 号准则第六十八条规定，该负债由企业自身信用风险变动引起的其公允价值变动应当计入其他综合收益。

（4）是一项按照 22 号准则第十八条分类为以公允价值计量且其变动计入其他综合收益的金融资产，且企业根据第七十一条规定，其减值利得或损失和汇兑损益之外的公允价值变动计入其他综合收益。

2. 确认股利收入

企业只有在同时符合下列条件时，才能确认股利收入并计入当期损益：

（1）企业收取股利的权利已经确立；

（2）与股利相关的经济利益很可能流入企业；

（3）股利的金额能够可靠计量。

3. 特殊利得或损失的处理

以摊余成本计量且不属于任何套期关系的一部分的金融资产所产生的利得或损失，应当在终止确认、按照规定重分类、按照实际利率法摊销或按照规定确认减值时，计入当期损益。如果企业将以摊余成本计量的金融资产重分类为其他类别，应当根据 22 号准则第三十条规定处理其利得或损失。

以摊余成本计量且不属于任何套期关系的一部分的金融负债所产生的利得或损失，应当在终止确认时计入当期损益或在按照实际利率法摊销时计入相关期间损益。

属于套期关系中被套期项目的金融资产或金融负债所产生的利得或损失，应当按照《企业会计准则第24号——套期会计》相关规定进行处理。

4. 指定金融负债的利得或损失的处理

企业根据22号准则第二十二条和第二十六条规定将金融负债指定为以公允价值计量且其变动计入当期损益的金融负债的，该金融负债所产生的利得或损失应当按照下列规定进行处理：

（1）由企业自身信用风险变动引起的该金融负债公允价值的变动金额，应当计入其他综合收益；

（2）该金融负债的其他公允价值变动计入当期损益。

按照上述第（1）项规定对该金融负债的自身信用风险变动的影响进行处理会造成或扩大损益中的会计错配的，企业应当将该金融负债的全部利得或损失（包括企业自身信用风险变动的影响金额）计入当期损益。

该金融负债终止确认时，之前计入其他综合收益的累计利得或损失应当从其他综合收益中转出，计入留存收益。

指定为以公允价值计量且其变动计入当期损益的金融负债的财务担保合同和不可撤销贷款承诺所产生的全部利得或损失，应当计入当期损益。

5. 指定金融资产利得或损失的处理

企业根据22号准则第十九条规定将非交易性权益工具投资指定为以公允价值计量且其变动计入其他综合收益的金融资产的，当该金融资产终止确认时，之前计入其他综合收益的累计利得或损失应当从其他综合收益中转出，计入留存收益。

6. 以公允价值计量且其变动计入其他综合收益的金融资产利得或损失的处理

按照22号准则第十八条分类为以公允价值计量且其变动计入其他综合收益的金融资产所产生的所有利得或损失，除减值利得或损失和汇兑损益之外，均应当计入其他综合收益，直至该金融资产终止确认或被重分类。但是，采用实际利率法计算的该金融资产的利息应当计入当期损益。该金融资产计入各期损益的金额应当与视同其一直按摊余成本计量而计入各期损益的金额相等。

该金融资产终止确认时，之前计入其他综合收益的累计利得或损失应当从其他综合收益中转出，计入当期损益。

企业将该金融资产重分类为其他类别金融资产的，应当根据22号准则第三十一条规定，对之前计入其他综合收益的累计利得或损失进行相应处理。

六、《投资收益纳税调整明细表》的填写

（一）纳税申报表样式（见表2-3）

表2-3　A105030　投资收益纳税调整明细表

行次	项目	持有收益			处置收益							纳税调整金额
		账载金额	税收金额	纳税调整金额	会计确认的处置收入	税收计算的处置收入	处置投资的账面价值	处置投资的计税基础	会计确认的处置所得或损失	税收计算的处置所得	纳税调整金额	
		1	2	3（2−1）	4	5	6	7	8（4−6）	9（5−7）	10（9−8）	11（3＋10）
1	一、交易性金融资产											
2	二、可供出售金融资产											
3	三、持有至到期投资											
4	四、衍生工具											
5	五、交易性金融负债											
6	六、长期股权投资											
7	七、短期投资											
8	八、长期债券投资											
9	九、其他											
10	合计（1＋2＋3＋4＋5＋6＋7＋8＋9）											

（二）适用范围

本表适用于发生投资收益纳税调整项目的纳税人及从事股权投资业务的纳税人填报。纳税人根据税法、《国家税务总局关于贯彻落实企业所得税法若干税收问题的通知》（国税函〔2010〕79号）等相关规定，以及国家统一企业会计制度，填报投资收益的会计处理、税收规定，以及纳税调整情况。发生持有期间投资收益，并按税收规定为减免税收入的（如国债利息收入等），本表不作调整。处置投资项目按税收规定确认为损失的，本表不作调整，在《资产损失税前扣除及纳税调整明细表》（A105090）进行纳税调整。处置投资项目符合企业重组且适用特殊性税务处理规定的，本表不作调整，在《企业重组及递延纳税事项纳税调整明细表》（A105100）进行纳税调整。

（三）项目填报说明

已执行《企业会计准则第22号——金融工具确认和计量》（财会〔2017〕7号发布）、《企业会计准则第23号——金融资产转移》（财会〔2017〕8号发布）、《企业会计准则第24号——套期会计》（财会〔2017〕9号发布）、《企业会计准则第37号——金融工具列报》（财会〔2017〕14号发布）（以上四项简称“新金融准则”）的纳税人，若投资收益的项目类别不为本表第1行至第8行的，则在第9行“九、其他”中填报相关会计处理、税收规定，以及纳税调整情况。

（1）第1列“账载金额”：填报纳税人持有投资项目，会计核算确认的投资收益。

（2）第2列“税收金额”：填报纳税人持有投资项目，按照税收规定确认的投资收益。

（3）第3列“纳税调整金额”：填报纳税人持有投资项目，会计核算确认投资收益与税收规定投资收益的差异需纳税调整金额，为第2–1列金额。

（4）第4列“会计确认的处置收入”：填报纳税人收回、转让或清算处置投资项目，会计核算确认的扣除相关税费后的处置收入金额。

（5）第5列“税收计算的处置收入”：填报纳税人收回、转让或清算处置投资项目，按照税收规定计算的扣除相关税费后的处置收入金额。

（6）第6列“处置投资的账面价值”：填报纳税人收回、转让或清算处置的投资项目，会计核算的处置投资的账面价值。

（7）第7列“处置投资的计税基础”：填报纳税人收回、转让或清算处置的投资项目，按税收规定计算的处置投资的计税金额。

（8）第8列“会计确认的处置所得或损失”：填报纳税人收回、转让或清算处置投资项目，会计核算确认的处置所得或损失，按第4–6列金额填报（损失以“—”号填列）。

（9）第9列“税收计算的处置所得”：填报纳税人收回、转让或清算处置投资项目，按照税收规定计算的处置所得，按第5—7列金额填报。

（10）第10列“纳税调整金额”：填报纳税人收回、转让或清算处置投资项目，会计处理与税收规定不一致需纳税调整金额，按第9—8列金额填报。

（11）第11列“纳税调整金额”：填报第3＋10列金额。

（四）表内关系

（1）第10行＝第1＋2＋3＋4＋5＋6＋7＋8＋9行。
（2）第3列＝第2—1列。
（3）第8列＝第4—6列。
（4）第9列＝第5—7列。
（5）第10列＝第9—8列。
（6）第11列＝第3＋10列。

（五）表间关系

（1）第10行第1＋8列＝表A105000第4行第1列。
（2）第10行第2＋9列＝表A105000第4行第2列。
（3）若第10行第11列≥0，第10行第11列＝表A105000第4行第3列；若第10行第11列＜0，第10行第11列绝对值＝表A105000第4行第4列。

第四节
不征税收入

一、不征税收入的种类

（一）财政拨款

根据《企业所得税法实施条例》第二十六条的规定，财政拨款，是指各级人民政府对纳入预算管理的事业单位、社会团体等组织拨付的财政资金，但国务院和国务院财政、税务主管部门另有规定的除外。

（二）行政事业性收费

根据《企业所得税法实施条例》第二十六条的规定，行政事业性收费，是指依照法律法规等有关规定，按照国务院规定程序批准，在实施社会公共管理，以及在向公民、法人或者其他组织提供特定公共服务过程中，向特定对象收取并纳入财政管理的费用。

（三）政府性基金

根据《企业所得税法实施条例》第二十六条的规定，政府性基金，是指企业依照法律、行政法规等有关规定，代政府收取的具有专项用途的财政资金。

（四）国务院规定的其他不征税收入

根据《企业所得税法实施条例》第二十六条的规定，国务院规定的其他不征税收入，是指企业取得的，由国务院财政、税务主管部门规定专项用途并经国务院批准的财政性资金。

二、不征税收入的所得税处理

（一）财政性资金的所得税处理

根据《财政部　国家税务总局关于财政性资金　行政事业性收费　政府性基金有关企业所得税政策问题的通知》（财税〔2008〕151号）的规定，财政性资金，是指企业取得的来源于政府及其有关部门的财政补助、补贴、贷款贴息，以及其他各类财政专项资金，包括直接减免的增值税和即征即退、先征后退、先征后返的各种税收，但不包括企业按规定取得的出口退税款。国家投资，是指国家以投资者身份投入企业、并按有关规定相应增加企业实收资本（股本）的直接投资。

财政性资金按以下规定进行企业所得税处理：

（1）企业取得的各类财政性资金，除属于国家投资和资金使用后要求归还本金的以外，均应计入企业当年收入总额。

（2）对企业取得的由国务院财政、税务主管部门规定专项用途并经国务院批准的财政性资金，准予作为不征税收入，在计算应纳税所得额时从收入总额中减除。

（3）纳入预算管理的事业单位、社会团体等组织按照核定的预算和经费报领关系收到的由财政部门或上级单位拨入的财政补助收入，准予作为不征税收入，在计算应纳税所得额时从收入总额中减除，但国务院和国务院财政、税务主管部门另有规定的除外。

（二）政府性基金和行政事业性收费的所得税处理

根据《财政部　国家税务总局关于财政性资金　行政事业性收费　政府

性基金有关企业所得税政策问题的通知》（财税〔2008〕151号）的规定，政府性基金和行政事业性收费按以下规定进行企业所得税处理：

（1）企业按照规定缴纳的、由国务院或财政部批准设立的政府性基金以及由国务院和省、自治区、直辖市人民政府及其财政、价格主管部门批准设立的行政事业性收费，准予在计算应纳税所得额时扣除。企业缴纳的不符合上述审批管理权限设立的基金、收费，不得在计算应纳税所得额时扣除。

（2）企业收取的各种基金、收费，应计入企业当年收入总额。

（3）对企业依照法律、法规及国务院有关规定收取并上缴财政的政府性基金和行政事业性收费，准予作为不征税收入，于上缴财政的当年在计算应纳税所得额时从收入总额中减除；未上缴财政的部分，不得从收入总额中减除。

（三）专项用途财政性资金的所得税处理

根据《财政部　国家税务总局关于专项用途财政性资金企业所得税处理问题的通知》（财税〔2011〕70号）的规定，企业从县级以上各级人民政府财政部门及其他部门取得的应计入收入总额的财政性资金，凡同时符合以下条件的，可以作为不征税收入，在计算应纳税所得额时从收入总额中减除：

（1）企业能够提供规定资金专项用途的资金拨付文件；

（2）财政部门或其他拨付资金的政府部门对该资金有专门的资金管理办法或具体管理要求；

（3）企业对该资金以及以该资金发生的支出单独进行核算。

企业将符合上述规定条件的财政性资金作不征税收入处理后，在5年（60个月）内未发生支出且未缴回财政部门或其他拨付资金的政府部门的部分，应计入取得该资金第六年的应税收入总额；计入应税收入总额的财政性资金发生的支出，允许在计算应纳税所得额时扣除。

（四）不征税收入用于支出的所得税处理

根据《财政部　国家税务总局关于财政性资金　行政事业性收费　政府性基金有关企业所得税政策问题的通知》（财税〔2008〕151号）以及《财政部　国家税务总局关于专项用途财政性资金企业所得税处理问题的通知》（财税〔2011〕70号）的规定，企业的不征税收入用于支出所形成的费用，不得在计算应纳税所得额时扣除；企业的不征税收入用于支出所形成的资产，其计算的折旧、摊销不得在计算应纳税所得额时扣除。

根据《国家税务总局关于企业所得税应纳税所得额若干税务处理问题的公告》（国家税务总局公告2012年第15号）的规定，企业取得的不征税收入，应按照《财政部　国家税务总局关于专项用途财政性资金企业所得税处理问题的通知》（财税〔2011〕70号）的规定进行处理。凡未按照上述规定进行管理的，应作为企业应税收入计入应纳税所得额，依法缴纳企业所得税。

【实操案例】

【例 2-15】

2016 年，税务部门在对某线路板有限公司开展中等风险应对时发现，该单位在 2012、2013 年度均申报了不征税收入，其中 2013 年数额达 630 万元。该单位 2008—2013 年均取得不征税收入，而企业所得税申报的收入、成本数据与财务报表基本一致，所得税申报表中纳税调整项目里的“不征税收入用于支出所形成的费用”一栏均为零。经审核，税务部门初步确认该单位 2008 年取得的不征税收入未使用、未缴回财政也未并入 2013 年所得的事实。

根据《财政部 国家税务总局关于专项用途财政性资金有关企业所得税处理问题的通知》（财税〔2009〕87 号，该文件已作废）以及《财政部 国家税务总局关于专项用途财政性资金企业所得税处理问题的通知》（财税〔2011〕70 号）两个文件规定，属于专项用途的财政性资金，凡满足“企业能够提供规定资金专项用途的资金拨付文件、财政部门或其他拨付资金的政府部门对该资金有专门的资金管理办法或具体管理要求、企业对该资金以及以该资金发生的支出单独进行核算”三个条件的，取得当年可计入不征税收入，无须计征企业所得税。企业将符合条件的财政性资金作不征税收入处理后，在 5 年（60 个月）内未发生支出且未缴回财政或其他拨付资金的政府部门的部分，应重新计入取得该资金第六年的收入总额。

据此，该企业 2008 年取得符合条件的财政性资金 350 万元，当年作为不征税收入核算，之后一直未使用也未缴回财政，应补缴 2013 年度企业所得税 87.5 万元。

三、特殊规定的不征税收入

（一）社保基金取得的部分收入

根据《财政部 国家税务总局关于全国社会保障基金有关企业所得税问题的通知》（财税〔2008〕136 号）的规定，对社保基金理事会、社保基金投资管理人管理的社保基金银行存款利息收入，社保基金从证券市场中取得的收入，包括买卖证券投资基金、股票、债券的差价收入，证券投资基金红利收入，股票的股息、红利收入，债券的利息收入及产业投资基金收益、信托投资收益等其他投资收入，作为企业所得税不征税收入。

对社保基金投资管理人、社保基金托管人从事社保基金管理活动取得的收入，依照税法的规定征收企业所得税。

（二）全国社会保障基金取得的部分收益

根据《财政部　税务总局关于全国社会保障基金有关投资业务税收政策的通知》（财税〔2018〕94号）的规定，对全国社会保障基金取得的直接股权投资收益、股权投资基金收益，作为企业所得税不征税收入。

（三）基本养老保险基金取得的投资收入

根据《财政部　税务总局关于基本养老保险基金有关投资业务税收政策的通知》（财税〔2018〕95号）的规定，对全国社会保障基金理事会及养老基金投资管理机构在国务院批准的投资范围内，运用基本养老保险基金投资取得的归属于基本养老保险基金的投资收入，作为企业所得税不征税收入；对养老基金投资管理机构、养老基金托管机构从事养老基金管理活动取得的收入，依照税法规定征收企业所得税。

（四）软件企业取得的即征即退增值税款

根据《财政部　国家税务总局关于进一步鼓励软件产业和集成电路产业发展企业所得税政策的通知》（财税〔2012〕27号）的规定，符合条件的软件企业取得的即征即退增值税款，由企业专项用于软件产品研发和扩大再生产并单独核算，可以作为不征税收入处理。

（五）企业接收政府划入资产

根据《国家税务总局关于企业所得税应纳税所得额若干问题的公告》（国家税务总局公告2014年第29号）的规定，县级以上人民政府（包括政府有关部门，下同）将国有资产明确以股权投资方式投入企业，企业应作为国家资本金（包括资本公积）处理。该项资产如为非货币性资产，应按政府确定的接收价值确定计税基础。

县级以上人民政府将国有资产无偿划入企业，凡指定专门用途并按《财政部　国家税务总局关于专项用途财政性资金企业所得税处理问题的通知》（财税〔2011〕70号）规定进行管理的，企业可作为不征税收入进行企业所得税处理。其中，该项资产属于非货币性资产的，应按政府确定的接收价值计算不征税收入。

县级以上人民政府将国有资产无偿划入企业，属于上述规定以外情形的，应按政府确定的接收价值计入当期收入总额计算缴纳企业所得税。政府没有确定接收价值的，按资产的公允价值计算确定应税收入。

【实操案例】

【例 2-16】

甲企业在 2017 年 1 月 1 日取得政府部门拨付购置一台环保设备的专项拨款 1 000 万元，设备预计使用年限 10 年。

1. 甲企业的会计核算（单位：万元）

（1）2017 年度收到专项拨款

借：银行存款 1 000
　　贷：递延收益 1 000

（2）专项拨款用于购置资产

借：固定资产 1 000
　　贷：银行存款 1 000

（3）2017—2026 年每年结转递延收益

借：递延收益 100
　　贷：营业外收入 100

2. 甲企业的纳税申报处理

（1）2017 年度的纳税申报：一次性确认政府补助收入 1 000 万元。

甲企业于 2017 年 1 月 1 日收到政府专项拨款时，会计核算收入 100 万元，纳税申报一次性确认收入 1 000 万元。

一是填报《A101010 一般企业收入明细表》第 20 行营业外收入其中项的“政府补助利得”100 万元，同时填报 A100000 主表第 11 行“营业外收入”100 万元。

二是填报《A105020 未按权责发生制确认收入调整明细表》第 11 行“政府补助递延收入”中“与资产相关的政府补助”第 1 列“合同金额（交易金额）”1 000 万元、第 2 列“账载金额—本年”100 万元、第 4 列“税收金额—本年”1 000 万元、第 6 列“纳税调整金额”900 万元。

三是同时填报《A105000 纳税调整项目明细表》第 3 行“未按权责发生制原则确认的收入”第 1 列“账载金额”100 万元；第 2 列“税收金额”1 000 万元；第 3 列“调增金额”900 万元。

（2）2018—2026 年度每年调减已转入营业外收入的政府补助收入 100 万元。

一是填报《A101010 一般企业收入明细表》第 20 行营业外收入其中项的“政府补助利得”100 万元，同时填报 A100000 主表第 11 行“营业外收入”100 万元。

二是填报《A105020 未按权责发生制确认收入调整明细表》第 11 行“政府补助递延收入”中“与资产相关的政府补助”第 1 列“合同金额（交易金额）”1 000 万元、第 2 列“账载金额—本年”100 万元、第 4 列“税收金额—本年”0 万元、第 6 列“纳税调整金额”−100 万元。

三是同时填报《A105000 纳税调整项目明细表》第 3 行“未按权责发生制原则确认的收入”第 1 列“账载金额”100 万元；第 2 列“税收金额”0 万元；

第 4 列“调减金额”100 万元。

四、企业会计准则关于政府补助的规定

（一）总则

根据《企业会计准则第 16 号——政府补助》（财会〔2017〕15 号，以下简称 16 号准则）的规定，政府补助是指企业从政府无偿取得货币性资产或非货币性资产。

政府补助具有下列特征：

（1）来源于政府的经济资源。对于企业收到的来源于其他方的补助，有确凿证据表明政府是补助的实际拨付者，其他方只起到代收代付作用的，该项补助也属于来源于政府的经济资源。

（2）无偿性。企业取得来源于政府的经济资源，不需要向政府交付商品或服务等对价。

政府补助分为与资产相关的政府补助和与收益相关的政府补助。与资产相关的政府补助，是指企业取得的、用于购建或以其他方式形成长期资产的政府补助。与收益相关的政府补助，是指除与资产相关的政府补助之外的政府补助。

下列各项适用其他相关会计准则：

（1）企业从政府取得的经济资源，如果与企业销售商品或提供服务等活动密切相关，且是企业商品或服务的对价或者是对价的组成部分，适用《企业会计准则第 14 号——收入》等相关会计准则。

（2）所得税减免，适用《企业会计准则第 18 号——所得税》。政府以投资者身份向企业投入资本，享有相应的所有者权益，不适用 16 号准则。

（二）确认和计量

政府补助同时满足下列条件的，才能予以确认：

（1）企业能够满足政府补助所附条件；

（2）企业能够收到政府补助。

政府补助为货币性资产的，应当按照收到或应收的金额计量。政府补助为非货币性资产的，应当按照公允价值计量；公允价值不能可靠取得的，按照名义金额计量。

与资产相关的政府补助，应当冲减相关资产的账面价值或确认为递延收益。与资产相关的政府补助确认为递延收益的，应当在相关资产使用寿命内按照合理、系统的方法分期计入损益。按照名义金额计量的政府补助，直接计入当期损益。相关资产在使用寿命结束前被出售、转让、报废或发生毁损的，

应当将尚未分配的相关递延收益余额转入资产处置当期的损益。

与收益相关的政府补助，应当分情况按照以下规定进行会计处理：

（1）用于补偿企业以后期间的相关成本费用或损失的，确认为递延收益，并在确认相关成本费用或损失的期间，计入当期损益或冲减相关成本；

（2）用于补偿企业已发生的相关成本费用或损失的，直接计入当期损益或冲减相关成本。

对于同时包含与资产相关部分和与收益相关部分的政府补助，应当区分不同部分分别进行会计处理；难以区分的，应当整体归类为与收益相关的政府补助。

与企业日常活动相关的政府补助，应当按照经济业务实质，计入其他收益或冲减相关成本费用。与企业日常活动无关的政府补助，应当计入营业外收支。

企业取得政策性优惠贷款贴息的，应当区分财政将贴息资金拨付给贷款银行和财政将贴息资金直接拨付给企业两种情况，分别按照16号准则第十三条和第十四条进行会计处理。

财政将贴息资金拨付给贷款银行，由贷款银行以政策性优惠利率向企业提供贷款的，企业可以选择下列方法之一进行会计处理：

（1）以实际收到的借款金额作为借款的入账价值，按照借款本金和该政策性优惠利率计算相关借款费用。

（2）以借款的公允价值作为借款的入账价值并按照实际利率法计算借款费用，实际收到的金额与借款公允价值之间的差额确认为递延收益。递延收益在借款存续期内采用实际利率法摊销，冲减相关借款费用。企业选择了上述其中一种方法后，应当一致地运用，不得随意变更。

财政将贴息资金直接拨付给企业，企业应当将对应的贴息冲减相关借款费用。

已确认的政府补助需要退回的，应当在需要退回的当期分情况按照以下规定进行会计处理：

（1）初始确认时冲减相关资产账面价值的，调整资产账面价值；

（2）存在相关递延收益的，冲减相关递延收益账面余额，超出部分计入当期损益；

（3）属于其他情况的，直接计入当期损益。

（三）列报

企业应当在利润表中的“营业利润”项目之上单独列报“其他收益”项目，计入其他收益的政府补助在该项目中反映。

企业应当在附注中单独披露与政府补助有关的下列信息：

（1）政府补助的种类、金额和列报项目；

（2）计入当期损益的政府补助金额；

（3）本期退回的政府补助金额及原因。

五、《专项用途财政性资金纳税调整明细表》的填写

（一）纳税申报表样式（见表2-4）

表2-4　A105040　专项用途财政性资金纳税调整明细表

行次	项目	取得年度	财政性资金	其中：符合不征税收入条件的财政性资金		以前年度支出情况					本年支出情况		本年结余情况		
				金额	其中：计入本年损益的金额	前五年度	前四年度	前三年度	前二年度	前一年度	支出金额	其中：费用化支出金额	结余金额	其中：上缴财政金额	应计入本年应税收入金额
		1	2	3	4	5	6	7	8	9	10	11	12	13	14
1	前五年度														
2	前四年度					*									
3	前三年度					*	*								
4	前二年度					*	*	*							
5	前一年度					*	*	*	*						
6	本　　年					*	*	*	*	*					
7	合计（1＋2＋…＋6）	*				*	*	*	*	*					

（二）适用范围

本表适用于发生符合不征税收入条件的专项用途财政性资金纳税调整项目的纳税人填报。纳税人根据税法、《财政部　国家税务总局关于专项用途财政性资金企业所得税处理问题的通知》（财税〔2011〕70号）等相关规定，以及国家统一企业会计制度，填报纳税人专项用途财政性资金会计处理、税收规定，以及纳税调整情况。本表对不征税收入用于费用化的支出进行调整，资本化支出通过《资产折旧、摊销及纳税调整明细表》（A105080）进行纳税调整。

（三）项目填报说明

（1）第1列“取得年度”：填报取得专项用途财政性资金的公历年度。第5行至第1行依次从6行往前倒推，第6行为申报年度。

（2）第2列“财政性资金”：填报纳税人相应年度实际取得的财政性资金金额。

（3）第3列“其中：符合不征税收入条件的财政性资金”：填报纳税人相应年度实际取得的符合不征税收入条件且已作不征税收入处理的财政性资金金额。

（4）第4列“其中：计入本年损益的金额”：填报第3列“其中：符合不征税收入条件的财政性资金”中，会计处理时计入本年（申报年度）损益的金额。本列第7行金额为《纳税调整项目明细表》（A105000）第9行“其中：专项用途财政性资金”的第4列“调减金额”。

（5）第5列至第9列“以前年度支出情况”：填报纳税人作为不征税收入处理的符合条件的财政性资金，在申报年度的以前的5个纳税年度发生的支出金额。前一年度，填报本年的上一纳税年度，以此类推。

（6）第10列“支出金额”：填报纳税人历年作为不征税收入处理的符合条件的财政性资金，在本年（申报年度）用于支出的金额。

（7）第11列“其中：费用化支出金额”：填报纳税人历年作为不征税收入处理的符合条件的财政性资金，在本年（申报年度）用于支出计入本年损益的费用金额，本列第7行金额为《纳税调整项目明细表》（A105000）第25行“其中：专项用途财政性资金用于支出所形成的费用”的第3列“调增金额”。

（8）第12列“结余金额”：填报纳税人历年作为不征税收入处理的符合条件的财政性资金，减除历年累计支出（包括费用化支出和资本化支出）后尚未使用的不征税收入余额。

（9）第13列“其中：上缴财政金额”：填报第12列“结余金额”中向财政部门或其他拨付资金的政府部门缴回的金额。

（10）第14列“应计入本年应税收入金额”：填报企业以前年度取得财政性资金且已作为不征税收入处理后，在5年（60个月）内未发生支出且未缴回财政部门或其他拨付资金的政府部门，应计入本年应税收入的金额。本列第7行金额为《纳税调整项目明细表》（A105000）第9行“其中：专项用途财政性资金”的第3列“调增金额”。

（四）表内关系

（1）第1行第12列＝第1行第3－5－6－7－8－9－10列。

（2）第2行第12列＝第2行第3－6－7－8－9－10列。

（3）第3行第12列＝第3行第3－7－8－9－10列。

（4）第 4 行第 12 列＝第 4 行第 3−8−9−10 列。
（5）第 5 行第 12 列＝第 5 行第 3−9−10 列。
（6）第 6 行第 12 列＝第 6 行第 3−10 列。
（7）第 7 行＝第 1 ＋ 2 ＋ 3 ＋ 4 ＋ 5 ＋ 6 行。

（五）表间关系

（1）第 7 行第 4 列＝表 A105000 第 9 行第 4 列。
（2）第 7 行第 11 列＝表 A105000 第 25 行第 3 列。
（3）第 7 行第 14 列＝表 A105000 第 9 行第 3 列。

第五节 销售折扣、折让和退回

一、销售折扣的收入确认

（一）商业折扣的收入确认

根据《国家税务总局关于确认企业所得税收入若干问题的通知》（国税函〔2008〕875 号）的规定，企业为促进商品销售而在商品价格上给予的价格扣除属于商业折扣，商品销售涉及商业折扣的，应当按照扣除商业折扣后的金额确定销售商品收入金额。

（二）现金折扣的收入确认

根据《国家税务总局关于确认企业所得税收入若干问题的通知》（国税函〔2008〕875 号）的规定，债权人为鼓励债务人在规定的期限内付款而向债务人提供的债务扣除属于现金折扣，销售商品涉及现金折扣的，应当按扣除现金折扣前的金额确定销售商品收入金额，现金折扣在实际发生时作为财务费用扣除。

【实操案例】

【例 2–17】
2020 年 4 月，甲公司为促销一批积压商品而给予购买方按原销售价格打9折的优惠，该批货物原销售价为50万元，促销价格为45万元，给予的商业折扣为5万元。甲公司开具的增值税专用发票上注明的价款为50万元，在发票金额栏注明的商业折扣价款为5万元，该批商品适用的增值税税率为13%。那么，甲公司应确认的企业所得税收入为多少万元？

解析：

本案例属于商业折扣问题，商业折扣是指企业为促进商品销售而在商品价格上给予的价格扣除。商品销售涉及商业折扣的，应当按照扣除商业折扣后的金额确定销售商品收入金额。因此，应当按照扣除商业折扣后的金额45万元确定销售商品的企业所得税收入金额。

【例2-18】

2020年4月1日，甲公司与乙公司签订产品销售合同，合同约定该批货款不含税金额为100万元，适用增值税税率为13%，乙公司应在货物验收合格之日起30日内全额支付货款。为了鼓励乙公司提前付款，合同中约定，若乙公司在收到货物并验收合格之日起10日内付款则甲公司将给予该批货款不含税金额的2%的折扣。4月10日，甲公司将货物送达乙公司，乙公司验收合格。4月18日，支付了货款98万元以及增值税税额13万元。甲公司于收到货款之日向乙公司开具了增值税专用发票，发票注明金额为100万元，税额为13万元。该批货物的成本为80万元，那么，甲公司应按照100万元还是折扣后的金额98万元确认企业所得税收入呢？又该怎样做账务处理呢？

解析：

本案例属于现金折扣问题，现金折扣是指为鼓励客户在规定的期限内尽早付款而向客户提供的一种优惠。销售商品涉及现金折扣的，应当按扣除现金折扣前的金额确定销售商品收入金额，现金折扣在实际发生时作为财务费用扣除。因此，甲公司应当按扣除现金折扣前的金额100万元确定销售商品收入金额，现金折扣2万元在实际发生时作为财务费用扣除。

对应的账务处理如下（单位：万元）：

4月10日确认收入时：

借：应收账款　113

　　贷：主营业务收入　100

　　　　应交税费——应交增值税（销项税额）　13

4月18日收到乙公司提前付款时：

借：银行存款　111

　　财务费用　2

　　贷：应收账款　113

借：主营业务成本　80

　　贷：库存商品　80

二、销售折让的收入确认

根据《国家税务总局关于确认企业所得税收入若干问题的通知》（国税函〔2008〕875号）的规定，企业因售出商品的质量不合格等原因而在售价上给的减让属于销售折让。企业已经确认销售收入的售出商品发生销售折让，应当在发生当期冲减当期销售商品收入。

三、销售退回的收入确认

根据《国家税务总局关于确认企业所得税收入若干问题的通知》（国税函〔2008〕875号）的规定，企业因售出商品质量、品种不符合要求等原因而发生的退货属于销售退回。企业已经确认销售收入的售出商品发生销售退回，应当在发生当期冲减当期销售商品收入。

【实操案例】

【例2-19】

2020年4月1日，甲公司与乙公司签订A型材料与B型材料购销合同，合同约定A型材料不含税价格为100万元，税额为13万元；B型材料不含税金额为50万元，税额为6.5万元。4月5日，甲公司将上述货物送达乙公司，乙公司于当日支付了货款，甲公司向其开具了增值税专用发票。然而，2020年5月，乙公司在使用上述材料时，发现甲公司提供的A型材料存在一定的瑕疵但尚不影响使用，因此要求甲公司给予A型材料价税合计金额5%的销售折让；甲公司提供的B型材料因存在严重质量问题无法使用，因此要求全部退回。甲公司核实后，同意了乙公司的要求。已知：2020年5月，甲公司不考虑上述业务的销售收入为200万元。那么，针对该笔业务甲公司该如何确认企业所得税收入呢？

解析：

本案例属于销售折让与销售退回问题，企业因售出商品的质量不合格等原因而在售价上给的减让属于销售折让；企业因售出商品质量、品种不符合要求等原因而发生的退货属于销售退回。企业已经确认销售收入的售出商品发生销售折让和销售退回，应当在发生当期冲减当期销售商品收入。

因此，2020年4月，甲公司应当确认企业所得税收入：100＋50＝150（万元）。2020年5月，甲公司应当确认企业所得税收入：200－100×5%－50＝145（万元）。

第三章

扣除类调整项目

【导读】

本章介绍扣除类调整项目，包括九节内容，分别介绍禁止税前扣除项目、工资薪金与相关保险费、职工福利费与劳动保护支出、职工教育经费与工会经费、业务招待费支出、广告费和业务宣传费支出、捐赠支出、借款费用与利息支出以及佣金和手续费支出。

第一节
禁止税前扣除项目

一、禁止税前扣除项目的种类

（一）税法规定的禁止扣除项目

根据《企业所得税法》第十条的规定，在计算应纳税所得额时，下列支出不得扣除：

（1）向投资者支付的股息、红利等权益性投资收益款项；

（2）企业所得税税款；

（3）税收滞纳金；

（4）罚金、罚款和被没收财物的损失；

（5）允许扣除的公益性捐赠以外的捐赠支出；

（6）赞助支出；

（7）未经核定的准备金支出；

（8）与取得收入无关的其他支出。

根据《企业所得税法实施条例》第五十四条的规定，赞助支出，是指企业发生的与生产经营活动无关的各种非广告性质支出。

根据《企业所得税法实施条例》第五十五条的规定，未经核定的准备金支出，是指不符合国务院财政、税务主管部门规定的各项资产减值准备、风险准备等准备金支出。

（二）条例规定的禁止扣除项目

根据《企业所得税法实施条例》第四十九条的规定，企业之间支付的管理费、企业内营业机构之间支付的租金和特许权使用费，以及非银行企业内营业机构之间支付的利息，不得扣除。

【实操案例】

【例 3–1】

某公司总经理非常信佛，花 10 万元重金从寺庙请回一尊佛像，并且取得了正规发票。拿回公司报销时，会计犯难了，这尊佛像会计做账时该记在哪个科目呢？

解析：

因为这尊佛像不能给公司带来经济利益，所以不适宜做固定资产。如果直接做费用，不宜列入管理费用和销售费用，可以考虑列入营业外支出。同时，由于佛像的费用支出与正常经营管理活动无关，企业所得税税前也是不允许扣除的。对于从事特殊行业的公司，如佛教文化发展公司，这尊佛像就与公司经营活动有关了，就可以在企业所得税税前扣除。

从这个案例来讲，凡是与公司经营管理活动无关的支出，如老板个人支出，家庭支出等均不能在企业所得税税前扣除。如果此类费用在公司报销了还会造成偷逃嫌疑，一方面是偷逃个税，另一方面是偷逃企业所得税。

【例 3-2】

纳税人从银行贷款，逾期归还，银行加收的罚息，是否可以在企业所得税税前扣除？

解析：

这种罚息是可以在企业所得税税前扣除的。纳税人从银行贷款，与银行是两个平等主体，他们之间形成的是商业合同关系，如果逾期还款，造成合同违约，罚息就是违约所支付的代价，从《中华人民共和国合同法》的角度来看，属于违约金，不是罚款。因此，在税务上可以被认可，允许在企业所得税税前扣除。

二、母子公司间提供服务支付费用的所得税处理

（一）管理费禁止扣除

根据《企业所得税法实施条例》第四十九条的规定，企业之间支付的管理费，不得扣除。

根据《国家税务总局关于母子公司间提供服务支付费用有关企业所得税处理问题的通知》（国税发〔2008〕86 号）的规定，母公司以管理费形式向子公司提取费用，子公司因此支付给母公司的管理费，不得在税前扣除。

（二）合规劳务费用允许扣除

根据《国家税务总局关于母子公司间提供服务支付费用有关企业所得税处理问题的通知》（国税发〔2008〕86 号）的规定，母公司为其子公司（以下简称子公司）提供各种服务而发生的费用，应按照独立企业之间公平交易原则确定服务的价格，作为企业正常的劳务费用进行税务处理。母子公司未按照独立企业之间的业务往来收取价款的，税务机关有权予以调整。

母公司向其子公司提供各项服务，双方应签订服务合同或协议，明确规定提供服务的内容、收费标准及金额等，凡按上述合同或协议规定所发生的服务费，母公司应作为营业收入申报纳税；子公司作为成本费用在税前扣除。

母公司向其多个子公司提供同类项服务，其收取的服务费可以采取分项签订合同或协议收取；也可以采取服务分摊协议的方式，即由母公司与各子公司签订服务费用分摊合同或协议，以母公司为其子公司提供服务所发生的实际费用并附加一定比例利润作为向子公司收取的总服务费，在各服务受益子公司（包括盈利企业、亏损企业和享受减免税企业）之间按《企业所得税法》规定合理分摊。

子公司申报税前扣除向母公司支付的服务费用，应向主管税务机关提供与母公司签订的服务合同或者协议等与税前扣除该项费用相关的材料；不能提供相关材料的，支付的服务费用不得税前扣除。

【实操案例】

【例 3-3】

集团公司成员企业接受股东服务支付的服务费和为服从集团统一管理而支付的管理费等存在避税嫌疑的服务费，一直是税务机关关注的重点，如果处理不当就会有被纳税调整的风险。母子公司之间有费用往来的，一定要高度重视其中的税务风险。

某地税务局在 2019 年度税收专项检查中发现，某房地产有限公司凭集团公司《上交 ×× 项目奖金》的通知，在 2017 至 2018 年通过“管理费用”会计科目计提集团公司管理层奖金 227.64 万元，并通过“职工薪酬”科目上划给母公司。税务局检查追缴企业所得税 56.91 万元，加收滞纳金 11.08 万元，罚款 34.15 万元。

根据《国家税务总局关于母子公司间提供服务支付费用有关企业所得税处理问题的通知》（国税发〔2008〕86 号）的规定，母公司向其子公司提供各项服务，双方应签订服务合同或协议，明确规定提供服务的内容、收费标准及金额等，凡按上述合同或协议规定所发生的服务费，母公司应作为营业收入申报纳税；子公司作为成本费用在税前扣除。本案中，母子公司均不能提供有关协议和材料证明提供服务的内容、收费标准及金额等，因此，以工资薪金形式向母公司支付的管理费属于税法规定不得税前扣除的管理费。

由本案得出以下风险提醒：

（1）《国家税务总局办公厅关于对外支付大额费用反避税调查的通知》（税总办发〔2014〕146 号）明确要求各地税务机关，对接受股东服务支付的股东服务费、为服从集团统一管理而支付的集团管理服务费等存在避税嫌疑的服务费支付予以重点关注，因此，提醒大型企业集团，母子公司之间有费用往来的，一定要高度重视其中的税务风险。

(2) 母子公司之间服务交易频繁的企业，为降低该类交易的税务风险，可在集团内部成立具体的服务中心，由各中心负责向子公司提供各类服务，服务中心应独立核算，服务协议可明确约定具体的服务内容、使用权限等，有利于实现服务成果的具象化，为服务的真实性提供更加充足的证据。

(3) 集团总部因资金欠缺而需要通过子公司获取经营资金的，应避免采取子公司向母公司支付"服务费"的方式，可通过税后利润分配的方式，即向子公司收取股息红利的方式获取资金。

(4) 子公司应注意保存服务交易中的各项资料，避免因无法证明服务实质导致服务费不能税前扣除。

三、禁止扣除的准备金支出

《国家税务总局关于企业所得税执行中若干税务处理问题的通知》(国税函〔2009〕202号) 规定：根据《企业所得税法实施条例》第五十五条规定，除财政部和国家税务总局核准计提的准备金可以税前扣除外，其他行业、企业计提的各项资产减值准备、风险准备等准备金均不得税前扣除。2008年1月1日前按照原企业所得税法规定计提的各类准备金，2008年1月1日以后，未经财政部和国家税务总局核准的，企业以后年度实际发生的相应损失，应先冲减各项准备金余额。

第二节
工资薪金与相关保险费

一、基本制度

(一) 工资薪金支出

根据《企业所得税法实施条例》第三十四条的规定，企业发生的合理的工资薪金支出，准予扣除。工资薪金，是指企业每一纳税年度支付给在本企业任职或者受雇的员工的所有现金形式或者非现金形式的劳动报酬，包括基本工资、奖金、津贴、补贴、年终加薪、加班工资，以及与员工任职或者受雇有关的其他支出。

(二) 社会保险费

根据《企业所得税法实施条例》第三十五条的规定，企业依照国务院有关主管部门或者省级人民政府规定的范围和标准为职工缴纳的基本养老保险费、基本医疗保险费、失业保险费、工伤保险费、生育保险费等基本社会保险费和住房公积金，准予扣除。

企业为投资者或者职工支付的补充养老保险费、补充医疗保险费，在国务院财政、税务主管部门规定的范围和标准内，准予扣除。

（三）其他保险费

根据《企业所得税法实施条例》第三十六条的规定，除企业依照国家有关规定为特殊工种职工支付的人身安全保险费和国务院财政、税务主管部门规定可以扣除的其他商业保险费外，企业为投资者或者职工支付的商业保险费，不得扣除。

二、工资薪金支出具体规则

（一）合理工资薪金的标准

根据《国家税务总局关于企业工资薪金及职工福利费扣除问题的通知》（国税函〔2009〕3号）的规定，合理工资薪金是指企业按照股东大会、董事会、薪酬委员会或相关管理机构制订的工资薪金制度规定实际发放给员工的工资薪金。税务机关在对工资薪金进行合理性确认时，可按以下原则掌握：

（1）企业制订了较为规范的员工工资薪金制度；

（2）企业所制订的工资薪金制度符合行业及地区水平；

（3）企业在一定时期所发放的工资薪金是相对固定的，工资薪金的调整是有序进行的；

（4）企业对实际发放的工资薪金，已依法履行了代扣代缴个人所得税义务。

（5）有关工资薪金的安排，不以减少或逃避税款为目的。

（二）工资薪金总额的标准

根据《国家税务总局关于企业工资薪金及职工福利费扣除问题的通知》（国税函〔2009〕3号）的规定，《企业所得税法实施条例》第四十、四十一、四十二条所称的“工资薪金总额”，是指企业按照上述规定实际发放的工资薪金总和，不包括企业的职工福利费、职工教育经费、工会经费以及养老保险费、医疗保险费、失业保险费、工伤保险费、生育保险费等社会保险费和住房公积金。属于国有性质的企业，其工资薪金不得超过政府有关部门给予的限定数额；超过部分，不得计入企业工资薪金总额，也不得在计算企业应纳税所得额时扣除。

（三）特殊员工费用

《国家税务总局关于企业所得税应纳税所得额若干税务处理问题的公告》（国家税务总局公告 2012 年第 15 号）规定：企业因雇用季节工、临时工、实习生、返聘离退休人员所实际发生的费用，应区分为工资薪金支出和职工福利费支出，并按《企业所得税法》规定在企业所得税前扣除。其中属于工资薪金支出的，准予计入企业工资薪金总额的基数，作为计算其他各项相关费用扣除的依据。

（四）福利性补贴的处理

根据《国家税务总局关于企业工资薪金和职工福利费等支出税前扣除问题的公告》（国家税务总局公告 2015 年第 34 号）的规定，列入企业员工工资薪金制度、固定与工资薪金一起发放的福利性补贴，符合《国家税务总局关于企业工资薪金及职工福利费扣除问题的通知》（国税函〔2009〕3 号）规定的合理工资薪金标准的，可作为企业发生的工资薪金支出，按规定在税前扣除。不能同时符合合理工资薪金标准的福利性补贴，应作为职工福利费，按规定计算限额税前扣除。

（五）实际支付工资薪金的时间点

根据《国家税务总局关于企业工资薪金和职工福利费等支出税前扣除问题的公告》（国家税务总局公告 2015 年第 34 号）的规定，企业在年度汇算清缴结束前向员工实际支付的已预提汇缴年度工资薪金，准予在汇缴年度按规定扣除。

（六）劳务派遣用工费用的处理

根据《国家税务总局关于企业工资薪金和职工福利费等支出税前扣除问题的公告》（国家税务总局公告 2015 年第 34 号）的规定，企业接受外部劳务派遣用工所实际发生的费用，应分两种情况按规定在税前扣除：按照协议（合同）约定直接支付给劳务派遣公司的费用，应作为劳务费支出；直接支付给员工个人的费用，应作为工资薪金支出和职工福利费支出。其中属于工资薪金支出的费用，准予计入企业工资薪金总额的基数，作为计算其他各项相关费用扣除的依据。

（七）股权激励计划

根据《国家税务总局关于我国居民企业实行股权激励计划有关企业所得税处理问题的公告》（国家税务总局公告2012年第18号）的规定，为推进我国资本市场改革，促进企业建立健全激励与约束机制，根据国务院证券管理委员会发布的《上市公司股权激励管理办法（试行）》（证监公司字〔2005〕151号，以下简称《管理办法》）的规定，一些在我国境内上市的居民企业（以下简称上市公司），为其职工建立了股权激励计划。

股权激励，是指《管理办法》中规定的上市公司以本公司股票为标的，对其董事、监事、高级管理人员及其他员工（以下简称激励对象）进行的长期性激励。股权激励实行方式包括授予限制性股票、股票期权以及其他法律法规规定的方式。限制性股票，是指《管理办法》中规定的激励对象按照股权激励计划规定的条件，从上市公司获得的一定数量的本公司股票。股票期权，是指《管理办法》中规定的上市公司按照股权激励计划授予激励对象在未来一定期限内，以预先确定的价格和条件购买本公司一定数量股票的权利。

上市公司依照《管理办法》要求建立职工股权激励计划，并按我国企业会计准则的有关规定，在股权激励计划授予激励对象时，按照该股票的公允价格及数量，计算确定作为上市公司相关年度的成本或费用，作为换取激励对象提供服务的对价。上述企业建立的职工股权激励计划，其企业所得税的处理，按以下规定执行：

（1）对股权激励计划实行后立即可以行权的，上市公司可以根据实际行权时该股票的公允价格与激励对象实际行权支付价格的差额和数量，计算确定作为当年上市公司工资薪金支出，依照税法规定进行税前扣除。

（2）对股权激励计划实行后，需待一定服务年限或者达到规定业绩条件（以下简称等待期）方可行权的。上市公司等待期内会计上计算确认的相关成本费用，不得在对应年度计算缴纳企业所得税时扣除。在股权激励计划可行权后，上市公司方可根据该股票实际行权时的公允价格与当年激励对象实际行权支付价格的差额及数量，计算确定作为当年上市公司工资薪金支出，依照税法规定进行税前扣除。

（3）股票实际行权时的公允价格，以实际行权日该股票的收盘价格确定。

在我国境外上市的居民企业和非上市公司，凡比照《管理办法》的规定建立职工股权激励计划，且在企业会计处理上，也按我国会计准则的有关规定处理的，其股权激励计划有关企业所得税处理问题，可以按照上述规定执行。

【实操案例】

【例 3-4】

甲公司是境内上交所的一家上市公司，2017 年 1 月 1 日，公司向其 200 名管理人员每人授予 100 股股票期权，同时约定这些管理人员从 2017 年 1 月 1 日起在该公司连续服务 3 年，即可以每股 5 元的价格购买 100 股公司股票。该期权在授予日的公允价值为 18 元 / 股。

第一年有 20 名管理人员离职，甲公司估计 3 年中离开公司的人员比例将达到 20%；第二年有 10 名人员离职，甲公司将估计的离职比例修正为 15%；第三年有 15 名人员离职。

每年的费用计算参考如下：

年度	计算	当期费用（元）	累计费用（元）
2017	200×100×（1 － 20%）×18×1/3	96 000	96 000
2018	200×100×（1 － 15%）×18×2/3 － 96 000	108 000	204 000
2019	155×100×18 － 204 000	75 000	279 000

1. 会计处理参考如下

（1）2017 年 1 月 1 日，授予日不做账务处理

（2）2017 年 12 月 31 日，账务处理如下

借：管理费用　96 000

　　贷：资本公积——其他资本公积　96 000

（3）2018 年 12 月 31 日，账务处理如下

借：管理费用　108 000

　　贷：资本公积——其他资本公积　108 000

（4）2019 年 12 月 31 日，账务处理如下

借：管理费用　75 000

　　贷：资本公积——其他资本公积　75 000

（5）假设全部 155 名管理人员在 2020 年 12 月 31 日行权，甲公司股票面值 1 元 / 股，账务处理如下

借：银行存款　77 500

　　资本公积——其他资本公积　279 000

　　贷：股本　15 500

　　　　资本公积——股本溢价　341 000

2. 企业所得税处理

根据《国家税务总局关于我国居民企业实行股权激励计划有关企业所得

税处理问题的公告》（国家税务总局公告 2012 年第 18 号）的规定，对股权激励计划实行后，需待一定服务年限或者达到规定业绩条件方可行权的。上市公司等待期内会计上计算确认的相关成本费用，不得在对应年度计算缴纳企业所得税时扣除。在股权激励计划可行权后，上市公司方可根据该股票实际行权时的公允价格与当年激励对象实际行权支付价格的差额及数量，计算确定作为当年上市公司工资薪金支出，依照税法规定进行税前扣除。

依据此规定，上述案例中，甲公司 2017、2018、2019 三个年度中，会计核算上确认的费用 96 000 元、108 000 元、75 000 元应该在相应年度的企业所得税年度汇算清缴时做纳税调增处理。2020 年，管理人员行权后，甲公司可根据该股票实际行权时的公允价格与当年激励对象实际行权支付价格的差额及数量，计算确定作为当年上市公司工资薪金支出在税前扣除。

三、保险费具体规则

（一）补充养老保险费与补充医疗保险费

根据《财政部　国家税务总局关于补充养老保险费　补充医疗保险费有关企业所得税政策问题的通知》（财税〔2009〕27 号）的规定，自 2008 年 1 月 1 日起，企业根据国家有关政策规定，为在本企业任职或者受雇的全体员工支付的补充养老保险费、补充医疗保险费，分别在不超过职工工资总额 5% 标准内的部分，在计算应纳税所得额时准予扣除；超过的部分，不予扣除。

（二）人身意外保险费

根据《国家税务总局关于企业所得税有关问题的公告》（国家税务总局公告 2016 年第 80 号）的规定，企业职工因公出差乘坐交通工具发生的人身意外保险费支出，准予企业在计算应纳税所得额时扣除。

（三）存款保险保费

根据《财政部　国家税务总局关于银行业金融机构存款保险保费企业所得税税前扣除有关政策问题的通知》（财税〔2016〕106 号）的规定，自 2015 年 5 月 1 日起，银行业金融机构依据《存款保险条例》的有关规定、按照不超过 1.6 ‱ 的存款保险费率，计算交纳的存款保险保费，准予在企业所得税税前扣除。

准予在企业所得税税前扣除的存款保险保费计算公式如下：

准予在企业所得税税前扣除的存款保险保费＝保费基数 × 存款保险费率

保费基数以中国人民银行核定的数额为准。

准予在企业所得税税前扣除的存款保险保费，不包括存款保险保费滞纳金。

银行业金融机构，是指《存款保险条例》规定在我国境内设立的商业银行、农村合作银行、农村信用合作社等吸收存款的银行业金融机构。

（四）责任保险费

根据《国家税务总局关于责任保险费企业所得税税前扣除有关问题的公告》（国家税务总局公告 2018 年第 52 号）的规定，企业参加雇主责任险、公众责任险等责任保险，按照规定缴纳的保险费，准予在企业所得税税前扣除。上述政策适用于 2018 年度及以后年度企业所得税汇算清缴。

【实操案例】

【例 3–5】

乙公司为一家生产型企业，公司随同工资发放给员工的还有误餐补助、驻外津贴、高温补助、交通津贴等补贴费用；同时，乙公司依照实际发放的工资总额的 2% 计提工会经费上缴税务机关。

现金形式的补贴是税务局比较关注的，不同的税务局可能有不同的认定。误餐补贴、驻外津贴、高温补助、交通津贴一般不能作为计提工会经费的依据。

2020 年度，乙公司因业务需要返聘 2 名退休人员，返聘人员与企业签订两年的劳动协议，并按月享受固定工资 4 500 元，但不享受奖金、社保、福利、培训等其他待遇，乙公司按月支付报酬并按“工资、薪金所得”代扣代缴个人所得税。

企业必须与返聘人员签订协议、为其交纳社保并对返聘人员进行考核管理，才能在起征点之后按照支付的工资薪金所得交纳个人所得税。根据《国家税务总局关于企业工资薪金及职工福利费扣除问题的通知》（国税函〔2009〕3 号）的规定，必须交纳社保的条件取消，但是只领取固定工资却不享受奖金、社保、福利、培训等待遇，可能使税务机关怀疑返聘行为的真实性，所以这种合同是不可取的。可能会判定为按劳务报酬所得缴税。

四、会计准则关于职工薪酬的规定

（一）基本规定

1. 职工薪酬的定义

根据《企业会计准则第 9 号——职工薪酬》（财会〔2014〕8 号，以下简称 9 号准则）的规定，职工薪酬，是指企业为获得职工提供的服务或解除劳动关系而给予的各种形式的报酬或补偿。职工薪酬包括短期薪酬、离职后福利、辞退福利和其他长期职工福利。企业提供给职工配偶、子女、受赡养人、已故员工遗属及其他受益人等的福利，也属于职工薪酬。

短期薪酬，是指企业在职工提供相关服务的年度报告期间结束后 12 个月内需要全部予以支付的职工薪酬，因解除与职工的劳动关系给予的补偿除外。短期薪酬具体包括：职工工资、奖金、津贴和补贴，职工福利费，医疗保险费、工伤保险费和生育保险费等社会保险费，住房公积金，工会经费和职工教育经费，短期带薪缺勤，短期利润分享计划，非货币性福利以及其他短期薪酬。

带薪缺勤，是指企业支付工资或提供补偿的职工缺勤，包括年休假、病假、短期伤残、婚假、产假、丧假、探亲假等。

利润分享计划，是指因职工提供服务而与职工达成的基于利润或其他经营成果提供薪酬的协议。离职后福利，是指企业为获得职工提供的服务而在职工退休或与企业解除劳动关系后，提供的各种形式的报酬和福利，短期薪酬和辞退福利除外。

辞退福利，是指企业在职工劳动合同到期之前解除与职工的劳动关系，或者为鼓励职工自愿接受裁减而给予职工的补偿。

其他长期职工福利，是指除短期薪酬、离职后福利、辞退福利之外所有的职工薪酬，包括长期带薪缺勤、长期残疾福利、长期利润分享计划等。

2. 职工的范围

职工，是指与企业订立劳动合同的所有人员，含全职、兼职和临时职工，也包括虽未与企业订立劳动合同但由企业正式任命的人员。

未与企业订立劳动合同或未由其正式任命，但向企业所提供服务与职工所提供服务类似的人员，也属于职工的范畴，包括通过企业与劳务中介公司签订用工合同而向企业提供服务的人员。

3. 特殊薪酬的适用

下列各项适用其他相关会计准则：

（1）企业年金基金，适用《企业会计准则第 10 号——企业年金基金》。

（2）以股份为基础的薪酬，适用《企业会计准则第 11 号——股份支付》。

（二）短期薪酬

1. 短期薪酬的会计处理

企业应当在职工为其提供服务的会计期间，将实际发生的短期薪酬确认为负债，并计入当期损益，其他会计准则要求或允许计入资产成本的除外。

2. 职工福利费的会计处理

企业发生的职工福利费，应当在实际发生时根据实际发生额计入当期损益或相关资产成本。职工福利费为非货币性福利的，应当按照公允价值计量。

3. 社保及相关经费的会计处理

企业为职工缴纳的医疗保险费、工伤保险费、生育保险费等社会保险费和住房公积金，以及按规定提取的工会经费和职工教育经费，应当在职工为其提供服务的会计期间，根据规定的计提基础和计提比例计算确定相应的职工薪酬金额，并确认相应负债，计入当期损益或相关资产成本。

4. 带薪缺勤的会计处理

带薪缺勤分为累积带薪缺勤和非累积带薪缺勤。企业应当在职工提供服务从而增加了其未来享有的带薪缺勤权利时，确认与累积带薪缺勤相关的职工薪酬，并以累积未行使权利而增加的预期支付金额计量。企业应当在职工实际发生缺勤的会计期间确认与非累积带薪缺勤相关的职工薪酬。

累积带薪缺勤，是指带薪缺勤权利可以结转下期的带薪缺勤，本期尚未用完的带薪缺勤权利可以在未来期间使用。

非累积带薪缺勤，是指带薪缺勤权利不能结转下期的带薪缺勤，本期尚未用完的带薪缺勤权利将予以取消，并且职工离开企业时无权获得现金支付。

5. 利润分享计划的条件

利润分享计划同时满足下列条件的，企业应当确认相关的应付职工薪酬：

（1）企业因过去事项导致现在具有支付职工薪酬的法定义务或推定义务；

（2）因利润分享计划所产生的应付职工薪酬义务金额能够可靠估计。属于下列三种情形之一的，视为义务金额能够可靠估计：

①在财务报告批准报出之前企业已确定应支付的薪酬金额。

②该短期利润分享计划的正式条款中包括确定薪酬金额的方式。

③过去的惯例为企业确定推定义务金额提供了明显证据。

6. 利润分享计划的会计处理

职工只有在企业工作一段特定期间才能分享利润的，企业在计量利润分享计划产生的应付职工薪酬时，应当反映职工因离职而无法享受利润分享计划福利的可能性。

如果企业在职工为其提供相关服务的年度报告期间结束后 12 个月内，不需要全部支付利润分享计划产生的应付职工薪酬，该利润分享计划应当适用本准则其他长期职工福利的有关规定。

（三）离职后福利

1. 离职后福利计划的分类

企业应当将离职后福利计划分类为设定提存计划和设定受益计划。

离职后福利计划，是指企业与职工就离职后福利达成的协议，或者企业为向职工提供离职后福利制定的规章或办法等。其中，设定提存计划，是指向独立的基金缴存固定费用后，企业不再承担进一步支付义务的离职后福利计划；设定受益计划，是指除设定提存计划以外的离职后福利计划。

2. 离职后福利计划的会计处理

企业应当在职工为其提供服务的会计期间，将根据设定提存计划计算的应缴存金额确认为负债，并计入当期损益或相关资产成本。

根据设定提存计划，预期不会在职工提供相关服务的年度报告期结束后12个月内支付全部应缴存金额的，企业应当参照9号准则第十五条规定的折现率，将全部应缴存金额以折现后的金额计量应付职工薪酬。

3. 设定受益计划的会计处理

企业对设定受益计划的会计处理通常包括下列四个步骤：

（1）根据预期累计福利单位法，采用无偏且相互一致的精算假设对有关人口统计变量和财务变量等做出估计，计量设定受益计划所产生的义务，并确定相关义务的归属期间。企业应当按照9号准则第十五条规定的折现率将设定受益计划所产生的义务予以折现，以确定设定受益计划义务的现值和当期服务成本。

（2）设定受益计划存在资产的，企业应当将设定受益计划义务现值减去设定受益计划资产公允价值所形成的赤字或盈余确认为一项设定受益计划净负债或净资产。设定受益计划存在盈余的，企业应当以设定受益计划的盈余和资产上限两项的孰低者计量设定受益计划净资产。其中，资产上限，是指企业可从设定受益计划退款或减少未来对设定受益计划缴存资金而获得的经济利益的现值。

（3）根据9号准则第十六条的有关规定，确定应当计入当期损益的金额。

（4）根据9号准则第十六条和第十七条的有关规定，确定应当计入其他综合收益的金额。在预期累计福利单位法下，每一服务期间会增加一个单位的福利权利，并且需对每一个单位单独计量，以形成最终义务。企业应当将福利归属于提供设定受益计划的义务发生的期间。这一期间是指从职工提供服务以获取企业在未来报告期间预计支付的设定受益计划福利开始，至职工的继续服务不会导致这一福利金额显著增加之日为止。

4. 福利义务的会计处理

企业应当根据预期累计福利单位法确定的公式将设定受益计划产生的福利义务归属于职工提供服务的期间，并计入当期损益或相关资产成本。

当职工后续年度的服务将导致其享有的设定受益计划福利水平显著高于以前年度时，企业应当按照直线法将累计设定受益计划义务分摊确认于职工提供服务而导致企业第一次产生设定受益计划福利义务至职工提供服务不再导致该福利义务显著增加的期间。在确定该归属期间时，不应考虑仅因未来工资水平提高而导致设定受益计划义务显著增加的情况。

5. 对设定受益计划义务折现

企业应当对所有设定受益计划义务予以折现，包括预期在职工提供服务的年度报告期间结束后的十二个月内支付的义务。折现时所采用的折现率应当根据资产负债表日与设定受益计划义务期限和币种相匹配的国债或活跃市场上的高质量公司债券的市场收益率确定。

6. 报告期末的成本确认

报告期末，企业应当将设定受益计划产生的职工薪酬成本确认为下列组成部分：

（1）服务成本，包括当期服务成本、过去服务成本和结算利得或损失。其中，当期服务成本，是指职工当期提供服务所导致的设定受益计划义务现值的增加额；过去服务成本，是指设定受益计划修改所导致的与以前期间职工服务相关的设定受益计划义务现值的增加或减少。

（2）设定受益计划净负债或净资产的利息净额，包括计划资产的利息收益、设定受益计划义务的利息费用以及资产上限影响的利息。

（3）重新计量设定受益计划净负债或净资产所产生的变动。

除非其他会计准则要求或允许职工福利成本计入资产成本，上述第（1）项和第（2）项应计入当期损益；第（3）项应计入其他综合收益，并且在后续会计期间不允许转回至损益，但企业可以在权益范围内转移这些在其他综合收益中确认的金额。

7. 重新计量

重新计量设定受益计划净负债或净资产所产生的变动包括下列部分：

（1）精算利得或损失，即由于精算假设和经验调整导致之前所计量的设定受益计划义务现值的增加或减少。

（2）计划资产回报，扣除包括在设定受益计划净负债或净资产的利息净额中的金额。

（3）资产上限影响的变动，扣除包括在设定受益计划净负债或净资产的利息净额中的金额。

8. 确认当期费用的日期

在设定受益计划下，企业应当在下列日期孰早日将过去服务成本确认为当期费用：

（1）修改设定受益计划时。

（2）企业确认相关重组费用或辞退福利时。

9. 设定受益计划结算

企业应当在设定受益计划结算时，确认一项结算利得或损失。

设定受益计划结算，是指企业为了消除设定受益计划所产生的部分或所有未来义务进行的交易，而不是根据计划条款和所包含的精算假设向职工支付福利。设定受益计划结算利得或损失是下列两项的差额：

（1）在结算日确定的设定受益计划义务现值。

（2）结算价格，包括转移的计划资产的公允价值和企业直接发生的与结算相关的支付。

（四）辞退福利

1. 确认负债的日期

企业向职工提供辞退福利的，应当在下列两者孰早日确认辞退福利产生的职工薪酬负债，并计入当期损益：

（1）企业不能单方面撤回因解除劳动关系计划或裁减建议所提供的辞退福利时。

（2）企业确认与涉及支付辞退福利的重组相关的成本或费用时。

2. 预计应付职工薪酬

企业应当按照辞退计划条款的规定，合理预计并确认辞退福利产生的应付职工薪酬。辞退福利预期在其确认的年度报告期结束后 12 个月内完全支付的，应当适用短期薪酬的相关规定；辞退福利预期在年度报告期结束后 12 个月内不能完全支付的，应当适用本准则关于其他长期职工福利的有关规定。

（五）其他长期职工福利

1. 设定提存计划

企业向职工提供的其他长期职工福利，符合设定提存计划条件的，应当适用 9 号准则第十二条关于设定提存计划的有关规定进行处理。

2. 设定受益计划

除上述规定的情形外，企业应当适用 9 号准则关于设定受益计划的有关规定，确认和计量其他长期职工福利净负债或净资产。在报告期末，企业应当将其他长期职工福利产生的职工薪酬成本确认为下列组成部分：

（1）服务成本。

（2）其他长期职工福利净负债或净资产的利息净额。

（3）重新计量其他长期职工福利净负债或净资产所产生的变动。

为简化相关会计处理，上述项目的总净额应计入当期损益或相关资产成本。

3. 长期残疾福利水平

长期残疾福利水平取决于职工提供服务期间长短的，企业应当在职工提供服务的期间确认应付长期残疾福利义务，计量时应当考虑长期残疾福利支付的可能性和预期支付的期限；长期残疾福利与职工提供服务期间长短无关的，企业应当在导致职工长期残疾的事件发生的当期确认应付长期残疾福利义务。

（六）披露

1. 披露短期职工薪酬信息

企业应当在附注中披露与短期职工薪酬有关的下列信息：

（1）应当支付给职工的工资、奖金、津贴和补贴及其期末应付未付金额。

（2）应当为职工缴纳的医疗保险费、工伤保险费和生育保险费等社会保险费及其期末应付未付金额。

（3）应当为职工缴存的住房公积金及其期末应付未付金额。

（4）为职工提供的非货币性福利及其计算依据。

（5）依据短期利润分享计划提供的职工薪酬金额及其计算依据。

（6）其他短期薪酬。

2. 披露设定提存计划信息

企业应当披露所设立或参与的设定提存计划的性质、计算缴费金额的公式或依据，当期缴费金额以及期末应付未付金额。

企业应当披露与设定受益计划有关的下列信息：

（1）设定受益计划的特征及与之相关的风险。

（2）设定受益计划在财务报表中确认的金额及其变动。

（3）设定受益计划对企业未来现金流量金额、时间和不确定性的影响。

（4）设定受益计划义务现值所依赖的重大精算假设及有关敏感性分析的结果。

3. 其他披露信息

企业应当披露支付的因解除劳动关系所提供辞退福利及其期末应付未付金额。

企业应当披露提供的其他长期职工福利的性质、金额及其计算依据。

第三节
职工福利费与劳动保护支出

一、基本制度

（一）职工福利费

根据《企业所得税法实施条例》第四十条的规定，企业发生的职工福利费支出，不超过工资薪金总额 14% 的部分，准予扣除。

（二）劳动保护支出

根据《企业所得税法实施条例》第四十八条的规定，企业发生的合理的劳动保护支出，准予扣除。

二、职工福利费与劳务保护支出具体规则

（一）职工福利费的范围

根据《国家税务总局关于企业工资薪金及职工福利费扣除问题的通知》（国税函〔2009〕3号）的规定，《企业所得税实施条例》第四十条规定的企业职工福利费，包括以下内容：

（1）尚未实行分离办社会职能的企业，其内设福利部门所发生的设备、设施和人员费用，包括职工食堂、职工浴室、理发室、医务所、托儿所、疗养院等集体福利部门的设备、设施及维修保养费用和福利部门工作人员的工资薪金、社会保险费、住房公积金、劳务费等。

（2）为职工卫生保健、生活、住房、交通等所发放的各项补贴和非货币性福利，包括企业向职工发放的因公外地就医费用、未实行医疗统筹企业职工医疗费用、职工供养直系亲属医疗补贴、供暖费补贴、职工防暑降温费、职工困难补贴、救济费、职工食堂经费补贴、职工交通补贴等。

（3）按照其他规定发生的其他职工福利费，包括丧葬补助费、抚恤费、安家费、探亲假路费等。

企业发生的职工福利费，应该单独设置账册，进行准确核算。没有单独设置账册准确核算的，税务机关应责令企业在规定的期限内进行改正。逾期仍未改正的，税务机关可对企业发生的职工福利费进行合理的核定。

（二）特殊员工费用

根据《国家税务总局关于企业所得税应纳税所得额若干税务处理问题的公告》（国家税务总局公告2012年第15号）的规定，企业因雇用季节工、临时工、实习生、返聘离退休人员所实际发生的费用，应区分为工资薪金支出和职工福利费支出，并按《企业所得税法》规定在企业所得税前扣除。其中属于工资薪金支出的，准予计入企业工资薪金总额的基数，作为计算其他各项相关费用扣除的依据。

（三）福利性补贴的处理

根据《国家税务总局关于企业工资薪金和职工福利费等支出税前扣除问题的公告》（国家税务总局公告2015年第34号）的规定，列入企业员工工资薪金制度、固定与工资薪金一起发放的福利性补贴，符合《国家税务总局关于企业工资薪金及职工福利费扣除问题的通知》（国税函〔2009〕3号）规定的合理工资薪金标准的，可作为企业发生的工资薪金支出，按规定在税前扣除。不能同时符合合理工资薪金标准的福利性补贴，应作为职工福利费，

按规定计算限额税前扣除。

（四）劳务派遣用工费用的处理

根据《国家税务总局关于企业工资薪金和职工福利费等支出税前扣除问题的公告》（国家税务总局公告 2015 年第 34 号）的规定，企业接受外部劳务派遣用工所实际发生的费用，应分两种情况按规定在税前扣除：按照协议（合同）约定直接支付给劳务派遣公司的费用，应作为劳务费支出；直接支付给员工个人的费用，应作为工资薪金支出和职工福利费支出。其中属于工资薪金支出的费用，准予计入企业工资薪金总额的基数，作为计算其他各项相关费用扣除的依据。

（五）工作服饰费用

根据《国家税务总局关于企业所得税若干问题的公告》（国家税务总局公告 2011 年第 34 号）的规定，企业根据其工作性质和特点，由企业统一制作并要求员工工作时统一着装所发生的工作服饰费用，根据《企业所得税法实施条例》第二十七条的规定，可以作为企业合理的支出给予税前扣除。

【实操案例】

【例 3–6】

甲公司 2020 年度合理工资薪金支出为 1000 万元，该公司为员工建立了补充养老保险和补充医疗保险，该年度共支付补充养老保险费 100 万元、补充医疗保险费 50 万元，同时，该公司还发生职工福利费 130 万元。在计算企业所得税时，上述三笔支出可以在税前扣除的数额分别是多少？

解析：

补充养老保险费不能超过工资薪金总额的 5%，即 50 万元，实际支出 100 万元，可以税前扣除 50 万元。

补充医疗保险费不能超过工资薪金总额的 5%，即 50 万元，实际支出 50 万元，可以税前扣除 50 万元。

职工福利费不能超过工资薪金总额的 14%，即 140 万元，实际支出 130 万元，可以税前扣除 130 万元。

【例 3–7】

甲公司是一家外商独资的生产型企业，2020 年销售额 5 000 万元，员工 300 余人，当年该公司福利费列支金额为 50 多万元，其中公司支付员工宿舍租金约 20 万元，支付员工旅游费用约 15 万元，支付员工节日聚餐、生日聚会费用约10万元，其他零星支出约5万元。这些费用是否都能在税前扣除？需要符合哪些条件？

解析：

企业在纳税调整时，首先应看福利费支出是否超过工资总额的14%，再逐项分析。

员工宿舍租金作为福利费是没有问题的；员工旅游的发票一般是旅行公司开具的，员工聚餐一般是酒店开具的发票，而税务机关会怀疑旅游和聚餐是否为招待客户的交际应酬费用，同时在国税函〔2009〕3号中，关于福利费的列举是没有旅游和聚餐的。某些地方，如江苏省国税局在政策解读中明确提出，只要是为全体员工发生的，按照税法规定的实际发生制原则、相关性原则和合理性原则可判断为福利费，但是企业需要提供真实发生的证明材料以支持是为全体员工发生的费用，如全员旅游，需要有活动的通知、行程安排、与旅行社安排时人员的名单；员工聚餐，发起活动的通知、结算清单等。

第四节
职工教育经费与工会经费

一、基本制度

（一）职工教育经费

根据《企业所得税法实施条例》第四十二条的规定，除国务院财政、税务主管部门另有规定外，企业发生的职工教育经费支出，不超过工资薪金总额2.5%的部分，准予扣除；超过部分，准予在以后纳税年度结转扣除。

（二）工会经费

根据《企业所得税法实施条例》第四十一条的规定，企业拨缴的工会经费，不超过工资薪金总额2%的部分，准予扣除。

二、职工教育经费扣除的具体规则

（一）软件生产企业的职工培训费用

根据《国家税务总局关于企业所得税执行中若干税务处理问题的通知》

（国税函〔2009〕202号）的规定，软件生产企业发生的职工教育经费中的职工培训费用，根据《财政部　国家税务总局关于企业所得税若干优惠政策的通知》（财税〔2008〕1号）规定，可以全额在企业所得税前扣除。软件生产企业应准确划分职工教育经费中的职工培训费支出，不能准确划分的，以及准确划分后职工教育经费中扣除职工培训费用的余额，一律按照《企业所得税法实施条例》第四十二条规定的比例扣除。

（二）动漫企业享受软件生产企业的优惠政策

根据《财政部　国家税务总局关于扶持动漫产业发展有关税收政策问题的通知》（财税〔2009〕65号）的规定，经认定的动漫企业自主开发、生产动漫产品，可申请享受国家现行鼓励软件产业发展的所得税优惠政策。

（三）软件产业和集成电路产业优惠政策

根据《财政部　国家税务总局关于进一步鼓励软件产业和集成电路产业发展企业所得税政策的通知》（财税〔2012〕27号）的规定，集成电路设计企业和符合条件软件企业的职工培训费用，应单独进行核算并按实际发生额在计算应纳税所得额时扣除。

根据《财政部　国家税务总局　发展改革委　工业和信息化部关于软件和集成电路产业企业所得税优惠政策有关问题的通知》（财税〔2016〕49号）的规定，集成电路设计企业是指以集成电路设计为主营业务并同时符合下列条件的企业：

（1）在中国境内（不包括港、澳、台地区）依法注册的居民企业；

（2）汇算清缴年度具有劳动合同关系且具有大学专科以上学历的职工人数占企业月平均职工总人数的比例不低40%，其中，研究开发人员占企业月平均职工总数的比例不低于20%；

（3）拥有核心技术，并以此为基础开展经营活动，且汇算清缴年度研究开发费用总额占企业销售（营业）收入总额的比例不低于6%，其中，企业在中国境内发生的研究开发费用金额占研究开发费用总额的比例不低于60%。

（4）汇算清缴年度集成电路设计销售（营业）收入占企业收入总额的比例不低于60%，其中，集成电路自主设计销售（营业）收入占企业收入总额的比例不低于50%；

（5）主营业务拥有自主知识产权；

（6）具有与集成电路设计相适应的软硬件设施等开发环境（如EDA工具、服务器或工作站等）；

（7）汇算清缴年度未发生重大安全、重大质量事故或严重环境违法行为。

软件企业是指以软件产品开发销售（营业）为主营业务并同时符合下列

条件的企业：

（1）在中国境内（不包括港、澳、台地区）依法注册的居民企业；

（2）汇算清缴年度具有劳动合同关系且具有大学专科以上学历的职工人数占企业月平均职工总人数的比例不低于40%，其中，研究开发人员占企业月平均职工总数的比例不低于20%；

（3）拥有核心技术，并以此为基础开展经营活动，且汇算清缴年度研究开发费用总额占企业销售（营业）收入总额的比例不低于6%，其中，企业在中国境内发生的研究开发费用金额占研究开发费用总额的比例不低于60%；

（4）汇算清缴年度软件产品开发销售（营业）收入占企业收入总额的比例不低于50%［嵌入式软件产品和信息系统集成产品开发销售（营业）收入占企业收入总额的比例不低于40%］，其中，软件产品自主开发销售（营业）收入占企业收入总额的比例不低于40%［嵌入式软件产品和信息系统集成产品开发销售（营业）收入占企业收入总额的比例不低于30%］；

（5）主营业务拥有自主知识产权；

（6）具有与软件开发相适应软硬件设施等开发环境（如合法的开发工具等）；

（7）汇算清缴年度未发生重大安全、重大质量事故或严重环境违法行为。

（四）核力发电企业的培养费用

根据《国家税务总局关于企业所得税应纳税所得额若干问题的公告》（国家税务总局公告2014年第29号）的规定，核力发电企业为培养核电厂操纵员发生的培养费用，可作为企业的发电成本在税前扣除。企业应将核电厂操纵员培养费与员工的职工教育经费严格区分，单独核算，员工实际发生的职工教育经费支出不得计入核电厂操纵员培养费直接扣除。

（五）提高职工教育经费扣除标准

《财政部　税务总局关于企业职工教育经费税前扣除政策的通知》（财税〔2018〕51号）规定：自2018年1月1日起，企业发生的职工教育经费支出，不超过工资薪金总额8%的部分，准予在计算企业所得税应纳税所得额时扣除；超过部分，准予在以后纳税年度结转扣除。

【实操案例】

【例3-8】

甲公司为非高新技术的工业生产企业，2017年度发生合理工资薪金支出1 000万元，实际发生职工教育经费支出50万元；2018年度发生合理工资薪金支出 1 000 万元，实际发生职工教育经费支出 50 万元。甲公司在 2017 年度、2018 年度职工教育经费企业所得税前分别扣除多少？

解析：

2017 年度：

甲公司职工教育经费扣除限额＝ 1 000×2.5% ＝ 25（万元）；甲公司实际支出职工教育经费 50 万元；超过限额部分＝ 50 － 25 ＝ 25（万元），结转以后年度扣除。

2018 年度：

甲公司职工教育经费扣除限额＝ 1 000×8% ＝ 80（万元）；甲公司实际发生职工教育经费 50 万元，未超限额；上年结转 25 万元，企业本年发生的职工教育经费支出 50 万元＋以前年度累计结转扣除额 25 万元＝ 75（万元），75 万元未超限额，可合计扣除 75 万元，应纳税调减 25 万元。

三、工会经费扣除的具体规则

（一）工会经费收据

根据《国家税务总局关于工会经费企业所得税税前扣除凭据问题的公告》（国家税务总局公告 2010 年第 24 号）的规定，自 2010 年 7 月 1 日起，企业拨缴的职工工会经费，不超过工资薪金总额 2% 的部分，凭工会组织开具的《工会经费收入专用收据》在企业所得税税前扣除。

（二）工会经费代收凭据

根据《国家税务总局关于税务机关代收工会经费企业所得税税前扣除凭据问题的公告》（国家税务总局公告 2011 年第 30 号）的规定，自 2010 年 1 月 1 日起，在委托税务机关代收工会经费的地区，企业拨缴的工会经费，也可凭合法、有效的工会经费代收凭据依法在税前扣除。

【实操案例】

【例 3-9】

某软件生产企业 2020 年度发生职工教育经费支出 800 万元，其中，职工培训费支出 500 万元，已知该企业 2020 年度的工资薪金总额为 3 000 万元。在计算企业所得税时，该企业可以税前扣除的职工教育经费是多少？

解析：

如果该企业能够准确划分职工教育经费中的职工培训费支出，则 500 万元的职工培训费支出可以全额扣除。其余职工教育经费支出的扣除限额为：

3 000×8% = 240（万元）。该企业 2020 年度可以扣除的职工教育经费总额为 740 万元。

如果该企业不能准确划分职工教育经费中的职工培训费支出，则该企业职工教育经费支出的扣除限额为：3 000×8% = 240（万元）。该企业 2020 年度可以扣除的职工教育经费总额为 240 万元。

【例 3–10】

甲公司 2020 年度的工资薪金总额为 1 000 万元，职工福利费为 100 万元，企业拨付的工会经费为 25 万元，该企业 2020 年度可以税前扣除的工会经费是多少？

解析：

企业拨付的工会经费不能超过工资薪金总额的 2%，工资薪金总额不包括职工福利费。对甲公司而言，准予税前列支的工会经费限额 = 1 000×2% = 20（万元），企业实际拨付工会经费 25 万元，可以税前扣除的工会经费为 20 万元。

【例 3–11】

乙公司 2019 年度实际支付工资薪金总额 600 万元（其中为员工支付“五险一金”100 万元，长期员工工资 300 万元，合同工工资 120 万元，临时工工资 50 万元，劳务派遣工工资 30 万元），发生职工福利费支出 90 万元，拨缴工会经费 12 万元、发生职工教育经费 41.5 万元（假设上述员工与公司均签订了符合法律规定的劳动合同，劳务派遣合同约定由乙公司直接向用工人员支付工资）。

1. 乙公司 2019 年度按照税法规定允许作为三项经费（职工福利费、工会经费、职工教育经费）扣除基数的工资薪金总额分别是多少？

解析：

根据《国家税务总局关于企业工资薪金及职工福利费扣除问题的通知》（国税函〔2009〕3 号）规定，工资薪金总额，是指企业按照规定实际发放的工资薪金总和，不包括企业的职工福利费、职工教育经费、工会经费以及养老保险费、医疗保险费、失业保险费、工伤保险费、生育保险费等社会保险费和住房公积金。

因此，乙公司 2019 年度工资薪金总额为：600 − 100 = 500（万元）。

2. 乙公司 2019 年度允许进行税前扣除的三项经费（职工福利费、工会经费、职工教育经费）分别是多少？应如何进行纳税调整？

解析：

根据企业所得税法及实施条例规定，允许企业所得税前扣除的三项经费（职工福利费、工会经费、职工教育经费）比例分别为工资薪金总额的 14%、2% 和 8%。乙公司 2019 年允许税前扣除的三项经费（职工福利费、工会经费、职工教育经费）限额分别为：

职工福利费扣除限额＝500×14%＝70（万元）

纳税调增额＝90－70＝20（万元）

工会经费扣缴限额＝500×2%＝10（万元）

纳税调增额＝12－10＝2（万元）

职工教育经费扣除限额＝500×8%＝40（万元）

纳税调增额＝41.5－40＝1.5（万元）

3. 对于工资薪金可按规定列支的不同类别的员工，乙公司应分别准备哪些证明材料留存备查？

解析：

乙公司主要按用工时间的长短来对员工进行划分，实务中，更多的是考虑用工形式，而非时间长短，为便于操作，可按以下分类准备对应的证明材料：

（1）合同工（包括临时工、季节工），与企业签订长期或短期劳动合同或协议，符合国税函〔2009〕3号文的规定，其工资薪金允许在税前扣除。企业应提供工资明细清单、劳动合同（协议）文本、个人所得全员全额申报证明及个人所得税预扣预缴证明；如是股份制公司则应提供股东大会、董事会、薪酬委员会或相关管理机构制定的工资薪金制度；如是国有企业，则还应提供国资委核定的工资薪酬文件。企业支付给无底薪职工的劳务报酬，如能提供个人所得税按"工资、薪金所得"缴纳或申报的证明，允许作为工资薪金支出在税前扣除。

（2）退休返聘人员，如与返聘单位办理用工手续、签订劳动合同或协议，个人取得的收入按"工资、薪金所得"征收个人所得税的，允许作为工资薪金在税前扣除；如未与返聘单位办理用工手续，个人取得的收入按"劳务报酬所得"征收个人所得税的，按劳务费在税前扣除。企业应提供相关劳动合同或协议，以及个人所得税缴纳或申报证明等资料。

（3）内退人员，未到法定退休年龄，尚未取消劳动合同，企业已一次性或分期支付生活补贴的内部退养职工。一次性或分期支付的生活补贴允许在税前扣除。企业应提供内退人员名单、劳动合同或协议、内退协议、生活补贴清单等资料。生活补贴不属于税法规定的工资薪金支出，不得作为计提职工福利费、工会经费、职工教育经费等三项费用的基数。

（4）劳务用工（劳务派遣用工），用工企业应提供与劳务派遣企业签订的劳务派遣用工合同或协议、劳务费发票等资料。对于接受外部劳务派遣所实际发生的费用，由于乙公司是直接支付给员工个人的，因此可由乙公司区分为工资薪金支出和职工福利费支出，工资薪金支出部分准予计入企业工资薪金总额的基数，作为计算其他各项相关费用扣除的依据。

还需注意的是，本案例中假设乙公司是支付给劳务派遣公司而不是直接支付给员工个人的，则需要取得劳务费发票作为扣除凭证，此项也不得计入企业工资薪金总额的基数。

【例 3–12】

丙公司为工业企业（适用税率 25%，从事国家非限制和禁止行业），资产总额 1 500 万元，本厂员工人数 90 人，另接受人力资源派遣公司的派遣用工 20 人。公司 2019 年度营业收入合计 520 万元，成本费用合计 490 万元，具体构成如下：工资薪金总额 120 万元（不含“五险一金”，其中 10 万元为支付给本厂残疾员工的工资，另有 20 万元以劳务费形式直接支付给劳务派遣公司），职工福利费 15 万元，工会经费 2 万元，职工教育经费 8.5 万元，其他成本费用合计 350 万元（假设除上述收入、成本和费用外，该公司无其他业务发生，相关费用凭证合法有效）。

1. 丙公司 2019 年度允许进行税前扣除的三项经费（职工福利费、工会经费、职工教育经费）分别是多少？

解析：

丙公司的工资薪金总额为 120 万元，但根据《国家税务总局关于企业工资薪金和职工福利费等支出税前扣除问题的公告》（国家税务总局公告 2015 第 34 号）第三条规定，企业接受外部劳务派遣用工按照协议（合同）约定直接支付给劳务派遣公司的费用，应作为劳务费支出，不得作为工资薪金支出，因此，上述丙公司工资薪金总额应剔除以劳务费形式直接支付给劳务派遣公司的部分，即税法认可的工资薪金总额为：120 − 20 = 100（万元）。

因此，三项经费允许税前扣除的限额分别为：100×14% = 14（万元）；100×2% = 2（万元）；100×8% = 8（万元）。

工会经费未超标准，职工福利费和职工教育经费分别超过限额，纳税调增金额如下：

职工福利费调增额 = 15 − 14 = 1（万元）

职工教育经费调增额 = 8.5 − 8 = 0.5（万元）

2. 丙公司 2019 年度的应纳税所得额应是多少？

解析：

根据企业所得税法实施条例及《关于安置残疾人员就业有关企业所得税优惠政策问题的通知》（财税〔2009〕70 号）的相关规定，企业安置残疾人员的，在按照支付给残疾职工工资据实扣除的基础上，可以在计算应纳税所得额时按照支付给残疾职工工资的 100% 加计扣除。

由于丙公司 2019 年度支付残疾人工资 10 万元，因此允许加计扣除 10 万元，即作纳税调减 10 万元。

丙公司 2019 年度应纳税所得额 = 520 − 490 + 1 + 0.5 − 10 = 21.5（万元）

3. 丙公司 2019 年度能否享受小微企业所得税优惠？

解析：

根据《财政部　税务总局关于实施小微企业普惠性税收减免政策的通知》（财税〔2019〕13 号）的规定，自 2019 年 1 月 1 日起至 2021 年 12 月 31 日，按“从事国家非限制和禁止行业，且同时符合年度应纳税所得额不超过300万元、从业人数不超过300人、资产总额不超过5 000万元等三个条件的企业”判断企业是否为小型微利企业。

丙公司从事国家非限制和禁止行业，应纳税所得额为21.5万元<300万元，资产总额1 500万元<5 000万元均符合条件，从业人数根据规定应包括接受派遣用工的人数，丙公司从业人数为90＋20＝110人<300人。

因此，丙公司2019年度符合享受小型微利企业所得税优惠政策的条件，可享受小微企业所得税优惠。

【例3–13】

丁公司为高新技术企业，2019年汇算清缴前账面会计利润为500万元，当年账面工资薪金总额为390万元（不含“五险一金”，其中100万元季度申报时计提未发，但截止汇算清缴申报时已全部发放），职工福利费为60万元（其中10万元为现金发放的通讯补贴，该补贴在员工工资薪金制度中有明确规定，且固定与工资薪金一起发放），工会经费为6万元，职工教育经费为30万元。公司本年用于“三新”项目研发人员的工资薪金为100万元（含“五险一金”），用于职工购买商业保险支付了30万元。

1. 丁公司2019年季度申报时计提未发的100万元工资薪金能否进行税前扣除？

解析：

根据《国家税务总局关于企业工资薪金和职工福利费等支出税前扣除问题的公告》（国家税务总局公告2015第34号）第二条规定，企业在年度汇算清缴结束前向员工实际支付的已预提的年度工资薪金，准予在汇缴年度按规定扣除，由于丁公司工资薪金总额中季度未发的100万元在汇缴前已经发放，因此，该项可以进行税前扣除。

2. 丁公司2019年度允许进行税前扣除的三项经费（职工福利费、工会经费、职工教育经费）分别是多少？是否需要进行纳税调整？

解析：

根据《国家税务总局关于企业工资薪金和职工福利费等支出税前扣除问题的公告》（国家税务总局公告2015第34号）第一条规定，列入企业员工工资薪金制度、固定与工资薪金一起发放的福利性补贴，符合规定的，可作为企业发生的工资薪金支出，因此，丁公司职工福利费中现金形式发放的10万元通讯补贴可作为工资薪金总额基数，即丁公司的工资薪金总额为400万元（390＋10），职工福利费实际应为50万元（60－10）。

允许税前扣除的职工福利费限额＝400×14%＝56（万元）

允许税前扣除的工会经费限额＝400×2%＝8（万元）

允许税前扣除的职工教育经费限额＝400×8%＝32（万元）

因此，三项经费均未超出标准，不需纳税调整。允许扣除的三项经费金额分别为60万元（其中10万元通讯补贴以工资薪金形式税前扣除，50万元以职工福利费形式税前扣除），6万元和30万元。

3. 丁公司2019年度经纳税调整后的应纳税所得额是多少？

解析：

“三新”项目研发人员工资支出（含“五险一金”）根据税法规定可加计扣除50%，因此，可纳税调减50万元（100×50%）；为职工支付的商业保险费20万元，根据规定不得税前扣除；三项经费无需纳税调整。

因此，丁公司纳税调整后应纳税所得额为：500－50＋20＝470（万元）。

四、《职工薪酬支出及纳税调整明细表》的填写

（一）纳税申报表样式（见表3-1）

表3-1　A105050　职工薪酬支出及纳税调整明细表

行次	项目	账载金额	实际发生额	税收规定扣除率	以前年度累计结转扣除额	税收金额	纳税调整金额	累计结转以后年度扣除额
		1	2	3	4	5	6（1－5）	7（2＋4－5）
1	一、工资薪金支出			*	*			*
2	其中：股权激励			*	*			*
3	二、职工福利费支出				*			*
4	三、职工教育经费支出			*				
5	其中：按税收规定比例扣除的职工教育经费							
6	按税收规定全额扣除的职工培训费用				*			*
7	四、工会经费支出				*			*
8	五、各类基本社会保障性缴款			*	*			*
9	六、住房公积金			*	*			*
10	七、补充养老保险				*			*
11	八、补充医疗保险				*			*
12	九、其他			*	*			*

（续表）

行次	项目	账载金额	实际发生额	税收规定扣除率	以前年度累计结转扣除额	税收金额	纳税调整金额	累计结转以后年度扣除额
		1	2	3	4	5	6（1－5）	7（2＋4－5）
13	合计（1＋3＋4＋7＋8＋9＋10＋11＋12）			*				

（二）适用范围

纳税人根据税法、《国家税务总局关于企业工资薪金及职工福利费扣除问题的通知》（国税函〔2009〕3号）、《财政部 国家税务总局关于扶持动漫产业发展有关税收政策问题的通知》（财税〔2009〕65号）、《财政部 国家税务总局关于进一步鼓励软件产业和集成电路产业发展企业所得税政策的通知》（财税〔2012〕27号）、《国家税务总局关于我国居民企业实行股权激励计划有关企业所得税处理问题的公告》（国家税务总局公告2012年第18号）、《财政部 国家税务总局 商务部 科技部 国家发展改革委关于完善技术先进型服务企业有关企业所得税政策问题的通知》（财税〔2014〕59号）、《国家税务总局关于企业工资薪金和职工福利费等支出税前扣除问题的公告》（国家税务总局公告2015年第34号）、《财政部 税务总局关于企业职工教育经费税前扣除政策的通知》（财税〔2018〕51号）等相关规定，以及国家统一企业会计制度，填报纳税人职工薪酬会计处理、税收规定，以及纳税调整情况。纳税人只要发生相关支出，不论是否纳税调整，均需填报。

（三）项目填报说明

1）第1行“一、工资薪金支出”：填报纳税人本年度支付给在本企业任职或者受雇的员工的所有现金形式或非现金形式的劳动报酬及其会计核算、纳税调整等金额，具体如下：

（1）第1列“账载金额”：填报纳税人会计核算计入成本费用的职工工资、奖金、津贴和补贴金额。

（2）第2列“实际发生额”：分析填报纳税人“应付职工薪酬”会计科目借方发生额（实际发放的工资薪金）。

（3）第5列“税收金额”：填报纳税人按照税收规定允许税前扣除的金额，按照第1列和第2列分析填报。

（4）第6列“纳税调整金额”：填报第1—5列金额。

2）第2行“股权激励”：适用于执行《上市公司股权激励管理办法》（中国证券监督管理委员会令第126号）的纳税人填报，具体如下：

（1）第1列“账载金额”：填报纳税人按照国家有关规定建立职工股权激励计划，会计核算计入成本费用的金额。

（2）第2列“实际发生额”：填报纳税人根据本年实际行权时股权的公允价格与激励对象实际行权支付价格的差额和数量计算确定的金额。

（3）第5列“税收金额”：填报行权时按照税收规定允许税前扣除的金额，按第2列金额填报。

（4）第6列“纳税调整金额”：填报第1−5列金额。

3）第3行“二、职工福利费支出”：填报纳税人本年度发生的职工福利费及其会计核算、纳税调整等金额，具体如下：

（1）第1列“账载金额”：填报纳税人会计核算计入成本费用的职工福利费的金额。

（2）第2列“实际发生额”：分析填报纳税人“应付职工薪酬”会计科目下的职工福利费实际发生额。

（3）第3列“税收规定扣除率”：填报税收规定的扣除比例。

（4）第5列“税收金额”：填报按照税收规定允许税前扣除的金额，按第1行第5列“工资薪金支出\税收金额”×税收规定扣除率与第1列、第2列三者孰小值填报。

（5）第6列“纳税调整金额”：填报第1−5列金额。

4）第4行“三、职工教育经费支出”：填报第5行金额或者第5＋6行金额。

5）第5行“按税收规定比例扣除的职工教育经费”：适用于按照税收规定职工教育经费按比例税前扣除的纳税人填报，填报纳税人本年度发生的按税收规定比例扣除的职工教育经费及其会计核算、纳税调整等金额，具体如下：

（1）第1列“账载金额”填报纳税人会计核算计入成本费用的按税收规定比例扣除的职工教育经费金额，不包括第6行“按税收规定全额扣除的职工培训费用”金额。

（2）第2列“实际发生额”：分析填报纳税人“应付职工薪酬”会计科目下的职工教育经费实际发生额，不包括第6行“按税收规定全额扣除的职工培训费用”金额。

（3）第3列“税收规定扣除率”：填报税收规定的扣除比例。

（4）第4列“以前年度累计结转扣除额”：填报纳税人以前年度累计结转准予扣除的职工教育经费支出余额。

（5）第5列“税收金额”：填报纳税人按照税收规定允许税前扣除的金额（不包括第6行“按税收规定全额扣除的职工培训费用”金额），按第1行第5列“工资薪金支出\税收金额”×税收规定扣除率与第2＋4列的孰小值填报。

（6）第6列“纳税调整金额”：填报第1−5列金额。

（7）第 7 列“累计结转以后年度扣除额”：填报第 2+4－5 列金额。

6）第 6 行“按税收规定全额扣除的职工培训费用”：适用于按照税收规定职工培训费用允许全额税前扣除的纳税人填报，填报纳税人本年度发生的按税收规定全额扣除的职工培训费用及其会计核算、纳税调整等金额，具体如下：

（1）第 1 列“账载金额”：填报纳税人会计核算计入成本费用的按税收规定全额扣除的职工培训费用金额。

（2）第 2 列“实际发生额”：分析填报纳税人“应付职工薪酬”会计科目下的职工教育经费本年实际发生额中可全额扣除的职工培训费用金额。

（3）第 3 列“税收规定扣除率”：填报税收规定的扣除比例（100%）。

（4）第 5 列“税收金额”：填报按照税收规定允许税前扣除的金额，按第 2 列金额填报。

（5）第 6 列“纳税调整金额”：填报第 1－5 列金额。

7）第 7 行“四、工会经费支出”：填报纳税人本年度拨缴工会经费及其会计核算、纳税调整等金额，具体如下：

（1）第 1 列“账载金额”：填报纳税人会计核算计入成本费用的工会经费支出金额。

（2）第 2 列“实际发生额”：分析填报纳税人“应付职工薪酬”会计科目下的工会经费本年实际发生额。

（3）第 3 列“税收规定扣除率”：填报税收规定的扣除比例。

（4）第 5 列“税收金额”：填报按照税收规定允许税前扣除的金额，按第 1 行第 5 列“工资薪金支出 \ 税收金额”× 税收规定扣除率与第 1 列、第 2 列三者孰小值填报。

（5）第 6 列“纳税调整金额”：填报第 1－5 列金额。

8）第 8 行“五、各类基本社会保障性缴款”：填报纳税人依照国务院有关主管部门或者省级人民政府规定的范围和标准为职工缴纳的基本社会保险费及其会计核算、纳税调整等金额，具体如下：

（1）第 1 列“账载金额”：填报纳税人会计核算的各类基本社会保障性缴款的金额。

（2）第 2 列“实际发生额”：分析填报纳税人“应付职工薪酬”会计科目下的各类基本社会保障性缴款本年实际发生额。

（3）第 5 列“税收金额”：填报按照税收规定允许税前扣除的各类基本社会保障性缴款的金额，按纳税人依照国务院有关主管部门或者省级人民政府规定的范围和标准计算的各类基本社会保障性缴款的金额、第 1 列及第 2 列孰小值填报。

（4）第 6 列“纳税调整金额”：填报第 1－5 列金额。

9）第 9 行“六、住房公积金”：填报纳税人依照国务院有关主管部门或者省级人民政府规定的范围和标准为职工缴纳的住房公积金及其会计核算、纳税调整等金额，具体如下：

（1）第1列"账载金额"：填报纳税人会计核算的住房公积金金额。

（2）第2列"实际发生额"：分析填报纳税人"应付职工薪酬"会计科目下的住房公积金本年实际发生额。

（3）第5列"税收金额"：填报按照税收规定允许税前扣除的住房公积金金额，按纳税人依照国务院有关主管部门或者省级人民政府规定的范围和标准计算的住房公积金金额、第1列及第2列三者孰小值填报。

（4）第6列"纳税调整金额"：填报第1—5列金额。

10）第10行"七、补充养老保险"：填报纳税人为投资者或者职工支付的补充养老保险费及其会计核算、纳税调整等金额，具体如下：

（1）第1列"账载金额"：填报纳税人会计核算的补充养老保险金额。

（2）第2列"实际发生额"：分析填报纳税人"应付职工薪酬"会计科目下的补充养老保险本年实际发生额。

（3）第3列"税收规定扣除率"：填报税收规定的扣除比例。

（4）第5列"税收金额"：填报按照税收规定允许税前扣除的补充养老保险的金额，按第1行第5列"工资薪金支出\税收金额"×税收规定扣除率与第1列、第2列三者孰小值填报。

（5）第6列"纳税调整金额"：填报第1—5列金额。

11）第11行"八、补充医疗保险"：填报纳税人为投资者或者职工支付的补充医疗保险费及其会计核算、纳税调整等金额，具体如下：

（1）第1列"账载金额"：填报纳税人会计核算的补充医疗保险金额。

（2）第2列"实际发生额"：分析填报纳税人"应付职工薪酬"会计科目下的补充医疗保险本年实际发生额。

（3）第3列"税收规定扣除率"：填报税收规定的扣除比例。

（4）第5列"税收金额"：填报按照税收规定允许税前扣除的补充医疗保险的金额，按第1行第5列"工资薪金支出\税收金额"×税收规定扣除率与第1列、第2列三者孰小值填报。

（5）第6列"纳税调整金额"：填报第1—5列金额。

12）第12行"九、其他"：填报其他职工薪酬的金额及其会计核算、纳税调整等金额。

13）第13行"合计"：填报第1＋3＋4＋7＋8＋9＋10＋11＋12行金额。

（四）表内关系

（1）第4行＝第5行或第5＋6行。

（2）第13行＝第1＋3＋4＋7＋8＋9＋10＋11＋12行。

（3）第 6 列＝第 1－5 列。
（4）第 7 列＝第 2＋4－5 列。

（五）表间关系

（1）第 13 行第 1 列＝表 A105000 第 14 行第 1 列。
（2）第 13 行第 5 列＝表 A105000 第 14 行第 2 列。
（3）若第 13 行第 6 列≥ 0，第 13 行第 6 列＝表 A105000 第 14 行第 3 列；若第 13 行第 6 列＜ 0，第 13 行第 6 列的绝对值＝表 A105000 第 14 行第 4 列。

第五节 业务招待费支出

一、基本制度

根据《企业所得税法实施条例》第四十三条的规定，企业发生的与生产经营活动有关的业务招待费支出，按照发生额的 60% 扣除，但最高不得超过当年销售（营业）收入的 5‰。

二、具体规则

（一）销售额包括视同销售额

根据《国家税务总局关于企业所得税执行中若干税务处理问题的通知》（国税函〔2009〕202 号）的规定，企业在计算业务招待费扣除限额时，其销售（营业）收入额应包括《企业所得税法实施条例》第二十五条规定的视同销售（营业）收入额。

（二）股权投资企业计算基数的特殊规定

根据《国家税务总局关于贯彻落实企业所得税法若干税收问题的通知》（国税函〔2010〕79 号）的规定，从事股权投资业务的企业（包括集团公司总部、创业投资企业等），从被投资企业分配的股息、红利以及股权转让收入，可以按规定的比例计算业务招待费扣除限额。

（三）筹建期间业务招待费的扣除

根据《国家税务总局关于企业所得税应纳税所得额若干税务处理问题的公告》（国家税务总局公告2012年第15号）的规定，企业在筹建期间发生的与筹办活动有关的业务招待费支出，可按实际发生额的60%计入企业筹办费，并按有关规定在税前扣除。

【实操案例】

【例3–14】

某企业2020年度取得主营业务收入2 100万元，其他业务收入300万元，投资收益200万元，营业外收入15万元。该年度该企业在管理费用中共列支业务招待费17万元。在计算企业所得税时，可以税前扣除的业务招待费是多少？如果该企业该年度的业务招待费提高至25万元，可以税前扣除的业务招待费是多少？

解析：

投资收益和营业外收入不属于营业收入，不能作为计算业务招待费扣除限额的基数；业务招待费扣除限额＝（2 100＋300）×5‰＝12（万元）；业务招待费实际发生额的60%＝17×60%＝10.2（万元）；可以税前扣除的业务招待费为10.2万元。

如果该企业当年列支的业务招待费为25万元，则业务招待费扣除限额＝（2 100＋300）×5‰＝12（万元）；业务招待费实际发生额的60%＝25×60%＝15（万元）；可以税前扣除的业务招待费为12万元。

第六节
广告费和业务宣传费支出

一、基本制度

根据《企业所得税法实施条例》第四十四条的规定，企业发生的符合条件的广告费和业务宣传费支出，除国务院财政、税务主管部门另有规定外，不超过当年销售（营业）收入15%的部分，准予扣除；超过部分，准予在以后纳税年度结转扣除。

二、具体规则

（一）销售额包括视同销售额

根据《国家税务总局关于企业所得税执行中若干税务处理问题的通知》（国税函〔2009〕202 号）的规定，企业在计算广告费和业务宣传费等费用扣除限额时，其销售（营业）收入额应包括《企业所得税法实施条例》第二十五条规定的视同销售（营业）收入额。

（二）筹建期间广告费和业务宣传费的扣除

根据《国家税务总局关于企业所得税应纳税所得额若干税务处理问题的公告》（国家税务总局公告 2012 年第 15 号）的规定，企业在筹建期间，发生的与筹办活动有关的广告费和业务宣传费，可按实际发生额计入企业筹办费，并按有关规定在税前扣除。

（三）特殊行业广告费和业务宣传费的扣除

根据《财政部　国家税务总局关于广告费和业务宣传费支出税前扣除政策的通知》（财税〔2017〕41 号）的规定，自 2016 年 1 月 1 日起至 2020 年 12 月 31 日，对化妆品制造或销售、医药制造和饮料制造（不含酒类制造）企业发生的广告费和业务宣传费支出，不超过当年销售（营业）收入 30% 的部分，准予扣除；超过部分，准予在以后纳税年度结转扣除。

对签订广告费和业务宣传费分摊协议（以下简称分摊协议）的关联企业，其中一方发生的不超过当年销售（营业）收入税前扣除限额比例内的广告费和业务宣传费支出可以在本企业扣除，也可以将其中的部分或全部按照分摊协议归集至另一方扣除。另一方在计算本企业广告费和业务宣传费支出企业所得税税前扣除限额时，可将按照上述办法归集至本企业的广告费和业务宣传费不计算在内。

烟草企业的烟草广告费和业务宣传费支出，一律不得在计算应纳税所得额时扣除。

【实操案例】

【例 3–15】

甲公司 2019 年营业收入为 100 万元，实际广告费和业务宣传费支出为 25 万元；2020 年营业收入为 500 万元，实际广告费和业务宣传费支出为 60 万元。甲公司 2019 年和 2020 年可以税前扣除的广告费和业务宣传费分别是多少？

解析：

甲公司2019年可以扣除的广告费和业务宣传费限额＝100×15%＝15（万元）；实际支出25万元，可以税前扣除15万元，尚未扣除的10万元可以向以后纳税年度结转。甲公司2020年可以扣除的广告费和业务宣传费限额＝500×15%＝75（万元）；实际支出60万元，可以全部扣除，同时2019年结转而来的10万元也可以扣除，实际税前扣除70万元。

三、《广告费和业务宣传费等跨年度纳税调整明细表》的填写

（一）纳税申报表样式（见表3-2）

表3-2　A105060　广告费和业务宣传费等跨年度纳税调整明细表

行次	项目	广告费和业务宣传费	保险企业手续费及佣金支出
		1	2
1	一、本年支出		
2	减：不允许扣除的支出		
3	二、本年符合条件的支出（1－2）		
4	三、本年计算扣除限额的基数		
5	乘：税收规定扣除率		
6	四、本企业计算的扣除限额（4×5）		
7	五、本年结转以后年度扣除额（3＞6，本行＝3－6；3≤6，本行＝0）		
8	加：以前年度累计结转扣除额		
9	减：本年扣除的以前年度结转额[3＞6，本行＝0；3≤6，本行＝8与（6－3）孰小值]		
10	六、按照分摊协议归集至其他关联方的金额（10≤3与6孰小值）		*
11	按照分摊协议从其他关联方归集至本企业的金额		*
12	七、本年支出纳税调整金额（3＞6，本行＝2＋3－6＋10－11；3≤6，本行＝2＋10－11－9）		
13	八、累计结转以后年度扣除额（7＋8-9）		

（二）适用范围

本表适用于发生广告费和业务宣传费纳税调整项目（含广告费和业务宣传费结转），保险企业手续费及佣金支出纳税调整项目（含保险企业手续费及佣金支出结转）的纳税人填报。纳税人根据税法、《财政部 国家税务总局关于广告费和业务宣传费支出税前扣除政策的通知》（财税〔2012〕48号）、《财政部 税务总局关于保险企业手续费及佣金支出税前扣除政策的公告》（财政部 税务总局公告2019年第72号）等相关规定，以及国家统一企业会计制度，填报广告费和业务宣传费、保险企业手续费及佣金支出会计处理、税收规定，以及跨年度纳税调整情况。

（三）列次填报说明

（1）第1列“广告费和业务宣传费”：填报广告费和业务宣传费会计处理、税收规定，以及跨年度纳税调整情况。

（2）第2列“保险企业手续费及佣金支出”：填报保险企业手续费及佣金支出会计处理、税收规定，以及跨年度纳税调整情况。

（四）行次填报说明

（1）第1行“一、本年支出”：填报纳税人计入本年损益的支出金额。

（2）第2行“减：不允许扣除的支出”：填报税收规定不允许扣除的支出金额。

（3）第3行“二、本年符合条件的支出”：填报第1−2行的余额。

（4）第4行“三、本年计算扣除限额的基数”：填报按照税收规定计算扣除限额的基数。“广告费和业务宣传费”列次填写计算扣除限额的当年销售（营业）收入。“保险企业手续费及佣金支出”列次填报当年保险企业全部保费收入扣除退保金等后余额。

（5）第5行“税收规定扣除率”：填报税收规定的扣除比例。

（6）第6行“四、本企业计算的扣除限额”：填报第4×5行的金额。

（7）第7行“五、本年结转以后年度扣除额”：若第3行>第6行，填报第3−6行的余额；若第3行≤第6行，填报0。

（8）第8行“加：以前年度累计结转扣除额”：填报以前年度允许税前扣除但超过扣除限额未扣除、结转扣除的支出金额。

（9）第9行“减：本年扣除的以前年度结转额”：若第3行>第6行，填0；若第3行≤第6行，填报第6−3行与第8行的孰小值。

（10）第10行“六、按照分摊协议归集至其他关联方的金额”：本行第

1列填报签订广告费和业务宣传费分摊协议（以下简称分摊协议）的关联企业的一方，按照分摊协议，将其发生的不超过当年销售（营业）收入税前扣除限额比例内的广告费和业务宣传费支出归集至其他关联方扣除的广告费和业务宣传费，本行应≤第3行与第6行的孰小值。本行第2列不可填报。

（11）第11行“按照分摊协议从其他关联方归集至本企业的金额”：本行第1列填报签订分摊协议的关联企业的一方，按照分摊协议，从其他关联方归集至本企业的广告费和业务宣传费。本行第2列不可填报。

（12）第12行“七、本年支出纳税调整金额”：若第3行>第6行，填报第2+3−6+10−11行的金额；若第3行≤第6行，填报第2+10−11−9行的金额。

（13）第13行“八、累计结转以后年度扣除额”：填报第7+8−9行的金额。

（五）表内关系

（1）第3行=第1−2行。

（2）第6行=第4×5行。

（3）若第3＞6行，第7行=第3−6行；若第3≤6行，第7行=0。

（4）若第3＞6行，第9行=0；若第3≤6行，第9行=第8行与第6−3行的孰小值。

（5）若第3＞6行，第12行=2+3−6+10−11行；若第3≤6行，第12行=第2−9+10−11行。

（6）第13行=第7+8−9行。

（六）表间关系

（1）若第12行第1列≥0，第12行第1列=表A105000第16行第3列；若第12行第1列＜0，第12行第1列的绝对值=表A105000第16行第4列。

（2）保险企业：第1行第2列=表A105000第23行第1列。若第3行第2列≥第6行第2列，第6行第2列=表A105000第23行第2列；若第3行第2列<第6行第2列，第3行第2列+第9行第2列=表A105000第23行第2列。若第12行第2列≥0，第12行第2列=表A105000第23行第3列。若第12行第2列＜0，第12行第2列的绝对值=表A105000第23行第4列。

第七节
捐赠支出

一、公益性捐赠支出基本标准

（一）基本制度

根据《企业所得税法》第九条的规定，企业发生的公益性捐赠支出，在年度利润总额12%以内的部分，准予在计算应纳税所得额时扣除；超过年度利润总额12%的部分，准予结转以后3年内在计算应纳税所得额时扣除。

（二）公益性捐赠的标准

根据《企业所得税法实施条例》第五十一条的规定，公益性捐赠，是指企业通过公益性社会组织或者县级以上人民政府及其部门，用于符合法律规定的慈善活动、公益事业的捐赠。

（三）公益性社会组织的标准

根据《企业所得税法实施条例》第五十二条的规定，公益性社会组织，是指同时符合下列条件的慈善组织以及其他社会组织：

（1）依法登记，具有法人资格；

（2）以发展公益事业为宗旨，且不以营利为目的；

（3）全部资产及其增值为该法人所有；

（4）收益和营运结余主要用于符合该法人设立目的的事业；

（5）终止后的剩余财产不归属任何个人或者营利组织；

（6）不经营与其设立目的无关的业务；

（7）有健全的财务会计制度；

（8）捐赠者不以任何形式参与该法人财产的分配；

（9）国务院财政、税务主管部门会同国务院民政部门等登记管理部门规定的其他条件。

（四）扣除限额

根据《企业所得税法实施条例》第五十三条的规定，企业当年发生以及以前年度结转的公益性捐赠支出，不超过年度利润总额12%的部分，准予扣除。年度利润总额是指企业依照国家统一会计制度的规定计算的年度会计利润。

（五）公益性捐赠支出企业所得税税前结转扣除

根据《财政部　税务总局关于公益性捐赠支出企业所得税税前结转扣除有关政策的通知》（财税〔2018〕15号）的规定，自2017年1月1日起，企业通过公益性社会组织或者县级（含县级）以上人民政府及其组成部门和直属机构，用于慈善活动、公益事业的捐赠支出，在年度利润总额12%以内的部分，准予在计算应纳税所得额时扣除；超过年度利润总额12%的部分，准予结转以后3年内在计算应纳税所得额时扣除。公益性社会组织应当依法取得公益性捐赠税前扣除资格。年度利润总额是指企业依照国家统一会计制度的规定计算的大于零的数额。

企业当年发生及以前年度结转的公益性捐赠支出，准予在当年税前扣除的部分，不能超过企业当年年度利润总额的12%。

企业发生的公益性捐赠支出未在当年税前扣除的部分，准予向以后年度结转扣除，但结转年限自捐赠发生年度的次年起计算最长不得超过3年。

企业在对公益性捐赠支出计算扣除时，应先扣除以前年度结转的捐赠支出，再扣除当年发生的捐赠支出。

二、公益性捐赠税前扣除具体制度

（一）财政部公告2020年第27号规定的制度

根据《财政部　税务总局　民政部关于公益性捐赠税前扣除有关事项的公告》（财政部公告2020年第27号）的规定，企业或个人通过公益性社会组织、县级以上人民政府及其部门等国家机关，用于符合法律规定的公益慈善事业捐赠支出，准予按税法规定在计算应纳税所得额时扣除。

上述所称公益慈善事业，应当符合《中华人民共和国公益事业捐赠法》第三条对公益事业范围的规定或者《中华人民共和国慈善法》第三条对慈善活动范围的规定。

上述所称公益性社会组织，包括依法设立或登记并按规定条件和程序取得公益性捐赠税前扣除资格的慈善组织、其他社会组织和群众团体。公益性群众团体的公益性捐赠税前扣除资格确认及管理按照现行规定执行。

在民政部门依法登记的慈善组织和其他社会组织（以下统称社会组织），取得公益性捐赠税前扣除资格应当同时符合以下规定：

（1）符合《企业所得税法实施条例》第五十二条第一项到第八项规定的条件。

（2）每年应当在 3 月 31 日前按要求向登记管理机关报送经审计的上年度专项信息报告。报告应当包括财务收支和资产负债总体情况、开展募捐和接受捐赠情况、公益慈善事业支出及管理费用情况［包括本部分第（3）项、第（4）项规定的比例情况］等内容。首次确认公益性捐赠税前扣除资格的，应当报送经审计的前两个年度的专项信息报告。

（3）具有公开募捐资格的社会组织，前两年度每年用于公益慈善事业的支出占上年总收入的比例均不得低于 70%。计算该支出比例时，可以用前三年收入平均数代替上年总收入。不具有公开募捐资格的社会组织，前两年度每年用于公益慈善事业的支出占上年年末净资产的比例均不得低于 8%。计算该比例时，可以用前三年年末净资产平均数代替上年年末净资产。

（4）具有公开募捐资格的社会组织，前两年度每年支出的管理费用占当年总支出的比例均不得高于 10%。不具有公开募捐资格的社会组织，前两年每年支出的管理费用占当年总支出的比例均不得高于 12%。

（5）具有非营利组织免税资格，且免税资格在有效期内。

（6）前两年度未受到登记管理机关行政处罚（警告除外）。

（7）前两年度未被登记管理机关列入严重违法失信名单。

（8）社会组织评估等级为 3A 以上（含 3A）且该评估结果在确认公益性捐赠税前扣除资格时仍在有效期内。

公益慈善事业支出、管理费用和总收入的标准和范围，按照《民政部 财政部 国家税务总局关于印发〈关于慈善组织开展慈善活动年度支出和管理费用的规定〉的通知》（民发〔2016〕189 号）关于慈善活动支出、管理费用和上年总收入的有关规定执行。

按照《中华人民共和国慈善法》新设立或新认定的慈善组织，在其取得非营利组织免税资格的当年，只需要符合上述第（1）项、第（6）项、第（7）项条件即可。

公益性捐赠税前扣除资格的确认按以下规定执行：

（1）在民政部登记注册的社会组织，由民政部结合社会组织公益活动情况和日常监督管理、评估等情况，对社会组织的公益性捐赠税前扣除资格进行核实，提出初步意见。根据民政部初步意见，财政部、税务总局和民政部对照相关规定，联合确定具有公益性捐赠税前扣除资格的社会组织名单，并发布公告。

（2）在省级和省级以下民政部门登记注册的社会组织，由省、自治区、直辖市和计划单列市财政、税务、民政部门参照第（1）项规定执行。

（3）公益性捐赠税前扣除资格的确认对象包括：公益性捐赠税前扣除资格将于当年年末到期的公益性社会组织；已被取消公益性捐赠税前扣除资格但又重新符合条件的社会组织；登记设立后尚未取得公益性捐赠税前扣除资格的社会组织。

（4）每年年底前，省级以上财政、税务、民政部门按权限完成公益性捐赠税前扣除资格的确认和名单发布工作，并按第（3）项规定的不同审核对象，分别列示名单及其公益性捐赠税前扣除资格起始时间。

公益性捐赠税前扣除资格在全国范围内有效，有效期为三年。上述第（3）项规定的第一种情形，其公益性捐赠税前扣除资格自发布名单公告的次年1月1日起算。第（3）项规定的第二种和第三种情形，其公益性捐赠税前扣除资格自发布公告的当年1月1日起算。

公益性社会组织存在以下情形之一的，应当取消其公益性捐赠税前扣除资格：

（1）未按规定时间和要求向登记管理机关报送专项信息报告的；

（2）最近一个年度用于公益慈善事业的支出不符合规定的；

（3）最近一个年度支出的管理费用不符合规定的；

（4）非营利组织免税资格到期后超过六个月未重新获取免税资格的；

（5）受到登记管理机关行政处罚（警告除外）的；

（6）被登记管理机关列入严重违法失信名单的；

（7）社会组织评估等级低于3A或者无评估等级的。

公益性社会组织存在以下情形之一的，应当取消其公益性捐赠税前扣除资格，且取消资格的当年及之后三个年度内不得重新确认资格：

（1）违反规定接受捐赠的，包括附加对捐赠人构成利益回报的条件、以捐赠为名从事营利性活动、利用慈善捐赠宣传烟草制品或法律禁止宣传的产品和事项、接受不符合公益目的或违背社会公德的捐赠等情形；

（2）开展违反组织章程的活动，或者接受的捐赠款项用于组织章程规定用途之外的；

（3）在确定捐赠财产的用途和受益人时，指定特定受益人，且该受益人与捐赠人或公益性社会组织管理人员存在明显利益关系的。

公益性社会组织存在以下情形之一的，应当取消其公益性捐赠税前扣除资格且不得重新确认资格：

（1）从事非法政治活动的；

（2）从事、资助危害国家安全或者社会公共利益活动的。

对应当取消公益性捐赠税前扣除资格的公益性社会组织，由省级以上财政、税务、民政部门核实相关信息后，按权限及时向社会发布取消资格名单公告。自发布公告的次月起，相关公益性社会组织不再具有公益性捐赠税前扣除资格。

公益性社会组织、县级以上人民政府及其部门等国家机关在接受捐赠时，应当按照行政管理级次分别使用由财政部或省、自治区、直辖市财政部门监（印）制的公益事业捐赠票据，并加盖本单位的印章。企业或个人将符合条件的公益性捐赠支出进行税前扣除，应当留存相关票据备查。

公益性社会组织登记成立时的注册资金捐赠人，在该公益性社会组织首次取得公益性捐赠税前扣除资格的当年进行所得税汇算清缴时，可按规定对其注册资金捐赠额进行税前扣除。

除另有规定外，公益性社会组织、县级以上人民政府及其部门等国家机关在接受企业或个人捐赠时，按以下原则确认捐赠额：

（1）接受的货币性资产捐赠，以实际收到的金额确认捐赠额。

（2）接受的非货币性资产捐赠，以其公允价值确认捐赠额。捐赠方在向公益性社会组织、县级以上人民政府及其部门等国家机关捐赠时，应当提供注明捐赠非货币性资产公允价值的证明；不能提供证明的，接受捐赠方不得向其开具捐赠票据。

为方便纳税主体查询，省级以上财政、税务、民政部门应当及时在官方网站上发布具备公益性捐赠税前扣除资格的公益性社会组织名单公告。企业或个人可通过上述渠道查询社会组织公益性捐赠税前扣除资格及有效期。

（二）财税〔2009〕124号规定的制度

根据《财政部　国家税务总局关于通过公益性群众团体的公益性捐赠税前扣除有关问题的通知》（财税〔2009〕124号）的规定，公益性群众团体，是指同时符合以下条件的群众团体：

（1）符合《企业所得税法实施条例》第五十二条规定的条件；

（2）县级以上各级机构编制部门直接管理其机构编制；

（3）对接受捐赠的收入以及用捐赠收入进行的支出单独进行核算，且申请前连续3年接受捐赠的总收入中用于公益事业的支出比例不低于70%。

符合上述规定的公益性群众团体，可按程序申请公益性捐赠税前扣除资格。

（1）由中央机构编制部门直接管理其机构编制的群众团体，向财政部、国家税务总局提出申请；

（2）由县级以上地方各级机构编制部门直接管理其机构编制的群众团体，向省、自治区、直辖市和计划单列市财政、税务部门提出申请；

（3）对符合条件的公益性群众团体，按照上述管理权限，由财政部、国家税务总局和省、自治区、直辖市、计划单列市财政、税务部门分别每年联合公布名单。名单应当包括继续获得公益性捐赠税前扣除资格和新获得公益性捐赠税前扣除资格的群众团体，企业和个人在名单所属年度内向名单内的群众团体进行的公益性捐赠支出，可以按规定进行税前扣除。

申请公益性捐赠税前扣除资格的群众团体，需报送以下材料：

（1）申请报告；

（2）县级以上各级党委、政府或机构编制部门印发的“三定”规定；

（3）组织章程；

（4）申请前相应年度的受赠资金来源、使用情况，财务报告，公益活动的明细，注册会计师的审计报告或注册税务师的鉴证报告。

根据《财政部　税务总局关于2017年度、2018年度中国红十字会总会等公益性群众团体捐赠税前扣除资格名单的公告》（财政部　税务总局公告 2019 年第 37 号）的规定，2017 年度、2018 年度符合公益性捐赠税前扣除资格的公益性群众团体名单如下：

（1）中国红十字会总会

（2）中华全国总工会

（3）中国宋庆龄基金会

（4）中国国际人才交流基金会

根据《财政部　税务总局关于确认中国红十字会总会等群众团体 2019 年度公益性捐赠税前扣除资格的公告》（财政部 税务总局公告 2019 年第 89 号）的规定，2019 年度符合公益性捐赠税前扣除资格的群众团体名单如下：

（1）中国红十字会总会

（2）中华全国总工会

（3）中国宋庆龄基金会

（4）中国国际人才交流基金会

根据《财政部　税务总局　民政部关于 2019 年度和 2018 年度第二批公益性社会团体捐赠税前扣除资格名单的公告》（财政部　税务总局　民政部公告 2020 年第 31 号）的规定，2019 年度及 2018 年度第二批符合公益性捐赠税前扣除资格的公益性社会团体名单公告如下：

1）2019 年度符合公益性捐赠税前扣除资格的公益性社会团体名单

（1）国家能源集团公益基金会

（2）爱佑慈善基金会

（3）陈香梅公益基金会

（4）安利公益基金会

（5）中国红十字基金会

（6）中国社会福利基金会

（7）中国教育发展基金会

（8）中国马克思主义研究基金会

（9）中国留学人才发展基金会

（10）中国航天基金会

（11）南都公益基金会

（12）中国移动慈善基金会

（13）中国海油海洋环境与生态保护公益基金会

（14）凯风公益基金会

（15）中国友好和平发展基金会

（16）中国民航科普基金会

（17）中国人口福利基金会

（18）中国癌症基金会

（19）中国绿色碳汇基金会

（20）中华健康快车基金会
（21）吴阶平医学基金会
（22）中国华侨公益基金会
（23）中国人寿慈善基金会
（24）韩美林艺术基金会
（25）爱慕公益基金会
（26）中国医学基金会
（27）兴华公益基金会
（28）心和公益基金会
（29）智善公益基金会
（30）包商银行公益基金会
（31）王振滔慈善基金会
（32）腾讯公益慈善基金会
（33）詹天佑科学技术发展基金会
（34）萨马兰奇体育发展基金会
（35）中国青少年发展基金会
（36）北京航空航天大学教育基金会
（37）中国下一代教育基金会
（38）河南大学教育发展基金会
（39）中远海运慈善基金会
（40）中国和平发展基金会
（41）开明慈善基金会
（42）国家电网公益基金会
（43）友成企业家扶贫基金会
（44）中国文学艺术基金会
（45）中国预防性病艾滋病基金会
（46）中兴通讯公益基金会
（47）中华少年儿童慈善救助基金会
（48）中国肝炎防治基金会
（49）中华艺文基金会
（50）重庆大学教育发展基金会
（51）吴作人国际美术基金会
（52）波司登公益基金会
（53）中国发展研究基金会
（54）慈济慈善事业基金会
（55）威盛信望爱公益基金会、
（56）华阳慈善基金会
（57）华润慈善基金会

（58）黄奕聪慈善基金会
（59）顶新公益基金会
（60）太平洋国际交流基金会
（61）星云文化教育公益基金会
（62）中国听力医学发展基金会
（63）中信改革发展研究基金会
（64）东润公益基金会
（65）中国互联网发展基金会
（66）光华工程科技奖励基金会
（67）中天爱心慈善基金会
（68）中国出生缺陷干预救助基金会
（69）余彭年慈善基金会
（70）顺丰公益基金会
（71）中国电影基金会
（72）健坤慈善基金会
（73）善小公益基金会
（74）中山博爱基金会
（75）三峡集团公益基金会
（76）新华人寿保险公益基金会
（77）中国人保公益慈善基金会
（78）中华思源工程扶贫基金会
（79）兰州大学教育发展基金会
（80）张学良教育基金会
（81）宝钢教育基金会
（82）北京科技大学教育发展基金会
（83）西北农林科技大学教育发展基金会
（84）中国西部人才开发基金会
（85）中国华夏文化遗产基金会
（86）四川大学教育基金会
（87）孙冶方经济科学基金会
（88）招商局慈善基金会
（89）中国志愿服务基金会
（90）中国青年创业就业基金会
（91）中国经济改革研究基金会
（92）中华慈善总会
（93）中华国际医学交流基金会
（94）中国初级卫生保健基金会
（95）中华全国体育基金会

(96)中国古生物化石保护基金会
(97)中华环境保护基金会
(98)中国法律援助基金会
(99)中国孔子基金会
(100)中国科技馆发展基金会
(101)致福慈善基金会
(102)中国科学院大学教育基金会
(103)北京理工大学教育基金会
(104)中南大学教育基金会
(105)思利及人公益基金会
(106)纺织之光科技教育基金会
(107)中国农业大学教育基金会
(108)中华社会文化发展基金会
(109)泛海公益基金会
(110)阿里巴巴公益基金会
(111)中社社会工作发展基金会
(112)中国金融教育发展基金会
(113)万科公益基金会
(114)中国文物保护基金会
(115)浙江大学教育基金会
(116)中国健康促进基金会
(117)中国医药卫生事业发展基金会
(118)中国煤矿尘肺病防治基金会
(119)中华见义勇为基金会
(120)中国光彩事业基金会
(121)韬奋基金会
(122)金龙鱼慈善公益基金会
(123)比亚迪慈善基金会
(124)援助西藏发展基金会
(125)中国教师发展基金会
(126)中央财经大学教育基金会
(127)中国华文教育基金会
(128)中国儿童少年基金会
(129)桃源居公益事业发展基金会
(130)中国绿化基金会
(131)中国人权发展基金会
(132)中国海洋发展基金会
(133)民生人寿保险公益基金会

（134）启明公益基金会
（135）中国少年儿童文化艺术基金会
（136）青山慈善基金会
（137）北京交通大学教育基金会
（138）中国扶贫基金会
（139）中国器官移植发展基金会
（140）中国足球发展基金会
（141）中国妇女发展基金会
（142）实事助学基金会
（143）章如庚慈善基金会
（144）中脉公益基金会
（145）亿利公益基金会
（146）华中农业大学教育发展基金会
（147）中华国际科学交流基金会
（148）传媒大学教育基金会
（149）中华同心温暖工程基金会
（150）东风公益基金会
（151）中国敦煌石窟保护研究基金会
（152）李四光地质科学奖基金会
（153）陈嘉庚科学奖基金会
（154）李可染艺术基金会
（155）亨通慈善基金会
（156）中国禁毒基金会
（157）中国国际民间组织合作促进会
（158）中国滋根乡村教育与发展促进会
（159）中国青年志愿者协会
（160）中华社会救助基金会
（161）陶行知教育基金会
（162）润慈公益基金会
（163）中国煤矿文化宣传基金会
（164）中国博士后科学基金会
（165）河仁慈善基金会
（166）天诺慈善基金会
（167）中华农业科教基金会
（168）中国社会组织促进会
（169）中国国际文化交流基金会
（170）香江社会救助基金会
（171）南航“十分”关爱基金会

（172）白求恩公益基金会
（173）周大福慈善基金会
（174）中国国际战略研究基金会
（175）中国企业管理科学基金会
（176）中国保护黄河基金会
（177）中国牙病防治基金会
（178）周培源基金会
（179）中国交响乐发展基金会
（180）中国法学交流基金会
（181）田汉基金会
（182）中华诗词发展基金会
（183）华侨茶业发展研究基金会
（184）清华大学教育基金会
（185）中国残疾人福利基金会
（186）中国光华科技基金会
（187）北京大学教育基金会
（188）鲁迅文化基金会
（189）中国民族文化艺术基金会
（190）中国生物多样性保护与绿色发展基金会
（191）中华文学基金会
（192）天合公益基金会
（193）民福社会福利基金会
（194）济仁慈善基金会
（195）中国职工发展基金会
（196）中国肢残人协会

2）2018 年度第二批符合公益性捐赠税前扣除资格的公益性社会团体名单

（1）清华大学教育基金会
（2）中国残疾人福利基金会
（3）中国光华科技基金会
（4）华侨茶业发展研究基金会
（5）北京大学教育基金会
（6）中国国际文化交流基金会
（7）香江社会救助基金会
（8）南航“十分”关爱基金会
（9）中国国际战略研究基金会
（10）中国企业管理科学基金会

根据《财政部　税务总局关于确认中国红十字会总会等群众团体 2020 年度公益性捐赠税前扣除资格的公告》（财政部 税务总局公告 2020 年第 37 号）

的规定，2020 年度符合公益性捐赠税前扣除资格的群众团体名单公告如下：

（1）中国红十字会总会

（2）中华全国总工会

（3）中国宋庆龄基金会

（4）中国国际人才交流基金会

公益性群众团体在接受捐赠时，应按照行政管理级次分别使用由财政部或省、自治区、直辖市财政部门印制的公益性捐赠票据或者《非税收入一般缴款书》收据联，并加盖本单位的印章；对个人索取捐赠票据的，应予以开具。

公益性群众团体接受捐赠的资产价值，按以下原则确认：

（1）接受捐赠的货币性资产，应当按照实际收到的金额计算；

（2）接受捐赠的非货币性资产，应当以其公允价值计算。捐赠方在向公益性群众团体捐赠时，应当提供注明捐赠非货币性资产公允价值的证明，如果不能提供上述证明，公益性群众团体不得向其开具公益性捐赠票据或者《非税收入一般缴款书》收据联。

（三）财税〔2018〕110 号规定的制度

根据《财政部　国家税务总局　民政部关于公益性捐赠税前扣除资格有关问题的补充通知》（财税〔2018〕110 号）的规定，《财政部 国家税务总局关于通过公益性群众团体的公益性捐赠税前扣除有关问题的通知》（财税〔2009〕124 号）中规定的“行政处罚”，是指税务机关和登记管理机关给予的行政处罚（警告或单次 1 万元以下罚款除外）。

（四）财税〔2016〕45 号规定的制度

根据《财政部　国家税务总局关于公益股权捐赠企业所得税政策问题的通知》（财税〔2016〕45 号）的规定，自 2016 年 1 月 1 日起，企业向公益性社会团体实施的股权捐赠，应按规定视同转让股权，股权转让收入额以企业所捐赠股权取得时的历史成本确定。股权，是指企业持有的其他企业的股权、上市公司股票等。

企业实施股权捐赠后，以其股权历史成本为依据确定捐赠额，并依此按照《企业所得税法》有关规定在所得税前予以扣除。公益性社会团体接受股权捐赠后，应按照捐赠企业提供的股权历史成本开具捐赠票据。

公益性社会团体，是指注册在中华人民共和国境内，以发展公益事业为宗旨、且不以营利为目的，并经确定为具有接受捐赠税前扣除资格的基金会、慈善组织等公益性社会团体。

股权捐赠行为，是指企业向中华人民共和国境内公益性社会团体实施的股权捐赠行为。企业向中华人民共和国境外的社会组织或团体实施的股权捐赠行为不适用上述规定。

（五）捐赠票据与捐赠资产价值的确定

根据《财政部　国家税务总局　民政部关于公益性捐赠税前扣除有关问题的通知》（财税〔2008〕160 号）的规定，公益性社会团体和县级以上人民政府及其组成部门和直属机构在接受捐赠时，应按照行政管理级次分别使用由财政部或省、自治区、直辖市财政部门印制的公益性捐赠票据，并加盖本单位的印章；对个人索取捐赠票据的，应予以开具。新设立的基金会在申请获得捐赠税前扣除资格后，原始基金的捐赠人可凭捐赠票据依法享受税前扣除。

公益性社会团体和县级以上人民政府及其组成部门和直属机构在接受捐赠时，捐赠资产的价值，按以下原则确认：

（1）接受捐赠的货币性资产，应当按照实际收到的金额计算。

（2）接受捐赠的非货币性资产，应当以其公允价值计算。捐赠方在向公益性社会团体和县级以上人民政府及其组成部门和直属机构捐赠时，应当提供注明捐赠非货币性资产公允价值的证明，如果不能提供上述证明，公益性社会团体和县级以上人民政府及其组成部门和直属机构不得向其开具公益性捐赠票据。

根据《财政部　国家税务总局关于通过公益性群众团体的公益性捐赠税前扣除有关问题的通知》（财税〔2009〕124 号）的规定，公益性群众团体在接受捐赠时，应按照行政管理级次分别使用由财政部或省、自治区、直辖市财政部门印制的公益性捐赠票据或者《非税收入一般缴款书》收据联，并加盖本单位的印章；对个人索取捐赠票据的，应予以开具。

公益性群众团体接受捐赠的资产价值，按以下原则确认：

（1）接受捐赠的货币性资产，应当按照实际收到的金额计算。

（2）接受捐赠的非货币性资产，应当以其公允价值计算。捐赠方在向公益性群众团体捐赠时，应当提供注明捐赠非货币性资产公允价值的证明，如果不能提供上述证明，公益性群众团体不得向其开具公益性捐赠票据或者《非税收入一般缴款书》收据联。

（六）取消公益性捐赠税前扣除资格

根据《财政部　国家税务总局　民政部关于公益性捐赠税前扣除有关问题的通知》（财税〔2008〕160 号）的规定，存在以下情形之一的公益性社会团体，应取消公益性捐赠税前扣除资格：

（1）年度检查不合格或最近一次社会组织评估等级低于 3A 的；

（2）在申请公益性捐赠税前扣除资格时有弄虚作假行为的；

（3）存在偷税行为或为他人偷税提供便利的；

（4）存在违反该组织章程的活动，或者接受的捐赠款项用于组织章程规定用途之外的支出等情况的；

（5）受到行政处罚的。

被取消公益性捐赠税前扣除资格的公益性社会团体，存在第（1）项情形的，1 年内不得重新申请公益性捐赠税前扣除资格，存在第（2）项、第（3）项、第（4）项、第（5）项情形的，3 年内不得重新申请公益性捐赠税前扣除资格。

对第（3）项、第（4）项情形，应对其接受捐赠收入和其他各项收入依法补征企业所得税。

根据《财政部　国家税务总局关于通过公益性群众团体的公益性捐赠税前扣除有关问题的通知》（财税〔2009〕124 号）的规定，对存在以下情形之一的公益性群众团体，应取消其公益性捐赠税前扣除资格：

（1）前 3 年接受捐赠的总收入中用于公益事业的支出比例低于 70% 的；

（2）在申请公益性捐赠税前扣除资格时有弄虚作假行为的；

（3）存在逃避缴纳税款行为或为他人逃避缴纳税款提供便利的；

（4）存在违反该组织章程的活动，或者接受的捐赠款项用于组织章程规定用途之外的支出等情况的；

（5）受到行政处罚的。

被取消公益性捐赠税前扣除资格的公益性群众团体，存在上述第（2）项、第（3）项、第（4）项、第（5）项情形的，3 年内不得重新申请公益性捐赠税前扣除资格。对存在上述第（3）项、第（4）项情形的公益性群众团体，应对其接受捐赠收入和其他各项收入依法补征企业所得税。

（七）行政处罚的标准

根据《财政部　国家税务总局　民政部关于公益性捐赠税前扣除资格有关问题的补充通知》（财税〔2018〕110 号）的规定，《财政部　国家税务总局　民政部关于公益性捐赠税前扣除有关问题的通知》（财税〔2008〕160 号）和《财政部　国家税务总局关于通过公益性群众团体的公益性捐赠税前扣除有关问题的通知》（财税〔2009〕124 号）中规定的“行政处罚”，是指税务机关和登记管理机关给予的行政处罚（警告或单次 1 万元以下罚款除外）。

（八）公益股权捐赠企业所得税处理

根据《财政部　国家税务总局关于公益股权捐赠企业所得税政策问题的通知》（财税〔2016〕45 号）的规定，自 2016 年 1 月 1 日起，企业向公益性社会团体实施的股权捐赠，应按规定视同转让股权，股权转让收入额以企业所捐赠股权取得时的历史成本确定。股权是指企业持有的其他企业的股权、上市公司股票等。

企业实施股权捐赠后，以其股权历史成本为依据确定捐赠额，并依此按照《企业所得税法》有关规定在所得税前予以扣除。公益性社会团体接受股权捐赠后，应按照捐赠企业提供的股权历史成本开具捐赠票据。

公益性社会团体是指注册在中华人民共和国境内，以发展公益事业为宗旨、且不以营利为目的，并经确定为具有接受捐赠税前扣除资格的基金会、慈善组织等公益性社会团体。

股权捐赠行为是指企业向中华人民共和国境内公益性社会团体实施的股权捐赠行为。企业向中华人民共和国境外的社会组织或团体实施的股权捐赠行为不适用上述规定。

【实操案例】

【例 3–16】

甲公司 2020 年度的利润总额为 1 000 万元，通过某县民政局向地震灾区捐款 100 万元，直接资助 10 位贫困大学生学费 10 万元。甲公司 2020 年度可以税前扣除的公益性捐赠支出是多少？

解析：

只有通过公益性社会团体和县级以上人民政府及其部门进行的公益性捐赠支出才能税前扣除，甲公司直接资助大学生的 10 万元学费不能税前扣除。甲公司公益性捐赠税前扣除限额＝1 000×12%＝120（万元），实际公益性捐赠支出 100 万元。甲公司 2020 年度可以税前扣除的公益性捐赠支出为 100 万元。

三、公益事业捐赠票据使用管理规定

（一）总则性规定

根据《财政部关于印发〈公益事业捐赠票据使用管理暂行办法〉的通知》（财综〔2010〕112 号）第一章的规定，公益事业捐赠票据（以下简称捐赠票据），是指各级人民政府及其部门、公益性事业单位、公益性社会团体及其他公益性组织（以下简称公益性单位）按照自愿、无偿原则，依法接受并用于公益事业的捐赠财物时，向提供捐赠的自然人、法人和其他组织开具的凭证。

公益事业是指下列非营利事项：

（1）救助灾害、救济贫困、扶助残疾人等困难的社会群体和个人的活动；

（2）教育、科学、文化、卫生、体育事业；

（3）环境保护、社会公共设施建设；

（4）促进社会发展和进步的其他社会公共和福利事业。

捐赠票据是会计核算的原始凭证，是财政、税务、审计、监察等部门进行监督检查的依据。捐赠票据是捐赠人对外捐赠并根据国家有关规定申请捐赠款项税前扣除的有效凭证。

捐赠票据的印制、领购、核发、使用、保管、核销、稽查等活动，适用《公益事业捐赠票据使用管理暂行办法》。

各级人民政府财政部门（以下简称各级财政部门）是捐赠票据的主管部门，按照职能分工和管理权限负责捐赠票据的印制、核发、保管、核销、稽查等工作。

（二）捐赠票据的内容和适用范围

根据《财政部关于印发〈公益事业捐赠票据使用管理暂行办法〉的通知》（财综〔2010〕112号）第二章的规定，捐赠票据的基本内容包括票据名称、票据编码、票据监制章、捐赠人、开票日期、捐赠项目、数量、金额、实物（外币）种类、接受单位、复核人、开票人及联次等。捐赠票据一般应设置为三联，包括存根联、收据联和记账联，各联次以不同颜色加以区分。

下列按照自愿和无偿原则依法接受捐赠的行为，应当开具捐赠票据：

（1）各级人民政府及其部门在发生自然灾害时或者应捐赠人要求接受的捐赠；

（2）公益性事业单位接受用于公益事业的捐赠；

（3）公益性社会团体接受用于公益事业的捐赠；

（4）其他公益性组织接受用于公益事业的捐赠；

（5）财政部门认定的其他行为。

下列行为，不得使用捐赠票据：

（1）集资、摊派、筹资、赞助等行为；

（2）以捐赠名义接受财物并与出资人利益相关的行为；

（3）以捐赠名义从事营利活动的行为；

（4）收取除捐赠以外的政府非税收入、医疗服务收入、会费收入、资金往来款项等应使用其他相应财政票据的行为；

（5）按照税收制度规定应使用税务发票的行为；

（6）财政部门认定的其他行为。

（三）捐赠票据的印制、领购和核发

根据《财政部关于印发〈公益事业捐赠票据使用管理暂行办法〉的通知》（财综〔2010〕112号）第三章的规定，捐赠票据分别由财政部或省、自治区、直辖市人民政府财政部门（以下简称省级政府财政部门）统一印制，并套印全国统一式样的财政票据监制章。

捐赠票据由独立核算、会计制度健全的公益性单位向同级财政部门领购。

捐赠票据实行凭证领购、分次限量、核旧购新的领购制度。

公益性单位首次申领捐赠票据时，应当提供《财政票据领购证》和领购申请函，在领购申请中需详细列明领购捐赠票据的使用范围和项目。属于公益性社会团体的，还需提供社会团体章程。财政部门依照《公益事业捐赠票据使用管理暂行办法》，对公益性单位提供的捐赠票据使用范围和项目进行审核，对符合捐赠票据适用范围的，予以核准；不符合捐赠票据适用范围的，不予以核准，并向领购单位说明原因。公益性单位未取得《财政票据领购证》的，应按照规定程序先办理《财政票据领购证》。

公益性单位再次领购捐赠票据时，应当出示《财政票据领购证》，并提交前次领购捐赠票据的使用情况说明及存根，经同级财政部门审验无误并核销后，方可继续领购。捐赠票据的使用情况说明应当包括以下内容：捐赠票据领购、使用、作废、结存等情况，接受捐赠以及捐赠收入的使用情况等。

公益性单位领购捐赠票据实行限量发放，每次领购数量一般不超过本单位 6 个月的需要量。

公益性单位领购捐赠票据时，应按照省级以上价格主管部门会同同级财政部门规定的收费标准，向财政部门支付财政票据工本费。

（四）捐赠票据的使用与保管

根据《财政部关于印发〈公益事业捐赠票据使用管理暂行办法〉的通知》（财综〔2010〕112 号）第四章的规定，公益性单位应当严格按照《公益事业捐赠票据使用管理暂行办法》规定和财政部门的要求开具捐赠票据。

公益性单位接受货币（包括外币）捐赠时，应按实际收到的金额填开捐赠票据。

公益性单位接受非货币性捐赠时，应按其公允价值填开捐赠票据。

公益性单位应当按票据号段顺序使用捐赠票据，填写捐赠票据时做到字迹清楚，内容完整、真实，印章齐全，各联次内容和金额一致。填写错误的，应当另行填写。因填写错误等原因作废的票据，应当加盖作废戳记或者注明“作废”字样，并完整保存全部联次，不得私自销毁。

捐赠票据的领用单位不得转让、出借、代开、买卖、销毁、涂改捐赠票据，不得将捐赠票据与其他财政票据、税务发票互相串用。

公益性单位应当建立捐赠票据管理制度，设置管理台账，由专人负责捐赠票据的领购、使用登记与保管，并按规定向同级财政部门报送捐赠票据的领购、使用、作废、结存以及接受捐赠和捐赠收入使用情况。

公益性单位领购捐赠票据时，应当检查是否有缺页、号码错误、毁损等情况，一经发现应当及时交回财政票据监管机构处理。

公益性单位遗失捐赠票据的，应及时在县级以上新闻媒体上声明作废，并将遗失票据名称、数量、号段、遗失原因及媒体声明资料等有关情况，以书面形式报送同级财政部门备案。

公益性单位应当妥善保管已开具的捐赠票据存根，票据存根保存期限一般为 5 年。

对保存期满需要销毁的捐赠票据存根和未使用的需要作废销毁的捐赠票据，由公益性单位负责登记造册，报经同级财政部门核准后，由同级财政部门组织销毁。

公益性单位撤销、改组、合并的，在办理《财政票据领购证》的变更或注销手续时，应对公益性单位已使用的捐赠票据存根及尚未使用的捐赠票据登记造册，并交送同级财政部门统一核销、过户或销毁。

省级政府财政部门印制的捐赠票据，一般应当在本行政区域内核发使用，不得跨行政区域核发使用，但本地区派驻其他省、自治区、直辖市的公益性单位除外。

（五）监督检查

根据《财政部关于印发〈公益事业捐赠票据使用管理暂行办法〉的通知》（财综〔2010〕112 号）第五章的规定，各级财政部门应当根据实际情况和管理需要，对捐赠票据的领购、使用、保管等情况进行年度稽查，也可以进行定期或者不定期的专项检查。

公益性单位应当自觉接受财政部门的监督检查，如实反映情况，提供有关资料，不得隐瞒情况、弄虚作假或者拒绝、阻碍监督检查。

违反上述规定领购、使用、管理捐赠票据的，财政部门应当责令公益性单位限期整改，整改期间暂停核发该单位的捐赠票据，按照《财政违法行为处罚处分条例》（国务院令第 427 号）等规定追究法律责任。

各级财政部门应当按照规定对捐赠票据使用管理情况进行监督检查，不得滥用职权、徇私舞弊，不得向被查公益性单位收取任何费用。

四、扶贫与疫情公益性捐赠政策

（一）扶贫公益性捐赠政策

根据《财政部　税务总局　国务院扶贫办关于企业扶贫捐赠所得税税前扣除政策的公告》（财政部　税务总局　国务院扶贫办公告 2019 年第 49 号）的规定，自 2019 年 1 月 1 日至 2022 年 12 月 31 日，企业通过公益性社会组织或者县级（含县级）以上人民政府及其组成部门和直属机构，用于目标脱贫地区的扶贫捐赠支出，准予在计算企业所得税应纳税所得额时据实扣除。

在政策执行期限内，目标脱贫地区实现脱贫的，可继续适用上述政策。“目标脱贫地区”包括832个国家扶贫开发工作重点县、集中连片特困地区县（新疆阿克苏地区6县1市享受片区政策）和建档立卡贫困村。

企业同时发生扶贫捐赠支出和其他公益性捐赠支出，在计算公益性捐赠支出年度扣除限额时，符合上述条件的扶贫捐赠支出不计算在内。

企业在2015年1月1日至2018年12月31日期间已发生的符合上述条件的扶贫捐赠支出，尚未在计算企业所得税应纳税所得额时扣除的部分，可执行上述企业所得税政策。

（二）公共租赁住房公益性捐赠政策

根据《财政部　税务总局关于公共租赁住房税收优惠政策的公告》（财政部　税务总局公告2019年第61号）的规定，2019年1月1日至2020年12月31日，企事业单位、社会团体以及其他组织捐赠住房作为公租房，符合税收法律法规规定的，对其公益性捐赠支出在年度利润总额12%以内的部分，准予在计算应纳税所得额时扣除，超过年度利润总额12%的部分，准予结转以后3年内在计算应纳税所得额时扣除。

享受上述税收优惠政策的公租房是指纳入省、自治区、直辖市、计划单列市人民政府及新疆生产建设兵团批准的公租房发展规划和年度计划，或者市、县人民政府批准建设（筹集），并按照《关于加快发展公共租赁住房的指导意见》（建保〔2010〕87号）和市、县人民政府制定的具体管理办法进行管理的公租房。

纳税人享受本公告规定的优惠政策，应按规定进行免税申报，并将不动产权属证明、载有房产原值的相关材料、纳入公租房及用地管理的相关材料、配套建设管理公租房相关材料、购买住房作为公租房相关材料、公租房租赁协议等留存备查。

（三）新冠肺炎疫情公益性捐赠政策

根据《财政部　税务总局关于支持新型冠状病毒感染的肺炎疫情防控有关捐赠税收政策的公告》（财政部　税务总局公告2020年第9号）的规定，自2020年1月1日起，企业和个人通过公益性社会组织或者县级以上人民政府及其部门等国家机关，捐赠用于应对新型冠状病毒感染的肺炎疫情的现金和物品，允许在计算应纳税所得额时全额扣除。

企业和个人直接向承担疫情防治任务的医院捐赠用于应对新型冠状病毒感染的肺炎疫情的物品，允许在计算应纳税所得额时全额扣除。捐赠人凭承担疫情防治任务的医院开具的捐赠接收函办理税前扣除事宜。

单位和个体工商户将自产、委托加工或购买的货物，通过公益性社会组织和县级以上人民政府及其部门等国家机关，或者直接向承担疫情防治任务的医院，无偿捐赠用于应对新型冠状病毒感染的肺炎疫情的，免征增值税、消费税、城市维护建设税、教育费附加、地方教育附加。

国家机关、公益性社会组织和承担疫情防治任务的医院接受的捐赠，应专项用于应对新型冠状病毒感染的肺炎疫情工作，不得挪作他用。

根据《国家税务总局关于支持新型冠状病毒感染的肺炎疫情防控有关税收征收管理事项的公告》（国家税务总局公告 2020 年第 4 号）的规定，《财政部　税务总局关于支持新型冠状病毒感染的肺炎疫情防控有关捐赠税收政策的公告》（财政部　税务总局公告 2020 年第 9 号）所称“公益性社会组织”，是指依法取得公益性捐赠税前扣除资格的社会组织。企业享受上述规定的全额税前扣除政策的，采取“自行判别、申报享受、相关资料留存备查”的方式，并将捐赠全额扣除情况填入企业所得税纳税申报表相应行次。企业和个人取得承担疫情防治任务的医院开具的捐赠接收函，作为税前扣除依据自行留存备查。

五、《捐赠支出及纳税调整明细表》的填写

（一）纳税申报表样式（见表 3-3）

表 3-3　A105070　捐赠支出及纳税调整明细表

行次	项　目	账载金额	以前年度结转可扣除的捐赠额	按税收规定计算的扣除限额	税收金额	纳税调增金额	纳税调减金额	可结转以后年度扣除的捐赠额
		1	2	3	4	5	6	7
1	一、非公益性捐赠		*	*	*		*	*
2	二、全额扣除的公益性捐赠		*	*		*	*	*
3	其中：扶贫捐赠		*	*		*	*	*
4	三、限额扣除的公益性捐赠（5＋6＋7＋8）							
5	前三年度（　　　年）	*		*	*	*		*
6	前二年度（　　　年）	*		*	*	*		
7	前一年度（　　　年）	*		*	*	*		
8	本　　年（　　　年）		*				*	
9	合计（1＋2＋4）							
附列资料	2015 年度至本年发生的公益性扶贫捐赠合计金额		*	*		*	*	*

（二）适用范围

本表适用于发生捐赠支出（含捐赠支出结转）的纳税人填报。纳税人根据税法、《财政部 国家税务总局关于公益性捐赠税前扣除有关问题的通知》（财税〔2008〕160号）、《财政部 税务总局关于公益性捐赠支出企业所得税税前结转扣除有关政策的通知》（财税〔2018〕15号）、《财政部 税务总局 国务院扶贫办关于企业扶贫捐赠所得税税前扣除政策的公告》（财政部 税务总局 国务院扶贫办公告2019年第49号）、《财政部 税务总局关于公共租赁住房税收优惠政策的公告》（财政部 税务总局公告2019年第61号）等相关规定，以及国家统一企业会计制度，填报捐赠支出会计处理、税收规定的税前扣除额、捐赠支出结转额以及纳税调整额。纳税人发生相关支出（含捐赠支出结转），无论是否纳税调整，均应填报本表。

（三）项目填报说明

1）第1行“非公益性捐赠支出”：填报纳税人本年发生且已计入本年损益的税收规定公益性捐赠以外的其他捐赠支出及纳税调整情况。具体如下：

（1）第1列“账载金额”：填报纳税人计入本年损益的税收规定公益性捐赠以外的其他捐赠支出金额。

（2）第5列“纳税调增额”：填报非公益性捐赠支出纳税调整增加额，金额等于第1列“账载金额”。

2）第2行“全额扣除的公益性捐赠支出”：填报纳税人发生的可全额税前扣除的公益性捐赠支出。具体如下：

（1）第1列“账载金额”：填报纳税人本年发生且已计入本年损益的按税收规定可全额税前扣除的捐赠支出金额。

（2）第4列“税收金额”：等于第1列“账载金额”。

3）第3行“其中：扶贫捐赠”：填报纳税人发生的可全额税前扣除的扶贫公益性捐赠支出。具体如下：

（1）第1列“账载金额”：填报纳税人本年发生且已计入本年损益的按税收规定可全额税前扣除的扶贫公益性捐赠支出金额。

（2）第4列“税收金额”：等于第1列“账载金额”。

4）第4行“限额扣除的公益性捐赠支出”：填报纳税人本年发生的限额扣除的公益性捐赠支出、纳税调整额、以前年度结转扣除捐赠支出等。第4行等于第5＋6＋7＋8行。其中本行第4列“税收金额”：当本行第1列＋第2列大于第3列时，第4列＝第3列；当本行第1列＋第2列小于等于第3列时，第4列＝第1列＋第2列。

5）第5行“前三年度”：填报纳税人前三年度发生的未税前扣除的公益

性捐赠支出在本年度扣除的金额。具体如下：

（1）第2列“以前年度结转可扣除的捐赠额”：填报前三年度发生的尚未税前扣除的公益性捐赠支出金额。

（2）第6列“纳税调减额”：根据本年扣除限额以及前三年度未扣除的公益性捐赠支出分析填报。

6）第6行“前二年度”：填报纳税人前二年度发生的未税前扣除的公益性捐赠支出在本年度扣除的捐赠额以及结转以后年度扣除的捐赠额。具体如下：

（1）第2列“以前年度结转可扣除的捐赠额”：填报前二年度发生的尚未税前扣除的公益性捐赠支出金额。

（2）第6列“纳税调减额”：根据本年剩余扣除限额、本年扣除前三年度捐赠支出、前二年度未扣除的公益性捐赠支出分析填报。

（3）第7列“可结转以后年度扣除的捐赠额”：填报前二年度未扣除、结转以后年度扣除的公益性捐赠支出金额。

7）第7行“前一年度”：填报纳税人前一年度发生的未税前扣除的公益性捐赠支出在本年度扣除的捐赠额以及结转以后年度扣除的捐赠额。具体如下：

（1）第2列“以前年度结转可扣除的捐赠额”：填报前一年度发生的尚未税前扣除的公益性捐赠支出金额。

（2）第6列“纳税调减额”：根据本年剩余扣除限额、本年扣除前三年度捐赠支出、本年扣除前二年度捐赠支出、前一年度未扣除的公益性捐赠支出分析填报。

（3）第7列“可结转以后年度扣除的捐赠额”：填报前一年度未扣除、结转以后年度扣除的公益性捐赠支出金额。

8）第8行“本年”：填报纳税人本年度发生、本年税前扣除、本年纳税调增以及结转以后年度扣除的公益性捐赠支出。具体如下：

（1）第1列“账载金额”：填报计入本年损益的公益性捐赠支出金额。

（2）第3列“按税收规定计算的扣除限额”：填报按照本年利润总额乘以12%的金额，若利润总额为负数，则以0填报。

（3）第4列“税收金额”：填报本年实际发生的公益性捐赠支出以及结转扣除以前年度公益性捐赠支出情况分析填报。

（4）第5列“纳税调增额”：填报本年公益性捐赠支出账载金额超过税收规定的税前扣除额的部分。

（5）第7列“可结转以后年度扣除的捐赠额”：填报本年度未扣除、结转以后年度扣除的公益性捐赠支出金额。

9）第9行“合计”：填报第1＋2＋4行的合计金额。

10）附列资料“2015年度至本年发生的公益性扶贫捐赠合计金额”：填报企业按照《财政部　税务总局　国务院扶贫办关于企业扶贫捐赠所得税税前扣除政策的公告》（财政部　税务总局　国务院扶贫办公告2019年第49号）

规定，企业在 2015 年 1 月 1 日至本年度发生的可全额税前扣除的扶贫公益性捐赠支出合计金额。具体如下：

（1）第 1 列“账载金额”：填报纳税人 2015 年 1 月 1 日至本年度发生的且已计入损益的按税收规定可全额税前扣除的扶贫公益性捐赠支出合计金额。

（2）第 4 列“税收金额”：填报纳税人 2015 年 1 月 1 日至本年度发生的且已计入损益的按税收规定已在税前扣除的扶贫公益性捐赠支出合计金额。

（四）表内关系

（1）第 1 行第 5 列＝第 1 行第 1 列。
（2）第 2 行第 4 列＝第 2 行第 1 列。
（3）第 4 行＝第 5 ＋ 6 ＋ 7 ＋ 8 行。
（4）第 9 行＝第 1 ＋ 2 ＋ 4 行。

（五）表间关系

（1）第 8 行第 3 列＝表 A100000 第 13 行 ×12%（当表 A100000 第 13 行≤ 0，第 8 行第 3 列＝ 0）。

（2）第 9 行第 1 列＝表 A105000 第 17 行第 1 列；第 9 行第 4 列＝表 A105000 第 17 行第 2 列；第 9 行第 5 列＝表 A105000 第 17 行第 3 列；第 9 行第 6 列＝表 A105000 第 17 行第 4 列。

第八节 借款费用与利息支出

一、基本制度

（一）借款费用

根据《企业所得税法实施条例》第三十七条的规定，企业在生产经营活动中发生的合理的不需要资本化的借款费用，准予扣除。

企业为购置、建造固定资产、无形资产和经过 12 个月以上的建造才能达到预定可销售状态的存货发生借款的，在有关资产购置、建造期间发生的合理的借款费用，应当作为资本性支出计入有关资产的成本，并依照《企业所得税法实施条例》的规定扣除。

（二）利息支出

根据《企业所得税法实施条例》第三十八条的规定，企业在生产经营活动中发生的下列利息支出，准予扣除：

（1）非金融企业向金融企业借款的利息支出、金融企业的各项存款利息支出和同业拆借利息支出、企业经批准发行债券的利息支出；

（2）非金融企业向非金融企业借款的利息支出，不超过按照金融企业同期同类贷款利率计算的数额的部分。

（三）财务费用

根据《国家税务总局关于企业所得税应纳税所得额若干税务处理问题的公告》（国家税务总局公告 2012 年第 15 号）的规定，企业通过发行债券、取得贷款、吸收保户储金等方式融资而发生的合理的费用支出，符合资本化条件的，应计入相关资产成本；不符合资本化条件的，应作为财务费用，准予在企业所得税前据实扣除。

二、具体规则

（一）企业投资者投资未到位而发生的利息支出

根据《国家税务总局关于企业投资者投资未到位而发生的利息支出企业所得税前扣除问题的批复》（国税函〔2009〕312 号）的规定，关于企业由于投资者投资未到位而发生的利息支出扣除问题，根据《企业所得税法实施条例》第二十七条规定，凡企业投资者在规定期限内未缴足其应缴资本额的，该企业对外借款所发生的利息，相当于投资者实缴资本额与在规定期限内应缴资本额的差额应计付的利息，其不属于企业合理的支出，应由企业投资者负担，不得在计算企业应纳税所得额时扣除。

具体计算不得扣除的利息，应以企业一个年度内每一账面实收资本与借款余额保持不变的期间作为一个计算期，每一计算期内不得扣除的借款利息按该期间借款利息发生额乘以该期间企业未缴足的注册资本占借款总额的比例计算，公式为：

$$\text{企业每一计算期不得扣除的借款利息}=\text{该期间借款利息额}\times\text{该期间未缴足注册资本额}\div\text{该期间借款额}$$

企业一个年度内不得扣除的借款利息总额为该年度内每一计算期不得扣除的借款利息额之和。

（二）企业向自然人借款的利息支出

根据《国家税务总局关于企业向自然人借款的利息支出企业所得税税前扣除问题的通知》（国税函〔2009〕777号）的规定，企业向股东或其他与企业有关联关系的自然人借款的利息支出，应根据《企业所得税法》第四十六条及《财政部 国家税务总局关于企业关联方利息支出税前扣除标准有关税收政策问题的通知》（财税〔2008〕121号）规定的条件，计算企业所得税扣除额。

企业向上述规定以外的内部职工或其他人员借款的利息支出，其借款情况同时符合以下条件的，其利息支出在不超过按照金融企业同期同类贷款利率计算的数额的部分，根据《企业所得税法》第八条和《企业所得税法实施条例》第二十七条规定，准予扣除。

（1）企业与个人之间的借贷是真实、合法、有效的，并且不具有非法集资目的或其他违反法律、法规的行为；

（2）企业与个人之间签订了借款合同。

（三）金融企业同期同类贷款利率的标准

根据《国家税务总局关于企业所得税若干问题的公告》（国家税务总局公告2011年第34号）的规定，非金融企业向非金融企业借款的利息支出，不超过按照金融企业同期同类贷款利率计算的数额的部分，准予税前扣除。鉴于目前我国对金融企业利率的要求，企业在按照合同要求首次支付利息并进行税前扣除时，应提供"金融企业的同期同类贷款利率情况说明"，以证明其利息支出的合理性。

"金融企业的同期同类贷款利率情况说明"中，应包括在签订该借款合同当时，本省任何一家金融企业提供同期同类贷款利率情况。该金融企业应为经政府有关部门批准成立的可以从事贷款业务的企业，包括银行、财务公司、信托公司等金融机构。"同期同类贷款利率"是指在贷款期限、贷款金额、贷款担保以及企业信誉等条件基本相同下，金融企业提供贷款的利率，既可以是金融企业公布的同期同类平均利率，也可以是金融企业对某些企业提供的实际贷款利率。

【实操案例】

【例3-17】

甲公司2020年度向员工借款1 000万元，支付利息100万元，已知甲公司所在省份2020年度金融企业同期同类贷款利率最高为7.5%，最低为4.9%。

甲公司2020年度可以税前扣除的利息支出是多少？

解析：

甲公司利息支出不得超过按照金融企业同期同类贷款利率计算的数额，本省任何一家金融企业的同期同类贷款利率均可以作为计算限额的依据，甲公司利息支出的限额＝1 000×7.5%＝75（万元），实际支出100万元，可以税前扣除利息支出75万元。

三、企业会计准则关于借款费用的规定

（一）总则

根据《企业会计准则第17号——借款费用》（财会〔2006〕3号）的规定，借款费用是指企业因借款而发生的利息及其他相关成本。借款费用包括借款利息、折价或者溢价的摊销、辅助费用以及因外币借款而发生的汇兑差额等。与融资租赁有关的融资费用，适用《企业会计准则第21号——租赁》。

（二）确认和计量

企业发生的借款费用，可直接归属于符合资本化条件的资产的购建或者生产的，应当予以资本化，计入相关资产成本；其他借款费用，应当在发生时根据其发生额确认为费用，计入当期损益。符合资本化条件的资产，是指需要经过相当长时间的购建或者生产活动才能达到预定可使用或者可销售状态的固定资产、投资性房地产和存货等资产。

借款费用同时满足下列条件的，才能开始资本化：

（1）资产支出已经发生，资产支出包括为购建或者生产符合资本化条件的资产而以支付现金、转移非现金资产或者承担带息债务形式发生的支出；

（2）借款费用已经发生；

（3）为使资产达到预定可使用或者可销售状态所必要的购建或者生产活动已经开始。

在资本化期间内，每一会计期间的利息（包括折价或溢价的摊销）资本化金额，应当按照下列规定确定：

（1）为购建或者生产符合资本化条件的资产而借入专门借款的，应当以专门借款当期实际发生的利息费用，减去将尚未动用的借款资金存入银行取得的利息收入或进行暂时性投资取得的投资收益后的金额确定。专门借款是指为购建或者生产符合资本化条件的资产而专门借入的款项。

（2）为购建或者生产符合资本化条件的资产而占用了一般借款的，企业应当根据累计资产支出超过专门借款部分的资产支出加权平均数乘以所占用一般借款的资本化率，计算确定一般借款应予资本化的利息金额。资本化

率应当根据一般借款加权平均利率计算确定。资本化期间是指从借款费用开始资本化时点到停止资本化时点的期间，借款费用暂停资本化的期间不包括在内。

借款存在折价或者溢价的，应当按照实际利率法确定每一会计期间应摊销的折价或者溢价金额，调整每期利息金额。

在资本化期间内，每一会计期间的利息资本化金额不应当超过当期相关借款实际发生的利息金额。

在资本化期间内，外币专门借款本金及利息的汇兑差额，应当予以资本化，计入符合资本化条件的资产的成本。

专门借款发生的辅助费用，在所购建或者生产的符合资本化条件的资产达到预定可使用或者可销售状态之前发生的，应当在发生时根据其发生额予以资本化，计入符合资本化条件的资产的成本；在所购建或者生产的符合资本化条件的资产达到预定可使用或者可销售状态之后发生的，应当在发生时根据其发生额确认为费用，计入当期损益。一般借款发生的辅助费用，应当在发生时根据其发生额确认为费用，计入当期损益。

符合资本化条件的资产在购建或者生产过程中发生非正常中断，且中断时间连续超过 3 个月的，应当暂停借款费用的资本化。在中断期间发生的借款费用应当确认为费用，计入当期损益，直至资产的购建或者生产活动重新开始。如果中断是所购建或者生产的符合资本化条件的资产达到预定可使用或者可销售状态必要的程 序，借款费用的资本化应当继续进行。

购建或者生产符合资本化条件的资产达到预定可使用或者可销售状态时，借款费用应当停止资本化。在符合资本化条件的资产达到预定可使用或者可销售状态之后所发生的借款费用，应当在发生时根据其发生额确认为费用，计入当期损益。

购建或者生产符合资本化条件的资产达到预定可使用或者可销售状态，可从下列几个方面进行判断：

（1）符合资本化条件的资产的实体建造（包括安装）或者生产工作已经全部完成或者实质上已经完成。

（2）所购建或者生产的符合资本化条件的资产与设计要求、合同规定或者生产要求相符或者基本相符，即使有极个别与设计、合同或者生产要求不相符的地方，也不影响其正常使用或者销售。

（3）继续发生在所购建或生产的符合资本化条件的资产上的支出金额很少或者几乎不再发生。

购建或者生产符合资本化条件的资产需要试生产或者试运行的，在试生产结果表明资产能够正常生产出合格产品，或者试运行结果表明资产能够正常运转或者营业时，应当认为该资产已经达到预定可使用或者可销售状态。

购建或者生产的符合资本化条件的资产的各部分分别完工，且每部分在其他部分继续建造过程中可供使用或者可对外销售，且为使该部分资产达到预定可使用或可销售状态所必要的购建或者生产活动实质上已经完成的，应当停止与该部分资产相关的借款费用的资本化。购建或者生产的资产的各部分分别完工，但必须等到整体完工后才可使用或者可对外销售的，应当在该资产整体完工时停止借款费用的资本化。

（三）披露

企业应当在附注中披露与借款费用有关的下列信息：
（1）当期资本化的借款费用金额。
（2）当期用于计算确定借款费用资本化金额的资本化率。

第九节 佣金和手续费支出

一、基本制度

（一）扣除标准

根据《财政部　国家税务总局关于企业手续费及佣金支出税前扣除政策的通知》（财税〔2009〕29号）的规定，企业发生与生产经营有关的手续费及佣金支出，不超过以下规定计算限额以内的部分，准予扣除；超过部分，不得扣除。

（1）保险企业：财产保险企业按当年全部保费收入扣除退保金等后余额的15%（含本数，下同）计算限额；人身保险企业按当年全部保费收入扣除退保金等后余额的10%计算限额。

（2）其他企业：按与具有合法经营资格中介服务机构或个人（不含交易双方及其雇员、代理人和代表人等）所签订服务协议或合同确认的收入金额的5%计算限额。

（二）扣除要求

根据《财政部　国家税务总局关于企业手续费及佣金支出税前扣除政策的通知》（财税〔2009〕29号）的规定，企业应与具有合法经营资格中介服务企业或个人签订代办协议或合同，并按国家有关规定支付手续费及佣金。除委托个人代理外，企业以现金等非转账方式支付的手续费及佣金不得在税前扣除。企业为发行权益性证券支付给有关证券承销机构的手续费及佣金不得在税前扣除。

企业不得将手续费及佣金支出计入回扣、业务提成、返利、进场费等费用。

企业已计入固定资产、无形资产等相关资产的手续费及佣金支出，应当通过折旧、摊销等方式分期扣除，不得在发生当期直接扣除。

企业支付的手续费及佣金不得直接冲减服务协议或合同金额，并如实入账。

企业应当如实向当地主管税务机关提供当年手续费及佣金计算分配表和其他相关资料，并依法取得合法真实凭证。

二、具体规则

（一）电信企业扣除规则

根据《国家税务总局关于企业所得税应纳税所得额若干税务处理问题的公告》（国家税务总局公告 2012 年第 15 号）的规定，电信企业在发展客户、拓展业务等过程中（如委托销售电话入网卡、电话充值卡等），需向经纪人、代办商支付手续费及佣金的，其实际发生的相关手续费及佣金支出，不超过企业当年收入总额 5% 的部分，准予在企业所得税前据实扣除。

（二）代理业扣除规则

根据《国家税务总局关于企业所得税应纳税所得额若干税务处理问题的公告》（国家税务总局公告 2012 年第 15 号）的规定，从事代理服务、主营业务收入为手续费、佣金的企业（如证券、期货、保险代理等企业），其为取得该类收入而实际发生的营业成本（包括手续费及佣金支出），准予在企业所得税前据实扣除。

（三）保险企业扣除标准调整

根据《财政部　税务总局关于保险企业手续费及佣金支出税前扣除政策的公告》（财政部　税务总局公告 2019 年第 72 号）的规定，自 2019 年 1 月 1 日起，保险企业发生与其经营活动有关的手续费及佣金支出，不超过当年全部保费收入扣除退保金等后余额的 18%（含本数）的部分，在计算应纳税所得额时准予扣除；超过部分，允许结转以后年度扣除。

保险企业发生的手续费及佣金支出税前扣除的其他事项继续按照《财政部　国家税务总局关于企业手续费及佣金支出税前扣除政策的通知》（财税

〔2009〕29号）中第二条至第五条相关规定处理。保险企业应建立健全手续费及佣金的相关管理制度，并加强手续费及佣金结转扣除的台账管理。

三、企业所得税税前扣除凭证管理制度

根据《企业所得税税前扣除凭证管理办法》（国家税务总局公告2018年第28号）的规定，自2018年7月1日起，税前扣除凭证在管理中遵循真实性、合法性、关联性原则。真实性是指税前扣除凭证反映的经济业务真实，且支出已经实际发生；合法性是指税前扣除凭证的形式，来源符合国家法律、法规等相关规定；关联性是指税前扣除凭证与其反映的支出相关联且有证明力。

税前扣除凭证是指企业在计算企业所得税应纳税所得额时，证明与取得收入有关的、合理的支出实际发生，并据以税前扣除的各类凭证。企业是指《企业所得税法》及其实施条例规定的居民企业和非居民企业。

企业发生支出，应取得税前扣除凭证，作为计算企业所得税应纳税所得额时扣除相关支出的依据。

企业应在当年度企业所得税法规定的汇算清缴期结束前取得税前扣除凭证。

企业应将与税前扣除凭证相关的资料，包括合同协议、支出依据、付款凭证等留存备查，以证实税前扣除凭证的真实性。

税前扣除凭证按照来源分为内部凭证和外部凭证。内部凭证是指企业自制用于成本、费用、损失和其他支出核算的会计原始凭证。内部凭证的填制和使用应当符合国家会计法律、法规等相关规定。外部凭证是指企业发生经营活动和其他事项时，从其他单位、个人取得的用于证明其支出发生的凭证，包括但不限于发票（包括纸质发票和电子发票）、财政票据、完税凭证、收款凭证、分割单等。

企业在境内发生的支出项目属于增值税应税项目（以下简称应税项目）的，对方为已办理税务登记的增值税纳税人，其支出以发票（包括按照规定由税务机关代开的发票）作为税前扣除凭证；对方为依法无需办理税务登记的单位或者从事小额零星经营业务的个人，其支出以税务机关代开的发票或者收款凭证及内部凭证作为税前扣除凭证，收款凭证应载明收款单位名称、个人姓名及身份证号、支出项目、收款金额等相关信息。小额零星经营业务的判断标准是个人从事应税项目经营业务的销售额不超过增值税相关政策规定的起征点。税务总局对应税项目开具发票另有规定的，以规定的发票或者票据作为税前扣除凭证。

企业在境内发生的支出项目不属于应税项目的，对方为单位的，以对方开具的发票以外的其他外部凭证作为税前扣除凭证；对方为个人的，以内部凭证作为税前扣除凭证。企业在境内发生的支出项目虽不属于应税项目，但

按税务总局规定可以开具发票的，可以发票作为税前扣除凭证。

企业从境外购进货物或者劳务发生的支出，以对方开具的发票或者具有发票性质的收款凭证、相关税费缴纳凭证作为税前扣除凭证。

企业取得私自印制、伪造、变造、作废、开票方非法取得、虚开、填写不规范等不符合规定的发票（以下简称不合规发票），以及取得不符合国家法律、法规等相关规定的其他外部凭证（以下简称不合规其他外部凭证），不得作为税前扣除凭证。

企业应当取得而未取得发票、其他外部凭证或者取得不合规发票、不合规其他外部凭证的，若支出真实且已实际发生，应当在当年度汇算清缴期结束前，要求对方补开、换开发票、其他外部凭证。补开、换开后的发票、其他外部凭证符合规定的，可以作为税前扣除凭证。

企业在补开、换开发票、其他外部凭证过程中，因对方注销、撤销、依法被吊销营业执照、被税务机关认定为非正常户等特殊原因无法补开、换开发票、其他外部凭证的，可凭以下资料证实支出真实性后，其支出允许税前扣除：

（1）无法补开、换开发票、其他外部凭证原因的证明资料（包括工商注销、机构撤销、列入非正常经营户、破产公告等证明资料）；

（2）相关业务活动的合同或者协议；

（3）采用非现金方式支付的付款凭证；

（4）货物运输的证明资料；

（5）货物入库、出库内部凭证；

（6）企业会计核算记录以及其他资料。

上述第（1）项至第（3）项为必备资料。

汇算清缴期结束后，税务机关发现企业应当取得而未取得发票、其他外部凭证或者取得不合规发票、不合规其他外部凭证并且告知企业的，企业应当自被告知之日起60日内补开、换开符合规定的发票、其他外部凭证。其中，因对方特殊原因无法补开、换开发票、其他外部凭证的，企业应当按照规定，自被告知之日起60日内提供可以证实其支出真实性的相关资料。

企业在规定的期限未能补开、换开符合规定的发票、其他外部凭证，并且未能按照规定提供相关资料证实其支出真实性的，相应支出不得在发生年度税前扣除。

除发生另有规定的情形外，企业以前年度应当取得而未取得发票、其他外部凭证，且相应支出在该年度没有税前扣除的，在以后年度取得符合规定的发票、其他外部凭证或者按照本办法第十四条的规定提供可以证实其支出真实性的相关资料，相应支出可以追补至该支出发生年度税前扣除，但追补年限不得超过5年。

企业与其他企业（包括关联企业）、个人在境内共同接受应纳增值税劳务（以下简称应税劳务）发生的支出，采取分摊方式的，应当按照独立交易原则进行分摊，企业以发票和分割单作为税前扣除凭证，共同接受应税劳务的其他企业以企业开具的分割单作为税前扣除凭证。企业与其他企业、个人在境内共同接受非应税劳务发生的支出，采取分摊方式的，企业以发票外的其他外部凭证和分割单作为税前扣除凭证，共同接受非应税劳务的其他企业以企业开具的分割单作为税前扣除凭证。

企业租用（包括企业作为单一承租方租用）办公、生产用房等资产发生的水、电、燃气、冷气、暖气、通讯线路、有线电视、网络等费用，出租方作为应税项目开具发票的，企业以发票作为税前扣除凭证；出租方采取分摊方式的，企业以出租方开具的其他外部凭证作为税前扣除凭证。

【实操案例】

【例 3-18】

甲财产保险公司 2020 年度全部保费收入为 200 亿元，退保金为 10 亿元，该年度发生与生产经营有关的手续费和佣金支出总额为 30 亿元，甲公司 2020 年度可以税前扣除的手续费和佣金支出是多少？

解析：

甲公司手续费和佣金税前扣除限额为全部保费收入扣除退保金后余额的 15%，即（200 − 10）×15% = 28.5（亿元），实际支出 30 亿元，可以税前扣除的手续费和佣金为 28.5 亿元。

四、《期间费用明细表》的填写

（一）纳税申报表样式（见表 3-4）

表 3-4　A104000　期间费用明细表

行次	项　目	销售费用	其中：境外支付	管理费用	其中：境外支付	财务费用	其中：境外支付
		1	2	3	4	5	6
1	一、职工薪酬		*		*	*	*
2	二、劳务费					*	*
3	三、咨询顾问费					*	*
4	四、业务招待费		*		*	*	*
5	五、广告费和业务宣传费		*		*	*	*
6	六、佣金和手续费						
7	七、资产折旧摊销费		*		*	*	*

（续表）

行次	项目	销售费用	其中：境外支付	管理费用	其中：境外支付	财务费用	其中：境外支付
		1	2	3	4	5	6
8	八、财产损耗、盘亏及毁损损失		*		*	*	*
9	九、办公费		*		*	*	*
10	十、董事会费		*		*	*	*
11	十一、租赁费					*	*
12	十二、诉讼费		*		*	*	*
13	十三、差旅费		*		*	*	*
14	十四、保险费		*		*	*	*
15	十五、运输、仓储费					*	*
16	十六、修理费					*	*
17	十七、包装费		*		*	*	*
18	十八、技术转让费					*	*
19	十九、研究费用					*	*
20	二十、各项税费		*		*	*	*
21	二十一、利息收支	*	*	*	*		
22	二十二、汇兑差额	*	*	*	*		
23	二十三、现金折扣	*	*	*	*		*
24	二十四、党组织工作经费	*	*		*	*	*
25	二十五、其他						
26	合计（1＋2＋3＋…＋25）						

（二）适用范围

本表适用于执行企业会计准则、小企业会计准则、企业会计制度、分行业会计制度的查账征收居民纳税人填报。纳税人应根据企业会计准则、小企业会计准则、企业会计、分行业会计制度规定，填报“销售费用”“管理费用”和“财务费用”等项目。

（三）项目填报说明

（1）第1列“销售费用”：填报在销售费用科目进行核算的相关明细项

目的金额，其中金融企业填报在业务及管理费科目进行核算的相关明细项目的金额。

（2）第2列“其中：境外支付”：填报在销售费用科目进行核算的向境外支付的相关明细项目的金额，其中金融企业填报在业务及管理费科目进行核算的相关明细项目的金额。

（3）第3列“管理费用”：填报在管理费用科目进行核算的相关明细项目的金额。

（4）第4列“其中：境外支付”：填报在管理费用科目进行核算的向境外支付的相关明细项目的金额。

（5）第5列“财务费用”：填报在财务费用科目进行核算的有关明细项目的金额。

（6）第6列“其中：境外支付”：填报在财务费用科目进行核算的向境外支付的有关明细项目的金额。

（7）第1行至第25行：根据费用科目核算的具体项目金额进行填报，如果贷方发生额大于借方发生额，应填报负数。

（8）第26行第1列：填报第1行至第25行第1列的合计金额。

（9）第26行第2列：填报第1行至第25行第2列的合计金额。

（10）第26行第3列：填报第1行至第25行第3列的合计金额。

（11）第26行第4列：填报第1行至第25行第4列的合计金额。

（12）第26行第5列：填报第1行至第25行第5列的合计金额。

（13）第26行第6列：填报第1行至第25行第6列的合计金额。

（四）表内关系

（1）第26行第1列＝第1列第1＋2＋…＋20＋25行。

（2）第26行第2列＝第2列第2＋3＋6＋11＋15＋16＋18＋19＋25行。

（3）第26行第3列＝第3列第1＋2＋…＋20＋24＋25行。

（4）第26行第4列＝第4列第2＋3＋6＋11＋15＋16＋18＋19＋25行。

（5）第26行第5列＝第5列第6＋21＋22＋23＋25行。

（6）第26行第6列＝第6列第6＋21＋22＋25行。

（五）表间关系

（1）第26行第1列＝表A100000第4行。

（2）第26行第3列＝表A100000第5行。

（3）第26行第5列＝表A100000第6行。

第四章

资产类调整项目

【导读】

本章介绍资产类调整项目，包括四节内容，分别介绍资产折旧、资产摊销、资产减值准备金以及资产损失。

第一节
资产折旧

一、固定资产折旧基本制度

（一）固定资产的定义

根据《企业所得税法实施条例》第五十七条的规定，固定资产是指企业为生产产品、提供劳务、出租或者经营管理而持有的、使用时间超过 12 个月的非货币性资产，包括房屋、建筑物、机器、机械、运输工具以及其他与生产经营活动有关的设备、器具、工具等。

（二）不得计算折旧扣除的固定资产

根据《企业所得税法》第十一条的规定，在计算应纳税所得额时，企业按照规定计算的固定资产折旧，准予扣除。

下列固定资产不得计算折旧扣除：

（1）房屋、建筑物以外未投入使用的固定资产；

（2）以经营租赁方式租入的固定资产；

（3）以融资租赁方式租出的固定资产；

（4）已足额提取折旧仍继续使用的固定资产；

（5）与经营活动无关的固定资产；

（6）单独估价作为固定资产入账的土地；

（7）其他不得计算折旧扣除的固定资产。

（三）固定资产计税基础的确定

根据《企业所得税法实施条例》第五十八条的规定，固定资产按照以下方法确定计税基础：

（1）外购的固定资产，以购买价款和支付的相关税费以及直接归属于使该资产达到预定用途发生的其他支出为计税基础；

（2）自行建造的固定资产，以竣工结算前发生的支出为计税基础；

（3）融资租入的固定资产，以租赁合同约定的付款总额和承租人在签订租赁合同过程中发生的相关费用为计税基础，租赁合同未约定付款总额的，以该资产的公允价值和承租人在签订租赁合同过程中发生的相关费用为计税基础；

（4）盘盈的固定资产，以同类固定资产的重置完全价值为计税基础；

（5）通过捐赠、投资、非货币性资产交换、债务重组等方式取得的固定资产，以该资产的公允价值和支付的相关税费为计税基础；

（6）改建的固定资产，除另有规定外，以改建过程中发生的改建支出增加计税基础。

（四）固定资产的折旧方法

根据《企业所得税法实施条例》第五十九条的规定，固定资产按照直线法计算的折旧，准予扣除。

企业应当自固定资产投入使用月份的次月起计算折旧；停止使用的固定资产，应当自停止使用月份的次月起停止计算折旧。

企业应当根据固定资产的性质和使用情况，合理确定固定资产的预计净残值。固定资产的预计净残值一经确定，不得变更。

根据《企业所得税法实施条例》第六十一条的规定，从事开采石油、天然气等矿产资源的企业，在开始商业性生产前发生的费用和有关固定资产的折耗、折旧方法，由国务院财政、税务主管部门另行规定。

（五）固定资产最低折旧年限

根据《企业所得税法实施条例》第六十条的规定，除国务院财政、税务主管部门另有规定外，固定资产计算折旧的最低年限如下：

（1）房屋、建筑物，为 20 年；

（2）飞机、火车、轮船、机器、机械和其他生产设备，为 10 年；

（3）与生产经营活动有关的器具、工具、家具等，为 5 年；

（4）飞机、火车、轮船以外的运输工具，为 4 年；

（5）电子设备，为 3 年。

二、固定资产折旧具体规则

（一）固定资产计税基础的确定

根据《国家税务总局关于贯彻落实企业所得税法若干税收问题的通知》（国税函〔2010〕79 号）的规定，企业固定资产投入使用后，由于工程款项尚未结清未取得全额发票的，可暂按合同规定的金额计入固定资产计税基础计提折旧，待发票取得后进行调整，但该项调整应在固定资产投入使用后12个月内进行。

（二）对不动产改扩建的税务处理

根据《国家税务总局关于企业所得税若干问题的公告》（国家税务总局公告2011年第34号）的规定，企业对房屋、建筑物固定资产在未足额提取折旧前进行改扩建的，如属于推倒重置的，该资产原值减除提取折旧后的净值，应并入重置后的固定资产计税成本，并在该固定资产投入使用后的次月起，按照税法规定的折旧年限，一并计提折旧；如属于提升功能、增加面积的，该固定资产的改扩建支出，并入该固定资产计税基础，并从改扩建完工投入使用后的次月起，重新按税法规定的该固定资产折旧年限计提折旧，如该改扩建后的固定资产尚可使用的年限低于税法规定的最低年限的，可以按尚可使用的年限计提折旧。

（三）会计折旧年限短于税法最低折旧年限的处理

根据《国家税务总局关于企业所得税应纳税所得额若干问题的公告》（国家税务总局公告2014年第29号）的规定，企业固定资产会计折旧年限如果短于税法规定的最低折旧年限，其按会计折旧年限计提的折旧高于按税法规定的最低折旧年限计提的折旧部分，应调增当期应纳税所得额；企业固定资产会计折旧年限已期满且会计折旧已提足，但税法规定的最低折旧年限尚未到期且税收折旧尚未足额扣除，其未足额扣除的部分准予在剩余的税收折旧年限继续按规定扣除。

（四）会计折旧年限长于税法最低折旧年限的处理

根据《国家税务总局关于企业所得税应纳税所得额若干问题的公告》（国家税务总局公告2014年第29号）的规定，企业固定资产会计折旧年限如果长于税法规定的最低折旧年限，其折旧应按会计折旧年限计算扣除，税法另有规定除外。

（五）固定资产减值准备的处理

根据《国家税务总局关于企业所得税应纳税所得额若干问题的公告》（国家税务总局公告2014年第29号）的规定，企业按会计规定提取的固定资产减值准备，不得税前扣除，其折旧仍按税法确定的固定资产计税基础计算扣除。

（六）加速折旧的税务处理

根据《国家税务总局关于企业所得税应纳税所得额若干问题的公告》（国家税务总局公告 2014 年第 29 号）的规定，企业按税法规定实行加速折旧的，其按加速折旧办法计算的折旧额可全额在税前扣除。

（七）特殊行业的税务处理

根据《国家税务总局关于企业所得税应纳税所得额若干问题的公告》（国家税务总局公告 2014 年第 29 号）的规定，石油天然气开采企业在计提油气资产折耗（折旧）时，由于会计与税法规定计算方法不同导致的折耗（折旧）差异，应按税法规定进行纳税调整。

三、固定资产加速折旧制度

（一）基本制度

根据《企业所得税法》第三十二条的规定，企业的固定资产由于技术进步等原因，确需加速折旧的，可以缩短折旧年限或者采取加速折旧的方法。

根据《企业所得税法实施条例》第九十八条的规定，可以采取缩短折旧年限或者采取加速折旧的方法的固定资产，包括：

（1）由于技术进步，产品更新换代较快的固定资产；

（2）常年处于强震动、高腐蚀状态的固定资产。

采取缩短折旧年限方法的，最低折旧年限不得低于《企业所得税法实施条例》第六十条规定折旧年限的 60%；采取加速折旧方法的，可以采取双倍余额递减法或者年数总和法。

（二）具体规则

根据《国家税务总局关于企业固定资产加速折旧所得税处理有关问题的通知》（国税发〔2009〕81 号）的规定，企业拥有并用于生产经营的主要或关键的固定资产，由于以下原因确需加速折旧的，可以缩短折旧年限或者采取加速折旧的方法：

（1）由于技术进步，产品更新换代较快的；

（2）常年处于强震动、高腐蚀状态的。

企业拥有并使用的固定资产符合上述规定的，可按以下情况分别处理：

（1）企业过去没有使用过与该项固定资产功能相同或类似的固定资产，但有充分的证据证明该固定资产的预计使用年限短于《企业所得税法实施条例》规定的计算折旧最低年限的，企业可根据该固定资产的预计使用年限和相关规定，对该固定资产采取缩短折旧年限或者加速折旧的方法。

（2）企业在原有的固定资产未达到《企业所得税法实施条例》规定的最低折旧年限前，使用功能相同或类似的新固定资产替代旧固定资产的，企业可根据旧固定资产的实际使用年限和相关规定，对新替代的固定资产采取缩短折旧年限或者加速折旧的方法。

企业采取缩短折旧年限方法的，对其购置的新固定资产，最低折旧年限不得低于《企业所得税法实施条例》第六十条规定的折旧年限的60%；若为购置已使用过的固定资产，其最低折旧年限不得低于《企业所得税法实施条例》规定的最低折旧年限减去已使用年限后剩余年限的60%。最低折旧年限一经确定，一般不得变更。

企业拥有并使用符合规定条件的固定资产采取加速折旧方法的，可以采用双倍余额递减法或者年数总和法。加速折旧方法一经确定，一般不得变更。

（1）双倍余额递减法，是指在不考虑固定资产预计净残值的情况下，根据每期期初固定资产原值减去累计折旧后的金额和双倍的直线法折旧率计算固定资产折旧的一种方法。应用这种方法计算折旧额时，由于每年年初固定资产净值没有减去预计净残值，所以在计算固定资产折旧额时，应在其折旧年限到期前的两年期间，将固定资产净值减去预计净残值后的余额平均摊销。计算公式如下：

年折旧率＝2÷预计使用寿命（年）×100%

月折旧率＝年折旧率÷12

月折旧额＝月初固定资产账面净值×月折旧率

（2）年数总和法，又称年限合计法，是指将固定资产的原值减去预计净残值后的余额，乘以一个以固定资产尚可使用寿命为分子、以预计使用寿命逐年数字之和为分母的逐年递减的分数计算每年的折旧额。计算公式如下：

年折旧率＝尚可使用年限÷预计使用寿命的年数总和×100%

月折旧率＝年折旧率÷12

月折旧额＝（固定资产原值－预计净残值）×月折旧率

对于采取缩短折旧年限的固定资产，足额计提折旧后继续使用而未进行处置（包括报废等情形）超过12个月的，今后对其更新替代、改造改建后形成的功能相同或者类似的固定资产，不得再采取缩短折旧年限的方法。

对于企业采取缩短折旧年限或者采取加速折旧方法的，主管税务机关应设立相应的税收管理台账，并加强监督，实施跟踪管理。对不符合《企业所得税法实施条例》第九十八条及上述规定的，主管税务机关要及时责令企业进行纳税调整。

适用总、分机构汇总纳税的企业，对其所属分支机构使用的符合《企业所得税法实施条例》第九十八条及上述规定情形的固定资产采取缩短折旧年限或者采取加速折旧方法的，由其总机构向其所在地主管税务机关备案。分支机构所在地主管税务机关应负责配合总机构所在地主管税务机关实施跟踪管理。

（三）完善固定资产加速折旧政策

根据《财政部　国家税务总局关于完善固定资产加速折旧企业所得税政策的通知》（财税〔2014〕75号）的规定，对生物药品制造业，专用设备制造业，铁路、船舶、航空航天和其他运输设备制造业，计算机、通信和其他电子设备制造业，仪器仪表制造业，信息传输、软件和信息技术服务业等6个行业的企业2014年1月1日后新购进的固定资产，可缩短折旧年限或采取加速折旧的方法。

对上述6个行业的小型微利企业2014年1月1日后新购进的研发和生产经营共用的仪器、设备，单位价值不超过100万元的，允许一次性计入当期成本费用在计算应纳税所得额时扣除，不再分年度计算折旧；单位价值超过100万元的，可缩短折旧年限或采取加速折旧的方法。

对所有行业企业2014年1月1日后新购进的专门用于研发的仪器、设备，单位价值不超过100万元的，允许一次性计入当期成本费用在计算应纳税所得额时扣除，不再分年度计算折旧；单位价值超过100万元的，可缩短折旧年限或采取加速折旧的方法。

对所有行业企业持有的单位价值不超过5000元的固定资产，允许一次性计入当期成本费用在计算应纳税所得额时扣除，不再分年度计算折旧。

根据《国家税务总局关于固定资产加速折旧税收政策有关问题的公告》（国家税务总局公告2014年第64号）的规定，对生物药品制造业，专用设备制造业，铁路、船舶、航空航天和其他运输设备制造业，计算机、通信和其他电子设备制造业，仪器仪表制造业，信息传输、软件和信息技术服务业等行业企业（以下简称六大行业），2014年1月1日后购进的固定资产（包括自行建造），允许按不低于企业所得税法规定折旧年限的60%缩短折旧年限，或选择采取双倍余额递减法或年数总和法进行加速折旧。

六大行业按照国家统计局《国民经济行业分类与代码（GB/4754-2011）》确定。今后国家有关部门更新国民经济行业分类与代码，从其规定。

六大行业企业是指以上述行业业务为主营业务，其固定资产投入使用当年主营业务收入占企业收入总额50%（不含）以上的企业。所称收入总额，是指《企业所得税法》第六条规定的收入总额。

企业在2014年1月1日后购进并专门用于研发活动的仪器、设备，单位价值不超过100万元的，可以一次性在计算应纳税所得额时扣除；单位价值超过100万元的，允许按不低于企业所得税法规定折旧年限的60%缩短折旧年限，或选择采取双倍余额递减法或年数总和法进行加速折旧。

用于研发活动的仪器、设备范围口径，按照《国家税务总局关于印发〈企业研发费用税前扣除管理办法（试行）〉的通知》（国税发〔2008〕116号）

或《科学技术部 财政部 国家税务总局关于印发〈高新技术企业认定管理工作指引〉的通知》（国科发火〔2008〕362号）规定执行。

企业专门用于研发活动的仪器、设备已享受上述优惠政策的，在享受研发费加计扣除时，按照《国家税务总局关于印发〈企业研发费用税前扣除管理办法（试行）〉的通知》（国税发〔2008〕116号）、《财政部 国家税务总局关于研究开发费用税前加计扣除有关政策问题的通知》（财税〔2013〕70号）的规定，就已经进行会计处理的折旧、费用等金额进行加计扣除。

六大行业中的小型微利企业研发和生产经营共用的仪器、设备，可以执行上述规定。所称小型微利企业，是指《企业所得税法》第二十八条规定的小型微利企业。

企业持有的固定资产，单位价值不超过5 000元的，可以一次性在计算应纳税所得额时扣除。企业在2013年12月31日前持有的单位价值不超过5 000元的固定资产，其折余价值部分，2014年1月1日以后可以一次性在计算应纳税所得额时扣除。

企业的固定资产采取加速折旧方法的，可以采用双倍余额递减法或者年数总和法。加速折旧方法一经确定，一般不得变更。双倍余额递减法或者年数总和法，按照《国家税务总局关于企业固定资产加速折旧所得税处理有关问题的通知》（国税发〔2009〕81号）的规定执行。

企业的固定资产既符合上述优惠政策条件，同时又符合《国家税务总局关于企业固定资产加速折旧所得税处理有关问题的通知》（国税发〔2009〕81号）、《财政部国家税务总局关于进一步鼓励软件产业和集成电路产业发展企业所得税政策的通知》（财税〔2012〕27号）中相关加速折旧政策条件的，可由企业选择其中最优惠的政策执行，且一经选择，不得改变。

企业固定资产采取一次性税前扣除、缩短折旧年限或加速折旧方法的，预缴申报时，须同时报送《固定资产加速折旧（扣除）预缴情况统计表》，年度申报时，实行事后备案管理，并按要求报送相关资料。

企业应将购进固定资产的发票、记账凭证等有关凭证、凭据（购入已使用过的固定资产，应提供已使用年限的相关说明）等资料留存备查，并应建立台账，准确核算税法与会计差异情况。

主管税务机关应对适用上述优惠政策的企业加强后续管理，对预缴申报时享受了优惠政策的企业，年终汇算清缴时应对企业全年主营业务收入占企业收入总额的比例进行重点审核。

（四）进一步完善固定资产加速折旧政策

根据《财政部 国家税务总局关于进一步完善固定资产加速折旧企业所得税政策的通知》（财税〔2015〕106号）的规定，轻工、纺织、机械、汽车等四个领域重点行业的企业2015年1月1日后新购进的固定资产，可由企业选择缩短折旧年限或采取加速折旧的方法。

上述行业的小型微利企业 2015 年 1 月 1 日后新购进的研发和生产经营共用的仪器、设备，单位价值不超过 100 万元的，允许一次性计入当期成本费用在计算应纳税所得额时扣除，不再分年度计算折旧；单位价值超过 100 万元的，可由企业选择缩短折旧年限或采取加速折旧的方法。

按照《企业所得税法》及其实施条例有关规定，企业根据自身生产经营需要，也可选择不实行加速折旧政策。

根据《国家税务总局关于进一步完善固定资产加速折旧企业所得税政策有关问题的公告》（国家税务总局公告 2015 年第 68 号）的规定，对轻工、纺织、机械、汽车等四个领域重点行业（以下简称四个领域重点行业）企业 2015 年 1 月 1 日后新购进的固定资产（包括自行建造，下同），允许缩短折旧年限或采取加速折旧方法。四个领域重点行业按照财税〔2015〕106 号附件“轻工、纺织、机械、汽车四个领域重点行业范围”确定。今后国家有关部门更新国民经济行业分类与代码，从其规定。

四个领域重点行业企业，是指以上述行业业务为主营业务，其固定资产投入使用当年的主营业务收入占企业收入总额 50%（不含）以上的企业。所称收入总额，是指《企业所得税法》第六条规定的收入总额。

四个领域重点行业小型微利企业 2015 年 1 月 1 日后新购进的研发和生产经营共用的仪器、设备，单位价值不超过 100 万元（含）的，允许在计算应纳税所得额时一次性全额扣除；单位价值超过 100 万元的，允许缩短折旧年限或采取加速折旧方法。

用于研发活动的仪器、设备范围口径，按照《国家税务总局关于印发〈企业研究开发费用税前扣除管理办法（试行）〉的通知》（国税发〔2008〕116 号）或《科学技术部　财政部　国家税务总局关于印发〈高新技术企业认定管理工作指引〉的通知》（国科发火〔2008〕362 号）规定执行。

小型微利企业，是指《企业所得税法》第二十八条规定的小型微利企业。

企业按上述规定缩短折旧年限的，其购置的新固定资产，最低折旧年限不得低于《企业所得税法实施条例》第六十条规定的折旧年限的 60%；其购置的已使用过的固定资产，最低折旧年限不得低于实施条例规定的最低折旧年限减去已使用年限后剩余年限的 60%。最低折旧年限一经确定，不得改变。

企业按上述规定采取加速折旧方法的，可以采用双倍余额递减法或者年数总和法。加速折旧方法一经确定，不得改变。双倍余额递减法或者年数总和法，按照《国家税务总局关于固定资产加速折旧所得税处理有关问题的通知》（国税发〔2009〕81 号）的规定执行。

企业的固定资产既符合上述优惠政策条件，又符合《国家税务总局关于企业固定资产加速折旧所得税处理有关问题的通知》（国税发〔2009〕81 号）、《财政部　国家税务总局关于进一步鼓励软件产业和集成电路产业发展企业所得税政策的通知》（财税〔2012〕27 号）中有关加速折旧优惠政策条件，可由企业选择其中一项加速折旧优惠政策执行，且一经选择，不得改变。

企业应将购进固定资产的发票、记账凭证等有关资料留存备查，并建立台账，准确反映税法与会计差异情况。

（五）设备器具扣除政策

根据《财政部　税务总局关于设备、器具扣除有关企业所得税政策的通知》（财税〔2018〕54 号）的规定，企业在 2018 年 1 月 1 日至 2020 年 12 月 31 日期间新购进的设备、器具，单位价值不超过 500 万元的，允许一次性计入当期成本费用在计算应纳税所得额时扣除，不再分年度计算折旧；单位价值超过 500 万元的，仍按《企业所得税法实施条例》《财政部　国家税务总局关于完善固定资产加速折旧企业所得税政策的通知》（财税〔2014〕75 号）《财政部　国家税务总局关于进一步完善固定资产加速折旧企业所得税政策的通知》（财税〔2015〕106 号）等相关规定执行。上述设备、器具，是指除房屋、建筑物以外的固定资产。

根据《国家税务总局关于设备、器具扣除有关企业所得税政策执行问题的公告》（国家税务总局公告 2018 年第 46 号）的规定，企业在 2018 年 1 月 1 日至 2020 年 12 月 31 日期间新购进的设备、器具，单位价值不超过 500 万元的，允许一次性计入当期成本费用在计算应纳税所得额时扣除，不再分年度计算折旧（以下简称一次性税前扣除政策）。

所称设备、器具，是指除房屋、建筑物以外的固定资产（以下简称固定资产）；所称购进，包括以货币形式购进或自行建造，其中以货币形式购进的固定资产包括购进的使用过的固定资产；以货币形式购进的固定资产，以购买价款和支付的相关税费以及直接归属于使该资产达到预定用途发生的其他支出确定单位价值，自行建造的固定资产，以竣工结算前发生的支出确定单位价值。

固定资产购进时点按以下原则确认：以货币形式购进的固定资产，除采取分期付款或赊销方式购进外，按发票开具时间确认；以分期付款或赊销方式购进的固定资产，按固定资产到货时间确认；自行建造的固定资产，按竣工结算时间确认。

固定资产在投入使用月份的次月所属年度一次性税前扣除。

企业选择享受一次性税前扣除政策的，其资产的税务处理可与会计处理不一致。

企业根据自身生产经营核算需要，可自行选择享受一次性税前扣除政策。未选择享受一次性税前扣除政策的，以后年度不得再变更。

企业按照《国家税务总局关于发布修订后的〈企业所得税优惠政策事项

办理办法〉的公告》（国家税务总局公告2018年第23号）的规定办理享受政策的相关手续，主要留存备查资料如下：

（1）有关固定资产购进时点的资料（如以货币形式购进固定资产的发票，以分期付款或赊销方式购进固定资产的到货时间说明，自行建造固定资产的竣工决算情况说明等）；

（2）固定资产记账凭证；

（3）核算有关资产税务处理与会计处理差异的台账。

（六）扩大固定资产加速折旧优惠政策适用范围

根据《财政部　税务总局关于扩大固定资产加速折旧优惠政策适用范围的公告》（财政部　税务总局公告2019年第66号）的规定，自2019年1月1日起，适用《财政部　国家税务总局关于完善固定资产加速折旧企业所得税政策的通知》（财税〔2014〕75号）和《财政部　国家税务总局关于进一步完善固定资产加速折旧企业所得税政策的通知》（财税〔2015〕106号）规定固定资产加速折旧优惠的行业范围，扩大至全部制造业领域。制造业按照国家统计局《国民经济行业分类和代码（GB/T 4754-2017）》确定。今后国家有关部门更新国民经济行业分类和代码，从其规定。

（七）海南自贸港加速折旧政策

根据《财政部　税务总局关于海南自由贸易港企业所得税优惠政策的通知》（财税〔2020〕31号）的规定，自2020年1月1日起执行至2024年12月31日，对在海南自由贸易港设立的企业，新购置（含自建、自行开发）固定资产或无形资产，单位价值不超过500万元（含）的，允许一次性计入当期成本费用在计算应纳税所得额时扣除，不再分年度计算折旧和摊销；新购置（含自建、自行开发）固定资产或无形资产，单位价值超过500万元的，可以缩短折旧、摊销年限或采取加速折旧、摊销的方法。上述固定资产，是指除房屋、建筑物以外的固定资产。

【实操案例】

【例4-1】

某项固定资产原值为500万元，预计净残值为20万元（残值率4%），预计使用寿命为5年，与税法规定的折旧最低年限相同。计算月折旧额。

解析：

年折旧率＝（1－4%）÷5×100%＝19.2%

月折旧率＝19.2%÷12＝1.6%

月折旧额＝500×1.6%＝8（万元）

【例 4-2】

甲公司新购进一台机器设备，原值为 40 万元，预计残值率为 3%，经税务机关核定，该设备的折旧年限为 5 年。请比较各种不同折旧方法的异同，并提出最佳折旧方案。

解析：

1. 直线法折旧

年折旧率＝（1 － 3%）÷5 ＝ 19.4%

月折旧率＝ 19.4%÷12 ＝ 1.617%

预计净残值＝ 400 000×3% ＝ 12 000（元）

每年折旧额＝（400 000 － 12 000）÷5 ＝ 77 600（元）

或　　　　＝ 400 000×19.4% ＝ 77 600（元）

2. 缩短折旧年限

该设备最短的折旧年限为正常折旧年限的 60%，即 3 年。

年折旧率＝（1 － 3%）÷3 ＝ 32.33%

月折旧率＝ 32.33%÷12 ＝ 2.69%

预计净残值＝ 400 000×3% ＝ 12 000（元）

每年折旧额＝（400 000 － 12 000）÷3 ＝ 129 333（元）

或　　　　＝ 400 000×（1−3%）÷3 ＝ 129 333（元）

3. 双倍余额递减法折旧

年折旧率＝（2÷5）×100% ＝ 40%

采用双倍余额递减法，每年提取折旧额如表 4-1 所示。

表 4–1　双倍余额递减法下每年提取折旧额

单位：元

年　份	折旧率	年折旧额	账面净值
第 1 年	40%	160 000（400 000×40%）	240 000
第 2 年	40%	96 000（240 000×40%）	144 000
第 3 年	40%	57 600（144 000×40%）	86 400
第 4 年	50%	37 200　（74 400×50%）	49 200
第 5 年	50%	37 200　（74 400×50%）	12 000

注：74 400 ＝ 86 400 — 400 000×3%

4. 年数总和法折旧

年折旧率＝尚可使用年数 ÷ 预计使用年限的年数总和

采用年数总和法，每年提取折旧额如表 4-2 所示。

表 4–2　年数总和法下每年提取折旧额

单位：元

年　份	折旧率	年折旧额	账面净值
第 1 年	5/15	129 333（388 000×5÷15）	270 667
第 2 年	4/15	103 467（388 000×4÷15）	167 200
第 3 年	3/15	77 600（388 000×3÷15）	89 600
第 4 年	2/15	51 733（388 000×2÷15）	37 867
第 5 年	1/15	25 867（388 000×1÷15）	12 000

注：388 000 = 400 000×(1−3%)

假设在提取折旧之前，企业每年的税前利润均为 1 077 600 元。企业所得税税率为 25%。那么，采用不同方法计算出的折旧额和所得税额如表 4-3 所示。

表 4–3　不同折旧方法的比较

单位：万元

年　份	直线法			缩短折旧年限			双倍余额递减法			年数总和法		
	折旧额	税前利润	所得税额	折旧额	税前利润	所得税额	折旧额	税前利润	所得税额	折旧额	税前利润	所得税额
第 1 年	7.76	100	25	12.93	94.83	23.71	16	91.76	22.94	12.93	94.83	23.71
第 2 年	7.76	100	25	12.93	94.83	23.71	9.6	98.16	24.54	10.35	97.41	24.35
第 3 年	7.76	100	25	12.93	94.83	23.71	5.76	102	25.50	7.76	100	25
第 4 年	7.76	100	25	0	107.76	26.94	3.72	104.04	26.01	5.17	102.59	25.65
第 5 年	7.76	100	25	0	107.76	26.94	3.72	104.04	26.01	2.59	105.17	26.29
合　计	38.8	500	125	38.8	500	125	38.8	500	125	38.8	500	125

由以上计算结果可以看出，无论采用哪种折旧提取方法，对某一特定固

定资产而言，企业所提取的折旧总额是相同的，同一固定资产所抵扣的应税所得额并由此所抵扣的所得税额也是相同的，所不同的只是企业在固定资产使用年限内每年所抵扣的应税所得额是不同的，由此导致每年所抵扣的所得税额也是不同的。具体到本案例，在第一年年末，采用直线法、缩短折旧年限、双倍余额递减法和年数总和法提取折旧，所应当缴纳的所得税额分别为 25 万元、23.71 万元、22.94 万元、23.71 万元，由此可见，采用双倍余额递减法提取折旧所获得的税收利益最大，其次是年数总和法和缩短折旧年限，最次的是直线法。

上述顺序是一般情况下企业的最佳选择，但在某些特殊情况下，企业的选择也会不同。比如，如果本案例中的企业前两年免税，以后年度按 25% 的税率缴纳企业所得税。那么，采用直线法、缩短折旧年限、双倍余额递减法和年数总和法提取折旧，5 年总共所应当缴纳的所得税额分别为 75 万元、77.59 万元、77.52 万元、76.94 万元，由此可见，最优的方法应当为直线法，其次为年数总和法，再次为双倍余额递减法，最次为缩短折旧年限。当然，这是从企业 5 年总共所应当缴纳的企业所得税的角度，也就是从企业所有者的角度而言的最优结果。从企业每年所缴纳的企业所得税角度，也就是从企业经营者的角度而言，则不一定是这样。因为就第 4 年而言，四种方法所应当缴纳的企业所得税额分别为 25 万元、26.94 万元、26.01 万元、25.65 万元，可见，三种加速折旧的方法使企业每年所缴纳的企业所得税都超过了采用非加速折旧方法所应缴纳的税收，但加速折旧也为企业经营者提供了一项秘密资金，即已经提足折旧的固定资产仍然在为企业服务，却没有另外挤占企业的资金。这些固定资产的存在为企业将来的经营亏损提供了弥补的途径，因此，即使在减免税期间，许多企业的经营者也愿意采用加速折旧的方法，目的是为了有一个较为宽松的财务环境。

四、企业会计准则关于固定资产的规定

（一）确认

根据《企业会计准则第 4 号——固定资产》（财会〔2006〕3 号）的规定，固定资产是指同时具有下列特征的有形资产：

（1）为生产商品、提供劳务、出租或经营管理而持有的；

（2）使用寿命超过一个会计年度。

使用寿命是指企业使用固定资产的预计期间，或者该固定资产所能生产产品或提供劳务的数量。

固定资产同时满足下列条件的，才能予以确认：

（1）与该固定资产有关的经济利益很可能流入企业；

（2）该固定资产的成本能够可靠地计量。

固定资产的各组成部分具有不同使用寿命或者以不同方式为企业提供经济利益，适用不同折旧率或折旧方法的，应当分别将各组成部分确认为单项固定资产。

与固定资产有关的后续支出，符合确认条件的，应当计入固定资产成本；不符合确认条件的，应当在发生时计入当期损益。

（二）初始计量

固定资产应当按照成本进行初始计量。

外购固定资产的成本，包括购买价款、相关税费、使固定资产达到预定可使用状态前所发生的可归属于该项资产的运输费、装卸费、安装费和专业人员服务费等。

以一笔款项购入多项没有单独标价的固定资产，应当按照各项固定资产公允价值比例对总成本进行分配，分别确定各项固定资产的成本。

购买固定资产的价款超过正常信用条件延期支付，实质上具有融资性质的，固定资产的成本以购买价款的现值为基础确定。实际支付的价款与购买价款的现值之间的差额，除按照《企业会计准则第 17 号——借款费用》应予资本化的以外，应当在信用期间内计入当期损益。

自行建造固定资产的成本，由建造该项资产达到预定可使用状态前所发生的必要支出构成。

应计入固定资产成本的借款费用，按照《企业会计准则第 17 号——借款费用》处理。

投资者投入固定资产的成本，应当按照投资合同或协议约定的价值确定，但合同或协议约定价值不公允的除外。

非货币性资产交换、债务重组、企业合并和融资租赁取得的固定资产的成本，应当分别按照《企业会计准则第 7 号——非货币性资产交换》《企业会计准则第 12 号——债务重组》《企业会计准则第 20 号——企业合并》和《企业会计准则第 21 号——租赁》确定。

确定固定资产成本时，应当考虑预计弃置费用因素。

（三）后续计量

企业应当对所有固定资产计提折旧。但是，已提足折旧仍继续使用的固定资产和单独计价入账的土地除外。折旧是指在固定资产使用寿命内，按照确定的方法对应计折旧额进行系统分摊。应计折旧额是指应当计提折旧的固定资产的原价扣除其预计净残值后的金额。已计提减值准备的固定资产，还应当扣除已计提的固定资产减值准备累计金额。预计净残值是指假定固定资产预计使用寿命已满并处于使用寿命终了时的预期状态，企业从该项资产处置中获得的扣除预计处置费用后的金额。

企业应当根据固定资产的性质和使用情况，合理确定固定资产的使用寿命和预计净残值。固定资产的使用寿命、预计净残值一经确定，不得随意变更。但是，符合本准则第十九条规定的除外。

企业确定固定资产使用寿命，应当考虑下列因素：

（1）预计生产能力或实物产量；

（2）预计有形损耗和无形损耗；

（3）法律或者类似规定对资产使用的限制。

企业应当根据与固定资产有关的经济利益的预期实现方式，合理选择固定资产折旧方法。可选用的折旧方法包括年限平均法、工作量法、双倍余额递减法和年数总和法等。固定资产的折旧方法一经确定，不得随意变更。但是，符合本准则第十九条规定的除外。

固定资产应当按月计提折旧，并根据用途计入相关资产的成本或者当期损益。

企业至少应当于每年年度终了，对固定资产的使用寿命、预计净残值和折旧方法进行复核。使用寿命预计数与原先估计数有差异的，应当调整固定资产使用寿命。预计净残值预计数与原先估计数有差异的，应当调整预计净残值。与固定资产有关的经济利益预期实现方式有重大改变的，应当改变固定资产折旧方法。固定资产使用寿命、预计净残值和折旧方法的改变应当作为会计估计变更。

固定资产的减值，应当按照《企业会计准则第 8 号——资产减值》处理。

（四）处置

固定资产满足下列条件之一的，应当予以终止确认：

（1）该固定资产处于处置状态。

（2）该固定资产预期通过使用或处置不能产生经济利益。

企业持有待售的固定资产，应当对其预计净残值进行调整。

企业出售、转让、报废固定资产或发生固定资产毁损，应当将处置收入扣除账面价值和相关税费后的金额计入当期损益。固定资产的账面价值是固定资产成本扣减累计折旧和累计减值准备后的金额。固定资产盘亏造成的损失，应当计入当期损益。

企业根据规定，将发生的固定资产后续支出计入固定资产成本的，应当终止确认被替换部分的账面价值。

（五）披露

企业应当在附注中披露与固定资产有关的下列信息：

（1）固定资产的确认条件、分类、计量基础和折旧方法。

（2）各类固定资产的使用寿命、预计净残值和折旧率。

（3）各类固定资产的期初和期末原价、累计折旧额及固定资产减值准备累计金额。

（4）当期确认的折旧费用。

（5）对固定资产所有权的限制及其金额和用于担保的固定资产账面价值。

（6）准备处置的固定资产名称、账面价值、公允价值、预计处置费用和预计处置时间等。

五、生产性生物资产折旧制度

（一）生产性生物资产的定义

根据《企业所得税法实施条例》第六十二条的规定，生产性生物资产，是指企业为生产农产品、提供劳务或者出租等而持有的生物资产，包括经济林、薪炭林、产畜和役畜等。

（二）生产性生物资产计税基础的确定

根据《企业所得税法实施条例》第六十二条的规定，生产性生物资产按照以下方法确定计税基础：

（1）外购的生产性生物资产，以购买价款和支付的相关税费为计税基础；

（2）通过捐赠、投资、非货币性资产交换、债务重组等方式取得的生产性生物资产，以该资产的公允价值和支付的相关税费为计税基础。

（三）生产性生物资产的折旧方法

根据《企业所得税法实施条例》第六十三条的规定，生产性生物资产按照直线法计算的折旧，准予扣除。

企业应当自生产性生物资产投入使用月份的次月起计算折旧；停止使用的生产性生物资产，应当自停止使用月份的次月起停止计算折旧。

企业应当根据生产性生物资产的性质和使用情况，合理确定生产性生物资产的预计净残值。生产性生物资产的预计净残值一经确定，不得变更。

（四）生产性生物资产的最低折旧年限

根据《企业所得税法实施条例》第六十四条的规定，生产性生物资产计算折旧的最低年限如下：

（1）林木类生产性生物资产计算折旧的最低年限为 10 年；

（2）畜类生产性生物资产计算折旧的最低年限为 3 年。

六、企业会计准则关于生物资产的规定

（一）总则

根据《企业会计准则第 5 号——生物资产》（财会〔2006〕3 号，以下简称 5 号准则）的规定，生物资产是指有生命的动物和植物。

生物资产分为消耗性生物资产、生产性生物资产和公益性生物资产。消耗性生物资产，是指为出售而持有的、或在将来收获为农产品的生物资产，包括生长中的大田作物、蔬菜、用材林以及存栏待售的牲畜等。生产性生物资产，是指为产出农产品、提供劳务或出租等目的而持有的生物资产，包括经济林、薪炭林、产畜和役畜等。公益性生物资产，是指以防护、环境保护为主要目的的生物资产，包括防风固沙林、水土保持林和水源涵养林等。

下列各项适用其他相关会计准则：

（1）收获后的农产品，适用《企业会计准则第 1 号——存货》。

（2）与生物资产相关的政府补助，适用《企业会计准则第 16 号——政府补助》。

（二）确认和初始计量

生物资产同时满足下列条件的，才能予以确认：

（1）企业因过去的交易或者事项而拥有或者控制该生物资产；

（2）与该生物资产有关的经济利益或服务潜能很可能流入企业；

（3）该生物资产的成本能够可靠地计量。

生物资产应当按照成本进行初始计量。外购生物资产的成本，包括购买价款、相关税费、运输费、保险费以及可直接归属于购买该资产的其他支出。

自行栽培、营造、繁殖或养殖的消耗性生物资产的成本，应当按照下列规定确定：

（1）自行栽培的大田作物和蔬菜的成本，包括在收获前耗用的种子、肥料、农药等材料费、人工费和应分摊的间接费用等必要支出。

（2）自行营造的林木类消耗性生物资产的成本，包括郁闭前发生的造林费、抚育费、营林设施费、良种试验费、调查设计费和应分摊的间接费用等必要支出。

（3）自行繁殖的育肥畜的成本，包括出售前发生的饲料费、人工费和应分摊的间接费用等必要支出。

（4）水产养殖的动物和植物的成本，包括在出售或入库前耗用的苗种、饲料、肥料等材料费、人工费和应分摊的间接费用等必要支出。

自行营造或繁殖的生产性生物资产的成本，应当按照下列规定确定：

（1）自行营造的林木类生产性生物资产的成本，包括达到预定生产经营目的前发生的造林费、抚育费、营林设施费、良种试验费、调查设计费和应分摊的间接费用等必要支出。

（2）自行繁殖的产畜和役畜的成本，包括达到预定生产经营目的（成龄）前发生的饲料费、人工费和应分摊的间接费用等必要支出。

达到预定生产经营目的，是指生产性生物资产进入正常生产期，可以多年连续稳定产出农产品、提供劳务或出租。

自行营造的公益性生物资产的成本，应当按照郁闭前发生的造林费、抚育费、森林保护费、营林设施费、良种试验费、调查设计费和应分摊的间接费用等必要支出确定。

应计入生物资产成本的借款费用，按照《企业会计准则第 17 号——借款费用》处理。消耗性林木类生物资产发生的借款费用，应当在郁闭时停止资本化。

投资者投入生物资产的成本，应当按照投资合同或协议约定的价值确定，但合同或协议约定价值不公允的除外。

天然起源的生物资产的成本，应当按照名义金额确定。

非货币性资产交换、债务重组和企业合并取得的生物资产的成本，应当分别按照《企业会计准则第 7 号——非货币性资产交换》《企业会计准则第 12 号——债务重组》和《企业会计准则第 20 号——企业合并》确定。

因择伐、间伐或抚育更新性质采伐而补植林木类生物资产发生的后续支出，应当计入林木类生物资产的成本。生物资产在郁闭或达到预定生产经营目的后发生的管护、饲养费用等后续支出，应当计入当期损益。

（三）后续计量

企业对达到预定生产经营目的的生产性生物资产，应当按期计提折旧，并根据用途分别计入相关资产的成本或当期损益。

企业应当根据生产性生物资产的性质、使用情况和有关经济利益的预期实现方式，合理确定其使用寿命、预计净残值和折旧方法。可选用的折旧方法包括年限平均法、工作量法、产量法等。生产性生物资产的使用寿命、预计净残值和折旧方法一经确定，不得随意变更。但是，符合5号准则第二十条规定的除外。

企业确定生产性生物资产的使用寿命，应当考虑下列因素：

（1）该资产的预计产出能力或实物产量；

（2）该资产的预计有形损耗，如产畜和役畜衰老、经济林老化等；

（3）该资产的预计无形损耗，如因新品种的出现而使现有的生产性生物资产的产出能力和产出农产品的质量等方面相对下降、市场需求的变化使生产性生物资产产出的农产品相对过时等。

企业至少应当于每年年度终了对生产性生物资产的使用寿命、预计净残值和折旧方法进行复核。使用寿命或预计净残值的预期数与原先估计数有差异的，或者有关经济利益预期实现方式有重大改变的，应当作为会计估计变更，按照《企业会计准则第28号——会计政策、会计估计变更和差错更正》处理，调整生产性生物资产的使用寿命或预计净残值或者改变折旧方法。

企业至少应当于每年年度终了对消耗性生物资产和生产性生物资产进行检查，有确凿证据表明由于遭受自然灾害、病虫害、动物疫病侵袭或市场需求变化等原因，使消耗性生物资产的可变现净值或生产性生物资产的可收回金额低于其账面价值的，应当按照可变现净值或可收回金额低于账面价值的差额，计提生物资产跌价准备或减值准备，并计入当期损益。上述可变现净值和可收回金额，应当分别按照《企业会计准则第1号——存货》和《企业会计准则第8号——资产减值》确定。消耗性生物资产减值的影响因素已经消失的，减记金额应当予以恢复，并在原已计提的跌价准备金额内转回，转回的金额计入当期损益。生产性生物资产减值准备一经计提，不得转回。公益性生物资产不计提减值准备。

有确凿证据表明生物资产的公允价值能够持续可靠取得的，应当对生物资产采用公允价值计量。采用公允价值计量的，应当同时满足下列条件：

（1）生物资产有活跃的交易市场；

（2）能够从交易市场上取得同类或类似生物资产的市场价格及其他相关信息，从而对生物资产的公允价值作出合理估计。

（四）收获与处置

对于消耗性生物资产，应当在收获或出售时，按照其账面价值结转成本。结转成本的方法包括加权平均法、个别计价法、蓄积量比例法、轮伐期年限法等。

生产性生物资产收获的农产品成本，按照产出或采收过程中发生的材料费、人工费和应分摊的间接费用等必要支出计算确定，并采用加权平均法、个别计价法、蓄积量比例法、轮伐期年限法等方法，将其账面价值结转为农产品成本。收获之后的农产品，应当按照《企业会计准则第 1 号——存货》处理。

生物资产改变用途后的成本，应当按照改变用途时的账面价值确定。

生物资产出售、盘亏或死亡、毁损时，应当将处置收入扣除其账面价值和相关税费后的余额计入当期损益。

（五）披露

企业应当在附注中披露与生物资产有关的下列信息：

（1）生物资产的类别以及各类生物资产的实物数量和账面价值。

（2）各类消耗性生物资产的跌价准备累计金额，以及各类生产性生物资产的使用寿命、预计净残值、折旧方法、累计折旧和减值准备累计金额。

（3）天然起源生物资产的类别、取得方式和实物数量。

（4）用于担保的生物资产的账面价值。

（5）与生物资产相关的风险情况与管理措施。

企业应当在附注中披露与生物资产增减变动有关的下列信息：

（1）因购买而增加的生物资产；

（2）因自行培育而增加的生物资产；

（3）因出售而减少的生物资产；

（4）因盘亏或死亡、毁损而减少的生物资产；

（5）计提的折旧及计提的跌价准备或减值准备；

（6）其他变动。

第二节 资产摊销

一、无形资产的税务处理

（一）无形资产的定义

根据《企业所得税法实施条例》第六十五条的规定，无形资产是指企业为生产产品、提供劳务、出租或者经营管理而持有的、没有实物形态的非货币性长期资产，包括专利权、商标权、著作权、土地使用权、非专利技术、商誉等。

（二）不得计算摊销费用扣除的无形资产

根据《企业所得税法》第十二条的规定，在计算应纳税所得额时，企业按照规定计算的无形资产摊销费用，准予扣除。

下列无形资产不得计算摊销费用扣除：

（1）自行开发的支出已在计算应纳税所得额时扣除的无形资产；

（2）自创商誉；

（3）与经营活动无关的无形资产；

（4）其他不得计算摊销费用扣除的无形资产。

（三）无形资产计税基础的确定

根据《企业所得税法实施条例》第六十六条的规定，无形资产按照以下方法确定计税基础：

（1）外购的无形资产，以购买价款和支付的相关税费以及直接归属于使该资产达到预定用途发生的其他支出为计税基础；

（2）自行开发的无形资产，以开发过程中该资产符合资本化条件后至达到预定用途前发生的支出为计税基础；

（3）通过捐赠、投资、非货币性资产交换、债务重组等方式取得的无形资产，以该资产的公允价值和支付的相关税费为计税基础。

（四）无形资产摊销的方法

根据《企业所得税法实施条例》第六十七条的规定，无形资产按照直线法计算的摊销费用，准予扣除。

无形资产的摊销年限不得低于10年。

作为投资或者受让的无形资产，有关法律规定或者合同约定了使用年限的，可以按照规定或者约定的使用年限分期摊销。

外购商誉的支出，在企业整体转让或者清算时，准予扣除。

【实操案例】

【例4-3】

甲公司购买了一项特许权，成本为4 800 000元，合同规定受益年限为10年，甲公司每月应摊销40 000元（4 800 000÷10÷12）。每月摊销时，甲公司应作如下会计处理：

借：管理费用　　40 000

　　贷：累计摊销　　40 000

【例 4-4】

2020 年 1 月 1 日，乙公司将其自行开发完成的非专利技术出租给丙公司，该非专利技术成本为 3 600 000 元，双方约定的租赁期限为 10 年，乙公司每月应摊销 30 000 元（3 600 000÷10÷12）。每月摊销时，乙公司应作如下会计处理：

借：其他业务成本　　30 000

　　贷：累计摊销　　30 000

【例 4-5】

2019 年 1 月 1 日，甲公司从乙公司购买一项专利权，专利权总价为 1 000 万元，采取分期付款方式支付款项，每年年末付款 200 万元，5 年内付清。假设银行同期借款利率为 5%，该项无形资产的现值为 865.9 万元，未确认融资费用为 134.1 万元（按实际利率法，第 1 年至第 5 年分别摊销 432 900 元、354 500 元、272 300 元、185 900 元、95 200 元）。甲公司如何进行账务处理？

解析：

（1）购买时

借：无形资产——专利权　　8 659 000

　　未确认融资费用　　134 100

　　贷：长期应付款　　10 000 000

（2）2019 年年底付款时

借：长期应付款　　2 000 000

　　贷：银行存款　　2 000 000

借：财务费用　　432 900

　　贷：未确认融资费用　　432 900

（3）2019 年至 2023 年付款的账务处理略

差异分析：《企业会计准则》规定，购买无形资产的价款超过正常信用条件延期支付，实质上具有融资性质的，无形资产的成本以购买价款的现值为基础确定。实际支付的价款与购买价款的现值之间的差额，除按照《企业会计准则第 17 号——借款费用》应予资本化的以外，应当在信用期间内计入当期损益。税法对于此类无形资产计税基础的确定并无特殊规定，仍应按购买价款和支付的相关税费以及直接归属于使该资产达到预定用途发生的其他支出为计税基础。因此，本例甲公司应确认专利权的计税成本为 1 000 万元，会计每年确认为财务费用的部分应调增应纳税所得额。因为专利权的计税成本大于会计成本，所以应当在无形资产摊销或者处置出售时，相应调减应纳税所得额。

【例 4–6】

某市税务局在对某高新技术企业实施稽查时，发现该企业违规摊销土地使用权，造成少缴企业所得税，遂依法对其作出了税务处理决定，追补税款并处相应罚款、加收滞纳金总计 44 万元。

该高新技术企业主要从事电脑显示器、数字电视机、笔记本电脑的生产和销售，享受企业所得税税收优惠政策。该公司以支付土地出让金的方式取得土地使用权，作无形资产入账，账面价值为 1 047 万元，与地上建筑物分别进行摊销和提取折旧。该公司最初按 2 年期限对土地使用权进行摊销，后经会计师事务所审计调整摊销期限为 6 年，检查年度实际摊销金额 281 万元。经核实，该公司与国土部门签订的土地使用权出让合同中明确该土地的使用期限为 50 年，按照会计制度规定，检查年度实际应摊销金额为 41 万元。该公司违规摊销土地使用权，造成税前超标准列支摊销金额 240 万元，应调增应纳税所得额。因涉及其他纳税调减事项，最终核实其少缴企业所得税 26 万元。

《企业会计准则第 6 号——无形资产》第十六条规定："企业应当于取得无形资产时分析判断其使用寿命。无形资产的使用寿命为有限的，应当估计该使用寿命的年限或者构成使用寿命的产量等类似计量单位数量。"第十七条规定："使用寿命有限的无形资产，其应摊销金额应当在使用寿命内系统合理摊销。"

《企业所得税法实施条例》第六十七条规定："无形资产按照直线法计算的摊销费用，准予扣除。无形资产的摊销年限不得低于 10 年。作为投资或者受让的无形资产，有关法律规定或者合同约定了使用年限的，可以按照规定或者约定的使用年限分期摊销。"

按照上述规定，企业源自合同性权利取得的无形资产，应在其使用期限内合理摊销，该案中的高新技术企业随意摊销土地使用权既违反了会计规定，也与税法相关规定相悖。广大纳税人应以此案为鉴，认真学习税收政策，严格依法纳税，避免违法而带来不良后果。

二、企业会计准则对无形资产的规定

（一）确认

根据《企业会计准则第 6 号——无形资产》（财会〔2006〕3 号，以下简称 6 号准则）的规定，无形资产是指企业拥有或者控制的没有实物形态的可辨认非货币性资产。

资产满足下列条件之一的，符合无形资产定义中的可辨认性标准：

（1）能够从企业中分离或者划分出来，并能单独或者与相关合同、资产或负债一起，用于出售、转移、授予许可、租赁或者交换。

（2）源自合同性权利或其他法定权利，无论这些权利是否可以从企业或其他权利和义务中转移或者分离。

无形资产同时满足下列条件的，才能予以确认：

（1）与该无形资产有关的经济利益很可能流入企业；

（2）该无形资产的成本能够可靠地计量。

企业在判断无形资产产生的经济利益是否很可能流入时，应当对无形资产在预计使用寿命内可能存在的各种经济因素作出合理估计，并且应当有明确证据支持。

企业无形项目的支出，除下列情形外，均应于发生时计入当期损益：

（1）符合 6 号准则规定的确认条件、构成无形资产成本的部分；

（2）非同一控制下企业合并中取得的、不能单独确认为无形资产、构成购买日确认的商誉的部分。

企业内部研究开发项目的支出，应当区分研究阶段支出与开发阶段支出。研究是指为获取并理解新的科学或技术知识而进行的独创性的有计划调查。开发是指在进行商业性生产或使用前，将研究成果或其他知识应用于某项计划或设计，以生产出新的或具有实质性改进的材料、装置、产品等。

企业内部研究开发项目研究阶段的支出，应当于发生时计入当期损益。

企业内部研究开发项目开发阶段的支出，同时满足下列条件的，才能确认为无形资产：

（1）完成该无形资产以使其能够使用或出售在技术上具有可行性；

（2）具有完成该无形资产并使用或出售的意图；

（3）无形资产产生经济利益的方式，包括能够证明运用该无形资产生产的产品存在市场或无形资产自身存在市场，无形资产将在内部使用的，应当证明其有用性；

（4）有足够的技术、财务资源和其他资源支持，以完成该无形资产的开发，并有能力使用或出售该无形资产；

（5）归属于该无形资产开发阶段的支出能够可靠地计量。

企业取得的已作为无形资产确认的正在进行中的研究开发项目，在取得后发生的支出应当按照 6 号准则第七条至第九条的规定处理。

企业自创商誉以及内部产生的品牌、报刊名等，不应确认为无形资产。

（二）初始计量

无形资产应当按照成本进行初始计量。外购无形资产的成本，包括购买价款、相关税费以及直接归属于使该项资产达到预定用途所发生的其他支出。购买无形资产的价款超过正常信用条件延期支付，实质上具有融资性质的，无形资产的成本以购买价款的现值为基础确定。实际支付的价款与购买价款的现值之间的差额，除按照《企业会计准则第 17 号——借款费用》应予资本化的以外，应当在信用期间内计入当期损益。

自行开发的无形资产，其成本包括自满足 6 号准则第四条和第九条规定后至达到预定用途前所发生的支出总额，但是对于以前期间已经费用化的支出不再调整。

投资者投入无形资产的成本，应当按照投资合同或协议约定的价值确定，但合同或协议约定价值不公允的除外。

非货币性资产交换、债务重组、政府补助和企业合并取得的无形资产的成本，应当分别按照《企业会计准则第 7 号——非货币性资产交换》《企业会计准则第 12 号——债务重组》《企业会计准则第 16 号——政府补助》和《企业会计准则第 20 号——企业合并》确定。

（三）后续计量

企业应当于取得无形资产时分析判断其使用寿命。无形资产的使用寿命为有限的，应当估计该使用寿命的年限或者构成使用寿命的产量等类似计量单位数量；无法预见无形资产为企业带来经济利益期限的，应当视为使用寿命不确定的无形资产。

使用寿命有限的无形资产，其应摊销金额应当在使用寿命内系统合理摊销。企业摊销无形资产，应当自无形资产可供使用时起，至不再作为无形资产确认时止。企业选择的无形资产摊销方法，应当反映与该项无形资产有关的经济利益的预期实现方式。无法可靠确定预期实现方式的，应当采用直线法摊销。无形资产的摊销金额一般应当计入当期损益，其他会计准则另有规定的除外。

无形资产的应摊销金额为其成本扣除预计残值后的金额。已计提减值准备的无形资产，还应扣除已计提的无形资产减值准备累计金额。使用寿命有限的无形资产，其残值应当视为零，但下列情况除外：

（1）有第三方承诺在无形资产使用寿命结束时购买该无形资产。

（2）可以根据活跃市场得到预计残值信息，并且该市场在无形资产使用寿命结束时很可能存在。

使用寿命不确定的无形资产不应摊销。

无形资产的减值，应当按照《企业会计准则第 8 号——资产减值》处理。

企业至少应当于每年年度终了，对使用寿命有限的无形资产的使用寿命及摊销方法进行复核。无形资产的使用寿命及摊销方法与以前估计不同的，应当改变摊销期限和摊销方法。企业应当在每个会计期间对使用寿命不确定的无形资产的使用寿命进行复核。如果有证据表明无形资产的使用寿命是有限的，应当估计其使用寿命，并按本准则规定处理。

（四）处置和报废

企业出售无形资产，应当将取得的价款与该无形资产账面价值的差额计入当期损益。

无形资产预期不能为企业带来经济利益的，应当将该无形资产的账面价值予以转销。

（五）披露

企业应当按照无形资产的类别在附注中披露与无形资产有关的下列信息：

（1）无形资产的期初和期末账面余额、累计摊销额及减值准备累计金额。

（2）使用寿命有限的无形资产，其使用寿命的估计情况；使用寿命不确定的无形资产，其使用寿命不确定的判断依据。

（3）无形资产的摊销方法。

（4）用于担保的无形资产账面价值、当期摊销额等情况。

（5）计入当期损益和确认为无形资产的研究开发支出金额。

企业应当披露当期确认为费用的研究开发支出总额。

三、长期待摊费用

（一）长期待摊费用的种类

根据《企业所得税法》第十三条的规定，在计算应纳税所得额时，企业发生的下列支出作为长期待摊费用，按照规定摊销的，准予扣除：

（1）已足额提取折旧的固定资产的改建支出；

（2）租入固定资产的改建支出；

（3）固定资产的大修理支出；

（4）其他应当作为长期待摊费用的支出。

（二）固定资产改建支出的税务处理

根据《企业所得税法实施条例》第六十八条的规定，固定资产的改建支出，是指改变房屋或者建筑物结构、延长使用年限等发生的支出。

已足额提取折旧的固定资产的改建支出，按照固定资产预计尚可使用年限分期摊销；租入固定资产的改建支出，按照合同约定的剩余租赁期限分期摊销。

除上述两种情形外，改建的固定资产延长使用年限的，应当适当延长折旧年限。

（三）固定资产大修理支出的税务处理

根据《企业所得税法实施条例》第六十九条的规定，固定资产的大修理支出是指同时符合下列条件的支出：

（1）修理支出达到取得固定资产时的计税基础 50% 以上；

（2）修理后固定资产的使用年限延长 2 年以上。

固定资产的大修理支出，按照固定资产尚可使用年限分期摊销。

（四）其他长期待摊费用的税务处理

根据《企业所得税法实施条例》第七十条的规定，其他应当作为长期待摊费用的支出，自支出发生月份的次月起，分期摊销，摊销年限不得低于 3 年。

（五）开（筹）办费的税务处理

根据《国家税务总局关于企业所得税若干税务事项衔接问题的通知》（国税函〔2009〕98 号）的规定，《企业所得税法》中开（筹）办费未明确列作长期待摊费用，企业可以在开始经营之日的当年一次性扣除，也可以按照《企业所得税法》有关长期待摊费用的处理规定处理，但一经选定，不得改变。

【实操案例】

【例 4–6】

2020 年 1 月 1 日，某公司经营租入营业用房一间，租期 5 年，合同约定装修及修理费用由承租方负担。企业租入后开始装修，2020 年 3 月 1 日用银行存款支付装修费用 12 万元。如何进行账务处理？

解析：

（1）2017 年 3 月 1 日，支付装修费用的账务处理如下

借：长期待摊费用——经营租入固定资产的改良支出　　120 000

　　贷：银行存款　　120 000

（2）每年摊销的账务处理如下

借：管理费用（120 000÷5）　　24 000
　　贷：长期待摊费用——经营租入固定资产的改良支出
　　　　24 000

税务处理与会计处理相同，不作纳税调整。2020 年摊销的 24 000 元作为管理费用，在计算企业所得税时税前扣除。

四、开采油（气）资源企业的摊销与折旧

根据《财政部　国家税务总局关于开采油（气）资源企业费用和有关固定资产折耗摊销 折旧税务处理问题的通知》（财税〔2009〕49 号）的规定，从事开采石油、天然气（包括煤层气，下同）的矿产资源油气企业（以下简称油气企业）在开始商业性生产前发生的费用和有关固定资产的折耗、摊销、折旧方法如下：

（一）基本含义

费用和有关固定资产，是指油气企业在开始商业性生产前取得矿区权益和勘探、开发的支出所形成的费用和固定资产。商业性生产，是指油（气）田（井）经过勘探、开发、稳定生产并商业销售石油、天然气的阶段。

（二）矿区权益支出的折耗

（1）矿区权益支出，是指油气企业为了取得在矿区内的探矿权、采矿权、土地或海域使用权等所发生的各项支出，包括有偿取得各类矿区权益的使用费、相关中介费或其他可直接归属于矿区权益的合理支出。

（2）油气企业在开始商业性生产前发生的矿区权益支出，可在发生的当期，从本企业其他油（气）田收入中扣除；或者自对应的油（气）田开始商业性生产月份的次月起，分 3 年按直线法计提的折耗准予扣除。

（3）油气企业对其发生的矿区权益支出未选择在发生的当期扣除的，由于未发现商业性油（气）构造而终止作业，其尚未计提折耗的剩余部分，可在终止作业的当年作为损失扣除。

（三）勘探支出的摊销

（1）勘探支出，是指油气企业为了识别勘探区域或探明油气储量而进行的地质调查、地球物理勘探、钻井勘探活动以及其他相关活动所发生的各项支出。

（2）油气企业在开始商业性生产前发生的勘探支出（不包括预计可形成资产的钻井勘探支出），可在发生的当期，从本企业其他油（气）田收入中扣除；或者自对应的油（气）田开始商业性生产月份的次月起，分3年按直线法计提的摊销准予扣除。

（3）油气企业对其发生的勘探支出未选择在发生的当期扣除的，由于未发现商业性油（气）构造而终止作业，其尚未摊销的剩余部分，可在终止作业的当年作为损失扣除。

（4）油气企业的钻井勘探支出，凡确定该井可作商业性生产，且该钻井勘探支出形成的资产符合《企业所得税法实施条例》第五十七条规定条件的，应当将该钻井勘探支出结转为开发资产的成本，按照规定计提折旧。

（四）开发资产的折旧

（1）开发支出是指油气企业为了取得已探明矿区中的油气而建造或更新井及相关设施活动所发生的各项支出。

（2）油气企业在开始商业性生产之前发生的开发支出，可不分用途，全部累计作为开发资产的成本，自对应的油（气）田开始商业性生产月份的次月起，可不留残值，按直线法计提的折旧准予扣除，其最低折旧年限为8年。

（3）油气企业终止本油（气）田生产的，其开发资产尚未计提折旧的剩余部分可在该油（气）田终止生产的当年作为损失扣除。

（五）其他规定

油气企业应按照上述规定选择有关费用和资产的折耗、摊销、折旧方法和年限，一经确定，不得变更。

油气企业在本油（气）田进入商业性生产之后对本油（气）田新发生的矿区权益、勘探支出、开发支出，按照上述规定处理。

五、企业会计准则关于石油天然气开采的规定

（一）总则

根据《企业会计准则第27号——石油天然气开采》（财会〔2006〕3号，以下简称27号准则）的规定，油气开采活动包括矿区权益的取得以及油气的勘探、开发和生产等阶段。

油气开采活动以外的油气储存、集输、加工和销售等业务的会计处理，适用其他相关会计准则。

（二）矿区权益的会计处理

矿区权益，是指企业取得的在矿区内勘探、开发和生产油气的权利。矿区权益分为探明矿区权益和未探明矿区权益。探明矿区，是指已发现探明经济可采储量的矿区；未探明矿区，是指未发现探明经济可采储量的矿区。探明经济可采储量，是指在现有技术和经济条件下，根据地质和工程分析，可合理确定的能够从已知油气藏中开采的油气数量。

为取得矿区权益而发生的成本应当在发生时予以资本化。企业取得的矿区权益，应当按照取得时的成本进行初始计量：

（1）申请取得矿区权益的成本包括探矿权使用费、采矿权使用费、土地或海域使用权支出、中介费以及可直接归属于矿区权益的其他申请取得支出。

（2）购买取得矿区权益的成本包括购买价款、中介费以及可直接归属于矿区权益的其他购买取得支出。

矿区权益取得后发生的探矿权使用费、采矿权使用费和租金等维持矿区权益的支出，应当计入当期损益。

企业应当采用产量法或年限平均法对探明矿区权益计提折耗。采用产量法计提折耗的，折耗额可按照单个矿区计算，也可按照若干具有相同或类似地质构造特征或储层条件的相邻矿区所组成的矿区组计算。计算公式如下：

探明矿区权益折耗额＝探明矿区权益账面价值 × 探明矿区权益折耗率探明矿区权益折耗率＝探明矿区当期产量 ÷（探明矿区期末探明经济可采储量＋探明矿区当期产量）

企业对于矿区权益的减值，应当分别不同情况确认减值损失：

（1）探明矿区权益的减值，按照《企业会计准则第 8 号——资产减值》处理。

（2）对于未探明矿区权益，应当至少每年进行一次减值测试。

单个矿区取得成本较大的，应当以单个矿区为基础进行减值测试，并确定未探明矿区权益减值金额。单个矿区取得成本较小且与其他相邻矿区具有相同或类似地质构造特征或储层条件的，可按照若干具有相同或类似地质构造特征或储层条件的相邻矿区所组成的矿区组进行减值测试。

未探明矿区权益公允价值低于账面价值的差额，应当确认为减值损失，计入当期损益。未探明矿区权益减值损失一经确认，不得转回。

企业转让矿区权益的，应当按照下列规定进行处理：

（1）转让全部探明矿区权益的，将转让所得与矿区权益账面价值的差额计入当期损益。转让部分探明矿区权益的，按照转让权益和保留权益的公允价值比例，计算确定已转让部分矿区权益账面价值，转让所得与已转让矿区权益账面价值的差额计入当期损益。

（2）转让单独计提减值准备的全部未探明矿区权益的，转让所得与未探明矿区权益账面价值的差额，计入当期损益。转让单独计提减值准备的部分未探明矿区权益的，如果转让所得大于矿区权益账面价值，将其差额计入当期损益；如果转让所得小于矿区权益账面价值，以转让所得冲减矿区权益账面价值，不确认损益。

（3）转让以矿区组为基础计提减值准备的未探明矿区权益的，如果转让所得大于矿区权益账面原值，将其差额计入当期损益；如果转让所得小于矿区权益账面原值，以转让所得冲减矿区权益账面原值，不确认损益。转让该矿区组最后一个未探明矿区的剩余矿区权益时，转让所得与未探明矿区权益账面价值的差额，计入当期损益。

未探明矿区（组）内发现探明经济可采储量而将未探明矿区（组）转为探明矿区（组）的，应当按照其账面价值转为探明矿区权益。

未探明矿区因最终未能发现探明经济可采储量而放弃的，应当按照放弃时的账面价值转销未探明矿区权益并计入当期损益。因未完成义务工作量等因素导致发生的放弃成本，计入当期损益。

（三）油气勘探的会计处理

油气勘探是指为了识别勘探区域或探明油气储量而进行的地质调查、地球物理勘探、钻探活动以及其他相关活动。

油气勘探支出包括钻井勘探支出和非钻井勘探支出。钻井勘探支出主要包括钻探区域探井、勘探型详探井、评价井和资料井等活动发生的支出；非钻井勘探支出主要包括进行地质调查、地球物理勘探等活动发生的支出。

钻井勘探支出在完井后，确定该井发现了探明经济可采储量的，应当将钻探该井的支出结转为井及相关设施成本。确定该井未发现探明经济可采储量的，应当将钻探该井的支出扣除净残值后计入当期损益。确定部分井段发现了探明经济可采储量的，应当将发现探明经济可采储量的有效井段的钻井勘探支出结转为井及相关设施成本，无效井段钻井勘探累计支出转入当期损益。未能确定该探井是否发现探明经济可采储量的，应当在完井后1年内将钻探该井的支出予以暂时资本化。

在完井1年时仍未能确定该探井是否发现探明经济可采储量，同时满足下列条件的，应当将钻探该井的资本化支出继续暂时资本化，否则应当计入当期损益：

（1）该井已发现足够数量的储量，但要确定其是否属于探明经济可采储量，还需要实施进一步的勘探活动；

（2）进一步的勘探活动已在实施中或已有明确计划并即将实施。

钻井勘探支出已费用化的探井又发现了探明经济可采储量的，已费用化的钻井勘探支出不作调整，重新钻探和完井发生的支出应当予以资本化。

非钻井勘探支出于发生时计入当期损益。

（四）油气开发的会计处理

油气开发是指为了取得探明矿区中的油气而建造或更新井及相关设施的活动。

油气开发活动所发生的支出，应当根据其用途分别予以资本化，作为油气开发形成的井及相关设施的成本。油气开发形成的井及相关设施的成本主要包括：

（1）钻前准备支出，包括前期研究、工程地质调查、工程设计、确定井位、清理井场、修建道路等活动发生的支出；

（2）井的设备购置和建造支出，井的设备包括套管、油管、抽油设备和井口装置等，井的建造包括钻井和完井；

（3）购建提高采收率系统发生的支出；

（4）购建矿区内集输设施、分离处理设施、计量设备、储存设施、各种海上平台、海底及陆上电缆等发生的支出。

在探明矿区内，钻井至现有已探明层位的支出，作为油气开发支出；为获取新增探明经济可采储量而继续钻至未探明层位的支出，作为钻井勘探支出，按照27号准则第十三条和第十四条处理。

（五）油气生产的会计处理

油气生产是指将油气从油气藏提取到地表以及在矿区内收集、拉运、处理、现场储存和矿区管理等活动。

油气的生产成本包括相关矿区权益折耗、井及相关设施折耗、辅助设备及设施折旧以及操作费用等。操作费用包括油气生产和矿区管理过程中发生的直接和间接费用。

企业应当采用产量法或年限平均法对井及相关设施计提折耗。井及相关设施包括确定发现了探明经济可采储量的探井和开采活动中形成的井，以及与开采活动直接相关的各种设施。采用产量法计提折耗的，折耗额可按照单个矿区计算，也可按照若干具有相同或类似地质构造特征或储层条件的相邻矿区所组成的矿区组计算。计算公式如下：

矿区井及相关设施折耗额＝期末矿区井及相关设施账面价值 × 矿区井及相关设施折耗率矿区井及相关设施折耗率

=矿区当期产量÷(矿区期末探明已开发经济可采储量+矿区当期产量)

探明已开发经济可采储量，包括矿区的开发井网钻探和配套设施建设完成后已全面投入开采的探明经济可采储量，以及在提高采收率技术所需的设施已建成并已投产后相应增加的可采储量。

地震设备、建造设备、车辆、修理车间、仓库、供应站、通讯设备、办公设施等辅助设备及设施，应当按照《企业会计准则第4号——固定资产》处理。

企业承担的矿区废弃处置义务，满足《企业会计准则第13号——或有事项》中预计负债确认条件的，应当将该义务确认为预计负债，并相应增加井及相关设施的账面价值。不符合预计负债确认条件的，在废弃时发生的拆卸、搬移、场地清理等支出，应当计入当期损益。矿区废弃，是指矿区内的最后一口井停产。

井及相关设施、辅助设备及设施的减值，应当按照《企业会计准则第8号——资产减值》处理。

（六）披露

企业应当在附注中披露与石油天然气开采活动有关的下列信息：

（1）拥有国内和国外的油气储量年初、年末数据。

（2）当期在国内和国外发生的矿区权益的取得、油气勘探和油气开发各项支出的总额。

（3）探明矿区权益、井及相关设施的账面原值，累计折耗和减值准备累计金额及其计提方法；与油气开采活动相关的辅助设备及设施的账面原价，累计折旧和减值准备累计金额及其计提方法。

六、《资产折旧、摊销及纳税调整明细表》的填写

（一）纳税申报表样式（见表4-4）

表 4-4 A105080 资产折旧、摊销及纳税调整明细表

行次	项目		账载金额			税收金额					纳税调整金额
			资产原值	本年折旧、摊销额	累计折旧、摊销额	资产计税基础	税收折旧、摊销额	享受加速折旧政策的资产按税收一般规定计算的折旧、摊销额	加速折旧、摊销统计额	累计折旧、摊销额	
			1	2	3	4	5	6	7（5－6）	8	9（2－5）
1	一、固定资产（2＋3＋4＋5＋6＋7）							*	*		
2	所有固定资产	（一）房屋、建筑物						*	*		
3		（二）飞机、火车、轮船、机器、机械和其他生产设备						*	*		
4		（三）与生产经营活动有关的器具、工具、家具等						*	*		
5		（四）飞机、火车、轮船以外的运输工具						*	*		
6		（五）电子设备						*	*		
7		（六）其他						*	*		

（续表）

行次	项目		账载金额			税收金额					纳税调整金额
			资产原值	本年折旧、摊销额	累计折旧、摊销额	资产计税基础	税收折旧、摊销额	享受加速折旧政策的资产按税收一般规定计算的折旧、摊销额	加速折旧、摊销统计额	累计折旧、摊销额	
			1	2	3	4	5	6	7（5−6）	8	9（2−5）
8	其中：享受固定资产加速折旧及一次性扣除政策的资产加速折旧额大于一般折旧额的部分	（一）重要行业固定资产加速折旧（不含一次性扣除）									*
9		（二）其他行业研发设备加速折旧									*
10		（三）固定资产一次性扣除									*
11		（四）技术进步、更新换代固定资产									*
12		（五）常年强震动、高腐蚀固定资产									*
13		（六）外购软件折旧									*
14		（七）集成电路企业生产设备									*
15	二、生产性生物资产（16＋17）							*	*		
16	（一）林木类							*	*		
17	（二）畜类							*	*		

18	三、无形资产（19 ＋ 20 ＋ 21 ＋ 22 ＋ 23 ＋ 24 ＋ 25 ＋ 27）						*	*		
19	（一）专利权						*	*		
20	（二）商标权						*	*		
21	（三）著作权						*	*		
22	（四）土地使用权						*	*		
23	（五）非专利技术						*	*		
24	（六）特许权使用费						*	*		
25	（七）软件						*	*		
26	其中：享受企业外购软件加速摊销政策									*
27	（八）其他						*	*		
28	四、长期待摊费用（29 ＋ 30 ＋ 31 ＋ 32 ＋ 33）						*	*		
29	（一）已足额提取折旧的固定资产的改建支出						*	*		
30	（二）租入固定资产的改建支出						*	*		

（续表）

行次	项目	账载金额			税收金额					纳税调整金额
		资产原值	本年折旧、摊销额	累计折旧、摊销额	资产计税基础	税收折旧、摊销额	享受加速折旧政策的资产按税收一般规定计算的折旧、摊销额	加速折旧、摊销统计额	累计折旧、摊销额	
		1	2	3	4	5	6	7（5−6）	8	9（2−5）
31	（三）固定资产的大修理支出						*	*		
32	（四）开办费						*	*		
33	（五）其他						*	*		
34	五、油气勘探投资						*	*		
35	六、油气开发投资						*	*		
36	合计（1 + 15 + 18 + 28 + 34 + 35）									
附列资料	全民所有制企业公司制改制资产评估增值政策资产						*	*		

（二）适用范围

本表适用于发生资产折旧、摊销的纳税人填报。纳税人根据税法、《国家税务总局关于企业固定资产加速折旧所得税处理有关问题的通知》（国税发〔2009〕81号）、《国家税务总局关于融资性售后回租业务中承租方出售资产行为有关税收问题的公告》（国家税务总局公告2010年第13号）、《国家税务总局关于企业所得税若干问题的公告》（国家税务总局公告2011年第34号）、《国家税务总局关于发布〈企业所得税政策性搬迁所得税管理办法〉的公告》（国家税务总局公告2012年第40号）、《财政部 国家税务总局关于进一步鼓励软件产业和集成电路产业发展企业所得税政策的通知》（财税〔2012〕27号）、《国家税务总局关于企业所得税应纳税所得额若干问题的公告》（国家税务总局公告2014年第29号）、《财政部 国家税务总局关于完善固定资产加速折旧税收政策有关问题的通知》（财税〔2014〕75号）、《财政部 国家税务总局关于进一步完善固定资产加速折旧企业所得税政策的通知》（财税〔2015〕106号）、《国家税务总局关于全民所有制企业公司制改制企业所得税处理问题的公告》（国家税务总局公告2017年第34号）、《财政部 税务总局关于设备器具扣除有关企业所得税政策的通知》（财税〔2018〕54号）、《国家税务总局关于设备器具扣除有关企业所得税政策执行问题的公告》（国家税务总局公告2018年第46号）、《财政部 税务总局关于扩大固定资产加速折旧优惠政策适用范围的公告》（财政部 税务总局公告2019年第66号）等相关规定，以及国家统一企业会计制度，填报资产折旧、摊销的会计处理、税收规定，以及纳税调整情况。纳税人只要发生相关事项，均需填报本表。

（三）列次填报说明

不征税收入形成的资产，其折旧、摊销额不得税前扣除。第4列至第8列税收金额不包含不征税收入所形成资产的折旧、摊销额。

（1）第1列“资产原值”：填报纳税人会计处理计提折旧、摊销的资产原值（或历史成本）的金额。

（2）第2列“本年折旧、摊销额”：填报纳税人会计核算的本年资产折旧、摊销额。

（3）第3列“累计折旧、摊销额”：填报纳税人会计核算的累计（含本年）资产折旧、摊销额。

（4）第4列“资产计税基础”：填报纳税人按照税收规定据以计算折旧、摊销的资产原值（或历史成本）的金额。

（5）第 5 列“税收折旧、摊销额”：填报纳税人按照税收规定计算的允许税前扣除的本年资产折旧、摊销额。

第 8 行至第 14 行、第 26 行第 5 列“税收折旧、摊销额”：填报享受相关加速折旧、摊销优惠政策的资产，采取税收加速折旧、摊销或一次性扣除方式计算的税收折旧额合计金额、摊销额合计金额。本列仅填报“税收折旧、摊销额”大于“享受加速折旧政策的资产按税收一般规定计算的折旧、摊销额”月份的金额合计。例如，享受加速折旧、摊销优惠政策的资产，发生本年度某些月份其“税收折旧、摊销额”大于“享受加速折旧政策的资产按税收一般规定计算的折旧、摊销额”，其余月份其“税收折旧、摊销额”小于“享受加速折旧政策的资产按税收一般规定计算的折旧、摊销额”的情形，仅填报“税收折旧、摊销额”大于“享受加速折旧政策的资产按税收一般规定计算的折旧、摊销额”月份的税收折旧额合计金额、摊销额合计金额。

（6）第 6 列“享受加速折旧政策的资产按税收一般规定计算的折旧、摊销额”：仅适用于第 8 行至第 14 行、第 26 行，填报纳税人享受加速折旧、摊销优惠政策的资产，按照税收一般规定计算的折旧额合计金额、摊销额合计金额。按照税收一般规定计算的折旧、摊销额，是指该资产在不享受加速折旧、摊销优惠政策情况下，按照税收规定的最低折旧年限以直线法计算的折旧额、摊销额。本列仅填报“税收折旧、摊销额”大于“享受加速折旧政策的资产按税收一般规定计算的折旧、摊销额”月份的按税收一般规定计算的折旧额合计金额、摊销额合计金额。

（7）第 7 列“加速折旧、摊销统计额”：用于统计纳税人享受各类固定资产加速折旧政策的优惠金额，按第 5−6 列金额填报。

（8）第 8 列“累计折旧、摊销额”：填报纳税人按照税收规定计算的累计（含本年）资产折旧、摊销额。

（9）第 9 列“纳税调整金额”：填报第 2−5 列金额。

（四）行次填报说明

1）第 2 行至第 7 行、第 16 行至第 17 行、第 19 行至第 25 行、第 27 行、第 29 行至第 35 行：填报各类资产有关情况。

2）第 8 行至第 14 行、第 26 行：填报纳税人享受相关加速折旧、摊销优惠政策的资产有关情况及优惠统计情况。

（1）第 8 行“（一）重要行业固定资产加速折旧”：适用于符合财税〔2014〕75 号、财税〔2015〕106 号和《财政部　税务总局关于扩大固定资产加速折旧优惠政策适用范围的公告》（财政部　税务总局公告 2019 年第 66 号）文件规定的制造业，信息传输、软件和信息技术服务业行业（以下称重要行业）的企业填报，填报新购进固定资产享受加速折旧政策的有关情况及优惠统计情况。重要行业纳税人按照上述文件规定享受固定资产一次性扣除政策的资产情况在第 10 行“（三）固定资产一次性扣除”中填报。

（2）第 9 行“（二）其他行业研发设备加速折旧”：适用于重要行业以外的其他企业填报，填报单位价值超过 100 万元以上专用研发设备采取缩短折旧年限或加速折旧方法的有关情况及优惠统计情况。

（3）第 10 行“（三）固定资产一次性扣除”：填报新购进单位价值不超过 500 万元的设备、器具等，按照税收规定一次性扣除的有关情况及优惠统计情况。

（4）第 11 行“（四）技术进步、更新换代固定资产”：填报固定资产因技术进步、产品更新换代较快而按税收规定享受固定资产加速折旧政策的有关情况及优惠统计情况。

（5）第 12 行“（五）常年强震动、高腐蚀固定资产”：填报常年处于强震动、高腐蚀状态的固定资产按税收规定享受固定资产加速折旧政策的有关情况及优惠统计情况。

（6）第 13 行“（六）外购软件折旧”：填报企业外购软件作为固定资产处理，按财税〔2012〕27 号文件规定享受加速折旧政策的有关情况及优惠统计情况。

（7）第 14 行“（七）集成电路企业生产设备”：填报集成电路生产企业的生产设备，按照财税〔2012〕27 号文件规定享受加速折旧政策的有关情况及优惠统计情况。

（8）第 26 行“享受企业外购软件加速摊销政策”：填报企业外购软件作无形资产处理，按财税〔2012〕27 号文件规定享受加速摊销政策的有关情况及优惠统计情况。

附列资料“全民所有制企业公司制改制资产评估增值政策资产”：填报企业按照国家税务总局公告 2017 年第 34 号文件规定，执行“改制中资产评估增值不计入应纳税所得额，资产的计税基础按其原有计税基础确定，资产增值部分的折旧或者摊销不得在税前扣除”政策的有关情况。本行不参与计算，仅用于统计享受全民所有制企业公司制改制资产评估增值政策资产的有关情况，相关资产折旧、摊销情况及调整情况在第 1 行至第 36 行填报。

（五）表内关系

（1）第 1 行＝第 2 ＋ 3 ＋…＋ 7 行。

（2）第 15 行＝第 16 ＋ 17 行。

（3）第 18 行＝第 19 ＋ 20 ＋ 21 ＋ 22 ＋ 23 ＋ 24 ＋ 25 ＋ 27 行。

（4）第 28 行＝第 29 ＋ 30 ＋ 31 ＋ 32 ＋ 33 行。

（5）第 36 行＝第 1 ＋ 15 ＋ 18 ＋ 28 ＋ 34 ＋ 35 行（其中：第 36 行第 6 列＝第 8 ＋ 9 ＋ 10 ＋ 11 ＋ 12 ＋ 13 ＋ 14 ＋ 26 行第 6 列；第 36 行第 7 列＝

第 8 + 9 + 10 + 11 + 12 + 13 + 14 + 26 行第 7 列）。

（6）第 7 列=第 5−6 列。

（7）第 9 列=第 2−5 列。

（六）表间关系

（1）第 36 行第 2 列=表 A105000 第 32 行第 1 列。

（2）第 36 行第 5 列=表 A105000 第 32 行第 2 列。

（3）若第 36 行第 9 列≥ 0，第 36 行第 9 列=表 A105000 第 32 行第 3 列；若第 36 行第 9 列< 0，第 36 行第 9 列的绝对值=表 A105000 第 32 行第 4 列。

第三节
资产减值准备金

一、资产减值准备金的税务处理

根据《企业所得税法》第十条及《企业所得税法实施条例》第五十五条的规定，不符合国务院财政、税务主管部门规定的各项资产减值准备、风险准备等准备金支出不得税前扣除。目前，仅对一些特定行业，如金融、保险、证券、期货、中小企业信用担保机构等按规定计提的准备金可准予税前扣除。对于一般企业而言，企业计提的资产减值准备金均不得在企业所得税税前扣除。

二、企业会计准则关于资产减值的规定

（一）总则

根据《企业会计准则第 8 号——资产减值》（财会〔2006〕3 号，以下简称 8 号准则）的规定，资产减值是指资产的可收回金额低于其账面价值。8 号准则中的资产，除了特别规定外，包括单项资产和资产组。资产组是指企业可以认定的最小资产组合，其产生的现金流入应当基本上独立于其他资产或者资产组产生的现金流入。

下列各项适用其他相关会计准则：

（1）存货的减值，适用《企业会计准则第 1 号——存货》。

（2）采用公允价值模式计量的投资性房地产的减值，适用《企业会计准

则第 3 号——投资性房地产》。

（3）消耗性生物资产的减值，适用《企业会计准则第 5 号——生物资产》。

（4）建造合同形成的资产的减值，适用《企业会计准则第 15 号——建造合同》。

（5）递延所得税资产的减值，适用《企业会计准则第 18 号——所得税》。

（6）融资租赁中出租人未担保余值的减值，适用《企业会计准则第 21 号——租赁》。

（7）《企业会计准则第 22 号——金融工具确认和计量》规范的金融资产的减值，适用《企业会计准则第 22 号——金融工具确认和计量》。

（8）未探明石油天然气矿区权益的减值，适用《企业会计准则第 27 号——石油天然气开采》。

（二）可能发生减值资产的认定

企业应当在资产负债表日判断资产是否存在可能发生减值的迹象。因企业合并所形成的商誉和使用寿命不确定的无形资产，无论是否存在减值迹象，每年都应当进行减值测试。

存在下列迹象的，表明资产可能发生了减值：

（1）资产的市价当期大幅度下跌，其跌幅明显高于因时间的推移或者正常使用而预计的下跌。

（2）企业经营所处的经济、技术或者法律等环境以及资产所处的市场在当期或者将在近期发生重大变化，从而对企业产生不利影响。

（3）市场利率或者其他市场投资报酬率在当期已经提高，从而影响企业计算资产预计未来现金流量现值的折现率，导致资产可收回金额大幅度降低。

（4）有证据表明资产已经陈旧过时或者其实体已经损坏。

（5）资产已经或者将被闲置、终止使用或者计划提前处置。

（6）企业内部报告的证据表明资产的经济绩效已经低于或者将低于预期，如资产所创造的净现金流量或者实现的营业利润（或者亏损）远远低于（或者高于）预计金额等。

（7）其他表明资产可能已经发生减值的迹象。

（三）资产可收回金额的计量

资产存在减值迹象的，应当估计其可收回金额。可收回金额应当根据资产的公允价值减去处置费用后的净额与资产预计未来现金流量的现值两者之间较高者确定。处置费用包括与资产处置有关的法律费用、相关税费、搬运费以及为使资产达到可销售状态所发生的直接费用等。

资产的公允价值减去处置费用后的净额与资产预计未来现金流量的现值，只要有一项超过了资产的账面价值，就表明资产没有发生减值，不需再估计另一项金额。

资产的公允价值减去处置费用后的净额，应当根据公平交易中销售协议价格减去可直接归属于该资产处置费用的金额确定。不存在销售协议但存在资产活跃市场的，应当按照该资产的市场价格减去处置费用后的金额确定。资产的市场价格通常应当根据资产的买方出价确定。在不存在销售协议和资产活跃市场的情况下，应当以可获取的最佳信息为基础，估计资产的公允价值减去处置费用后的净额，该净额可以参考同行业类似资产的最近交易价格或者结果进行估计。企业按照上述规定仍然无法可靠估计资产的公允价值减去处置费用后的净额的，应当以该资产预计未来现金流量的现值作为其可收回金额。

资产预计未来现金流量的现值，应当按照资产在持续使用过程中和最终处置时所产生的预计未来现金流量，选择恰当的折现率对其进行折现后的金额加以确定。预计资产未来现金流量的现值，应当综合考虑资产的预计未来现金流量、使用寿命和折现率等因素。

预计的资产未来现金流量应当包括下列各项：

（1）资产持续使用过程中预计产生的现金流入。

（2）为实现资产持续使用过程中产生的现金流入所必需的预计现金流出（包括为使资产达到预定可使用状态所发生的现金流出）。该现金流出应当是可直接归属于或者可通过合理和一致的基础分配到资产中的现金流出。

（3）资产使用寿命结束时，处置资产所收到或者支付的净现金流量。该现金流量应当是在公平交易中，熟悉情况的交易双方自愿进行交易时，企业预期可从资产的处置中获取或者支付的、减去预计处置费用后的金额。

预计资产未来现金流量时，企业管理层应当在合理和有依据的基础上对资产剩余使用寿命内整个经济状况进行最佳估计。预计资产的未来现金流量，应当以经企业管理层批准的最近财务预算或者预测数据，以及该预算或者预测期之后年份稳定的或者递减的增长率为基础。企业管理层如能证明递增的增长率是合理的，可以以递增的增长率为基础。建立在预算或者预测基础上的预计现金流量最多涵盖 5 年，企业管理层如能证明更长的期间是合理的，可以涵盖更长的期间。在对预算或者预测期之后年份的现金流量进行预计时，所使用的增长率除了企业能够证明更高的增长率是合理的之外，不应当超过企业经营的产品、市场、所处的行业或者所在国家或者地区的长期平均增长率，或者该资产所处市场的长期平均增长率。

预计资产的未来现金流量，应当以资产的当前状况为基础，不应当包括与将来可能会发生的、尚未作出承诺的重组事项或者与资产改良有关的预计未来现金流量。预计资产的未来现金流量也不应当包括筹资活动产生的现金流入或者流出以及与所得税收付有关的现金流量。企业已经承诺重组的，在确定资产的未来现金流量的现值时，预计的未来现金流入和流出数，应当反映重组所能节约的费用和由重组所带来的其他利益，以及因重组所导致的估计未来现金流出数。其中，重组所能节约的费用和由重组所带来的其他利益，通常应当根据企业管理层批准的最近财务预算或者预测数据进行估计；因重组所导致的估计未来现金流出数应当根据《企业会计准则第 13 号——或有事项》所确认的因重组所发生的预计负债金额进行估计。

折现率是反映当前市场货币时间价值和资产特定风险的税前利率。该折现率是企业在购置或者投资资产时所要求的必要报酬率。在预计资产的未来现金流量时已经对资产特定风险的影响作了调整的，估计折现率不需要考虑这些特定风险。如果用于估计折现率的基础是税后的，应当将其调整为税前的折现率。

预计资产的未来现金流量涉及外币的，应当以该资产所产生的未来现金流量的结算货币为基础，按照该货币适用的折现率计算资产的现值，然后将该外币现值按照计算资产未来现金流量现值当日的即期汇率进行折算。

（四）资产减值损失的确定

可收回金额的计量结果表明，资产的可收回金额低于其账面价值的，应当将资产的账面价值减记至可收回金额，减记的金额确认为资产减值损失，计入当期损益，同时计提相应的资产减值准备。

资产减值损失确认后，减值资产的折旧或者摊销费用应当在未来期间作相应调整，以使该资产在剩余使用寿命内，系统地分摊调整后的资产账面价值（扣除预计净残值）。

资产减值损失一经确认，在以后会计期间不得转回。

（五）资产组的认定及减值处理

有迹象表明一项资产可能发生减值的，企业应当以单项资产为基础估计其可收回金额。企业难以对单项资产的可收回金额进行估计的，应当以该资产所属的资产组为基础确定资产组的可收回金额。资产组的认定，应当以资产组产生的主要现金流入是否独立于其他资产或者资产组的现金流入为依据。同时，在认定资产组时，应当考虑企业管理层管理生产经营活动的方式（如是按照生产线、业务种类还是按照地区或者区域等）和对资产的持续使用或者处置的决策方式等。几项资产的组合生产的产品（或者其他产出）存在活跃市场的，即使部分或者所有这些产品（或者其他产出）均供内部使用，也应当在符合前款规定的情况下，将这几项资产的组合认定为一个资产组。如果该资产组的现金流入受内部转移价格的影响，应当按照企业管理层在公平交易中对未来价格的最佳估计数来确定资产组的未来现金流量。资产组一经确定，各个会计期间应当保持一致，不得随意变更。如需变更，企业管理层应当证明该变更是合理的，并根据8号准则第二十七条的规定在附注中作相应说明。

资产组账面价值的确定基础应当与其可收回金额的确定方式相一致。

资产组的账面价值包括可直接归属于资产组与可以合理和一致地分摊至资产组的资产账面价值，通常不应当包括已确认负债的账面价值，但如不考虑该负债金额就无法确定资产组可收回金额的除外。

资产组的可收回金额应当按照该资产组的公允价值减去处置费用后的净额与其预计未来现金流量的现值两者之间较高者确定。资产组在处置时如要求购买者承担一项负债（如环境恢复负债等），该负债金额已经确认并计入相关资产账面价值，而且企业只能取得包括上述资产和负债在内的单一公允价值减去处置费用后的净额的，为了比较资产组的账面价值和可收回金额，在确定资产组的账面价值及其预计未来现金流量的现值时，应当将已确认的负债金额从中扣除。

企业总部资产包括企业集团或其事业部的办公楼、电子数据处理设备等资产。总部资产的显著特征是难以脱离其他资产或者资产组产生独立的现金流入，而且其账面价值难以完全归属于某一资产组。有迹象表明某项总部资产可能发生减值的，企业应当计算确定该总部资产所归属的资产组或者资产组组合的可收回金额，然后将其与相应的账面价值相比较，据以判断是否需要确认减值损失。资产组组合，是指由若干个资产组组成的最小资产组组合，包括资产组或者资产组组合，以及按合理方法分摊的总部资产部分。

企业对某一资产组进行减值测试，应当先认定所有与该资产组相关的总部资产，再根据相关总部资产能否按照合理和一致的基础分摊至该资产组分别下列情况处理。

（1）相关总部资产能够按照合理和一致的基础分摊至该资产组的部分，应当将该部分总部资产的账面价值分摊至该资产组，再据以比较该资产组的账面价值（包括已分摊的总部资产的账面价值部分）和可收回金额，并按照本准则第二十二条的规定处理。

（2）相关总部资产中有部分资产难以按照合理和一致的基础分摊至该资产组的，应当按照下列步骤处理：

首先，在不考虑相关总部资产的情况下，估计和比较资产组的账面价值和可收回金额，并按照8号准则第二十二条的规定处理。

其次，认定由若干个资产组组成的最小的资产组组合，该资产组组合应当包括所测试的资产组与可以按照合理和一致的基础将该部分总部资产的账面价值分摊其上的部分。

最后，比较所认定的资产组组合的账面价值（包括已分摊的总部资产的账面价值部分）和可收回金额，并按照8号准则第二十二条的规定处理。

资产组或者资产组组合的可收回金额低于其账面价值的（总部资产和商誉分摊至某资产组或者资产组组合的，该资产组或者资产组组合的账面价值应当包括相关总部资产和商誉的分摊额），应当确认相应的减值损失。减值损失金额应当先抵减分摊至资产组或者资产组组合中商誉的账面价值，再根据资产组或者资产组组合中除商誉之外的其他各项资产的账面价值所占比重，按比例抵减其他各项资产的账面价值。

以上资产账面价值的抵减，应当作为各单项资产（包括商誉）的减值损失处理，计入当期损益。抵减后的各资产的账面价值不得低于以下三者之中最高者：该资产的公允价值减去处置费用后的净额（如可确定的）、该资产预计未来现金流量的现值（如可确定的）和零。

因此而导致的未能分摊的减值损失金额，应当按照相关资产组或者资产组组合中其他各项资产的账面价值所占比重进行分摊。

（六）商誉减值的处理

企业合并所形成的商誉，至少应当在每年年度终了进行减值测试。商誉应当结合与其相关的资产组或者资产组组合进行减值测试。相关的资产组或者资产组组合应当是能够从企业合并的协同效应中受益的资产组或者资产组组合，不应当大于按照《企业会计准则第35号——分部报告》所确定的报告分部。

企业进行资产减值测试，因企业合并形成的商誉的账面价值，应当自购买日起按照合理的方法分摊至相关的资产组；难以分摊至相关的资产组的，应当将其分摊至相关的资产组组合。在将商誉的账面价值分摊至相关的资产组或者资产组组合时，应当按照各资产组或者资产组组合的公允价值占相关资产组或者资产组组合公允价值总额的比例进行分摊。公允价值难以可靠计量的，按照各资产组或者资产组组合的账面价值占相关资产组或者资产组组合账面价值总额的比例进行分摊。企业因重组等原因改变了其报告结构，从而影响到已分摊商誉的一个或者若干个资产组或者资产组组合构成的，应当按照与上述规定相似的分摊方法，将商誉重新分摊至受影响的资产组或者资产组组合。

在对包含商誉的相关资产组或者资产组组合进行减值测试时，如与商誉相关的资产组或者资产组组合存在减值迹象的，应当先对不包含商誉的资产组或者资产组组合进行减值测试，计算可收回金额，并与相关账面价值相比较，确认相应的减值损失。再对包含商誉的资产组或者资产组组合进行减值测试，比较这些相关资产组或者资产组组合的账面价值（包括所分摊的商誉的账面价值部分）与其可收回金额，如相关资产组或者资产组组合的可收回金额低于其账面价值的，应当确认商誉的减值损失，按照8号准则第二十二条的规定处理。

（七）披露

企业应当在附注中披露与资产减值有关的下列信息：

（1）当期确认的各项资产减值损失金额。

（2）计提的各项资产减值准备累计金额。

（3）提供分部报告信息的，应当披露每个报告分部当期确认的减值损失金额。

发生重大资产减值损失的，应当在附注中披露导致每项重大资产减值损失的原因和当期确认的重大资产减值损失的金额。

（1）发生重大减值损失的资产是单项资产的，应当披露该单项资产的性质。提供分部报告信息的，还应披露该项资产所属的主要报告分部。

（2）发生重大减值损失的资产是资产组（或者资产组组合，下同）的，应当披露：

①资产组的基本情况。

②资产组中所包括的各项资产于当期确认的减值损失金额。

③资产组的组成与前期相比发生变化的，应当披露变化的原因以及前期和当期资产组组成情况。

重大资产减值，应当在附注中披露资产（或者资产组，下同）可收回金额的确定方法。

（1）可收回金额按资产的公允价值减去处置费用后的净额确定的，还应当披露公允价值减去处置费用后的净额的估计基础。

（2）可收回金额按资产预计未来现金流量的现值确定的，还应当披露估计其现值时所采用的折现率，以及该资产前期可收回金额也按照其预计未来现金流量的现值确定的情况下，前期所采用的折现率。

分摊到某资产组的商誉（或者使用寿命不确定的无形资产，下同）的账面价值占商誉账面价值总额的比例重大的，应当在附注中披露下列信息：

（1）分摊到该资产组的商誉的账面价值。

（2）该资产组可收回金额的确定方法。

可收回金额按照资产组公允价值减去处置费用后的净额确定的，还应当披露确定公允价值减去处置费用后的净额的方法。资产组的公允价值减去处置费用后的净额不是按照市场价格确定的，应当披露：

（1）企业管理层在确定公允价值减去处置费用后的净额时所采用的各关键假设及其依据。

（2）企业管理层在确定各关键假设相关的价值时，是否与企业历史经验或者外部信息来源相一致；如不一致，应当说明理由。

可收回金额按照资产组预计未来现金流量的现值确定的，应当披露：

（1）企业管理层预计未来现金流量的各关键假设及其依据。

（2）企业管理层在确定各关键假设相关的价值时，是否与企业历史经验或者外部信息来源相一致；如不一致，应当说明理由。

（3）估计现值时所采用的折现率。

商誉的全部或者部分账面价值分摊到多个资产组、且分摊到每个资产组的商誉的账面价值占商誉账面价值总额的比例不重大的，企业应当在附注中说明这一情况以及分摊到上述资产组的商誉合计金额。

商誉账面价值按照相同的关键假设分摊到上述多个资产组、且分摊的商誉合计金额占商誉账面价值总额的比例重大的，企业应当在附注中说明这一情况，并披露下列信息：

（1）分摊到上述资产组的商誉的账面价值合计。

（2）采用的关键假设及其依据。

（3）企业管理层在确定各关键假设相关的价值时，是否与企业历史经验或者外部信息来源相一致；如不一致，应当说明理由。

【实操案例】

【例 4-7】

甲公司 2020 年度坏账准备的期初余额为 100 万元，存货跌价准备期初余额为 150 万元（存货账面价值为 0，存货历史成本为 150 万元），2020 年度因客户信誉条件好转，转回已计提的坏账准备 80 万元，存货报废并按相应内外部资料，无其他资产减值损失事项。甲公司如何进行账务处理？

解析：

甲公司转回已计提坏账准备时的账务处理如下：

借：坏账准备　　800 000

　　贷：资产减值损失　　800 000

甲公司存货报废时的账务处理如下：

借：存货跌价准备　　1 500 000

　　贷：存货　　1 500 000

甲公司在做 2020 年度企业所得税申报时，转回 80 万元减值准备应做纳税调减，会计上确认存货报废损失为 0，可税前扣除资产损失为 150 万元。

【例 4-8】

乙公司 2019 年 12 月 10 日出售一批商品，售价为 420 000 元，增值税税额为 54 600 元，该商品账面余额为 480 000 元，已计提存货跌价准备金 80 000 元。31 日，乙公司对固定资产进行减值测试，计提固定资产减值准备 120 000 元。乙公司如何进行账务处理？

解析：

（1）乙公司出售商品时的账务处理如下

借：银行存款　　474 600

　　贷：主营业务收入　　420 000

　　　　应交税费——应交增值税（销项税额）　　54 600

借：主营业务成本　　400 000

　　存货跌价准备　　80 000

　　贷：库存商品　　480 000

（2）乙公司计提固定资产减值准备时的账务处理如下

借：资产减值损失　　120 000

　　贷：固定资产减值准备　　120 000

实际处置已提商品减值准备的商品时，处置资产的计税基础大于账面价值，应纳税调减 80 000 元；计提固定资产减值准备不能税前扣除，应纳税调增 120 000 元。两项合计调增 40 000 元。

三、中央企业资产减值准备财务核销工作规则

根据《国务院国有资产监督管理委员会关于印发中央企业资产减值准备财务核销工作规则的通知》（国资发评价〔2005〕67 号）的规定，中央企业资产减值准备财务核销工作规则如下。

（一）总则性制度

为加强国务院国有资产监督管理委员会（以下简称国资委）所出资企业（以下简称企业）财务监督，规范企业资产减值准备财务核销行为，促进企业建立和完善内部控制制度，依据《中央企业财务决算报告管理办法》（国资委令第 5 号）和国家有关财务会计制度规定，制定《中央企业资产减值准备财务核销工作规则》。

企业按照国家有关财务会计制度规定计提的各项资产减值准备财务核销工作，适用本规则。

本规则所称资产减值准备财务核销是指企业按照国家有关财务会计制度和国资委有关财务监督规定，对预计可能发生损失的资产，经取得合法、有效证据证明确实发生事实损失，对该项资产进行处置，并对其账面余额和相应的资产减值准备进行财务核销的工作。资产减值准备具体包括企业按照国

家有关财务会计制度规定计提的短期投资跌价准备、委托贷款减值准备、存货跌价准备、坏账准备、长期投资减值准备、在建工程减值准备、固定资产减值准备和无形资产减值准备等。

本规则所称事实损失是指企业已计提资产减值准备的资产，有确凿和合法证据表明该项资产的使用价值和转让价值发生了实质性且不可恢复的灭失，已不能给企业带来未来经济利益流入。

国资委依法对企业资产减值准备财务核销工作进行监督。

（二）资产减值准备财务核销原则

企业执行《企业会计制度》，应当按照国家有关财务会计制度规定，定期对各项资产进行全面清理核实，遵循谨慎性原则，规范建立资产减值准备计提制度，如实预计潜在损失和合理计提相应的资产减值准备，并做好资产减值准备的转回和核销工作。

企业对按照国家有关财务会计制度规定计提了减值准备的各项资产进行认真甄别分类，对不良资产应当建立专项管理制度，组织力量进行认真清理和追索，清理和追索收回的资金或残值应当及时入账，对形成事实损失的资产按规定要求和工作程序进行财务核销。

企业资产减值准备财务核销应当遵循客观性原则。当已计提资产减值准备的资产成为事实损失时，不论该项资产是否提足了资产减值准备，企业都应当按照规定对该项资产账面余额与已计提的资产减值准备进行财务核销。

企业资产减值准备财务核销应当依据国家财务会计制度和国资委有关规定，对已计提资产减值准备资产发生损失的事实进行认真确认，取得确凿证据，履行规定的财务核销程序。

企业资产减值准备财务核销应当认真执行资产损失责任追究相关规定，在查明资产损失事实和原因基础上，分清责任，提出整改措施，并对相关责任人进行责任追究。

（三）资产减值准备财务核销依据

企业进行资产减值准备财务核销，应当在对资产损失组织认真清理调查的基础上，取得合法证据，具体包括：具有法律效力的相关证据，社会中介机构的法律鉴证或公证证明以及特定事项的企业内部证据等。

短期投资跌价准备和长期投资跌价准备依据下列证据进行财务核销：

（1）上市流通的短期投资和长期债权投资发生事实损失的，应当取得企业内部业务授权投资和处置的相关文件，以及有关证券交易结算机构出具的合法交易资金结算单据；

（2）被投资单位被宣告破产的，应当取得法院破产清算的清偿文件及执行完毕证明；

（3）被投资单位被注销、吊销工商登记或被有关机构责令关闭的，应当取得当地工商部门注销、吊销公告，或有关机构的决议或行政决定文件，以及被投资单位清算报告及清算完毕证明；

（4）涉及诉讼的，应当取得司法机关的判决或裁定及执行完毕的证据；无法执行或被法院终止执行的，应当取得法院终止裁定等法律文件；

（5）涉及仲裁的，应当取得相应仲裁机构出具的仲裁裁决书，以及仲裁裁决执行完毕的相关证明；

（6）其他足以证明该短期投资或长期投资发生事实损失的合法、有效证据。

坏账准备依据下列证据进行财务核销：

（1）债务单位被宣告破产的，应当取得法院破产清算的清偿文件及执行完毕证明；

（2）债务单位被注销、吊销工商登记或被有关机构责令关闭的，应当取得当地工商部门注销、吊销公告、有关机构的决议或行政决定文件，以及被投资单位清算报告及清算完毕证明；

（3）债务人失踪、死亡（或被宣告失踪、死亡）的，应当取得有关方面出具的债务人已失踪、死亡的证明及其遗产（或代管财产）已经清偿完毕或确实无财产可以清偿，或没有承债人可以清偿的证明；

（4）涉及诉讼的，应当取得司法机关的判决或裁定及执行完毕的证据；无法执行或被法院终止执行的，应当取得法院终止裁定等法律文件；

（5）涉及仲裁的，应当取得相应仲裁机构出具的仲裁裁决书，以及仲裁裁决执行完毕的相关证明；

（6）与债务单位（人）进行债务重组的，应当取得债务重组协议及执行完毕证明；

（7）债权超过诉讼时效的，应当取得债权超过诉讼时效的法律文件；

（8）清欠收入不足以弥补清欠成本的，应当取得清欠部门的情况说明以及企业董事会或经理（厂长）办公会议批准的会议纪要；

（9）其他足以证明应收款项确实发生损失的合法、有效证据。

委托贷款减值准备财务核销，根据委托贷款的性质，比照短期投资和长期投资减值准备的核销依据进行。

存货跌价准备、固定资产减值准备和在建工程减值准备依据下列证据进行财务核销：

（1）发生盘亏的，应当取得完整、有效的资产清查盘点表和有关责任部门审核决定；

（2）报废、毁损的，应当取得相关专业质量检测或技术部门出具的鉴定报告，以及清理完毕的证明；有残值的应当取得残值入账证明；

（3）因故停建或被强令拆除的，应当取得国家明令停建或政府市政规划等有关部门的拆除通知文件，以及拆除清理完毕证明；

（4）对外折价销售的，应当取得合法的折价销售合同和收回资金的证明；

（5）涉及诉讼的，应当取得司法机关的判决或裁定及执行完毕的证据；无法执行或被法院终止执行的，应当取得法院终止裁定等法律文件；

（6）应由责任人或保险公司赔偿的，应当取得责任人缴纳赔偿的收据或保险公司的理赔计算单及银行进账单；

（7）抵押资产发生事实损失的，应当取得抵押资产被拍卖或变卖证明；

（8）其他足以证明存货、固定资产和在建工程确实发生损失的合法、有效证据。

无形资产减值准备依据下列证据进行财务核销：

（1）已被其他新技术所替代，且已无使用价值和转让价值的，应当取得相关技术、管理部门专业人员提供的鉴定报告；

（2）已超过法律保护期限，且已不能给企业带来未来经济利益的，应当取得已超过法律保护的合法、有效证明；

（3）其他足以证明无形资产确实发生损失的合法、有效证据。

（四）资产减值准备财务核销程序

企业应当对资产减值准备财务核销建立完善的内控制度。规范资产减值准备财务核销管理工作，明确审批工作程序，并依据企业实际划定内部核准权限。

企业应当加强对计提减值准备资产的管理工作，组织力量采取有效措施积极进行清理和追索，定期或至少每年进行一次全面复查，按照国家有关财务会计制度和企业相关内控制度规定的工作程序，认真组织做好企业及所属子企业的资产减值准备财务核销管理、备案及核准工作。

企业资产减值准备财务核销，应当遵循以下基本工作程序：

（1）企业内部相关部门提出核销报告，说明资产损失原因和清理、追索及责任追究等工作情况，并逐笔逐项提供符合规定的证据；

（2）企业内部审计、监察、法律或其他相关部门对该项资产损失发生原因及处理情况进行审核，提出审核意见；

（3）企业财务部门对核销报告和核销证据材料进行复核，并提出复核意见；

（4）设立董事会的企业由董事会核准同意；未设立董事会的企业由经理（厂长）办公会议核准同意，并形成会议纪要；

（5）按照企业内部核准权限，需报上级企业（单位）核准确认的，应当报上级企业（单位）核准确认；

（6）根据企业会议纪要、上级企业（单位）批复及相关证据，由企业负责人、总会计师（或主管财务负责人）签字确认后，进行相关资产的账务处理和资产减值准备财务核销。

企业按照内部核准程序进行资产减值准备财务核销后，应当在年度财务决算中由会计师事务所对资产减值准备财务核销情况进行重点审计，形成资产减值准备财务核销专项报告，随年度财务决算一并向国资委报备，并在财务决算情况说明书中单独披露。

企业每年随年度财务决算向国资委报备相关资产减值准备财务核销情况时，应提供如下报备材料：

（1）企业资产减值准备财务核销情况报告，包括核销资产减值准备的类别、核销资产的清理与追索情况、核销金额与原因、企业内部核销审批程序等；

（2）属于较大资产损失的财务核销，企业应当逐笔逐项附报资产确认为事实损失的相关合法证据、企业董事会或经理（厂长）办公会会议纪要、上级企业（单位）批复文件以及有关资产损失的责任认定和责任追究情况；

（3）会计师事务所出具的企业资产减值准备财务核销审核说明（涉及国家安全的企业，由企业内审机构出具）；

（4）企业资产减值准备财务核销备案表及其他相关材料。

国资委对企业资产减值准备财务核销管理建立备案和抽查制度，对企业较大资产损失的财务核销建立合规性核准制度，并作为企业年度财务决算审核工作内容之一，以加强对企业资产减值准备财务核销工作的监督。

（五）资产减值准备财务核销的审计与信息披露

会计师事务所及企业内审机构在年度财务决算审计中应当对企业资产减值准备财务核销的情况进行审计（对较大资产损失的财务核销，应当逐笔逐项进行审计），出具资产减值准备财务核销审核说明，并作为年度财务决算审计报告的附件进行单独披露。

主审会计师事务所应当对参审会计师事务所审计的相关子企业资产减值准备财务核销情况进行复核确认，并发表审计意见。

会计师事务所在年度财务决算审计报告及附件中披露的企业资产减值准备财务核销信息基本内容包括：

（1）企业资产减值准备财务核销证据的充分性与确凿性；

（2）企业资产减值准备财务核销工作程序的合规性；

（3）企业资产减值准备财务核销账务处理的正确性；

（4）企业资产减值准备财务核销年度决算信息披露的真实性与完整性等。

主审会计师事务所对参审会计师事务所审计的企业资产减值准备财务核销情况发表的审计意见披露如下：

（1）参审会计师事务所是否对参审企业的资产减值准备财务核销进行重点审计，特别是对较大资产损失的财务核销是否进行了逐笔逐项审计；

（2）参审会计师事务所对参审企业的资产减值准备财务核销审计意见及信息披露情况；

（3）参审会计师事务所对参审企业的资产减值准备财务核销审计确认结果的合规性；

（4）主审会计师事务所与参审会计师事务所对参审企业的资产减值准备财务核销审计确认结果存在的差异及原因等；

（5）其他需披露的信息。

（六）工作责任与监督

企业主要负责人、总会计师（主管财务负责人）应当对企业资产减值准备财务核销负领导责任，企业财务部门应当对企业资产减值准备财务核销工作负具体管理责任，企业审计、监察、法律等部门应当对企业资产减值准备财务核销工作负审核与监督责任，企业内部相关部门应负责提供审核与监督工作所需的相关材料；企业集团总部对所属子企业资产减值准备财务核销工作负组织和监督责任。

企业应当对向会计师事务所和国资委提供的资产减值准备财务核销相关资料的真实性、合法性和完整性承担责任。会计师事务所对企业资产减值准备财务核销审核说明的真实性、可靠性承担相应责任。

企业在资产减值准备财务核销过程中，未履行相关内部审批程序和未取得有效、合法证据，弄虚作假，擅自处置的，国资委责令予以纠正，并对企业给予通报批评；违反国家有关法律法规，情节严重，造成国有资产流失的，追究企业负责人及相关责任人的责任；有犯罪嫌疑的，依法移交司法机关处理。

会计师事务所及注册会计师在承办企业资产减值准备财务核销审计业务过程中，违反国家有关法律法规规定，弄虚作假，提供虚假财务信息，情节较轻的，国资委依法予以警示谈话并记录在案；情节严重的，会同有关部门依法进行处罚。

国资委有关工作人员在企业资产减值准备财务核销抽查和监督及对企业重大资产损失财务核销审核过程中徇私舞弊，造成重大工作失误的，依法追究工作责任；有犯罪嫌疑的，移交司法机关处理。

第四节 资产损失

一、企业资产损失税前扣除政策

（一）资产损失的定义

根据《财政部　国家税务总局关于企业资产损失税前扣除政策的通知》（财税〔2009〕57号）的规定，资产损失是指企业在生产经营活动中实际发生的、与取得应税收入有关的资产损失，包括现金损失，存款损失，坏账损失，贷款损失，股权投资损失，固定资产和存货的盘亏、毁损、报废、被盗损失，自然灾害等不可抗力因素造成的损失以及其他损失。

（二）现金损失与存款损失

企业清查出的现金短缺减除责任人赔偿后的余额，作为现金损失在计算应纳税所得额时扣除。

企业将货币性资金存入法定具有吸收存款职能的机构，因该机构依法破产、清算，或者政府责令停业、关闭等原因，确实不能收回的部分，作为存款损失在计算应纳税所得额时扣除。

（三）坏账损失

企业除贷款类债权外的应收、预付账款符合下列条件之一的，减除可收回金额后确认的无法收回的应收、预付款项，可以作为坏账损失在计算应纳税所得额时扣除：

（1）债务人依法宣告破产、关闭、解散、被撤销，或者被依法注销、吊销营业执照，其清算财产不足清偿的；

（2）债务人死亡，或者依法被宣告失踪、死亡，其财产或者遗产不足清偿的；

（3）债务人逾期3年以上未清偿，且有确凿证据证明已无力清偿债务的；

（4）与债务人达成债务重组协议或法院批准破产重整计划后，无法追偿的；

（5）因自然灾害、战争等不可抗力导致无法收回的；

（6）国务院财政、税务主管部门规定的其他条件。

（四）贷款损失

企业经采取所有可能的措施和实施必要的程序之后，符合下列条件之一的贷款类债权，可以作为贷款损失在计算应纳税所得额时扣除：

（1）借款人和担保人依法宣告破产、关闭、解散、被撤销，并终止法人资格，或者已完全停止经营活动，被依法注销、吊销营业执照，对借款人和担保人进行追偿后，未能收回的债权；

（2）借款人死亡，或者依法被宣告失踪、死亡，依法对其财产或者遗产进行清偿，并对担保人进行追偿后，未能收回的债权；

（3）借款人遭受重大自然灾害或者意外事故，损失巨大且不能获得保险补偿，或者以保险赔偿后，确实无力偿还部分或者全部债务，对借款人财产进行清偿和对担保人进行追偿后，未能收回的债权；

（4）借款人触犯刑律，依法受到制裁，其财产不足归还所借债务，又无其他债务承担者，经追偿后确实无法收回的债权；

（5）由于借款人和担保人不能偿还到期债务，企业诉诸法律，经法院对借款人和担保人强制执行，借款人和担保人均无财产可执行，法院裁定执行程序终结或终止（中止）后，仍无法收回的债权；

（6）由于借款人和担保人不能偿还到期债务，企业诉诸法律后，经法院调解或经债权人会议通过，与借款人和担保人达成和解协议或重整协议，在借款人和担保人履行完还款义务后，无法追偿的剩余债权；

（7）由于上述（1）至（6）项原因借款人不能偿还到期债务，企业依法取得抵债资产，抵债金额小于贷款本息的差额，经追偿后仍无法收回的债权；

（8）开立信用证、办理承兑汇票、开具保函等发生垫款时，凡开证申请人和保证人由于上述（1）至（7）项原因，无法偿还垫款，金融企业经追偿后仍无法收回的垫款；

（9）银行卡持卡人和担保人由于上述（1）至（7）项原因，未能还清透支款项，金融企业经追偿后仍无法收回的透支款项；

（10）助学贷款逾期后，在金融企业确定的有效追索期限内，依法处置助学贷款抵押物（质押物），并向担保人追索连带责任后，仍无法收回的贷款；

（11）经国务院专案批准核销的贷款类债权；

（12）国务院财政、税务主管部门规定的其他条件。

（五）股权投资损失

企业的股权投资符合下列条件之一的，减除可收回金额后确认的无法收回的股权投资，可以作为股权投资损失在计算应纳税所得额时扣除：

（1）被投资方依法宣告破产、关闭、解散、被撤销，或者被依法注销、吊销营业执照的；

（2）被投资方财务状况严重恶化，累计发生巨额亏损，已连续停止经营3年以上，且无重新恢复经营改组计划的；

（3）对被投资方不具有控制权，投资期限届满或者投资期限已超过10年，且被投资单位因连续3年经营亏损导致资不抵债的；

（4）被投资方财务状况严重恶化，累计发生巨额亏损，已完成清算或清算期超过3年以上的；

（5）国务院财政、税务主管部门规定的其他条件。

（六）固定资产或存货损失

对企业盘亏的固定资产或存货，以该固定资产的账面净值或存货的成本减除责任人赔偿后的余额，作为固定资产或存货盘亏损失在计算应纳税所得额时扣除。

对企业毁损、报废的固定资产或存货，以该固定资产的账面净值或存货的成本减除残值、保险赔款和责任人赔偿后的余额，作为固定资产或存货毁损、报废损失在计算应纳税所得额时扣除。

对企业被盗的固定资产或存货，以该固定资产的账面净值或存货的成本减除保险赔款和责任人赔偿后的余额，作为固定资产或存货被盗损失在计算应纳税所得额时扣除。

企业因存货盘亏、毁损、报废、被盗等原因不得从增值税销项税额中抵扣的进项税额，可以与存货损失一起在计算应纳税所得额时扣除。

（七）其他管理事项

企业在计算应纳税所得额时已经扣除的资产损失，在以后纳税年度全部或者部分收回时，其收回部分应当作为收入计入收回当期的应纳税所得额。

企业境内、境外营业机构发生的资产损失应分开核算，对境外营业机构由于发生资产损失而产生的亏损，不得在计算境内应纳税所得额时扣除。

企业对其扣除的各项资产损失，应当提供能够证明资产损失确属已实际发生的合法证据，包括具有法律效力的外部证据、具有法定资质的中介机构的经济鉴证证明、具有法定资质的专业机构的技术鉴定证明等。

二、企业资产损失所得税税前扣除管理制度

（一）总则性制度

根据《企业资产损失所得税税前扣除管理办法》（国家税务总局公告2011年第25号）的规定，资产是指企业拥有或者控制的、用于经营管理活动相关的资产，包括现金、银行存款、应收及预付款项（包括应收票据、各类垫款、企业之间往来款项）等货币性资产，存货、固定资产、无形资产、在建工程、生产性生物资产等非货币性资产，以及债权性投资和股权（权益）性投资。

准予在企业所得税税前扣除的资产损失，是指企业在实际处置、转让上述资产过程中发生的合理损失（以下简称实际资产损失），以及企业虽未实际处置、转让上述资产，但符合《通知》和本办法规定条件计算确认的损失（以下简称法定资产损失）。

企业发生的资产损失，应按规定的程序和要求向主管税务机关申报后方能在税前扣除。未经申报的损失，不得在税前扣除。

企业以前年度发生的资产损失未能在当年税前扣除的，可以按照规定，向税务机关说明并进行专项申报扣除。其中，属于实际资产损失，准予追补至该项损失发生年度扣除，其追补确认期限一般不得超过5年，但因计划经济体制转轨过程中遗留的资产损失、企业重组上市过程中因权属不清出现争议而未能及时扣除的资产损失、因承担国家政策性任务而形成的资产损失以及政策定性不明确而形成资产损失等特殊原因形成的资产损失，其追补确认期限经国家税务总局批准后可适当延长。属于法定资产损失，应在申报年度扣除。

企业因以前年度实际资产损失未在税前扣除而多缴的企业所得税税款，可在追补确认年度企业所得税应纳税款中予以抵扣，不足抵扣的，向以后年度递延抵扣。

企业实际资产损失发生年度扣除追补确认的损失后出现亏损的，应先调整资产损失发生年度的亏损额，再按弥补亏损的原则计算以后年度多缴的企业所得税税款，并按前款办法进行税务处理。

（二）申报管理

下列资产损失，应以清单申报的方式向税务机关申报扣除：

（1）企业在正常经营管理活动中，按照公允价格销售、转让、变卖非货币资产的损失；

（2）企业各项存货发生的正常损耗；

（3）企业固定资产达到或超过使用年限而正常报废清理的损失；

（4）企业生产性生物资产达到或超过使用年限而正常死亡发生的资产损失；

（5）企业按照市场公平交易原则，通过各种交易场所、市场等买卖债券、股票、期货、基金以及金融衍生产品等发生的损失。

上述规定以外的资产损失，应以专项申报的方式向税务机关申报扣除。企业无法准确判别是否属于清单申报扣除的资产损失，可以采取专项申报的形式申报扣除。

在中国境内跨地区经营的汇总纳税企业发生的资产损失，应按以下规定申报扣除：

（1）总机构及其分支机构发生的资产损失，除应按专项申报和清单申报的有关规定，各自向当地主管税务机关申报外，各分支机构同时还应上报总机构；

（2）总机构对各分支机构上报的资产损失，除税务机关另有规定外，应以清单申报的形式向当地主管税务机关进行申报；

（3）总机构将跨地区分支机构所属资产捆绑打包转让所发生的资产损失，由总机构向当地主管税务机关进行专项申报。

企业应当建立健全资产损失内部核销管理制度，及时收集、整理、编制、审核、申报、保存资产损失税前扣除证据材料，方便税务机关检查。

税务机关应按分项建档、分级管理的原则，建立企业资产损失税前扣除管理台账和纳税档案，及时进行评估。对资产损失金额较大或经评估后发现不符合资产损失税前扣除规定、或存有疑点、异常情况的资产损失，应及时进行核查。对有证据证明申报扣除的资产损失不真实、不合法的，应依法作出税收处理。

（三）资产损失确认证据

企业资产损失相关的证据包括具有法律效力的外部证据和特定事项的企业内部证据。

具有法律效力的外部证据，是指司法机关、行政机关、专业技术鉴定部门等依法出具的与本企业资产损失相关的具有法律效力的书面文件，主要包括：

（1）司法机关的判决或者裁定；

（2）公安机关的立案结案证明、回复；

（3）工商部门出具的注销、吊销及停业证明；

（4）企业的破产清算公告或清偿文件；

（5）行政机关的公文；

（6）专业技术部门的鉴定报告；

（7）具有法定资质的中介机构的经济鉴定证明；

（8）仲裁机构的仲裁文书；

（9）保险公司对投保资产出具的出险调查单、理赔计算单等保险单据；

（10）符合法律规定的其他证据。

特定事项的企业内部证据，是指会计核算制度健全、内部控制制度完善的企业，对各项资产发生毁损、报废、盘亏、死亡、变质等内部证明或承担责任的声明，主要包括：

（1）有关会计核算资料和原始凭证；

（2）资产盘点表；

（3）相关经济行为的业务合同；

（4）企业内部技术鉴定部门的鉴定文件或资料；

（5）企业内部核批文件及有关情况说明；

（6）对责任人由于经营管理责任造成损失的责任认定及赔偿情况说明；

（7）法定代表人、企业负责人和企业财务负责人对特定事项真实性承担法律责任的声明。

（四）货币资产损失的确认

企业货币资产损失包括现金损失、银行存款损失和应收及预付款项损失等。

现金损失应依据以下证据材料确认：

（1）现金保管人确认的现金盘点表（包括倒推至基准日的记录）；

（2）现金保管人对于短缺的说明及相关核准文件；

（3）对责任人由于管理责任造成损失的责任认定及赔偿情况的说明；

（4）涉及刑事犯罪的，应有司法机关出具的相关材料；

（5）金融机构出具的假币收缴证明。

企业因金融机构清算而发生的存款类资产损失应依据以下证据材料确认：

（1）企业存款类资产的原始凭据；

（2）金融机构破产、清算的法律文件；

（3）金融机构清算后剩余资产分配情况资料。

金融机构应清算而未清算超过3年的，企业可将该款项确认为资产损失，但应有法院或破产清算管理人出具的未完成清算证明。

企业应收及预付款项坏账损失应依据以下相关证据材料确认：

（1）相关事项合同、协议或说明；

（2）属于债务人破产清算的，应有人民法院的破产、清算公告；

（3）属于诉讼案件的，应出具人民法院的判决书或裁决书或仲裁机构的仲裁书，或者被法院裁定终（中）止执行的法律文书；

（4）属于债务人停止营业的，应有工商部门注销、吊销营业执照证明；

（5）属于债务人死亡、失踪的，应有公安机关等有关部门对债务人个人的死亡、失踪证明；

（6）属于债务重组的，应有债务重组协议及其债务人重组收益纳税情况说明；

（7）属于自然灾害、战争等不可抗力而无法收回的，应有债务人受灾情况说明以及放弃债权申明。

企业逾期 3 年以上的应收款项在会计上已作为损失处理的，可以作为坏账损失，但应说明情况，并出具专项报告。

企业逾期 1 年以上，单笔数额不超过 5 万元或者不超过企业年度收入总额 1‰ 的应收款项，会计上已经作为损失处理的，可以作为坏账损失，但应说明情况，并出具专项报告。

（五）非货币资产损失的确认

企业非货币资产损失包括存货损失、固定资产损失、无形资产损失、在建工程损失、生产性生物资产损失等。

存货盘亏损失，为其盘亏金额扣除责任人赔偿后的余额，应依据以下证据材料确认：

（1）存货计税成本确定依据；

（2）企业内部有关责任认定、责任人赔偿说明和内部核批文件；

（3）存货盘点表；

（4）存货保管人对于盘亏的情况说明。

存货报废、毁损或变质损失，为其计税成本扣除残值及责任人赔偿后的余额，应依据以下证据材料确认：

（1）存货计税成本的确定依据；

（2）企业内部关于存货报废、毁损、变质、残值情况说明及核销资料；

（3）涉及责任人赔偿的，应当有赔偿情况说明；

（4）该项损失数额较大的（指占企业该类资产计税成本 10% 以上，或减少当年应纳税所得、增加亏损 10% 以上，下同），应有专业技术鉴定意见或法定资质中介机构出具的专项报告等。

存货被盗损失，为其计税成本扣除保险理赔以及责任人赔偿后的余额，应依据以下证据材料确认：

（1）存货计税成本的确定依据；

（2）向公安机关的报案记录；

（3）涉及责任人和保险公司赔偿的，应有赔偿情况说明等。

固定资产盘亏、丢失损失，为其账面净值扣除责任人赔偿后的余额，应依据以下证据材料确认：

（1）企业内部有关责任认定和核销资料；

（2）固定资产盘点表；

（3）固定资产的计税基础相关资料；

（4）固定资产盘亏、丢失情况说明；

（5）损失金额较大的，应有专业技术鉴定报告或法定资质中介机构出具的专项报告等。

固定资产报废、毁损损失，为其账面净值扣除残值和责任人赔偿后的余额，应依据以下证据材料确认：

（1）固定资产的计税基础相关资料；

（2）企业内部有关责任认定和核销资料；

（3）企业内部有关部门出具的鉴定材料；

（4）涉及责任赔偿的，应当有赔偿情况的说明；

（5）损失金额较大的或自然灾害等不可抗力原因造成固定资产毁损、报废的，应有专业技术鉴定意见或法定资质中介机构出具的专项报告等。

固定资产被盗损失，为其账面净值扣除责任人赔偿后的余额，应依据以下证据材料确认：

（1）固定资产计税基础相关资料；

（2）公安机关的报案记录，公安机关立案、破案和结案的证明材料；

（3）涉及责任赔偿的，应有赔偿责任的认定及赔偿情况的说明等。

在建工程停建、报废损失，为其工程项目投资账面价值扣除残值后的余额，应依据以下证据材料确认：

（1）工程项目投资账面价值确定依据；

（2）工程项目停建原因说明及相关材料；

（3）因质量原因停建、报废的工程项目和因自然灾害和意外事故停建、报废的工程项目，应出具专业技术鉴定意见和责任认定、赔偿情况的说明等。

工程物资发生损失，可比照本办法存货损失的规定确认。

生产性生物资产盘亏损失，为其账面净值扣除责任人赔偿后的余额，应依据以下证据材料确认：

（1）生产性生物资产盘点表；

（2）生产性生物资产盘亏情况说明；

（3）生产性生物资产损失金额较大的，企业应有专业技术鉴定意见和责任认定、赔偿情况的说明等。

因森林病虫害、疫情、死亡而产生的生产性生物资产损失，为其账面净值扣除残值、保险赔偿和责任人赔偿后的余额，应依据以下证据材料确认：

（1）损失情况说明；

（2）责任认定及其赔偿情况的说明；

（3）损失金额较大的，应有专业技术鉴定意见。

对被盗伐、被盗、丢失而产生的生产性生物资产损失，为其账面净值扣除保险赔偿以及责任人赔偿后的余额，应依据以下证据材料确认：

（1）生产性生物资产被盗后，向公安机关的报案记录或公安机关立案、破案和结案的证明材料；

（2）责任认定及其赔偿情况的说明。

企业由于未能按期赎回抵押资产，使抵押资产被拍卖或变卖，其账面净值大于变卖价值的差额，可认定为资产损失，按以下证据材料确认：

（1）抵押合同或协议书；

（2）拍卖或变卖证明、清单；

（3）会计核算资料等其他相关证据材料。

被其他新技术所代替或已经超过法律保护期限，已经丧失使用价值和转让价值，尚未摊销的无形资产损失，应提交以下证据备案：

（1）会计核算资料；

（2）企业内部核批文件及有关情况说明；

（3）技术鉴定意见和企业法定代表人、主要负责人和财务负责人签章证实无形资产已无使用价值或转让价值的书面申明；

（4）无形资产的法律保护期限文件。

（六）投资损失的确认

企业投资损失包括债权性投资损失和股权（权益）性投资损失。

企业债权投资损失应依据投资的原始凭证、合同或协议、会计核算资料等相关证据材料确认。下列情况债权投资损失的，还应出具相关证据材料：

（1）债务人或担保人依法被宣告破产、关闭、被解散或撤销、被吊销营业执照、失踪或者死亡等，应出具资产清偿证明或者遗产清偿证明。无法出具资产清偿证明或者遗产清偿证明，且上述事项超过3年以上的，或债权投资（包括信用卡透支和助学贷款）余额在300万元以下的，应出具对应的债务人和担保人破产、关闭、解散证明、撤销文件、工商行政管理部门注销证明或查询证明以及追索记录等（包括司法追索、电话追索、信件追索和上门追索等原始记录）；

（2）债务人遭受重大自然灾害或意外事故，企业对其资产进行清偿和对担保人进行追偿后，未能收回的债权，应出具债务人遭受重大自然灾害或意外事故证明、保险赔偿证明、资产清偿证明等；

（3）债务人因承担法律责任，其资产不足归还所借债务，又无其他债务承担者的，应出具法院裁定证明和资产清偿证明；

（4）债务人和担保人不能偿还到期债务，企业提出诉讼或仲裁的，经人民法院对债务人和担保人强制执行，债务人和担保人均无资产可执行，人民法院裁定终结或终止（中止）执行的，应出具人民法院裁定文书；

（5）债务人和担保人不能偿还到期债务，企业提出诉讼后被驳回起诉的、人民法院不予受理或不予支持的，或经仲裁机构裁决免除（或部分免除）债务人责任，经追偿后无法收回的债权，应提交法院驳回起诉的证明，或法院不予受理或不予支持证明，或仲裁机构裁决免除债务人责任的文书；

（6）经国务院专案批准核销的债权，应提供国务院批准文件或经国务院同意后由国务院有关部门批准的文件。

企业股权投资损失应依据以下相关证据材料确认：

（1）股权投资计税基础证明材料；

（2）被投资企业破产公告、破产清偿文件；

（3）工商行政管理部门注销、吊销被投资单位营业执照文件；

（4）政府有关部门对被投资单位的行政处理决定文件；

（5）被投资企业终止经营、停止交易的法律或其他证明文件；

（6）被投资企业资产处置方案、成交及入账材料；

（7）企业法定代表人、主要负责人和财务负责人签章证实有关投资（权益）性损失的书面申明；

（8）会计核算资料等其他相关证据材料。

被投资企业依法宣告破产、关闭、解散或撤销、吊销营业执照、停止生产经营活动、失踪等，应出具资产清偿证明或者遗产清偿证明。上述事项超过 3 年以上且未能完成清算的，应出具被投资企业破产、关闭、解散或撤销、吊销等的证明以及不能清算的原因说明。

企业委托金融机构向其他单位贷款，或委托其他经营机构进行理财，到期不能收回贷款或理财款项，按照投资损失有关规定进行处理。企业对外提供与本企业生产经营活动有关的担保，因被担保人不能按期偿还债务而承担连带责任，经追索，被担保人无偿还能力，对无法追回的金额，比照应收款项损失进行处理。与本企业生产经营活动有关的担保是指企业对外提供的与本企业应税收入、投资、融资、材料采购、产品销售等生产经营活动相关的担保。

企业按独立交易原则向关联企业转让资产而发生的损失，或向关联企业提供借款、担保而形成的债权损失，准予扣除，但企业应作专项说明，同时出具中介机构出具的专项报告及其相关的证明材料。

下列股权和债权不得作为损失在税前扣除：

（1）债务人或者担保人有经济偿还能力，未按期偿还的企业债权；

（2）违反法律、法规的规定，以各种形式、借口逃废或悬空的企业债权；

（3）行政干预逃废或悬空的企业债权；

（4）企业未向债务人和担保人追偿的债权；

（5）企业发生非经营活动的债权；

（6）其他不应当核销的企业债权和股权。

（七）其他资产损失的确认

企业将不同类别的资产捆绑（打包），以拍卖、询价、竞争性谈判、招标等市场方式出售，其出售价格低于计税成本的差额，可以作为资产损失并准予在税前申报扣除，但应出具资产处置方案、各类资产作价依据、出售过程的情况说明、出售合同或协议、成交及入账证明、资产计税基础等确定依据。

创新但政策不明确、不配套等原因形成的资产损失，应由企业承担的金额，可以作为资产损失并准予在税前申报扣除，但应出具损失原因证明材料或业务监管部门定性证明、损失专项说明。

企业因刑事案件原因形成的损失，应由企业承担的金额，或经公安机关立案侦查2年以上仍未追回的金额，可以作为资产损失并准予在税前申报扣除，但应出具公安机关、人民检察院的立案侦查情况或人民法院的判决书等损失原因证明材料。

三、其他资产损失扣除制度

（一）企业股权投资损失所得税处理

根据《国家税务总局关于企业股权投资损失所得税处理问题的公告》（国家税务总局公告2010年第6号）的规定，自2010年1月1日起，企业对外进行权益性（以下简称股权）投资所发生的损失，在经确认的损失发生年度，作为企业损失在计算企业应纳税所得额时一次性扣除。

（二）电网企业输电线路部分报废损失所得税处理

根据《国家税务总局关于电网企业输电线路部分报废损失税前扣除问题的公告》（国家税务总局公告2010年第30号）的规定，自2011年1月1日，由于加大水电送出和增强电网抵御冰雪能力需要等原因，电网企业对原有输电线路进行改造，部分铁塔和线路拆除报废，形成部分固定资产损失。考虑到该部分资产已形成实质性损失，可以按照有关税收规定作为企业固定资产损失允许税前扣除。

上述部分固定资产损失，应按照该固定资产的总计税价格，计算每基铁塔和每公里线路的计税价格后，根据报废的铁塔数量和线路长度以及已计提折旧情况确定。

上述报废的部分固定资产，其中部分能够重新利用的，应合理计算价格，冲减当年度固定资产损失。

新投资建设的线路和铁塔，应单独作为固定资产，在投入使用后，按照税收的规定计提折旧。

（三）商业零售企业存货损失所得税处理

根据《国家税务总局关于商业零售企业存货损失税前扣除问题的公告》（国家税务总局公告2014年第3号）的规定，商业零售企业存货因零星失窃、报废、废弃、过期、破损、腐败、鼠咬、顾客退换货等正常因素形成的损失，为存货正常损失，准予按会计科目进行归类、汇总，然后再将汇总数据以清单的形式进行企业所得税纳税申报，同时出具损失情况分析报告。

商业零售企业存货因风、火、雷、震等自然灾害，仓储、运输失事，重大案件等非正常因素形成的损失，为存货非正常损失，应当以专项申报形式进行企业所得税纳税申报。

存货单笔（单项）损失超过500万元的，无论何种因素形成的，均应以专项申报方式进行企业所得税纳税申报。

上述政策适用于2013年度及以后年度企业所得税纳税申报。

（四）企业因国务院决定事项形成的资产损失所得税处理

根据《国家税务总局关于企业因国务院决定事项形成的资产损失税前扣除问题的公告》（国家税务总局公告2014年第18号）的规定，自《国务院关于取消和下放一批行政审批项目的决定》（国发〔2013〕44号）发布之日起，企业因国务院决定事项形成的资产损失，不再上报国家税务总局审核。

企业因国务院决定事项形成的资产损失，应以专项申报的方式向主管税务机关申报扣除。专项申报扣除的有关事项，按照国家税务总局公告2011年第25号规定执行。

上述政策适用于2013年度及以后年度企业所得税申报。

（五）企业所得税资产损失资料留存备查制度

根据《国家税务总局关于企业所得税资产损失资料留存备查有关事项的公告》（国家税务总局公告2018年第15号）的规定，企业向税务机关申报扣除资产损失，仅需填报企业所得税年度纳税申报表《资产损失税前扣除及纳税调整明细表》，不再报送资产损失相关资料。相关资料由企业留存备查。企业应当完整保存资产损失相关资料，保证资料的真实性、合法性。上述政策适用于2017年度及以后年度企业所得税汇算清缴。

【实操案例】

【例4-9】

甲企业于2017年12月购进一设备，购买价格5万元，每年计提的折旧额为1万元，由于设备更新换代较快，甲企业又对该设备计提了减值准备0.8万元，2019年年末进行财产盘点时，发现该设备不见了。对于盘亏的该设备，未进行投保财产保险。对于直接责任人该仓库的保管员王某，单位做出让其赔偿0.5万元的决定。对此项固定资产盘亏如何进行账务处理及税前扣除？（不考虑增值税等相关税费）

解析：

对企业盘亏的固定资产或存货，以该固定资产的账面净值或存货的成本减除责任人赔偿后的余额，作为固定资产或存货盘亏损失在计算应纳税所得额时扣除。固定资产盘亏造成的损失，应当计入当期损益。

有关账务处理如下：

（1）盘点发现设备丢失时

借：待处理财产损溢——待处理固定资产损溢　22 000

　　累计折旧　20 000

　　固定资金减值准备　8 000

　　贷：固定资产　50 000

（2）确认仓库的保管员赔偿，经批准处理该盘亏设备时

借：其他应收款——王某　5 000

　　营业外支出——盘亏损失　17 000

　　贷：待处理财产损溢——待处理固定资产损溢　22 000

（3）收到仓库的保管员王某赔款时

借：库存现金　5 000

　　贷：其他应收款——王某　5 000

【例 4-10】

甲太阳能科技有限公司（以下简称甲公司）成立于2006年5月，为增值税一般纳税人。主要经营范围：开发、销售太阳能电池、组件；研制和开发太阳能系列产品。

2019年企业所得税汇算清缴期间，该公司申报一台太阳能电池片单片测试分档机报废损失。申报资料显示，因该设备损坏，生产的产品合格率低，无法正常使用。公司管理层决定报废此设备，发生处置收入5.65万元（含税），会计上已于2019年12月进行账务处理。在“营业外支出”中反映此设备损失金额＝400－342（累计折旧）－5.65÷1.13＝53（万元），企业据此金额申报资产损失。作为审计人员，请依据税收政策，分析甲公司申报资产损失金额是否正确。

解析：

经查阅固定资产卡片记录，此设备于2015年6月从境外购进，入账价值400万元，会计上按年限平均法计提折旧，预计使用寿命5年，预计净残值5%。每年计提折旧金额＝400×（1－5%）÷5＝76（万元），累计计提金额＝38＋76＋76＋76＋76＝342（万元），计算折旧金额正确。

按甲公司提供的2015年至2018年各年度企业所得税汇算清缴报告，税务师已对该项设备以税法最低年限10年、预计净残值率5%，按直线法计算折旧税前扣除，并逐年纳税调整，累计调增金额133万元。2019年度折旧应纳税调增金额＝76－38＝38（万元），合计调增金额＝133＋38＝171（万元）。企业对折旧可抵扣暂时性差异未通过“递延所得税资产”科目核算。

据企业财务经理介绍，该设备会计上运用加速折旧法，未向税务部门申

请备案。

审计人员认为，甲公司申报资产损失税前扣除金额不正确。

根据《国家税务总局关于发布〈企业资产损失所得税税前扣除管理办法〉的公告》（国家税务总局公告2011年第25号）第三十条的规定，固定资产报废、毁损损失，为其账面净值扣除残值和责任人赔偿后的余额。这里的净值，应理解为按税法规定计算的计税基础＝400－171＝229（万元），残值为出售设备不含税价格5万元。甲公司申报设备税前扣除损失金额＝229－5＝224（万元），而不是会计上确认损失53万元。税收与会计之间差额171万元，为2015至2019年度累计纳税调增金额之和，2019年度应纳税调减171万元。

四、《资产损失税前扣除及纳税调整明细表》的填写

（一）纳税申报表样式（见表4-5）

表4-5　A105090　资产损失税前扣除及纳税调整明细表

行次	项目	资产损失的账载金额	资产处置收入	赔偿收入	资产计税基础	资产损失的税收金额	纳税调整金额
		1	2	3	4	5（4＋2－3）	6（1－5）
1	一、现金及银行存款损失						
2	二、应收及预付款项坏账损失						
3	其中：逾期三年以上的应收款项损失						
4	逾期一年以上的小额应收款项损失						
5	三、存货损失						
6	其中：存货盘亏、报废、损毁、变质或被盗损失						
7	四、固定资产损失						
8	其中：固定资产盘亏、丢失、报废、损毁或被盗损失						
9	五、无形资产损失						
10	其中：无形资产转让损失						
11	无形资产被替代或超过法律保护期限形成的损失						

（续表）

行次	项目	资产损失的账载金额	资产处置收入	赔偿收入	资产计税基础	资产损失的税收金额	纳税调整金额
		1	2	3	4	5（4＋2－3）	6（1－5）
12	六、在建工程损失						
13	其中：在建工程停建、报废损失						
14	七、生产性生物资产损失						
15	其中：生产性生物资产盘亏、非正常死亡、被盗、丢失等产生的损失						
16	八、债权性投资损失（17＋22）						
17	（一）金融企业债权性投资损失（18＋21）						
18	1. 符合条件的涉农和中小企业贷款损失						
19	其中：单户贷款余额300万（含）以下的贷款损失						
20	单户贷款余额300万元至1 000万元（含）的贷款损失						
21	2. 其他债权性投资损失						
22	（二）非金融企业债权性投资损失						
23	九、股权（权益）性投资损失						
24	其中：股权转让损失						
25	十、通过各种交易场所、市场买卖债券、股票、期货、基金以及金融衍生产品等发生的损失						
26	十一、打包出售资产损失						
27	十二、其他资产损失						
28	合计（1＋2＋5＋7＋9＋12＋14＋16＋23＋25＋26＋27）						
29	其中：分支机构留存备查的资产损失						

（二）适用范围

本表适用于发生资产损失税前扣除项目及纳税调整项目的纳税人填报。纳税人根据税法、《财政部　国家税务总局关于企业资产损失税前扣除政策的通知》（财税〔2009〕57号）、《国家税务总局关于发布〈企业资产损失所得税税前扣除管理办法〉的公告》（国家税务总局公告2011年第25号发布、国家税务总局公告2018年第31号修改）、《国家税务总局关于商业零售企业存货损失税前扣除问题的公告》（国家税务总局公告2014年第3号）、《国家税务总局关于企业因国务院决定事项形成的资产损失税前扣除问题的公告》（国家税务总局公告2014年第18号）、《财政部 国家税务总局关于金融企业涉农贷款和中小企业贷款损失准备金税前扣除有关问题的通知》（财税〔2015〕3号）、《国家税务总局关于金融企业涉农贷款和中小企业贷款损失税前扣除问题的公告》（国家税务总局公告2015年第25号）、《国家税务总局关于企业所得税资产损失资料留存备查有关事项的公告》（国家税务总局公告2018年第15号）等相关规定，及国家统一企业会计制度，填报资产损失的会计处理、税收规定，以及纳税调整情况。

（三）行次填报说明

纳税人在第1至27行按资产类型填报留存备查的资产损失情况，跨地区经营汇总纳税企业在第1行至27行应填报总机构和全部分支机构的资产损失情况，并在第29行填报各分支机构留存备查的资产损失汇总情况。

（1）第1行“一、现金及银行存款损失”：填报纳税人当年发生的现金损失和银行存款损失的账载金额、资产处置收入、赔偿收入、资产计税基础、资产损失的税收金额及纳税调整金额。

（2）第2行“二、应收及预付款项坏账损失”：填报纳税人当年发生的应收及预付款项坏账损失的账载金额、资产处置收入、赔偿收入、资产计税基础、资产损失的税收金额及纳税调整金额。

（3）第3行“逾期三年以上的应收款项损失”：填报纳税人当年发生的应收及预付款项坏账损失中，逾期三年以上的应收款项且当年在会计上已作为损失处理的坏账损失的账载金额、资产处置收入、赔偿收入、资产计税基础、资产损失的税收金额及纳税调整金额。

（4）第4行“逾期一年以上的小额应收款项损失”：填报纳税人当年发生的应收及预付款项坏账损失中，逾期一年以上，单笔数额不超过五万或者不超过企业年度收入总额万分之一的应收款项，会计上已经作为损失处理的坏账损失的账载金额、资产处置收入、赔偿收入、资产计税基础、资产损失的税收金额及纳税调整金额。

（5）第5行“三、存货损失”：填报纳税人当年发生的存货损失的账载金额、资产处置收入、赔偿收入、资产计税基础、资产损失的税收金额及纳税调整金额。

（6）第6行“存货盘亏、报废、损毁、变质或被盗损失”：填报纳税人当年发生的存货损失中，存货盘亏损失、存货报废、毁损或变质损失以及存货被盗损失的账载金额、资产处置收入、赔偿收入、资产计税基础、资产损失的税收金额及纳税调整金额。

（7）第7行“四、固定资产损失”：填报纳税人当年发生的固定资产损失的账载金额、资产处置收入、赔偿收入、资产计税基础、资产损失的税收金额及纳税调整金额。

（8）第8行“固定资产盘亏丢失、报废、损毁或被盗损失”：填报纳税人当年发生的固定资产损失中，固定资产盘亏、丢失损失，报废、毁损损失以及被盗损失的账载金额、资产处置收入、赔偿收入、资产计税基础、资产损失的税收金额及纳税调整金额。

（9）第9行“五、无形资产损失”：填报纳税人当年发生的无形资产损失的账载金额、资产处置收入、赔偿收入、资产计税基础、资产损失的税收金额及纳税调整金额。

（10）第10行“无形资产转让损失”：填报纳税人当年在正常经营管理活动中，按照公允价格转让无形资产发生的损失的账载金额、资产处置收入、赔偿收入、资产计税基础、资产损失的税收金额及纳税调整金额。

（11）第11行“无形资产被替代或超过法律保护期限形成的损失”：填报纳税人当年发生的无形资产损失中，被其他新技术所代替或超过法律保护期限，已经丧失使用价值和转让价值，尚未摊销的无形资产损失的账载金额、资产处置收入、赔偿收入、资产计税基础、资产损失的税收金额及纳税调整金额。

（12）第12行“六、在建工程损失”：填报纳税人当年发生的在建工程损失的账载金额、资产处置收入、赔偿收入、资产计税基础、资产损失的税收金额及纳税调整金额。

（13）第13行“在建工程停建、报废损失”：填报纳税人当年发生的在建工程损失中，在建工程停建、报废损失的账载金额、资产处置收入、赔偿收入、资产计税基础、资产损失的税收金额及纳税调整金额。

（14）第14行“七、生产性生物资产损失”：填报纳税人当年发生的生产性生物资产损失的账载金额、资产处置收入、赔偿收入、资产计税基础、资产损失的税收金额及纳税调整金额。

（15）第15行“生产性生物资产盘亏、非正常死亡、被盗、丢失等产生的损失”：填报纳税人当年发生的生产性生物资产损失中，生产性生物资产盘亏损失、因森林病虫害、疫情、死亡而产生的生产性生物资产损失以及被盗伐、被盗、丢失而产生的生产性生物资产损失的账载金额、资产处置收入、赔偿收入、资产计税基础、资产损失的税收金额及纳税调整金额。

（16）第16行“八、债权性投资损失”：填报纳税人当年发生的债权性投资损失的账载金额、资产处置收入、赔偿收入、资产计税基础、资产损失的税收金额及纳税调整金额。

（17）第17行“（一）金融企业债权性投资损失”：填报金融企业当年

发生的债权性投资损失的账载金额、资产处置收入、赔偿收入、资产计税基础、资产损失的税收金额及纳税调整金额。

（18）第 18 行“1. 符合条件的涉农和中小企业贷款损失”：填报金融企业当年发生的，符合财税〔2015〕3 号规定条件的涉农和中小企业贷款形成的资产损失的账载金额、资产处置收入、赔偿收入、资产计税基础、资产损失的税收金额及纳税调整金额。

（19）第 19 行“单户贷款余额 300 万（含）以下的贷款损失”：填报金融企业当年发生的符合条件的涉农和中小企业贷款损失中，单户贷款余额 300 万（含）以下的资产损失的账载金额、资产处置收入、赔偿收入、资产计税基础、资产损失的税收金额及纳税调整金额。

（20）第 20 行“单户贷款余额 300 万元至 1 000 万元（含）的贷款损失”：填报金融企业当年发生的符合条件的涉农和中小企业贷款损失中，单户余额 300 万元至 1 000 万元（含）的资产损失的账载金额、资产处置收入、赔偿收入、资产计税基础、资产损失的税收金额及纳税调整金额。

（21）第 21 行“2. 其他债权性投资损失”：填报金融企业当年发生的，除符合条件的涉农和中小企业贷款损失以外的其他债权性投资损失的账载金额、资产处置收入、赔偿收入、资产计税基础、资产损失的税收金额及纳税调整金额。

（22）第 22 行“（二）非金融企业债权性投资损失”：填报非金融企业当年发生的债权性投资损失的账载金额、资产处置收入、赔偿收入、资产计税基础、资产损失的税收金额及纳税调整金额。

（23）第 23 行“九、股权（权益）性投资损失”：填报纳税人当年发生的股权（权益）性投资损失的账载金额、资产处置收入、赔偿收入、资产计税基础、资产损失的税收金额及纳税调整金额。

（24）第 24 行“股权转让损失”：填报纳税人当年发生的股权（权益）性投资损失中，因股权转让形成的资产损失的账载金额、资产处置收入、赔偿收入、资产计税基础、资产损失的税收金额及纳税调整金额。

（25）第 25 行“十、通过各种场所、市场等买卖债券、股票、期货、基金以及金融衍生产品等发生的损失”：填报纳税人当年发生的，按照市场公平交易原则，通过各种交易场所、市场等买卖债券、股票、期货、基金以及金融衍生产品等发生的损失的账载金额、资产处置收入、赔偿收入、资产计税基础、资产损失的税收金额及纳税调整金额。

（26）第 26 行“十一、打包出售资产损失”：填报纳税人当年发生的，将不同类别的资产捆绑（打包），以拍卖、询价、竞争性谈判、招标等市场方式出售形成的资产损失的账载金额、资产处置收入、赔偿收入、资产计税基础、资产损失的税收金额及纳税调整金额。

（27）第 27 行“十二、其他资产损失”：填报纳税人当年发生的其他资产损失的账载金额、资产处置收入、赔偿收入、资产计税基础、资产损失的税收金额及纳税调整金额。

（28）第 28 行“合计”行次：填报第 1 + 2 + 5 + 7 + 9 + 12 + 14 + 16 + 23 + 25 + 26 + 27 行的合计金额。

（29）第 29 行“分支机构留存备查的资产损失”：填报跨地区经营企业各分支机构留存备查的资产损失的账载金额、资产处置收入、赔偿收入、资产计税基础、资产损失的税收金额及纳税调整金额。

（四）列次填报说明

（1）第 1 列“资产损失的账载金额”：填报纳税人会计核算计入当期损益的对应项目的资产损失金额。

（2）第 2 列“资产处置收入”：填报纳税人处置发生损失的资产可收回的残值或处置收益。

（3）第 3 列“赔偿收入”：填报纳税人发生的资产损失，取得的相关责任人、保险公司赔偿的金额。

（4）第 4 列“资产计税基础”：填报纳税人按税收规定计算的发生损失时资产的计税基础，含损失资产涉及的不得抵扣增值税进项税额。

（5）第 5 列“资产损失的税收金额”：填报按税收规定允许当期税前扣除的资产损失金额，按第 4−2−3 列金额填报。

（6）第 6 列“纳税调整金额”：填报第 1−5 列金额。

（五）表内关系

（1）第 16 行＝第 17 + 22 行。

（2）第 17 行＝第 18 + 21 行。

（3）第 28 行＝第 1 + 2 + 5 + 7 + 9 + 12 + 14 + 16 + 23 + 25 + 26 + 27 行。

（4）第 5 列＝第 4−2−3 列。

（5）第 6 列＝第 1−5 列。

（六）表间关系

（1）第 28 行第 1 列＝表 A105000 第 34 行第 1 列。

（2）第 28 行第 5 列＝表 A105000 第 34 行第 2 列。

（3）若第 28 行第 6 列≥ 0，第 28 行第 6 列＝表 A105000 第 34 行第 3 列；若第 28 行第 6 列＜ 0，第 28 行第 6 列的绝对值＝表 A105000 第 34 行第 4 列。

第五章
特殊事项调整项目

【导读】

本章介绍特殊事项调整项目，包括七节内容，分别介绍企业重组、递延纳税事项、政策性搬迁、特殊行业准备金、房地产开发企业特定业务计算的纳税调整额、合伙企业法人合伙人应分得的应纳税所得额以及发行永续债利息支出。

第一节
企业重组

一、居民企业重组税务处理制度

（一）企业重组的定义与种类

根据《财政部　国家税务总局关于企业重组业务企业所得税处理若干问题的通知》（财税〔2009〕59号）以及《企业重组业务企业所得税管理办法》（国家税务总局公告2010年第4号）的规定，企业重组是指企业在日常经营活动以外发生的法律结构或经济结构重大改变的交易，包括企业法律形式改变、债务重组、股权收购、资产收购、合并、分立等。

（1）企业法律形式改变，是指企业注册名称、住所以及企业组织形式等的简单改变，但符合本通知规定其他重组的类型除外。

（2）债务重组，是指在债务人发生财务困难的情况下，债权人按照其与债务人达成的书面协议或者法院裁定书，就其债务人的债务作出让步的事项。

（3）股权收购，是指一家企业（以下称为收购企业）购买另一家企业（以下称为被收购企业）的股权，以实现对被收购企业控制的交易。收购企业支付对价的形式包括股权支付、非股权支付或两者的组合。

（4）资产收购，是指一家企业（以下称为受让企业）购买另一家企业（以下称为转让企业）实质经营性资产的交易。受让企业支付对价的形式包括股权支付、非股权支付或两者的组合。实质经营性资产，是指企业用于从事生产经营活动、与产生经营收入直接相关的资产，包括经营所用各类资产、企业拥有的商业信息和技术、经营活动产生的应收款项、投资资产等。

（5）合并，是指一家或多家企业（以下称为被合并企业）将其全部资产和负债转让给另一家现存或新设企业（以下称为合并企业），被合并企业股东换取合并企业的股权或非股权支付，实现两个或两个以上企业的依法合并。

（6）分立，是指一家企业（以下称为被分立企业）将部分或全部资产分离转让给现存或新设的企业（以下称为分立企业），被分立企业股东换取分立企业的股权或非股权支付，实现企业的依法分立。

股权支付，是指企业重组中购买、换取资产的一方支付的对价中，以本企业或其控股企业的股权、股份作为支付的形式；非股权支付，是指以本企业的现金、银行存款、应收款项、本企业或其控股企业股权和股份以外的有价证券、存货、固定资产、其他资产以及承担债务等作为支付的形式。控股企业，是指由本企业直接持有股份的企业。

企业重组的税务处理区分不同条件分别适用一般性税务处理规定和特殊性税务处理规定。同一重组业务的当事各方应采取一致税务处理原则，即统一按一般性或特殊性税务处理。

（二）企业重组一般性税务处理规定

根据《财政部　国家税务总局关于企业重组业务企业所得税处理若干问题的通知》（财税〔2009〕59号）以及《企业重组业务企业所得税管理办法》（国家税务总局公告2010年第4号）的规定，企业重组，除符合适用特殊性税务处理规定的外，按以下规定进行税务处理：

（1）企业由法人转变为个人独资企业、合伙企业等非法人组织，或将登记注册地转移至中华人民共和国境外（包括港澳台地区），应视同企业进行清算、分配，股东重新投资成立新企业。企业的全部资产以及股东投资的计税基础均应以公允价值为基础确定。

企业由法人转变为个人独资企业、合伙企业等非法人组织，或将登记注册地转移至中华人民共和国境外（包括港澳台地区），应按照《财政部　国家税务总局关于企业清算业务企业所得税处理若干问题的通知》（财税〔2009〕60号）规定进行清算。

企业在报送《企业清算所得纳税申报表》时，应附送以下资料：

①企业改变法律形式的工商部门或其他政府部门的批准文件；

②企业全部资产的计税基础以及评估机构出具的资产评估报告；

③企业债权、债务处理或归属情况说明；

④主管税务机关要求提供的其他资料证明。

企业发生其他法律形式简单改变的，可直接变更税务登记，除另有规定外，有关企业所得税纳税事项（包括亏损结转、税收优惠等权益和义务）由变更后企业承继，但因住所发生变化而不符合税收优惠条件的除外。

（2）企业债务重组，相关交易应按以下规定处理：

①以非货币资产清偿债务，应当分解为转让相关非货币性资产、按非货币性资产公允价值清偿债务两项业务，确认相关资产的所得或损失。

②发生债权转股权的，应当分解为债务清偿和股权投资两项业务，确认有关债务清偿所得或损失。

③债务人应当按照支付的债务清偿额低于债务计税基础的差额，确认债务重组所得；债权人应当按照收到的债务清偿额低于债权计税基础的差额，

确认债务重组损失。

④债务人的相关所得税纳税事项原则上保持不变。

企业发生上述债务重组，应准备以下相关资料，以备税务机关检查：

①以非货币资产清偿债务的，应保留当事各方签订的清偿债务的协议或合同，以及非货币资产公允价格确认的合法证据等；

②债权转股权的，应保留当事各方签订的债权转股权协议或合同。

（3）企业股权收购、资产收购重组交易，相关交易应按以下规定处理：

①被收购方应确认股权、资产转让所得或损失。

②收购方取得股权或资产的计税基础应以公允价值为基础确定。

③被收购企业的相关所得税事项原则上保持不变。

企业发生上述股权收购、资产收购重组业务，应准备以下相关资料，以备税务机关检查：

①当事各方所签订的股权收购、资产收购业务合同或协议；

②相关股权、资产公允价值的合法证据。

（4）企业合并，当事各方应按下列规定处理：

①合并企业应按公允价值确定接受被合并企业各项资产和负债的计税基础。

②被合并企业及其股东都应按清算进行所得税处理。

③被合并企业的亏损不得在合并企业结转弥补。

企业发生上述合并，应按照《财政部　国家税务总局关于企业清算业务企业所得税处理若干问题的通知》（财税〔2009〕60号）规定进行清算。

被合并企业在报送《企业清算所得纳税申报表》时，应附送以下资料：

①企业合并的工商部门或其他政府部门的批准文件；

②企业全部资产和负债的计税基础以及评估机构出具的资产评估报告；

③企业债务处理或归属情况说明；

④主管税务机关要求提供的其他资料证明。

（5）企业分立，当事各方应按下列规定处理：

①被分立企业对分立出去资产应按公允价值确认资产转让所得或损失。

②分立企业应按公允价值确认接受资产的计税基础。

③被分立企业继续存在时，其股东取得的对价应视同被分立企业分配进行处理。

④被分立企业不再继续存在时，被分立企业及其股东都应按清算进行所得税处理。

⑤企业分立相关企业的亏损不得相互结转弥补。

企业发生上述分立，被分立企业不再继续存在，应按照《财政部　国家税务总局关于企业清算业务企业所得税处理若干问题的通知》（财税〔2009〕

60 号）规定进行清算。

被分立企业在报送《企业清算所得纳税申报表》时，应附送以下资料：

①企业分立的工商部门或其他政府部门的批准文件；

②被分立企业全部资产的计税基础以及评估机构出具的资产评估报告；

③企业债务处理或归属情况说明；

④主管税务机关要求提供的其他资料证明。

（三）企业重组特殊性税务处理规定

根据《财政部　国家税务总局关于企业重组业务企业所得税处理若干问题的通知》（财税〔2009〕59 号）以及《企业重组业务企业所得税管理办法》（国家税务总局公告 2010 年第 4 号）的规定，企业重组同时符合下列条件的，适用特殊性税务处理规定：

（1）具有合理的商业目的，且不以减少、免除或者推迟缴纳税款为主要目的。

（2）被收购、合并或分立部分的资产或股权比例符合规定的比例。

（3）企业重组后的连续 12 个月内不改变重组资产原来的实质性经营活动。

（4）重组交易对价中涉及股权支付金额符合规定比例。

（5）企业重组中取得股权支付的原主要股东，在重组后连续 12 个月内，不得转让所取得的股权。

上述“企业重组后的连续 12 个月内”，是指自重组日起计算的连续 12 个月内。当事各方应在完成重组业务后的下一年度的企业所得税年度申报时，向主管税务机关提交书面情况说明，以证明企业在重组后的连续 12 个月内，有关符合特殊性税务处理的条件未发生改变。

原主要股东，是指原持有转让企业或被收购企业 20% 以上股权的股东。

企业重组符合上述条件的，交易各方对其交易中的股权支付部分，可以按以下规定进行特殊性税务处理：

（1）企业债务重组确认的应纳税所得额占该企业当年应纳税所得额 50% 以上，可以在 5 个纳税年度的期间内，均匀计入各年度的应纳税所得额。

企业发生债权转股权业务，对债务清偿和股权投资两项业务暂不确认有关债务清偿所得或损失，股权投资的计税基础以原债权的计税基础确定。企业的其他相关所得税事项保持不变。

（2）股权收购，收购企业购买的股权不低于被收购企业全部股权的 75%，且收购企业在该股权收购发生时的股权支付金额不低于其交易支付总额的 85%，可以选择按以下规定处理：

①被收购企业的股东取得收购企业股权的计税基础，以被收购股权的原

有计税基础确定。

②收购企业取得被收购企业股权的计税基础，以被收购股权的原有计税基础确定。

③收购企业、被收购企业的原有各项资产和负债的计税基础和其他相关所得税事项保持不变。

根据《财政部　国家税务总局关于促进企业重组有关企业所得税处理问题的通知》（财税〔2014〕109号）的规定，自2014年1月1日起，上述“股权收购，收购企业购买的股权不低于被收购企业全部股权的75%”规定调整为“股权收购，收购企业购买的股权不低于被收购企业全部股权的50%”。

（3）资产收购，受让企业收购的资产不低于转让企业全部资产的75%，且受让企业在该资产收购发生时的股权支付金额不低于其交易支付总额的85%，可以选择按以下规定处理：

①转让企业取得受让企业股权的计税基础，以被转让资产的原有计税基础确定。

②受让企业取得转让企业资产的计税基础，以被转让资产的原有计税基础确定。

根据《财政部　国家税务总局关于促进企业重组有关企业所得税处理问题的通知》（财税〔2014〕109号）的规定，自2014年1月1日起，上述“资产收购，受让企业收购的资产不低于转让企业全部资产的75%”规定调整为“资产收购，受让企业收购的资产不低于转让企业全部资产的50%”。

（4）企业合并，企业股东在该企业合并发生时取得的股权支付金额不低于其交易支付总额的85%，以及同一控制下且不需要支付对价的企业合并，可以选择按以下规定处理：

①合并企业接受被合并企业资产和负债的计税基础，以被合并企业的原有计税基础确定。

②被合并企业合并前的相关所得税事项由合并企业承继。

③可由合并企业弥补的被合并企业亏损的限额＝被合并企业净资产公允价值×截至合并业务发生当年年末国家发行的最长期限的国债利率。

④被合并企业股东取得合并企业股权的计税基础，以其原持有的被合并企业股权的计税基础确定。

同一控制，是指参与合并的企业在合并前后均受同一方或相同的多方最终控制，且该控制并非暂时性的。能够对参与合并的企业在合并前后均实施最终控制权的相同多方，是指根据合同或协议的约定，对参与合并企业的财务和经营政策拥有决定控制权的投资者群体。在企业合并前，参与合并各方受最终控制方的控制在12个月以上，企业合并后所形成的主体在最终控制方的控制时间也应达到连续12个月。

可由合并企业弥补的被合并企业亏损的限额，是指按《企业所得税法》规定的剩余结转年限内，每年可由合并企业弥补的被合并企业亏损的限额。

（5）企业分立，被分立企业所有股东按原持股比例取得分立企业的股权，分立企业和被分立企业均不改变原来的实质经营活动，且被分立企业股东在该企业分立发生时取得的股权支付金额不低于其交易支付总额的85%，可以选择按以下规定处理：

①分立企业接受被分立企业资产和负债的计税基础，以被分立企业的原有计税基础确定。

②被分立企业已分立出去资产相应的所得税事项由分立企业承继。

③被分立企业未超过法定弥补期限的亏损额可按分立资产占全部资产的比例进行分配，由分立企业继续弥补。

④被分立企业的股东取得分立企业的股权（以下简称“新股”），如需部分或全部放弃原持有的被分立企业的股权（以下简称“旧股”），“新股”的计税基础应以放弃“旧股”的计税基础确定。如不需放弃“旧股”，则其取得“新股”的计税基础可从以下两种方法中选择确定：直接将“新股”的计税基础确定为零；或者以被分立企业分立出去的净资产占被分立企业全部净资产的比例先调减原持有的“旧股”的计税基础，再将调减的计税基础平均分配到“新股”上。

（6）重组交易各方按上述第（1）至（5）项规定对交易中股权支付暂不确认有关资产的转让所得或损失的，其非股权支付仍应在交易当期确认相应的资产转让所得或损失，并调整相应资产的计税基础。

非股权支付对应的资产转让所得或损失＝（被转让资产的公允价值－被转让资产的计税基础）×（非股权支付金额 ÷ 被转让资产的公允价值）

上述规定的被合并企业合并前的相关所得税事项由合并企业承继，企业分立，已分立资产相应的所得税事项由分立企业承继，这些事项包括尚未确认的资产损失、分期确认收入的处理以及尚未享受期满的税收优惠政策承继处理问题等。其中，关于税收优惠政策承继处理问题，凡属于依照《企业所得税法》第五十七条规定中就企业整体（即全部生产经营所得）享受税收优惠过渡政策的，合并或分立后的企业性质及适用税收优惠条件未发生改变的，可以继续享受合并前各企业或分立前被分立企业剩余期限的税收优惠。合并前各企业剩余的税收优惠年限不一致的，合并后企业每年度的应纳税所得额，应统一按合并日各合并前企业资产占合并后企业总资产的比例进行划分，再分别按相应的剩余优惠计算应纳税额。合并前各企业或分立前被分立企业按照《企业所得税法》的税收优惠规定以及税收优惠过渡政策中就有关生产经营项目所得享受的税收优惠承继处理问题，按照《企业所得税法实施条例》第八十九条规定执行。

（四）税收优惠与其他事项

根据《财政部　国家税务总局关于企业重组业务企业所得税处理若干问题的通知》（财税〔2009〕59号）以及《企业重组业务企业所得税管理办法》（国家税务总局公告2010年第4号）的规定，在企业吸收合并中，合并后的存续企业性质及适用税收优惠的条件未发生改变的，可以继续享受合并前该企业剩余期限的税收优惠，其优惠金额按存续企业合并前一年的应纳税所得额（亏损计为零）计算。

在企业存续分立中，分立后的存续企业性质及适用税收优惠的条件未发生改变的，可以继续享受分立前该企业剩余期限的税收优惠，其优惠金额按该企业分立前一年的应纳税所得额（亏损计为零）乘以分立后存续企业资产占分立前该企业全部资产的比例计算。

企业在重组发生前后连续12个月内分步对其资产、股权进行交易，应根据实质重于形式原则将上述交易作为一项企业重组交易进行处理。跨年度分步交易，若当事方在首个纳税年度不能预计整个交易是否符合特殊性税务处理条件，应适用一般性税务处理。在下一纳税年度全部交易完成后，适用特殊性税务处理的，可以调整上一纳税年度的企业所得税年度申报表，涉及多缴税款的，各主管税务机关应退税，或抵缴当年应纳税款。

企业发生符合特殊性重组条件并选择特殊性税务处理的，当事各方应在该重组业务完成当年企业所得税年度申报时，向主管税务机关提交书面备案资料，证明其符合各类特殊性重组规定的条件。企业未按规定书面备案的，一律不得按特殊重组业务进行税务处理。企业重组的当事各方应该取得并保管与该重组有关的凭证、资料，保管期限按照《税收征收管理法》的有关规定执行。

当事方的其中一方在规定时间内发生生产经营业务、公司性质、资产或股权结构等情况变化，致使重组业务不再符合特殊性税务处理条件的，发生变化的当事方应在情况发生变化的30天内书面通知其他所有当事方。主导方在接到通知后30日内将有关变化通知其主管税务机关。

上款所述情况发生变化后60日内，应按照一般性税务处理的规定调整重组业务的税务处理。原交易各方应各自按原交易完成时资产和负债的公允价值计算重组业务的收益或损失，调整交易完成纳税年度的应纳税所得额及相应的资产和负债的计税基础，并向各自主管税务机关申请调整交易完成纳税年度的企业所得税年度申报表。逾期不调整申报的，按照《税收征收管理法》的相关规定处理。

各当事方的主管税务机关应当对企业申报或确认适用特殊性税务处理的重组业务进行跟踪监管，了解重组企业的动态变化情况。发现问题，应及时与其他当事方主管税务机关沟通联系，并按照规定给予调整。

【实操案例】

【例5-1】

2009年6月5日，江西诚志股份向石家庄永生华清与清华控股定向增发股票2704万股，以购买两家企业100%控股的石家庄永生华清液晶有限公司以及石家庄开发区永生华清液晶有限公司100%股权，两家控股企业初始投资成本为6 100万元（即：标的公司的实收资本），定向增发价格按照诚志股份首次董事会审议前20个交易日的平均价格确定，其公允价值为34 671.58万元。

该项重组业务，是标准的股权收购，即：上市公司诚志股份用自己的股份作为对价，购买两家控股企业持有的100%股权。如果选用特殊性税务处理：

（1）石家庄永生华清和清华控股，暂不确认转让股权所得；

（2）收购企业诚志股份取得的标的公司股权的计税基础按照其原计税基础6100万元确定；

（3）转让企业取得诚志股份股票的计税基础，也按照被收购股权的原有计税基础确定；

（4）标的企业承诺自重组完成日起，12个月内不改变实质性经营业务；

（5）取得诚志股份的原主要股东石家庄永生华清和清华控股承诺在12个月内不转让其取得的股票，这也是证监会对新增限售股的要求。

【例5-2】

2010年5月14日，上海锦江国际酒店发展股份有限公司（以下简称锦江股份）发布了《重大资产置换及购买暨关联交易报告书》，同上海锦江国际酒店（集团）股份有限公司（以下简称锦江酒店集团）进行了重大资产置换。交易的核心是本公司以星级酒店业务资产与锦江酒店集团的“锦江之星”经济型酒店业务资产进行置换，以达到专业经营的目的。

在本案例中锦江酒店集团以自己旗下锦江之星71.225%的股份、旅馆投资80%、达华宾馆99%的股份，以及3.39亿元现金去收购锦江股份11家公司（其中两家分公司，9家子公司）的权益，标的资产公允价值为30.67亿元，股权支付比例为89%，超过了85%的股权支付比例；收购资产达到锦江股份的95.32%，达到了75%的比例。

因此，锦江股份和锦江酒店（集团）的资产重组行为符合财税〔2009〕59号文特殊性税务处理条件，可以享受特殊性税务处理。如果锦江股份的重组不符合特殊性税务处理条件，重组双方需要缴纳企业所得税9.3亿元。

【例 5-3】

2009 年 12 月，东航发布《中国东方航空股份有限公司换股吸收合并上海航空股份有限公司报告书》，按照 5.28 元每股股票的股价定向增发 A 股，以购买上海航空公司的全部净资产，按照 1∶1.3 的换股比例向上海航空公司的股东换股吸收合并，该业务符合特殊性税务处理条件。

（1）该交易具有合理的商业目的；

（2）该交易属于依法合并；

（3）东航按照 1∶1.3 的换股比例换股吸收合并上海航空，同时按照 5.50 元 / 股，提供异议股东现金选择权，取得现金支付的股东属于东航非股权支付额。该项交易预计异议股东达不到总发行股份 15% 的比例，因此股权支付额应该超过 85%；

（4）吸收合并后，上海航空公司的资产继续从事民航运输，因此具有经营的连续性；

（5）吸收合并后，占股份 20% 以上的原主要股东，在 12 个月内不能转让股份，以保持权益的连续性。上海航空公司的原股东有两个超过 20% 的持股比例，分别为上海联合投资有限公司和锦江酒店（集团）有限公司。预计这两家企业在 12 个月内不会转让其取得的存续企业东航股份。

【例 5-4】

2010 年 2 月 26 日，ST 东北高在上海证券交易所终止上市，代之以分立后的两个上市公司：龙江交通和吉林高速。东北高速公路股份有限公司成立于 1999 年 7 月 21 日，由龙高集团、吉高集团、华建交通三家企业共同发起，由于大股东龙高集团、吉高集团、华建交通之间持股比例差距不大，均没有绝对控股权，导致三方的利益始终无法协调，终发展成不可收拾的股东大战。为了解决公司治理结构形成的矛盾，2010 年东北高速进行了分立，其分立方案要点为：

（1）东北高速将分立为两家股份有限公司，即龙江交通和吉林高速。

（2）东北高速在分立日在册的所有股东，其持有的每股东北高速股份将转换为一股龙江交通的股份和一股吉林高速的股份。

（3）在此基础上，龙高集团将其持有的吉林高速的股份与吉高集团持有的龙江交通的股份互相无偿划转，上述股权划转是本次分立上市的一部分，将在分立后公司股票上市前完成，东北高速在分立完成后将依法办理注销手续。

东北高速的上市公司公告中声明同税务机关沟通后，本次分立符合财税〔2009〕59 号文特殊性税务处理条件，但从方案上看，显然不能满足被分立企业所有股东按原持股比例取得分立企业的股权条件。因此不应当享受特殊性税务处理，该企业存在重大税收风险。

二、非居民企业重组税务处理制度

（一）基本制度

根据《财政部　国家税务总局关于企业重组业务企业所得税处理若干问题的通知》（财税〔2009〕59号）以及《企业重组业务企业所得税管理办法》（国家税务总局公告2010年第4号）的规定，企业发生涉及中国境内与境外之间（包括港澳台地区）的股权和资产收购交易，除应符合上述规定的一般条件外，还应同时符合下列条件，才可选择适用特殊性税务处理规定：

（1）非居民企业向其100%直接控股的另一非居民企业转让其拥有的居民企业股权，没有因此造成以后该项股权转让所得预提税负担变化，且转让方非居民企业向主管税务机关书面承诺在3年（含3年）内不转让其拥有受让方非居民企业的股权；

（2）非居民企业向与其具有100%直接控股关系的居民企业转让其拥有的另一居民企业股权；

（3）居民企业以其拥有的资产或股权向其100%直接控股的非居民企业进行投资；

（4）财政部、国家税务总局核准的其他情形。

上述第（3）项所指的居民企业以其拥有的资产或股权向其100%直接控股关系的非居民企业进行投资，其资产或股权转让收益如选择特殊性税务处理，可以在10个纳税年度内均匀计入各年度应纳税所得额。

发生上述第（3）项规定的重组，居民企业应向其所在地主管税务机关报送以下资料：

①当事方的重组情况说明，申请文件中应说明股权转让的商业目的；

②双方所签订的股权转让协议；

③双方控股情况说明；

④由评估机构出具的资产或股权评估报告。报告中应分别列示涉及的各单项被转让资产和负债的公允价值；

⑤证明重组符合特殊性税务处理条件的资料，包括股权或资产转让比例，支付对价情况，以及12个月内不改变资产原来的实质性经营活动、不转让所取得股权的承诺书等；

⑥税务机关要求的其他材料。

（二）具体规则

根据《国家税务总局关于非居民企业股权转让适用特殊性税务处理有关问题的公告》（国家税务总局公告2013年第72号，根据2015年4月17日国家税务总局公告2015年第22号《关于修改〈非居民企业所得税核定征收管理办法〉等文件的公告》修正）的规定，股权转让是指非居民企业发生上述第（1）（2）项规定的情形，其中第（1）项规定的情形包括因境外企业分立、合并导致中国居民企业股权被转让的情形。

非居民企业股权转让选择特殊性税务处理的，应于股权转让合同或协议生效且完成工商变更登记手续30日内进行备案。属于上述第（1）项情形的，由转让方向被转让企业所在地所得税主管税务机关备案；属于上述第（2）项情形的，由受让方向其所在地所得税主管税务机关备案。股权转让方或受让方可以委托代理人办理备案事项；代理人在代为办理备案事项时，应向主管税务机关出具备案人的书面授权委托书。

股权转让方、受让方或其授权代理人（以下称备案人）办理备案时应填报以下资料：

①《非居民企业股权转让适用特殊性税务处理备案表》；

②股权转让业务总体情况说明，应包括股权转让的商业目的、证明股权转让符合特殊性税务处理条件、股权转让前后的公司股权架构图等资料；

③股权转让业务合同或协议（外文文本的同时附送中文译本）；

④工商等相关部门核准企业股权变更事项证明资料；

⑤截至股权转让时，被转让企业历年的未分配利润资料；

⑥税务机关要求的其他材料。

以上资料已经向主管税务机关报送的，备案人可不再重复报送。其中以复印件向税务机关提交的资料，备案人应在复印件上注明"本复印件与原件一致"字样，并签字后加盖备案人印章；报送中文译本的，应在中文译本上注明"本译文与原文表述内容一致"字样，并签字后加盖备案人印章。

主管税务机关应当按规定受理备案，资料齐全的，应当场在《非居民企业股权转让适用特殊性税务处理备案表》上签字盖章，并退1份给备案人；资料不齐全的，不予受理，并告知备案人各应补正事项。

非居民企业发生股权转让属于上述第（1）项情形的，主管税务机关应当自受理之日起30个工作日内就备案事项进行调查核实、提出处理意见，并将全部备案资料以及处理意见层报省（含自治区、直辖市和计划单列市，下同）税务机关。税务机关在调查核实时，如发现此种股权转让情形造成以后该项股权转让所得预提税负担变化，包括转让方把股权由应征税的国家或地区转让到不征税或低税率的国家或地区，应不予适用特殊性税务处理。

非居民企业股权转让适用特殊性税务处理备案后经调查核实不符合条件的，应调整适用一般性税务处理，按照有关规定缴纳企业所得税。非居民企业股权转让适用特殊性税务处理未进行备案的，税务机关应告知其按照规定办理备案手续。

非居民企业发生股权转让属于上述第（1）项情形且选择特殊性税务处理

的，转让方和受让方不在同一国家或地区的，若被转让企业股权转让前的未分配利润在转让后分配给受让方的，不享受受让方所在国家（地区）与中国签订的税收协定（含税收安排）的股息减税优惠待遇，并由被转让企业按税法相关规定代扣代缴企业所得税，到其所在地所得税主管税务机关申报缴纳。

省税务机关应做好辖区内非居民企业股权转让适用特殊性税务处理的管理工作，于年度终了后30日内向国家税务总局报送《非居民企业股权转让适用特殊性税务处理情况统计表》。

【实操案例】

【例5-5】

2008年9月，四川双马（SZ.000935）发布重大重组预案公告称，公司将通过定向增发，向该公司的实际控制人拉法基中国海外控股公司（以下简称拉法基中国）发行3.68亿股A股股票，收购其持有的都江堰拉法基水泥有限公司（以下简称都江堰拉法基）50%的股权。增发价7.61元/股。收购完成后，都江堰拉法基将成为四川双马的控股子公司。

都江堰拉法基成立时的注册资本为8.57亿元，其中都江堰市建工建材总公司的出资金额为2.14亿元，出资比例为25%，拉法基中国的出资金额为6.43亿元，出资比例为75%。

根据法律法规，拉法基中国承诺，本次认购的股票自发行结束之日起36个月内不上市交易或转让。

第一，业务的性质。

此项股权收购完成后，四川双马将达到控制都江堰拉法基的目的，因此符合财税〔2009〕59号文规定的股权收购的定义。

第二，企业所得税政策的适用。

尽管符合控股合并的条件，尽管所支付的对价均为上市公司的股权，但由于四川双马只收购了都江堰拉法基的50%股权，没有达到75%的要求，因此应当适用一般性税务处理：

（1）被收购企业的股东：拉法基，应确认股权转让所得。

股权转让所得＝取得对价的公允价值－原计税基础＝$7.61\times3.68-8.57\times50\%=23.73$（亿元）

由于拉法基中国的注册地在英属维尔京群岛，属于非居民企业，因此其股权转让应纳的所得税为：$23.73\times10\%=2.37$（亿元）。

（2）收购方：四川双马取得（对都江堰拉法基）股权的计税基础应以公允价值为基础确定，即28.01亿元（7.61×3.68）。

（3）被收购企业：都江堰拉法基的相关所得税事项保持不变。

如果其他条件不变，拉法基中国将转让的股权份额提高到75%，即转让其持有的全部都江堰拉法基的股权，那么由于此项交易同时符合财税〔2009〕59号文规定的五个条件，因此可以选择特殊性税务处理：

（1）被收购企业的股东：拉法基中国，暂不确认股权转让所得。

（2）收购方：四川双马取得（对都江堰拉法基）股权的计税基础应以被收购股权的原有计税基础确定，即4.28亿元（8.57×50%）。

（3）被收购企业：都江堰拉法基的相关所得税事项保持不变。

可见，如果拉法基中国采用后一种方式，转让都江堰拉法基水泥有限公司75%的股权，则可以在当期避免2.37亿元的所得税支出。

三、股权与资产划转的税务处理制度

（一）基本制度

根据《财政部 国家税务总局关于促进企业重组有关企业所得税处理问题的通知》（财税〔2014〕109号）的规定，自2014年1月1日起，对100%直接控制的居民企业之间，以及受同一或相同多家居民企业100%直接控制的居民企业之间按账面净值划转股权或资产，凡具有合理商业目的，不以减少、免除或者推迟缴纳税款为主要目的，股权或资产划转后连续12个月内不改变被划转股权或资产原来实质性经营活动，且划出方企业和划入方企业均未在会计上确认损益的，可以选择按以下规定进行特殊性税务处理：

（1）划出方企业和划入方企业均不确认所得。

（2）划入方企业取得被划转股权或资产的计税基础，以被划转股权或资产的原账面净值确定。

（3）划入方企业取得的被划转资产，应按其原账面净值计算折旧扣除。

（二）具体规则

根据《国家税务总局关于资产（股权）划转企业所得税征管问题的公告》（国家税务总局公告2015年第40号）的规定，《财政部 国家税务总局关于促进企业重组有关企业所得税处理问题的通知》（财税〔2014〕109号，以下简称《通知》）所称"100%直接控制的居民企业之间，以及受同一或相同多家居民企业100%直接控制的居民企业之间按账面净值划转股权或资产"，限于以下情形：

（1）100%直接控制的母子公司之间，母公司向子公司按账面净值划转其持有的股权或资产，母公司获得子公司100%的股权支付。母公司按增加长期股权投资处理，子公司按接受投资（包括资本公积，下同）处理。母公司获得子公司股权的计税基础以划转股权或资产的原计税基础确定。

（2）100% 直接控制的母子公司之间，母公司向子公司按账面净值划转其持有的股权或资产，母公司没有获得任何股权或非股权支付。母公司按冲减实收资本（包括资本公积，下同）处理，子公司按接受投资处理。

（3）100% 直接控制的母子公司之间，子公司向母公司按账面净值划转其持有的股权或资产，子公司没有获得任何股权或非股权支付。母公司按收回投资处理，或按接受投资处理，子公司按冲减实收资本处理。母公司应按被划转股权或资产的原计税基础，相应调减持有子公司股权的计税基础。

（4）受同一或相同多家母公司 100% 直接控制的子公司之间，在母公司主导下，一家子公司向另一家子公司按账面净值划转其持有的股权或资产，划出方没有获得任何股权或非股权支付。划出方按冲减所有者权益处理，划入方按接受投资处理。

《通知》所称“股权或资产划转后连续 12 个月内不改变被划转股权或资产原来实质性经营活动”，是指自股权或资产划转完成日起连续 12 个月内不改变被划转股权或资产原来实质性经营活动。股权或资产划转完成日，是指股权或资产划转合同（协议）或批复生效，且交易双方已进行会计处理的日期。

《通知》所称“划入方企业取得被划转股权或资产的计税基础，以被划转股权或资产的原账面净值确定”，是指划入方企业取得被划转股权或资产的计税基础，以被划转股权或资产的原计税基础确定。

《通知》所称“划入方企业取得的被划转资产，应按其原账面净值计算折旧扣除”，是指划入方企业取得的被划转资产，应按被划转资产的原计税基础计算折旧扣除或摊销。

按照《通知》规定进行特殊性税务处理的股权或资产划转，交易双方应在协商一致的基础上，采取一致处理原则统一进行特殊性税务处理。

交易双方应在企业所得税年度汇算清缴时，分别向各自主管税务机关报送《居民企业资产（股权）划转特殊性税务处理申报表》和相关资料（一式两份）。

相关资料包括：

（1）股权或资产划转总体情况说明，包括基本情况、划转方案等，并详细说明划转的商业目的；

（2）交易双方或多方签订的股权或资产划转合同（协议），需有权部门（包括内部和外部）批准的，应提供批准文件；

（3）被划转股权或资产账面净值和计税基础说明；

（4）交易双方按账面净值划转股权或资产的说明（需附会计处理资料）；

（5）交易双方均未在会计上确认损益的说明（需附会计处理资料）；

（6）12 个月内不改变被划转股权或资产原来实质性经营活动的承诺书。

交易双方应在股权或资产划转完成后的下一年度的企业所得税年度申报时，各自向主管税务机关提交书面情况说明，以证明被划转股权或资产自划转完成日后连续 12 个月内，没有改变原来的实质性经营活动。

交易一方在股权或资产划转完成日后连续12个月内发生生产经营业务、公司性质、资产或股权结构等情况变化，致使股权或资产划转不再符合特殊性税务处理条件的，发生变化的交易一方应在情况发生变化的30日内报告其主管税务机关，同时书面通知另一方。另一方应在接到通知后30日内将有关变化报告其主管税务机关。

上述情况发生变化后60日内，原交易双方应按以下规定进行税务处理：

（1）属于《国家税务总局关于资产（股权）划转企业所得税征管问题的公告》（国家税务总局公告2015年第40号，以下简称《公告》）第（1）项规定情形的，母公司应按原划转完成时股权或资产的公允价值视同销售处理，并按公允价值确认取得长期股权投资的计税基础；子公司按公允价值确认划入股权或资产的计税基础。

属于《公告》第（2）项规定情形的，母公司应按原划转完成时股权或资产的公允价值视同销售处理；子公司按公允价值确认划入股权或资产的计税基础。

属于《公告》第（3）项规定情形的，子公司应按原划转完成时股权或资产的公允价值视同销售处理；母公司应按撤回或减少投资进行处理。

属于《公告》第（4）项规定情形的，划出方应按原划转完成时股权或资产的公允价值视同销售处理；母公司根据交易情形和会计处理对划出方按分回股息进行处理，或者按撤回或减少投资进行处理，对划入方按以股权或资产的公允价值进行投资处理；划入方按接受母公司投资处理，以公允价值确认划入股权或资产的计税基础。

（2）交易双方应调整划转完成纳税年度的应纳税所得额及相应股权或资产的计税基础，向各自主管税务机关申请调整划转完成纳税年度的企业所得税年度申报表，依法计算缴纳企业所得税。

交易双方的主管税务机关应对企业申报适用特殊性税务处理的股权或资产划转加强后续管理。

【实操案例】

【例5-6】

2012年4月10日，云南省国资委出具《关于安宁矿业分公司资产无偿划转云南磷化集团有限事宜的批复》（云国资产权函〔2012〕32号），同意将云天化集团安宁矿业分公司成建制、整体无偿划转至磷化集团。

2012年6月6日，云南省国资委出具《关于将安宁矿业分公司6宗土地划转云南磷化集团有限公司关事宜的复函》（云国资产权函〔2012〕54号），明确将云天化集团安宁矿业分公司所使用的宗土地使用权划转磷化集团事宜。

云天化集团持有磷化集团 100% 股权。

在本案中，云天化集团将它的矿业分公司无偿划转给磷化集团，在股权架构上可以满足财税〔2014〕109 号文中规定的条件。虽然划转的标的不是某一个单项资产，但是属于将一个业务（资产负债的组合）无偿划转，但也符合财税〔2014〕109 号文中规定的资产划转。

【例 5-7】

根据上海市闸北区政府 2014 年 4 月 28 日第 98 次常委会精神，闸北区国资委出具闸国资（2014）63 号文，批复同意上海市北高新（集团）有限公司（以下称市北集团）将其持有的投资性房地产无偿划转至上海市北生产性企业服务发展有限公司（以下称市北发展）。目前，上述投资性房地产权属变更已经办理完毕。市北发展为市北集团全资子公司。

在本案中资产的划出方和划入方的在股权架构关系上可以满足财税〔2014〕109 号文的规定，但是划转的资产为投资性房地产，按照政策中的经营连续性规则，这部分投资性房地产在 12 月内不能改变原有的实质经营活动，也就说标的资产原来是出租赚取租金收入的，那么划转后该部分资产还得继续出租，而不能转为自用。

【例 5-8】

2015 年 5 月 18 日，中国兵器工业集团公司（以下简称兵器集团）与中兵投资管理有限责任公司（以下简称中兵投资）签署了股权《无偿划转协议》，将其持有的湖南江南红箭股份有限公司（以下称江南红箭）划转至中兵投资，划转后兵器集团不再直接持有江南红箭的股票。兵器集团持有中兵投资 100% 股权。

在本案中，划出方和划入方股权架构可以满足财税〔2014〕109 号文的规定，按照划转资产经营连续性的要求，中兵投资不能在 12 个月内转让其持有的江南红箭的股票。

【例 5-9】

为了整合山东晨鸣纸业集团股份有限公司（以下称"公司"）境外销售资源，理顺公司销售系统构架关系，提升海外资源运用效率，最大限度提升海外销售业绩，增加销售收入和公司盈利，公司拟将境外全资子公司晨鸣（中国香港）有限公司（以下称中国香港晨鸣）、晨鸣 GmbH（以下称德国晨鸣）、晨鸣纸业日本株式会社（以下称日本晨鸣）以及晨鸣国际有限公司（以下称美国晨鸣）的 100% 股权无偿划转给公司全资子公司山东晨鸣纸业销售有限公司（以下称销售公司）。转让完成后，中国香港晨鸣、德国晨鸣、日本晨鸣以及美国晨鸣将由公司的全资子公司变为全资子公司销售公司下属的全资子公司。

在本案中，除了满足财税〔2014〕109号文的其他条件外，还应该注意的是在无偿划转后的12个月内，晨鸣纸业集团公司和销售公司还应该是母子公司之间的关系，持股比例应该维持100%，否则不能满足适用于特殊性税务处理的条件。

【例5-10】

2015年5月24日，为有效整合原料药业务资源，降低成本，实现原料药业务和制剂业务的专业化发展，北大医药股份有限公司（以下简称公司或本公司）决定以土地、房产向全资子公司重庆西南合成制药有限公司（以下简称重庆合成）增资，由其承接公司合成原料药业务。增资完成后，重庆合成注册资本从200万元变更为25 000万元，仍为公司全资子公司。

本次增资资产为公司合成原料药业务对应的位于两江新区水土组团的3宗国有土地使用权（土地面积共171 544.4平方米）和地上18项房屋建筑物（建筑面积共50 832.10平方米）及于渝北区洛碛的2宗国有土地使用权（土地面积共51 234.60平方米）和地上14项房屋建筑物（建筑面积共5 635.00平方米），以下简称增资资产。公司聘请北京天健兴业资产评估有限公司（以下简称天健兴业）对增资资产进行了评估，并出具了天兴评报字（2015）第0490号资产评估报告。在评估基准日2014年12月31日，对增资资产评估结论如下：账面原值为18 689.28万元，评估值25 038.20万元，评估增值6 348.92万元。公司本次以天健兴业对增资资产的评估结论为依据，按25 038.20万元向重庆合成进行增资，其中24 800万元计入重庆合成实收资本，238.20万元计入重庆合成资本公积。本次增资完成后，重庆合成注册资本从200万元变更为25 000万元，仍为公司全资子公司。

按照财税〔2014〕109号文的规定，本案属于母子公司之间划转资产的典型案例。在股权架构上可以满足100%控股的母子公司之间，如果同时满足以下条件则可以适用于特殊性税务处理：

（1）重庆合成在取得增资资产后12个月不改变资产的实质经营活动，并且在12个月内不将该部分资产转让；

（2）北大医药在会计上不确认为损益（即产生的溢价部分不能确认为营业外收入）；

（3）重庆合成取得的投资资产计入所有者权益；

（4）划转后12个月内北大医药和重庆合成还是100%控股的母子公司之间关系。

若能够适用于特殊性税务处理，划转过程中产生的增值6300万元暂时不征收企业所得税，北大医药取得增资部分的股权计税基础按照18 689.28万元确认，重庆合成取得增资资产的计税基础也是按照18 689.28万元确认。

若不满足财税〔2014〕109号文特殊性税务处理的条件，则北大医药应将投资过程增值部分确认为所得税征收企业所得税，重庆合成取得的投资资产的计税基础按照评估价25 038.20万元确认。

【例5-11】

四川泸天化股份有限公司（以下简称公司或本公司）于2014年8月8日收到控股股东——四川化工控股（集团）有限责任公司（以下简称化工控股）《关于四川泸天化股份有限公司国有股份无偿划转意向协议》，化工控股拟将其持有的公司23 010万股（占公司总股本39.33%）无偿划转给泸天化（集团）有限责任公司（以下简称泸天化集团）。本次无偿划转完成后，化工控股仍持有公司8 800万股（占公司总股本15.04%），泸天化集团通过本次无偿划转获得公司39.33%的股份，成为公司的控股股东。本次无偿划转前后公司实际控制人未发生变更。化工控股持有泸天化集团100%股权。

在本案中，划出方是化工控股，划入方是泸天化集团，划入方是划出方的全资子公司，属于母公司向全资子公司划转资产。因此，在持股架构上可以满足财税〔2014〕109号文的要求。

如果同时满足以下条件则可以适用于特殊性税务处理：

（1）泸天化集团在取得股票后连续12个月内不改变实质经营活动，并且在12个月内不转让取得的股票；

（2）化工控股在会计上不确认为损益，即冲减所有者权益（资本公积）和减少资产；

（3）泸天化集团在会计上也不确认为损益以，即增加资产和所有者权益（资本公积）；

（4）划转后12个月内泸天化集团还应该是化工控股的全资子公司。

若能够适用于特殊性税务处理，化工控股不确认为资产转让所得，泸天化集团取得的股票的计税基础按照原计税基础确认。

若不满足特殊性税务处理的条件，则化工控股应该按照视同销售处理，泸天化集团取得的股票按照公允价值确认计税基础。

【例5-12】

上海飞乐音响股份有限公司（以下简称本公司）于2015年5月6日收到第一大股东上海仪电电子（集团）有限公司《关于上海仪电电子（集团）有限公司无偿划拨国有股权事项的通知》，该通知的主要内容如下：上海仪电电子（集团）有限公司董事会已审议通过，同意将上海仪电电子（集团）有限公司公司所持有的上海飞乐音响股份有限公司21.85%的股权无偿划转予控股股东上海仪电（集团）有限公司，双方已签署股权划转协议。上述无偿划转完成后，上海飞乐音响股份有限公司实际控制人未发生变更。仪电电子为仪电集团的全资子公司。

本案属于典型的全资公司向母公司划转资产案例，划出方是全资公司仪电电子，划入方是母公司仪电集团。在股权机构上可以满足财税〔2014〕109号规定的条件。

如果同时满足以下条件则可以适用于特殊性税务处理：

（1）仪电集团在取得股票后连续12个月内不改变实质经营活动，并且在12个月内不转让取得的股票；

（2）仪电电子在会计上不确认为损益，即冲减所有者权益（资本公积）和减少资产；

（3）仪电集团在会计上也不确认为损益以，即增加资产和所有者权益（资本公积）；

（4）划转后12个月内仪电电子还应该是仪电集团的全资子公司。

若能够适用于特殊性税务处理，仪电电子不确认为资产转让所得，仪电集团取得的股票的计税基础按照原计税基础确认。同时，仪电集团应该按照取得划转股票的计税基础冲减其对仪电电子的长期股权投资的计税基础。

若不满足特殊性税务处理的条件，则仪电电子按照分配资产进行税务处理，即要做视同销售。仪电集团按照减资或者撤资处理，按照《国家税务总局关于企业所得税若干问题的公告》（国家税务总局公告2011年第34号）的规定来计算确认所得，即：投资企业从被投资企业撤回或减少投资，其取得的资产中，相当于初始出资的部分，应确认为投资收回；相当于被投资企业累计未分配利润和累计盈余公积按减少实收资本比例计算的部分，应确认为股息所得；其余部分确认为投资资产转让所得。

【例5-13】

上海建工集团股份有限公司（简称上海建工或公司）于2015年2月16日收到公司控股股东上海建工（集团）总公司（简称建工总公司）通知，根据上海国资国企改革的整体部署，为推动国有资本运营平台开展实质性运营，建工总公司拟将其持有的上海建工13.26亿股国有股份（占公司总股本的29.00%）无偿划转予上海市国有资产监督管理委员会（简称上海市国资委）之全资子公司上海国盛（集团）有限公司（简称国盛集团），并签署了《上海建工（集团）总公司与上海国盛（集团）有限公司关于上海建工集团股份有限公司之股份无偿划转协议》。上海市国资委100%持有建工总公司和国盛集团股权。

本案属于国资委下属的100%控股的企业之间股权划转业务，按照财税〔2014〕109号文和国家税务总局2015年第40号公告的规定，这种情况划出方和划入方均不能适用于特殊性税务处理。那么就应该适用一般性税务处理，由于建工总公司和国盛集团不存在持股关系，因此，划出方建工总公司按照视同销售处理，税收上的“借方”是长投还是营业外支出不确定。国盛集团取得股权应该按照公允价值确认计税基础。

四、企业会计准则关于债务重组的规定

（一）总则

根据《企业会计准则第 12 号——债务重组》（财会〔2019〕9 号，以下简称 9 号准则）的规定，债务重组是指在不改变交易对手方的情况下，经债权人和债务人协定或法院裁定，就清偿债务的时间、金额或方式等重新达成协议的交易。9 号准则中的债务重组涉及的债权和债务是指《企业会计准则第 22 号——金融工具确认和计量》规范的金融工具。

债务重组一般包括下列方式，或下列一种以上方式的组合：

（1）债务人以资产清偿债务；

（2）债务人将债务转为权益工具；

（3）除上述以外，采用调整债务本金、改变债务利息、变更还款期限等方式修改债权和债务的其他条款，形成重组债权和重组债务。

9 号准则适用于所有债务重组，但下列各项适用其他相关会计准则：

（1）债务重组中涉及的债权、重组债权、债务、重组债务和其他金融工具的确认、计量和列报，分别适用《企业会计准则第 22 号——金融工具确认和计量》和《企业会计准则第 37 号——金融工具列报》。

（2）通过债务重组形成企业合并的，适用《企业会计准则第 20 号——企业合并》。

（3）债权人或债务人中的一方直接或间接对另一方持股且以股东身份进行债务重组的，或者债权人与债务人在债务重组前后均受同一方或相同的多方最终控制，且该债务重组的交易实质是债权人或债务人进行了权益性分配或接受了权益性投入的，适用权益性交易的有关会计处理规定。

（二）债权人的会计处理

以资产清偿债务或者将债务转为权益工具方式进行债务重组的，债权人应当在相关资产符合其定义和确认条件时予以确认。

以资产清偿债务方式进行债务重组的，债权人初始确认受让的金融资产以外的资产时，应当按照下列原则以成本计量：

（1）存货的成本，包括放弃债权的公允价值和使该资产达到当前位置和状态所发生的可直接归属于该资产的税金、运输费、装卸费、保险费等其他成本。

（2）对联营企业或合营企业投资的成本，包括放弃债权的公允价值和可直接归属于该资产的税金等其他成本。

（3）投资性房地产的成本，包括放弃债权的公允价值和可直接归属于该资产的税金等其他成本。

（4）固定资产的成本，包括放弃债权的公允价值和使该资产达到预定可使用状态前所发生的可直接归属于该资产的税金、运输费、装卸费、安装费、专业人员服务费等其他成本。

（5）生物资产的成本，包括放弃债权的公允价值和可直接归属于该资产的税金、运输费、保险费等其他成本。

（6）无形资产的成本，包括放弃债权的公允价值和可直接归属于使该资产达到预定用途所发生的税金等其他成本。

（7）放弃债权的公允价值与账面价值之间的差额，应当计入当期损益。

将债务转为权益工具方式进行债务重组导致债权人将债权转为对联营企业或合营企业的权益性投资的，债权人应当按照9号准则第六条的规定计量其初始投资成本。放弃债权的公允价值与账面价值之间的差额，应当计入当期损益。

采用修改其他条款方式进行债务重组的，债权人应当按照《企业会计准则第22号——金融工具确认和计量》的规定，确认和计量重组债权。

以多项资产清偿债务或者组合方式进行债务重组的，债权人应当首先按照《企业会计准则第22号——金融工具确认和计量》的规定确认和计量受让的金融资产和重组债权，然后按照受让的金融资产以外的各项资产的公允价值比例，对放弃债权的公允价值扣除受让金融资产和重组债权确认金额后的净额进行分配，并以此为基础按照9号准则第六条的规定分别确定各项资产的成本。放弃债权的公允价值与账面价值之间的差额，应当计入当期损益。

（三）债务人的会计处理

以资产清偿债务方式进行债务重组的，债务人应当在相关资产和所清偿债务符合终止确认条件时予以终止确认，所清偿债务账面价值与转让资产账面价值之间的差额计入当期损益。

将债务转为权益工具方式进行债务重组的，债务人应当在所清偿债务符合终止确认条件时予以终止确认。债务人初始确认权益工具时应当按照权益工具的公允价值计量，权益工具的公允价值不能可靠计量的，应当按照所清偿债务的公允价值计量。所清偿债务账面价值与权益工具确认金额之间的差额，应当计入当期损益。

采用修改其他条款方式进行债务重组的，债 务人应当按照《企业会计准则第22号——金融工具确认和计量》和《企业会计准则第37号——金融工具列报》的规定，确认和计量重组债务。

以多项资产清偿债务或者组合方式进行债务重组的，债务人应当按照 9 号准则第十一条和第十二条的规定确认和计量权益工具和重组债务，所清偿债务的账面价值与转让资产的账面价值以及权益工具和重组债务的确认金额之和的差额，应当计入当期损益。

（四）披露

债权人应当在附注中披露与债务重组有关的下列信息：

（1）根据债务重组方式，分组披露债权账面价值和债务重组相关损益；

（2）债务重组导致的对联营企业或合营企业的权益性投资增加额，以及该投资占联营企业或合营企业股份总额的比例。

债务人应当在附注中披露与债务重组有关的下列信息：

（1）根据债务重组方式，分组披露债务账面价值和债务重组相关损益；

（2）债务重组导致的股本等所有者权益的增加额。

五、企业会计准则关于非货币性资产交换的规定

（一）总则

根据《企业会计准则第 7 号——非货币性资产交换》（财会〔2019〕8 号，以下简称 7 号准则）的规定，非货币性资产交换，是指企业主要以固定资产、无形资产、投资性房地产和长期股权投资等非货币性资产进行的交换。该交换不涉及或只涉及少量的货币性资产（即补价）。货币性资产，是指企业持有的货币资金和收取固定或可确定金额的货币资金的权利。非货币性资产，是指货币性资产以外的资产。

7 号准则适用于所有非货币性资产交换，但下列各项适用其他相关会计准则：

（1）企业以存货换取客户的非货币性资产的，适用《企业会计准则第 14 号——收入》。

（2）非货币性资产交换中涉及企业合并的，适用《企业会计准则第 20 号——企业合并》《企业会计准则第 2 号——长期股权投资》和《企业会计准则第 33 号——合并财务报表》。

（3）非货币性资产交换中涉及由《企业会计准则第 22 号——金融工具确认和计量》规范的金融资产的，金融资产的确认、终止确认和计量适用《企业会计准则第 22 号——金融工具确认和计量》和《企业会计准则第 23 号——金融资产转移》。

（4）非货币性资产交换中涉及由《企业会计准则第 21 号——租赁》规范的使用权资产或应收融资租赁款等的，相关资产的确认、终止确认和计量适用《企业会计准则第 21 号——租赁》。

（5）非货币性资产交换的一方直接或间接对另一方持股且以股东身份进行交易的，或者非货币性资产交换的双方均受同一方或相同的多方最终控制，且该非货币性资产交换的交易实质是交换的一方向另一方进行了权益性分配或交换的一方接受了另一方权益性投入的，适用权益性交易的有关会计处理规定。

（二）确认

企业应当分别按照下列原则对非货币性资产交换中的换入资产进行确认，对换出资产终止确认：

（1）对于换入资产，企业应当在换入资产符合资产定义并满足资产确认条件时确认；

（2）对于换出资产，企业应当在换出资产满足资产终止确认条件时终止确认。

换入资产的确认时点与换出资产的终止确认时点存在不一致的，企业在资产负债表日应当按照下列原则进行处理：

（1）换入资产满足资产确认条件，换出资产尚未满足终止确认条件的，在确认换入资产的同时将交付换出资产的义务确认为一项负债；

（2）换入资产尚未满足资产确认条件，换出资产满足终止确认条件的，在终止确认换出资产的同时将取得换入资产的权利确认为一项资产。

（三）以公允价值为基础计量

非货币性资产交换同时满足下列条件的，应当以公允价值为基础计量：

（1）该项交换具有商业实质；

（2）换入资产或换出资产的公允价值能够可靠地计量。

换入资产和换出资产的公允价值均能够可靠计量的，应当以换出资产的公允价值为基础计量，但有确凿证据表明换入资产的公允价值更加可靠的除外。

满足下列条件之一的非货币性资产交换具有商业实质：

（1）换入资产的未来现金流量在风险、时间分布或金额方面与换出资产显著不同。

（2）使用换入资产所产生的预计未来现金流量现值与继续使用换出资产不同，且其差额与换入资产和换出资产的公允价值相比是重大的。

以公允价值为基础计量的非货币性资产交换，对于换入资产，应当以换出资产的公允价值和应支付的相关税费作为换入资产的成本进行初始计量；对于换出资产，应当在终止确认时，将换出资产的公允价值与其账面价值之间的差额计入当期损益。有确凿证据表明换入资产的公允价值更加可靠的，对于换入资产，应当以换入资产的公允价值和应支付的相关税费 作为换入资产的初始计量金额；对于换出资产，应当在终止确认时，将换入资产的公允价值与换出资产账面价值之间的差额计入当期损益。

以公允价值为基础计量的非货币性资产交换，涉及补价的，应当按照下列规定进行处理：

（1）支付补价的，以换出资产的公允价值，加上支付补价的公允价值和应支付的相关税费，作为换入资产的成本，换出资产的公允价值与其账面价值之间的差额计入当期损益。有确凿证据表明换入资产的公允价值更加可靠的，以换入资产的公允价值和应支付的相关税费作为换入资产的初始计量金额，换入资产的公允价值减去支付补价的公允价值，与换出资产账面价值之间的差额计入当期损益。

（2）收到补价的，以换出资产的公允价值，减去收到补价的公允价值，加上应支付的相关税费，作为换入资产的成本，换出资产的公允价值与其账面价值之间的差额计入当期损益。

有确凿证据表明换入资产的公允价值更加可靠的，以换入资产的公允价值和应支付的相关税费作为换入资产的初始计量金额，换入资产的公允价值加上收到补价的公允价值，与换出资产账面价值之间的差额计入当期损益。

以公允价值为基础计量的非货币性资产交换，同时换入或换出多项资产的，应当按照下列规定进行处理：

（1）对于同时换入的多项资产，按照换入的金融资产以外的各项换入资产公允价值相对比例，将换出资产公允价值总额（涉及补价的，加上支付补价的公允价值或减去收到补价的公允价值）扣除换入金融资产公允价值后的净额进行分摊，以分摊至各项换入资产的金额，加上应支付的相关税费，作为各项换入资产的成本进行初始计量。有确凿证据表明换入资产的公允价值更加可靠的，以各项换入资产的公允价值和应支付的相关税费作为各项换入资产的初始计量金额。

（2）对于同时换出的多项资产，将各项换出资产的公 允价值与其账面价值之间的差额，在各项换出资产终止确认时计入当期损益。有确凿证据表明换入资产的公允价值更加可靠的，按照各项换出资产的公允价值的相对比例，将换入资产的公允价 值总额（涉及补价的，减去支付补价的公允价值或加上收到补价的公允价值）分摊至各项换出资产，分摊至各项换出资产的金额与各项换出资产账面价值之间的差额，在各项换出资产终止确认时计入当期损益。

（四）以账面价值为基础计量

不满足7号准则第六条规定条件的非货币性资产交换，应当以账面价值为基础计量。对于换入资产，企业应当以换出资产的账面价值和应支付的相关税费作为换入资产的初始计量金额；对于换出资产，终止确认时不确认 损益。

以账面价值为基础计量的非货币性资产交换，涉及补价的，应当按照下列规定进行处理：

（1）支付补价的，以换出资产的账面价值，加上支付补价的账面价值和应支付的相关税费，作为换入资产的初始计量金额，不确认损益。

（2）收到补价的，以换出资产的账面价值，减去收到补价的公允价值，加上应支付的相关税费，作为换入资产的初始计量金额，不确认损益。

以账面价值为基础计量的非货币性资产交换，同时换入或换出多项资产的，应当按照下列规定进行处理：

（1）对于同时换入的多项资产，按照各项换入资产的公允价值的相对比例，将换出资产的账面价值总额（涉及补价的，加上支付补价的账面价值或减去收到补价的公允价值）分摊至各项换入资产，加上应支付的相关税费，作为各项换入资产的初始计量金额。换入资产的公允价值不能够可靠计量的，可以按照各项换入资产的原账面价值的相对比例或其他合理的比例对换出资产的账面价值进行分摊。

（2）对于同时换出的多项资产，各项换出资产终止确认时均不确认损益。

（五）披露

企业应当在附注中披露与非货币性资产交换有关的下列信息：

（1）非货币性资产交换是否具有商业实质及其原因。

（2）换入资产、换出资产的类别。

（3）换入资产初始计量金额的确定方式。

（4）换入资产、换出资产的公允价值以及换出资产的账面价值。

（5）非货币性资产交换确认的损益。

六、企业会计准则关于企业合并的规定

（一）总则

根据《企业会计准则第20号——企业合并》（财会〔2006〕3号，以下简称20号准则）的规定，企业合并是指将两个或者两个以上单独的企业合并

形成一个报告主体的交易或事项。企业合并分为同一控制下的企业合并和非同一控制下的企业合并。

涉及业务的合并比照 20 号准则规定处理。

20 号准则不涉及下列企业合并：

（1）两方或者两方以上形成合营企业的企业合并。

（2）仅通过合同而不是所有权份额将两个或者两个以上单独的企业合并形成一个报告主体的企业合并。

（二）同一控制下的企业合并

参与合并的企业在合并前后均受同一方或相同的多方最终控制且该控制并非暂时性的，为同一控制下的企业合并。同一控制下的企业合并，在合并日取得对其他参与合并企业控制权的一方为合并方，参与合并的其他企业为被合并方。合并日是指合并方实际取得对被合并方控制权的日期。

合并方在企业合并中取得的资产和负债，应当按照合并日在被合并方的账面价值计量。合并方取得的净资产账面价值与支付的合并对价账面价值（或发行股份面值总额）的差额，应当调整资本公积；资本公积不足冲减的，调整留存收益。

同一控制下的企业合并中，被合并方采用的会计政策与合并方不一致的，合并方在合并日应当按照企业会计政策对被合并方的财务报表相关项目进行调整，在此基础上按照本准则规定确认。

合并方为进行企业合并发生的各项直接相关费用，包括为进行企业合并而支付的审计费用、评估费用、法律服务费用等，应当于发生时计入当期损益。为企业合并发行的债券或承担其他债务支付的手续费、佣金等，应当计入所发行债券及其他债务的初始计量金额。企业合并中发行权益性证券发生的手续费、佣金等费用，应当抵减权益性证券溢价收入，溢价收入不足冲减的，冲减留存收益。

企业合并形成母子公司关系的，母公司应当编制合并日的合并资产负债表、合并利润表和合并现金流量表。

合并资产负债表中被合并方的各项资产、负债，应当按其账面价值计量。因被合并方采用的会计政策与合并方不一致，按照本准则规定进行调整的，应当以调整后的账面价值计量。

合并利润表应当包括参与合并各方自合并当期期初至合并日所发生的收入、费用和利润。被合并方在合并前实现的净利润，应当在合并利润表中单列项目反映。

合并现金流量表应当包括参与合并各方自合并当期期初至合并日的现金流量。

编制合并财务报表时，参与合并各方的内部交易等，应当按照《企业会计准则第 33 号——合并财务报表》处理。

（三）非同一控制下的企业合并

参与合并的各方在合并前后不受同一方或相同的多方最终控制的，为非同一控制下的企业合并。非同一控制下的企业合并，在购买日取得对其他参与合并企业控制权的一方为购买方，参与合并的其他企业为被购买方。购买日，是指购买方实际取得对被购买方控制权的日期。

购买方应当区别下列情况确定合并成本：

（1）一次交换交易实现的企业合并，合并成本为购买方在购买日为取得对被购买方的控制权而付出的资产、发生或承担的负债以及发行的权益性证券的公允价值。

（2）通过多次交换交易分步实现的企业合并，合并成本为每一单项交易成本之和。

（3）购买方为进行企业合并发生的各项直接相关费用也应当计入企业合并成本。

（4）在合并合同或协议中对可能影响合并成本的未来事项作出约定的，购买日如果估计未来事项很可能发生并且对合并成本的影响金额能够可靠计量的，购买方应当将其计入合并成本。

购买方在购买日对作为企业合并对价付出的资产、发生或承担的负债应当按照公允价值计量，公允价值与其账面价值的差额，计入当期损益。

购买方在购买日应当对合并成本进行分配，按照 20 号准则第十四条的规定确认所取得的被购买方各项可辨认资产、负债及或有负债。

（1）购买方对合并成本大于合并中取得的被购买方可辨认净资产公允价值份额的差额，应当确认为商誉。初始确认后的商誉，应当以其成本扣除累计减值准备后的金额计量。商誉的减值应当按照《企业会计准则第 8 号——资产减值》处理。

（2）购买方对合并成本小于合并中取得的被购买方可辨认净资产公允价值份额的差额，应当按照下列规定处理：

①对取得的被购买方各项可辨认资产、负债及或有负债的公允价值以及合并成本的计量进行复核；

②经复核后合并成本仍小于合并中取得的被购买方可辨认净资产公允价值份额的，其差额应当计入当期损益。

被购买方可辨认净资产公允价值，是指合并中取得的被购买方可辨认资产的公允价值减去负债及或有负债公允价值后的余额。被购买方各项可辨认资产、负债及或有负债，符合下列条件的，应当单独予以确认：

（1）合并中取得的被购买方除无形资产以外的其他各项资产（不仅限于被购买方原已确认的资产），其所带来的经济利益很可能流入企业且公允价值能够可靠地计量的，应当单独予以确认并按照公允价值计量。合并中取得的无形资产，其公允价值能够可靠地计量的，应当单独确认为无形资产并按照公允价值计量。

（2）合并中取得的被购买方除或有负债以外的其他各项负债，履行有关的义务很可能导致经济利益流出企业且公允价值能够可靠地计量的，应当单独予以确认并按照公允价值计量。

（3）合并中取得的被购买方或有负债，其公允价值能够可靠地计量的，应当单独确认为负债并按照公允价值计量。或有负债在初始确认后，应当按照下列两者孰高进行后续计量：

①按照《企业会计准则第 13 号——或有事项》应予确认的金额；

②初始确认金额减去按照《企业会计准则第 14 号——收入》的原则确认的累计摊销额后的余额。

企业合并形成母子公司关系的，母公司应当设置备查簿，记录企业合并中取得的子公司各项可辨认资产、负债及或有负债等在购买日的公允价值。编制合并财务报表时，应当以购买日确定的各项可辨认资产、负债及或有负债的公允价值为基础对子公司的财务报表进行调整。

企业合并发生当期的期末，因合并中取得的各项可辨认资产、负债及或有负债的公允价值或企业合并成本只能暂时确定的，购买方应当以所确定的暂时价值为基础对企业合并进行确认和计量。购买日后 12 个月内对确认的暂时价值进行调整的，视为在购买日确认和计量。

企业合并形成母子公司关系的，母公司应当编制购买日的合并资产负债表，因企业合并取得的被购买方各项可辨认资产、负债及或有负债应当以公允价值列示。母公司的合并成本与取得的子公司可辨认净资产公允价值份额的差额，以按照本准则规定处理的结果列示。

（四）披露

企业合并发生当期的期末，合并方应当在附注中披露与同一控制下企业合并有关的下列信息：

（1）参与合并企业的基本情况。

（2）属于同一控制下企业合并的判断依据。

（3）合并日的确定依据。

（4）以支付现金、转让非现金资产以及承担债务作为合并对价的，所支付对价在合并日的账面价值；以发行权益性证券作为合并对价的，合并中发行权益性证券的数量及定价原则，以及参与合并各方交换有表决权股份的比例。

（5）被合并方的资产、负债在上一会计期间资产负债表日及合并日的账面价值，被合并方自合并当期期初至合并日的收入、净利润、现金流量等情况。

（6）合并合同或协议约定将承担被合并方或有负债的情况。

（7）被合并方采用的会计政策与合并方不一致所作调整情况的说明。

（8）合并后已处置或准备处置被合并方资产、负债的账面价值、处置价格等。

企业合并发生当期的期末，购买方应当在附注中披露与非同一控制下企业合并有关的下列信息：

（1）参与合并企业的基本情况。

（2）购买日的确定依据。

（3）合并成本的构成及其账面价值、公允价值及公允价值的确定方法。

（4）被购买方各项可辨认资产、负债在上一会计期间资产负债表日及购买日的账面价值和公允价值。

（5）合并合同或协议约定将承担被购买方或有负债的情况。

（6）被购买方自购买日起至报告期期末的收入、净利润和现金流量等情况。

（7）商誉的金额及其确定方法。

（8）因合并成本小于合并中取得的被购买方可辨认净资产公允价值的份额计入当期损益的金额。

（9）合并后已处置或准备处置被购买方资产、负债的账面价值、处置价格等。

第二节
递延纳税事项

一、非货币性资产投资企业所得税递延纳税

（一）基本政策

根据《财政部　国家税务总局关于非货币性资产投资企业所得税政策问题的通知》（财税〔2014〕116号）的规定，居民企业（以下简称企业）以非货币性资产对外投资确认的非货币性资产转让所得，可在不超过5年期限内，

分期均匀计入相应年度的应纳税所得额，按规定计算缴纳企业所得税。

企业以非货币性资产对外投资，应对非货币性资产进行评估并按评估后的公允价值扣除计税基础后的余额，计算确认非货币性资产转让所得。企业以非货币性资产对外投资，应于投资协议生效并办理股权登记手续时，确认非货币性资产转让收入的实现。

企业以非货币性资产对外投资而取得被投资企业的股权，应以非货币性资产的原计税成本为计税基础，加上每年确认的非货币性资产转让所得，逐年进行调整。被投资企业取得非货币性资产的计税基础，应按非货币性资产的公允价值确定。

企业在对外投资 5 年内转让上述股权或投资收回的，应停止执行递延纳税政策，并就递延期内尚未确认的非货币性资产转让所得，在转让股权或投资收回当年的企业所得税年度汇算清缴时，一次性计算缴纳企业所得税；企业在计算股权转让所得时，可将股权的计税基础一次调整到位。

企业在对外投资 5 年内注销的，应停止执行递延纳税政策，并就递延期内尚未确认的非货币性资产转让所得，在注销当年的企业所得税年度汇算清缴时，一次性计算缴纳企业所得税。

上述所称非货币性资产，是指现金、银行存款、应收账款、应收票据以及准备持有至到期的债券投资等货币性资产以外的资产。

上述所称非货币性资产投资，限于以非货币性资产出资设立新的居民企业，或将非货币性资产注入现存的居民企业。

企业发生非货币性资产投资，符合《财政部　国家税务总局关于企业重组业务企业所得税处理若干问题的通知》（财税〔2009〕59 号）等文件规定的特殊性税务处理条件的，也可选择按特殊性税务处理规定执行。

（二）征管政策

根据《国家税务总局关于非货币性资产投资企业所得税有关征管问题的公告》（国家税务总局公告 2015 年第 33 号）的规定，实行查账征收的居民企业（以下简称企业）以非货币性资产对外投资确认的非货币性资产转让所得，可自确认非货币性资产转让收入年度起不超过连续 5 个纳税年度的期间内，分期均匀计入相应年度的应纳税所得额，按规定计算缴纳企业所得税。

关联企业之间发生的非货币性资产投资行为，投资协议生效后 12 个月内尚未完成股权变更登记手续的，于投资协议生效时，确认非货币性资产转让收入的实现。

符合财税〔2014〕116 号文件规定的企业非货币性资产投资行为，同时又符合《财政部　国家税务总局关于企业重组业务企业所得税处理若干问题的通知》（财税〔2009〕59号）、《财政部　国家税务总局关于促进企业重组有关企业所得税处理问题的通知》（财税〔2014〕109号）等文件规定的特殊性税务处理条件的，可由企业选择其中一项政策执行，且一经选择，不得改变。

企业选择适用上述规定进行税务处理的，应在非货币性资产转让所得递延确认期间每年企业所得税汇算清缴时，填报《中华人民共和国企业所得税年度纳税申报表》（A类）中“A105100 企业重组纳税调整明细表”第13行“其中：以非货币性资产对外投资”的相关栏目，并向主管税务机关报送《非货币性资产投资递延纳税调整明细表》。

企业应将股权投资合同或协议、对外投资的非货币性资产（明细）公允价值评估确认报告、非货币性资产（明细）计税基础的情况说明、被投资企业设立或变更的工商部门证明材料等资料留存备查，并单独准确核算税法与会计差异情况。

主管税务机关应加强企业非货币性资产投资递延纳税的后续管理。

【实操案例】

【例5-14】

甲公司是一家居民企业，企业所得税实行查账征收，适用税率为25%。出于提高企业市场竞争力考虑，2019年11月，甲公司董事会计划以本公司持有的一栋办公楼出资与居民企业乙公司（非关联公司）共同投资设立丙公司。投资后甲公司持有丙公司股权比例为50%。该办公楼计税基础为5 000万元，经资产评估机构评估的市场公允价值为9 000万元。然而，该项投资会涉及资产所有权属的变化，形成企业所得税视同销售，在不考虑其他税费的情况下，甲公司仅在企业所得税方面就需要一次缴纳税款：（9 000 － 5 000）×25% ＝ 1 000（万元）。甲公司在资金流紧张的情况下，以实物资产对外投资，企业所得税如何处理更划算呢？

解析：

甲公司以办公楼出资参与设立新的居民企业属于以非货币性资产对外投资。甲公司应确认非货币性资产转让所得：9 000 － 5 000 ＝ 4 000（万元）。

因非货币性资产转让所得，可在不超过5年期限内，分期均匀计入相应年度的应纳税所得额计算缴纳企业所得税，假设甲公司打算将本次非货币性资产转让所得4 000万元按5年分期均匀计入相应年度的应纳税所得额，则每年需要确认应纳税所得额800万元（4 000÷5），而不必将非货币性资产转让所得4 000万元一次性确认当年应纳税所得税。

企业以非货币性资产对外投资而取得被投资企业的股权，应以非货币性资产的原计税成本为计税基础，加上每年确认的非货币性资产转让所得，逐年进行调整。甲公司取得被投资企业丙公司股权的各年度计税基础如表

5-1 所示。

表 5-1 丙公司股权各年度计税基础

纳税年度	2019	2020	2021	2022	2023
股权计税基础	5 000 + 800 = 5 800（万元）	5 800 + 800 = 6 600（万元）	6 600 + 800 = 7 400（万元）	7 400 + 800 = 8 200（万元）	8 200 + 800 = 9 000（万元）

被投资企业丙公司取得非货币性资产的计税基础，应按非货币性资产的公允价值确定，即丙公司取得的办公大楼应以 9 000 万元为计税基础。

二、技术入股企业所得税递延纳税

（一）基本政策

根据《财政部　国家税务总局关于完善股权激励和技术入股有关所得税政策的通知》（财税〔2016〕101 号）的规定，企业或个人以技术成果投资入股到境内居民企业，被投资企业支付的对价全部为股票（权）的，企业或个人可选择继续按现行有关税收政策执行，也可选择适用递延纳税优惠政策。

选择技术成果投资入股递延纳税政策的，经向主管税务机关备案，投资入股当期可暂不纳税，允许递延至转让股权时，按股权转让收入减去技术成果原值和合理税费后的差额计算缴纳所得税。

企业或个人选择适用上述任一项政策，均允许被投资企业按技术成果投资入股时的评估值入账并在企业所得税前摊销扣除。

技术成果是指专利技术（含国防专利）、计算机软件著作权、集成电路布图设计专有权、植物新品种权、生物医药新品种，以及科技部、财政部、国家税务总局确定的其他技术成果。

技术成果投资入股，是指纳税人将技术成果所有权让渡给被投资企业、取得该企业股票（权）的行为。

持有递延纳税的股权期间，因该股权产生的转增股本收入，以及以该递延纳税的股权再进行非货币性资产投资的，应在当期缴纳税款。

（二）征管政策

根据《国家税务总局关于股权激励和技术入股所得税征管问题的公告》（国家税务总局公告 2016 年第 62 号）的规定，选择适用《财政部　国家税务总局关于完善股权激励和技术入股有关所得税政策的通知》（财税〔2016〕101号）中递延纳税政策的，应当为实行查账征收的居民企业以技术成果所有权投资。

企业适用递延纳税政策的，应在投资完成后首次预缴申报时，将相关内容填入《技术成果投资入股企业所得税递延纳税备案表》。

企业接受技术成果投资入股，技术成果评估值明显不合理的，主管税务机关有权进行调整。

（三）落实政策

根据《国家税务总局关于做好股权激励和技术入股所得税政策贯彻落实工作的通知》（税总函〔2016〕496号）的规定，落实政策如下：

1. 高度重视，切实强化组织领导

强化组织领导。实施股权激励和技术入股所得税优惠政策，是国务院在经济发展新常态下作出的又一项重大决策。该项政策优惠力度大，对鼓励创新创业，调动科研人员积极性，最大程度将科技成果转化为现实生产力具有积极的促进作用。各级税务机关务必高度重视，强化组织领导，明确职责分工，确保政策落到实处。

2. 全面宣传，及时开展政策培训

（1）及时做好政策业务培训。股权激励和技术入股所得税政策调整较大，涉及多个税种、多个环节、多项所得。各地税务机关要充分领会政策精神，熟悉政策内容和征管规定，迅速开展税务干部及相关人员的政策业务培训工作，确保办税服务厅咨询人员、窗口受理人员、12366热线服务人员及其他一线征管人员能够第一时间熟练掌握政策规定内容和操作要求。

（2）全面开展政策宣传。各级税务机关应充分利用门户网站、广播、手机短信、办税服务厅电子屏幕、12366热线、报纸、电视等传统宣传渠道，积极尝试利用微博、微信等新兴宣传渠道，开展全方位、立体式的广泛宣传。

3. 优化服务，提升业务办理效率

（1）不断提高纳税服务水平。积极扩展和畅通渠道，加强与纳税人沟通。热情服务纳税人，耐心细致地做好政策辅导和解释工作。及时受理纳税人报送的备案资料，减少纳税人等待时间，妥善解决征纳过程中出现的问题。

（2）切实提升业务办理效率。结合本地区征收管理和纳税服务的实际情况，利用现代化的信息技术和管理手段，不断提升咨询、查询、受理、反馈等业务环节的办理效率，使纳税人办理业务更加便捷。

4. 完善管理，形成协同共治合力

（1）加强事中事后管理。主管税务机关要建立规范的电子台账，对报送的股权激励和技术入股备案表及其他证明材料进行系统登记和录入。根据年度报告表及时动态调整台账，定期开展风险分析，实行闭环式管理。

（2）深化国税地税合作。税务机关内部各相关部门之间、各级税务机关之间，要紧密衔接配合。国税部门和地税部门要深化沟通合作，建立长效机制，加强信息共享，凝聚服务和征管合力，确保该优惠政策落实到位。

（3）加强部门协同共治。要进一步加强与科技、知识产权、工商行政管理等部门的协作配合，建立统一规范的信息交换平台和信息共享机制，保障及时获取技术成果转让、股权变更等涉税信息，实现信息共享、管理互助。

5. 加强分析，强化舆情监测应对

（1）深入开展效应分析。不折不扣地做好股权激励和技术入股所得税优惠政策的贯彻落实，严格做好相关数据统计，积极开展以政策效应分析为重点的税收分析，每季度首月末向税务总局（所得税司）报送上季度统计数据和分析材料。

（2）加强舆情监测应对。加强与媒体沟通，引导宣传重点，避免因曲解或误读政策引发负面舆情。密切关注舆论焦点，发现问题按规定及时上报和处理。

【实操案例】

【例 5–15】

2019 年 1 月，甲公司将一项专利技术投资至乙公司，该项专利是甲公司于 2017 年以 100 万元购入，目前估值 1 000 万元，取得乙公司 5% 的股权。

如果甲公司选择递延纳税政策，2019 年 1 月投资取得乙公司股权时，不确认所得。乙公司以 1 000 万元评估值入账并依法按照 10 年计算摊销扣除，即每年扣除无形资产摊销 100 万元，可以抵减企业所得税 25 万元。

假设 2020 年 10 月，甲公司将该 5% 的股权以 1 200 万元的价格转让给丙公司。

甲公司需要确认技术转让所得：1 000 − 100 = 900（万元）。股权转让所得：1 200 − 1 000 = 200（万元）。不考虑其他因素，假设适用税率为 25%，甲公司需要缴纳企业所得税：（900 + 200）×25% = 27.5（万元）。

三、《企业重组及递延纳税事项纳税调整明细表》的填写

（一）纳税申报表的样式

纳税申报表的样式如表 5-2 所示。

表 5-2　A105100　企业重组及递延纳税事项纳税调整明细表

行次	项　目	一般性税务处理			特殊性税务处理（递延纳税）			纳税调整金额
		账载金额	税收金额	纳税调整金额	账载金额	税收金额	纳税调整金额	
		1	2	3(2—1)	4	5	6(5—4)	7(3＋6)
1	一、债务重组							
2	其中：以非货币性资产清偿债务							
3	债转股							
4	二、股权收购							
5	其中：涉及跨境重组的股权收购							
6	三、资产收购							
7	其中：涉及跨境重组的资产收购							
8	四、企业合并（9 ＋ 10）							
9	（一）同一控制下企业合并							
10	（二）非同一控制下企业合并							
11	五、企业分立							
12	六、非货币性资产对外投资							
13	七、技术入股							
14	八、股权划转、资产划转							
15	九、其他							
16	合计（1 ＋ 4 ＋ 6 ＋ 8 ＋ 11 ＋ 12 ＋ 13 ＋ 14 ＋ 15）							

（二）适用范围

本表适用于发生企业重组、非货币性资产对外投资、技术入股等业务的纳税人填报。纳税人发生企业重组事项的，在企业重组日所属纳税年度分析填报。纳税人根据税法、《财政部　国家税务总局关于企业重组业务企业所得税处理若干问题的通知》（财税〔2009〕59 号）、《国家税务总局关于发布〈企业重组业务企业所得税管理办法〉的公告》（国家税务总局公告 2010

年第4号）、《财政部　国家税务总局关于中国（上海）自由贸易试验区内企业以非货币性资产对外投资等资产重组行为有关企业所得税政策问题的通知》（财税〔2013〕91号）、《财政部　国家税务总局关于非货币性资产投资企业所得税政策问题的通知》（财税〔2014〕116号）、《财政部　国家税务总局关于促进企业重组有关企业所得税处理问题的通知》（财税〔2014〕109号）、《国家税务总局关于非货币性资产投资企业所得税有关征管问题的公告》（国家税务总局公告2015年第33号）、《国家税务总局关于资产（股权）划转企业所得税征管问题的公告》（国家税务总局公告2015年第40号）、《国家税务总局关于企业重组业务企业所得税征收管理若干问题的公告》（国家税务总局公告2015年第48号）、《财政部　国家税务总局关于完善股权激励和技术入股有关所得税政策的通知》（财税〔2016〕101号）、《国家税务总局关于股权激励和技术入股所得税征管问题的公告》（国家税务总局公告2016年第62号）等相关规定，以及国家统一企业会计制度，填报企业重组、非货币资产对外投资、技术入股等业务的会计核算及税收规定，以及纳税调整情况。对于发生债务重组业务且选择特殊性税务处理（即债务重组所得可以在5个纳税年度均匀计入应纳税所得额）的纳税人，重组日所属纳税年度的以后纳税年度，也在本表进行债务重组的纳税调整。除上述债务重组所得可以分期确认应纳税所得额的企业重组外，其他涉及资产计税基础与会计核算成本差异调整的企业重组，本表不作调整，在《资产折旧、摊销及纳税调整明细表》（A105080）进行纳税调整。

（三）行次填报说明

（1）第1行“一、债务重组”：填报企业发生债务重组业务的相关金额。

（2）第2行“其中：以非货币性资产清偿债务”：填报企业发生以非货币性资产清偿债务的债务重组业务的相关金额。

（3）第3行“债转股”：填报企业发生债权转股权的债务重组业务的相关金额。

（4）第4行“二、股权收购”：填报企业发生股权收购重组业务的相关金额。

（5）第5行“其中：涉及跨境重组的股权收购”：填报企业发生涉及中国境内与境外之间、内地与港澳之间、大陆与台湾地区之间的股权收购交易重组业务的相关金额。

（6）第6行“三、资产收购”：填报企业发生资产收购重组业务的相关金额。

（7）第7行“其中：涉及跨境重组的资产收购”：填报企业发生涉及中国境内与境外之间、内地与港澳之间、大陆与台湾地区之间的资产收购交易重组业务的相关金额。

（8）第8行“四、企业合并”：填报第9行和第10行的合计金额。

（9）第9行“（一）同一控制下企业合并”：填报企业发生同一控制下企业合并重组业务的相关金额。

（10）第10行“（二）非同一控制下企业合并”：填报企业发生非同一控制下企业合并重组业务的相关金额。

（11）第11行“五、企业分立”：填报企业发生非同一控制下企业分立重组业务的相关金额。

（12）第12行“六、非货币性资产对外投资”：填报企业发生非货币性资产对外投资的相关金额，符合《财政部　国家税务总局关于非货币性资产投资企业所得税政策问题的通知》（财税〔2014〕116号）和《国家税务总局关于非货币性资产投资企业所得税有关征管问题的公告》（国家税务总局公告2015年第33号）规定执行递延纳税政策的填写“特殊性税务处理（递延纳税）”相关列次。

（13）第13行“七、技术入股”：填报企业以技术成果投资入股到境内居民企业，被投资企业支付对价全部为股票（权）的技术入股业务的相关金额，符合《财政部　国家税务总局关于完善股权激励和技术入股有关所得税政策的通知》（财税〔2016〕101号）、《国家税务总局关于股权激励和技术入股所得税征管问题的公告》（国家税务总局公告2016年第62号）规定适用递延纳税政策的填写“特殊性税务处理（递延纳税）”相关列次。

（14）第14行“八、股权划转、资产划转”：填报企业发生资产（股权）划转业务的相关金额。

（四）列次填报说明

本表数据栏设置“一般性税务处理”“特殊性税务处理（递延纳税）”两大栏次，纳税人应根据企业重组所适用的税务处理办法，分别按照企业重组类型进行累计填报，损失以“—”号填列。

（1）第1列“一般性税务处理—账载金额”：填报企业重组适用一般性税务处理或企业未发生递延纳税业务，会计核算确认的企业损益金额。

（2）第2列“一般性税务处理—税收金额”：填报企业重组适用一般性税务处理或企业未发生递延纳税业务，按税收规定确认的所得（或损失）。

（3）第3列“一般性税务处理—纳税调整金额”：填报企业重组适用一般性税务处理或企业未发生递延纳税业务，按税收规定确认的所得（或损失）与会计核算确认的损益金额的差，为第2—1列的余额。

（4）第4列“特殊性税务处理（递延纳税）—账载金额”：填报企业重组适用特殊性税务处理或企业发生递延纳税业务，会计核算确认的损益金额。

（5）第 5 列“特殊性税务处理（递延纳税）—税收金额”：填报企业重组适用特殊性税务处理或企业发生递延纳税业务，按税收规定确认的所得（或损失）。

（6）第 6 列“特殊性税务处理（递延纳税）—纳税调整金额”：填报企业重组适用特殊性税务处理或企业发生递延纳税业务，按税收规定确认的所得（或损失）与会计核算确认的损益金额的差额，为第 5—4 列的余额。

（7）第 7 列“纳税调整金额”：填报第 3 ＋ 6 列的合计金额。

（五）表内关系

（1）第 8 行＝第 9 ＋ 10 行。

（2）第 16 行＝第 1 ＋ 4 ＋ 6 ＋ 8 ＋ 11 ＋ 12 ＋ 13 ＋ 14 ＋ 15 行。

（3）第 3 列＝第 2—1 列。

（4）第 6 列＝第 5—4 列。

（5）第 7 列＝第 3 ＋ 6 列。

（六）表间关系

（1）第 16 行第 1 ＋ 4 列＝表 A105000 第 37 行第 1 列。

（2）第 16 行第 2 ＋ 5 列＝表 A105000 第 37 行第 2 列。

（3）若第 16 行第 7 列≥ 0，第 16 行第 7 列＝表 A105000 第 37 行第 3 列；若第 16 行第 7 列＜ 0，第 16 行第 7 列的绝对值＝表 A105000 第 37 行第 4 列。

第三节
政策性搬迁

一、适用范围与核算要求

（一）适用范围

根据《国家税务总局关于发布〈企业政策性搬迁所得税管理办法〉的公告》（国家税务总局公告 2012 年第 40 号）的规定，《企业政策性搬迁所得税管理办法》执行范围仅限于企业政策性搬迁过程中涉及的所得税征收管理事项，不包括企业自行搬迁或商业性搬迁等非政策性搬迁的税务处理事项。

（二）企业政策性搬迁的范围

企业政策性搬迁，是指由于社会公共利益的需要，在政府主导下企业进行整体搬迁或部分搬迁。企业由于下列需要之一，提供相关文件证明资料的，属于政策性搬迁：

（1）国防和外交的需要；

（2）由政府组织实施的能源、交通、水利等基础设施的需要；

（3）由政府组织实施的科技、教育、文化、卫生、体育、环境和资源保护、防灾减灾、文物保护、社会福利、市政公用等公共事业的需要；

（4）由政府组织实施的保障性安居工程建设的需要；

（5）由政府依照《中华人民共和国城乡规划法》有关规定组织实施的对危房集中、基础设施落后等地段进行旧城区改建的需要；

（6）法律、行政法规规定的其他公共利益的需要。

（三）单独核算要求

企业应按《企业政策性搬迁所得税管理办法》的要求，就政策性搬迁过程中涉及的搬迁收入、搬迁支出、搬迁资产税务处理、搬迁所得等所得税征收管理事项，单独进行税务管理和核算。不能单独进行税务管理和核算的，应视为企业自行搬迁或商业性搬迁等非政策性搬迁进行所得税处理，不得执行该办法规定。

二、搬迁收入

（一）搬迁收入的种类

企业的搬迁收入包括搬迁过程中从本企业以外（包括政府或其他单位）取得的搬迁补偿收入，以及本企业搬迁资产处置收入等。

（二）搬迁补偿收入

企业取得的搬迁补偿收入，是指企业由于搬迁取得的货币性和非货币性补偿收入，具体包括：

（1）对被征用资产价值的补偿；

（2）因搬迁、安置而给予的补偿；

（3）对停产停业形成的损失而给予的补偿；

（4）资产搬迁过程中遭到毁损而取得的保险赔款；
（5）其他补偿收入。

（三）资产处置收入

企业搬迁资产处置收入，是指企业由于搬迁而处置企业各类资产所取得的收入。

企业由于搬迁处置存货而取得的收入，应按正常经营活动取得的收入进行所得税处理，不作为企业搬迁收入。

三、搬迁支出

（一）搬迁支出的种类

企业的搬迁支出包括搬迁费用支出以及由于搬迁所发生的企业资产处置支出。

（二）搬迁费用支出

搬迁费用支出是指企业搬迁期间所发生的各项费用，包括安置职工实际发生的费用、停工期间支付给职工的工资及福利费、临时存放搬迁资产而发生的费用、各类资产搬迁安装费用以及其他与搬迁相关的费用。

（三）资产处置支出

资产处置支出是指企业由于搬迁而处置各类资产所发生的支出，包括变卖及处置各类资产的净值、处置过程中所发生的税费等支出。

企业由于搬迁而报废的资产，如无转让价值，其净值作为企业的资产处置支出。

四、搬迁资产税务处理

（一）可以直接使用资产的处理

企业搬迁的资产，简单安装或不需要安装即可继续使用的，在该项资产重新投入使用后，就其净值按《企业所得税法》及其实施条例规定的该资产尚未折旧或摊销的年限，继续计提折旧或摊销。

（二）需要大修理的资产的处理

企业搬迁的资产需要进行大修理后才能重新使用的，应就该资产的净值，加上大修理过程所发生的支出，为该资产的计税成本。在该项资产重新投入使用后，按该资产尚可使用的年限，计提折旧或摊销。

（三）置换土地的处理

企业搬迁中被征用的土地，采取土地置换的，换入土地的计税成本按被征用土地的净值，以及该换入土地投入使用前所发生的各项费用支出，为该换入土地的计税成本，在该换入土地投入使用后，按《企业所得税法》及其实施条例规定年限摊销。

（四）置换资产的处理

根据《国家税务总局关于企业政策性搬迁所得税有关问题的公告》（国家税务总局公告 2013 年第 11 号）的规定，企业政策性搬迁被征用的资产，采取资产置换的，其换入资产的计税成本按被征用资产的净值，加上换入资产所支付的税费（涉及补价，还应加上补价款）计算确定。

（五）新购置资产的处理

企业搬迁期间新购置的各类资产，应按《企业所得税法》及其实施条例等有关规定，计算确定资产的计税成本及折旧或摊销年限。企业发生的购置资产支出，不得从搬迁收入中扣除。

五、应税所得

（一）递延清算

企业在搬迁期间发生的搬迁收入和搬迁支出，可以暂不计入当期应纳税所得额，而在完成搬迁的年度，对搬迁收入和支出进行汇总清算。

（二）搬迁所得的计算

企业的搬迁收入扣除搬迁支出后的余额，为企业的搬迁所得。

企业应在搬迁完成年度，将搬迁所得计入当年度企业应纳税所得额计算纳税。

（三）搬迁完成年度

符合下列情形之一的，为搬迁完成年度，企业应进行搬迁清算，计算搬迁所得：

（1）从搬迁开始，5 年内（包括搬迁当年度）任何一年完成搬迁的。

（2）从搬迁开始，搬迁时间满 5 年（包括搬迁当年度）的年度。

企业边搬迁、边生产的，搬迁年度应从实际开始搬迁的年度计算。

（四）搬迁损失的处理

企业搬迁收入扣除搬迁支出后为负数的，应为搬迁损失。搬迁损失可从下列方法中选择其一进行税务处理：

（1）在搬迁完成年度，一次性作为损失进行扣除。

（2）自搬迁完成年度起分 3 个年度，均匀在税前扣除。

上述方法由企业自行选择，但一经选定，不得改变。

（五）完成搬迁的标准

企业同时符合下列条件的，视为已经完成搬迁：

（1）搬迁规划已基本完成；

（2）当年生产经营收入占规划搬迁前年度生产经营收入 50% 以上。

（六）以前年度亏损的处理

企业以前年度发生尚未弥补的亏损的，凡企业由于搬迁停止生产经营无所得的，从搬迁年度次年起，至搬迁完成年度前一年度止，可作为停止生产经营活动年度，从法定亏损结转弥补年限中减除；企业边搬迁、边生产的，其亏损结转年度应连续计算。

六、征收管理

（一）资料报送的期限

企业应当自搬迁开始年度，至次年 5 月 31 日前，向主管税务机关（包括迁出地和迁入地）报送政策性搬迁依据、搬迁规划等相关材料。逾期未报的，除特殊原因并经主管税务机关认可外，按非政策性搬迁处理，不得执行《企业政策性搬迁所得税管理办法》的规定。

（二）报送资料的种类

企业应向主管税务机关报送的政策性搬迁依据、搬迁规划等相关材料，包括：

（1）政府搬迁文件或公告；

（2）搬迁重置总体规划；

（3）拆迁补偿协议；

（4）资产处置计划；

（5）其他与搬迁相关的事项。

企业搬迁完成当年，其向主管税务机关报送企业所得税年度纳税申报表时，应同时报送《企业政策性搬迁清算损益表》及相关材料。

（三）主管税务机关

企业迁出地和迁入地主管税务机关发生变化的，由迁入地主管税务机关负责企业搬迁清算。

【实操案例】

【例 5-16】

由于城市规划需要，甲公司 2018 年度被拆除厂房及配套设施，获得拆迁补偿收入 2450 万元。搬迁过程中发生房屋处置支出 200 万元，发生设备拆卸、安装费用 150 万元，发生职工安置费用 100 万元，2020 年搬迁完成。甲公司如何进行税务处理？

解析：

2018 年和 2019 年属于搬迁期间，搬迁收入和搬迁支出，可以暂不计入当期应纳税所得额。2020 年企业搬迁完成，搬迁所得为：2 450 − 200 − 150 − 100 = 2 000（万元）。应计入 2020 年度的应纳税所得额之中。

甲公司在办理 2020 年度企业所得税汇算清缴时需要填写明细表如表 5-3 所示。

表 5-3　A105110　政策性搬迁纳税调整明细表

单位：万元

行次	项目	金额
1	一、搬迁收入（2＋8）	2 450

（续表）

行次	项目	金额
2	（一）搬迁补偿收入（3 + 4 + 5 + 6 + 7）	2 450
3	1. 对被征用资产价值的补偿	2 450
4	2. 因搬迁、安置而给予的补偿	0
5	3. 对停产停业形成的损失而给予的补偿	0
6	4. 资产搬迁过程中遭到毁损而取得的保险赔款	0
7	5. 其他补偿收入	0
8	（二）搬迁资产处置收入	0
9	二、搬迁支出（10 + 16）	450
10	（一）搬迁费用支出（11 + 12 + 13 + 14 + 15）	250
11	1. 安置职工实际发生的费用	100
12`	2. 停工期间支付给职工的工资及福利费	0
13	3. 临时存放搬迁资产而发生的费用	0
14	4. 各类资产搬迁安装费用	150
15	5. 其他与搬迁相关的费用	0
16	（二）搬迁资产处置支出	200
17	三、搬迁所得或损失（1-9）	2 000
18	四、应计入本年应纳税所得额的搬迁所得或损失（19 + 20 + 21）	2 000
19	其中：搬迁所得	2 000
20	搬迁损失一次性扣除	0
21	搬迁损失分期扣除	0
22	五、计入当期损益的搬迁收益或损失	2 000
23	六、以前年度搬迁损失当期扣除金额	0
24	七、纳税调整金额（18 — 22 — 23）	0

第四节
特殊行业准备金

一、银行业准备金税前扣除政策

（一）金融企业涉农贷款和中小企业贷款损失准备金

1. 计提比例

根据《财政部　税务总局关于金融企业涉农贷款和中小企业贷款损失准备金税前扣除有关政策的公告》（财政部　税务总局公告 2019 年第 85 号）的规定，自 2019 年 1 月 1 日起执行至 2023 年 12 月 31 日，金融企业根据《贷款风险分类指引》（银监发〔2007〕54 号），对其涉农贷款和中小企业贷款进行风险分类后，按照以下比例计提的贷款损失准备金，准予在计算应纳税所得额时扣除：

（1）关注类贷款，计提比例为 2%；

（2）次级类贷款，计提比例为 25%；

（3）可疑类贷款，计提比例为 50%；

（4）损失类贷款，计提比例为 100%。

2. 涉农贷款

涉农贷款是指《涉农贷款专项统计制度》（银发〔2007〕246 号）统计的以下贷款：

（1）农户贷款；

（2）农村企业及各类组织贷款。

农户贷款是指金融企业发放给农户的所有贷款。农户贷款的判定应以贷款发放时的承贷主体是否属于农户为准。农户，是指长期（1 年以上）居住在乡镇（不包括城关镇）行政管理区域内的住户，还包括长期居住在城关镇所辖行政村范围内的住户和户口不在本地而在本地居住 1 年以上的住户，国有农场的职工和农村个体工商户。位于乡镇（不包括城关镇）行政管理区域内和在城关镇所辖行政村范围内的国有经济的机关、团体、学校、企事业单位的集体户；有本地户口，但举家外出谋生 1 年以上的住户，无论是否保留承包耕地均不属于农户。农户以户为统计单位，既可以从事农业生产经营，也可以从事非农业生产经营。

农村企业及各类组织贷款，是指金融企业发放给注册地位于农村区域的企业及各类组织的所有贷款。农村区域是指除地级及以上城市的城市行政区及其市辖建制镇之外的区域。

3. 中小企业贷款

中小企业贷款是指金融企业对年销售额和资产总额均不超过 2 亿元的企业的贷款。

4. 准备金的税务处理

金融企业发生的符合条件的涉农贷款和中小企业贷款损失，应先冲减已在税前扣除的贷款损失准备金，不足冲减部分可据实在计算应纳税所得额时扣除。

（二）金融企业贷款损失准备金

根据《财政部　税务总局关于金融企业贷款损失准备金企业所得税税前扣除有关政策的公告》（财政部、税务总局公告 2019 年第 86 号）的规定，自 2019 年 1 月 1 日起执行至 2023 年 12 月 31 日，政策性银行、商业银行、财务公司、城乡信用社和金融租赁公司等金融企业提取的贷款损失准备金执行以下企业所得税税前扣除政策。

1. 贷款资产范围

准予税前提取贷款损失准备金的贷款资产范围包括：

（1）贷款（含抵押、质押、保证、信用等贷款）；

（2）银行卡透支、贴现、信用垫款（含银行承兑汇票垫款、信用证垫款、担保垫款等）、进出口押汇、同业拆出、应收融资租赁款等具有贷款特征的风险资产；

（3）由金融企业转贷并承担对外还款责任的国外贷款，包括国际金融组织贷款、外国买方信贷、外国政府贷款、日本国际协力银行不附条件贷款和外国政府混合贷款等资产。

2. 贷款损失准备金计算公式

金融企业准予当年税前扣除的贷款损失准备金计算公式如下：

准予当年税前扣除的贷款损失准备金＝本年年末准予提取贷款损失准备金的贷款资产余额 ×1% －截至上年年末已在税前扣除的贷款损失准备金的余额

金融企业按上述公式计算的数额如为负数，应当相应调增当年应纳税所得额。

3. 不计提准备金的贷款与资产

金融企业的委托贷款、代理贷款、国债投资、应收股利、上交央行准备金以及金融企业剥离的债权和股权、应收财政贴息、央行款项等不承担风险和损失的资产，以及除上述列举资产之外的其他风险资产，不得提取贷款损失准备金在税前扣除。

4. 准备金的税务处理

金融企业发生的符合条件的贷款损失，应先冲减已在税前扣除的贷款损失准备金，不足冲减部分可据实在计算当年应纳税所得额时扣除。

5. 与其他政策的协调

金融企业涉农贷款和中小企业贷款损失准备金的税前扣除政策，凡按照《财政部　税务总局关于金融企业涉农贷款和中小企业贷款损失准备金税前扣除有关政策的公告》（财政部　税务总局公告 2019 年第 85 号）的规定执行的，不再适用上述规定。

（三）中小企业融资（信用）担保机构有关准备金

根据《财政部　税务总局关于中小企业融资（信用）担保机构有关准备金企业所得税税前扣除政策的通知》（财税〔2017〕22 号）的规定，自 2016 年 1 月 1 日起至 2020 年 12 月 31 日，符合条件的中小企业融资（信用）担保机构按照不超过当年年末担保责任余额 1% 的比例计提的担保赔偿准备，允许在企业所得税税前扣除，同时将上年度计提的担保赔偿准备余额转为当期收入。

符合条件的中小企业融资（信用）担保机构按照不超过当年担保费收入 50% 的比例计提的未到期责任准备，允许在企业所得税税前扣除，同时将上年度计提的未到期责任准备余额转为当期收入。

中小企业融资（信用）担保机构实际发生的代偿损失，符合税收法律法规关于资产损失税前扣除政策规定的，应冲减已在税前扣除的担保赔偿准备，不足冲减部分据实在企业所得税税前扣除。

上述符合条件的中小企业融资（信用）担保机构，必须同时满足以下条件：

（1）符合《融资性担保公司管理暂行办法》（银监会等七部委令 2010 年第 3 号）相关规定，并具有融资性担保机构监管部门颁发的经营许可证；

（2）以中小企业为主要服务对象，当年中小企业信用担保业务和再担保业务发生额占当年信用担保业务发生总额的 70% 以上（上述收入不包括信用评级、咨询、培训等收入）；

（3）中小企业融资担保业务的平均年担保费率不超过银行同期贷款基准利率的 50%；

（4）财政、税务部门规定的其他条件。

申请享受上述准备金税前扣除政策的中小企业融资（信用）担保机构，在汇算清缴时，需报送法人执照副本复印件、融资性担保机构监管部门颁发的经营许可证复印件、年度会计报表和担保业务情况（包括担保业务明细和风险准备金提取等），以及财政、税务部门要求提供的其他材料。

【实操案例】

【例 5-17】

甲、乙均为金融企业，根据《财政部 税务总局关于金融企业贷款损失准备金企业所得税税前扣除有关政策的公告》（财政部 税务总局公告 2019 年第 86 号，以下简称 86 号公告）规定，其计提的贷款损失准备金可按 1% 比例税前扣除。2020 年度两企业完成合并，该合并是同一控制下不需要支付对价的吸收合并，属于特殊重组，甲为合并方，乙为被合并方，被合并方不存在未弥补亏损。

合并前的 2019 年度，甲企业贷款损失准备金计提超标，纳税调增 340 万元；乙企业贷款损失准备金计提也超标，纳税调增 1 700 万元，其在 2019 年办理注销前清税申报时贷款损失准备金事项未作纳税调整。甲、乙两家企业此前超标计提贷款损失准备金 5 000 多万元，均在此前年度进行了企业所得税纳税调增。

2020 年度，甲企业计入损益的贷款损失准备金约为 640 万元，根据 86 号公告规定的公式计算出的准予当年税前扣除的贷款损失准备金约为 4 500 万元。甲企业 2020 年度准予税前提取贷款损失准备金的贷款资产年末余额为 149.86 亿元，年初余额为 48.01 亿元，乙企业年初余额为 56.69 亿元。两企业合计 2020 年年末余额为 149.86 亿元，年初余额为 104.70 亿元。

至此，甲、乙企业因合并原因出现了两家企业贷款余额、贷款损失准备金以及超标计提所造成的企业所得税以前年度纳税调整三重叠加的现状。而合并企业因特殊业务要求（原则上应在合并后实现盈利），当年实际计提贷款损失准备金的比例远低于上一年度，由此引发了以下问题：企业当年实际计提数额降低，能否在企业所得税汇算清缴环节对以前年度纳税调增部分，按比例进行纳税调减？

解析：

根据《企业所得税法》第十条的规定，在计算应纳税所得额时，未经核定的准备金支出不得扣除。因此，企业计提的不符合规定的各项准备金支出不得在税前扣除是企业所得税法的一项基本原则。但根据 86 号公告的规定，政策性银行、商业银行、财务公司、城乡信用社和金融租赁公司等金融企业提取的贷款损失准备金在不超过特定的额度（1%）内准予企业所得税税前扣除。因此，金融企业贷款损失准备金税前扣除可以理解为一项税收优惠政策。

也就是说，从税法原理来说企业计提的准备金要在实际发生损失时才允许税前扣除，在计提时由于未发生实际损失而不允许扣除。考虑到金融企业的行业特殊性，税法将金融企业允许税前扣除的时点提前到了计提准备金时，但是如果金融企业从未实际发生过损失，则到贷款资产变为 0 时，之前已经税前扣除的准备金要全部调整回来，所以从这一角度理解应该是一种延迟纳税的优惠。

根据86号公告的规定，金融企业超额提取贷款损失准备金需要进行纳税调增，而少提或者不提贷款损失准备金是其对自身权利的放弃，不能因此进行纳税调减。因此，本案甲企业不能在企业所得税汇算清缴环节对以前年度纳税调增部分，按比例进行纳税调减。

二、金融企业准备金计提管理办法

（一）适用范围与基本概念

根据《财政部关于印发〈金融企业准备金计提管理办法〉的通知》（财金〔2012〕20号）的规定，为了防范金融风险，增强金融企业风险抵御能力，促进金融企业稳健经营和健康发展，根据《金融企业财务规则》等有关规定，制定该办法。

经中国银行业监督管理委员会批准，在中华人民共和国境内依法设立的政策性银行、商业银行、信托投资公司、财务公司、金融租赁公司、金融资产管理公司、村镇银行和城乡信用社等经营金融业务的企业（以下简称金融企业）适用该办法。

该办法所称准备金，又称拨备，是指金融企业对承担风险和损失的金融资产计提的准备金，包括资产减值准备和一般准备。

该办法所称资产减值准备，是指金融企业对债权、股权等金融资产（不包括以公允价值计量并且其变动计入当期损益的金融资产）进行合理估计和判断，对其预计未来现金流量现值低于账面价值部分计提的，计入金融企业成本的，用于弥补资产损失的准备金。

该办法所称一般准备，是指金融企业运用动态拨备原理，采用内部模型法或标准法计算风险资产的潜在风险估计值后，扣减已计提的资产减值准备，从净利润中计提的、用于部分弥补尚未识别的可能性损失的准备金。动态拨备是金融企业根据宏观经济形势变化，采取的逆周期计提拨备的方法，即在宏观经济上行周期、风险资产违约率相对较低时多计提拨备，增强财务缓冲能力；在宏观经济下行周期、风险资产违约率相对较高时少计提拨备，并动用积累的拨备吸收资产损失的做法。

该办法所称内部模型法，是指具备条件的金融企业使用内部开发的模型对风险资产计算确定潜在风险估计值的方法。

该办法所称标准法，是指金融企业根据金融监管部门确定的标准对风险资产进行风险分类后，按财政部制定的标准风险系数计算确定潜在风险估计值的方法。

该办法所称不良贷款拨备覆盖率，是指金融企业计提的贷款损失准备与不良贷款余额之比。

该办法所称贷款拨备率，是指金融企业计提的与贷款损失相关的资产减值准备与各项贷款余额之比，也称拨贷比。

该办法所称贷款总拨备率，是指金融企业计提的与贷款损失相关的各项准备（包括资产减值准备和一般准备）与各项贷款余额之比。

（二）准备金的计提

金融企业承担风险和损失的资产应计提准备金，具体包括发放贷款和垫款、可供出售类金融资产、持有至到期投资、长期股权投资、存放同业、拆出资金、抵债资产、其他应收款项等。对由金融企业转贷并承担对外还款责任的国外贷款，包括国际金融组织贷款、外国买方信贷、外国政府贷款、日本国际协力银行不附条件贷款和外国政府混合贷款等资产，应当计提准备金。金融企业不承担风险的委托贷款、购买的国债等资产，不计提准备金。

金融企业应当在资产负债表日对各项资产进行检查，分析判断资产是否发生减值，并根据谨慎性原则，计提资产减值准备。对发放贷款和垫款，至少应当按季进行分析，采取单项或组合的方式进行减值测试，计提贷款损失准备。

金融企业应当于每年年度终了对承担风险和损失的资产计提一般准备。一般准备由金融企业总行（总公司）统一计提和管理。金融企业应当根据自身实际情况，选择内部模型法或标准法对风险资产所面临的风险状况定量分析，确定潜在风险估计值。对潜在风险估计值高于资产减值准备的差额，计提一般准备。当潜在风险估计值低于资产减值准备时，可不计提一般准备。一般准备余额原则上不得低于风险资产期末余额的1.5%。

具备条件的金融企业可采用内部模型法确定潜在风险估计值。运用内部模型法时应当使用至少包括一个完整经济周期的历史数据，综合考虑风险资产存量及其变化、风险资产长期平均损失率、潜在损失平均覆盖率、较长时期平均资产减值准备等因素，建立内部模型，并通过对银行自身风险资产损失历史数据的回归分析或其他合理方法确定潜在风险估计值。

金融企业采用内部模型法的，已改制金融企业履行董事会审批程序后实施，未改制金融企业由行长（总经理、总裁）办公会审批后实施。金融企业采用内部模型法的，应将内部模型及详细说明报同级财政部门备案。

金融企业不采用内部模型法的，应当根据标准法计算潜在风险估计值，按潜在风险估计值与资产减值准备的差额，对风险资产计提一般准备。其中，信贷资产根据金融监管部门的有关规定进行风险分类，标准风险系数暂定为：正常类1.5%，关注类3%，次级类30%，可疑类60%，损失类100%；其他风险资产可参照信贷资产进行风险分类，采用的标准风险系数不得低于上述信贷资产标准风险系数。

金融企业对非信贷资产未实施风险分类的，可按非信贷资产余额的 1%—1.5% 计提一般准备。

标准法潜在风险估计值计算公式如下：

潜在风险估计值＝正常类风险资产 ×1.5% ＋关注类风险资产 ×3% ＋次级类风险资产 ×30% ＋可疑类风险资产 ×60% ＋损失类风险资产 ×100%

财政部将根据宏观经济形势变化，参考金融企业不良贷款额、不良贷款率、不良贷款拨备覆盖率、贷款拨备率、贷款总拨备率等情况，适时调整计提一般准备的风险资产范围、标准风险系数、一般准备占风险资产的比例要求。

金融企业应当根据资产的风险程度及时、足额计提准备金。准备金计提不足的，原则上不得进行税后利润分配。

金融企业应当于每季度终了后 60 天内向同级财政部门提供其准备金计提情况（包括计提准备金的资产分项、分类情况、资产风险评估方法），并按类别提供相关准备金余额变动情况（期初、本期计提、本期转回、本期核销、期末数），以及不良资产和不良贷款拨备覆盖率情况。

中央金融企业将准备金计提情况报送财政部，中央金融企业在各地分支机构报送财政部驻当地财政监察专员办事处，地方金融企业报送同级财政部门。准备金由总行（总公司）统一计提和管理的金融企业，由总行（总公司）向同级财政部门统一提供准备金计提情况。

财政部驻各地财政监察专员办事处负责对当地中央管理的金融企业分支机构准备金计提的监督管理，对未按规定足额计提准备金的，应当及时进行制止和纠正。

（三）财务处理

金融企业按规定计提的一般准备作为利润分配处理，一般准备是所有者权益的组成部分。金融企业在年度终了后，按照本办法提出当年一般准备计提方案，履行公司治理程序后执行。金融企业履行公司治理程序，并报经同级财政部门备案后，可用一般准备弥补亏损，但不得用于分红。因特殊原因，经履行公司治理程序，并报经同级财政部门备案后，金融企业可将一般准备转为未分配利润。

金融企业计提的相关资产减值准备计入当期损益。已计提资产减值准备的资产质量提高时，应在已计提的资产减值准备范围内转回，增加当期损益。

对符合条件的资产损失经批准核销后，冲减已计提的相关资产减值准备。经批准核销的表内应收利息，已纳入损益核算的，无论其本金或利息是否已逾期，均作冲减利息收入处理。已核销的资产损失，以后又收回的，其核销的相关资产减值准备予以转回。已核销的资产收回金额超过本金的部分，计入利息收入等。转回的资产减值准备作增加当期损益处理。

资产减值准备以原币计提，按即期汇率折算为记账本位币后确认。

三、保险行业准备金税前扣除政策

（一）保险公司保险保障基金

1. 扣除标准

根据《财政部　国家税务总局关于保险公司准备金支出企业所得税税前扣除有关政策问题的通知》（财税〔2016〕114号）的规定，自2016年1月1日至2020年12月31日，保险公司按下列规定缴纳的保险保障基金，准予据实税前扣除：

（1）非投资型财产保险业务，不得超过保费收入的0.8%；投资型财产保险业务，有保证收益的，不得超过业务收入的0.08%，无保证收益的，不得超过业务收入的0.05%。

（2）有保证收益的人寿保险业务，不得超过业务收入的0.15%；无保证收益的人寿保险业务，不得超过业务收入的0.05%。

（3）短期健康保险业务，不得超过保费收入的0.8%；长期健康保险业务，不得超过保费收入的0.15%。

（4）非投资型意外伤害保险业务，不得超过保费收入的0.8%；投资型意外伤害保险业务，有保证收益的，不得超过业务收入的0.08%，无保证收益的，不得超过业务收入的0.05%。

2. 相关概念界定

保险保障基金是指按照《中华人民共和国保险法》和《保险保障基金管理办法》规定缴纳形成的，在规定情形下用于救助保单持有人、保单受让公司或者处置保险业风险的非政府性行业风险救助基金。

保费收入是指投保人按照保险合同约定，向保险公司支付的保险费。

业务收入是指投保人按照保险合同约定，为购买相应的保险产品支付给保险公司的全部金额。

非投资型财产保险业务，是指仅具有保险保障功能而不具有投资理财功能的财产保险业务。

投资型财产保险业务，是指兼具有保险保障与投资理财功能的财产保险业务。

有保证收益是指保险产品在投资收益方面提供固定收益或最低收益保障。

无保证收益是指保险产品在投资收益方面不提供收益保证，投保人承担全部投资风险。

3. 禁止扣除情形

保险公司有下列情形之一的，其缴纳的保险保障基金不得在税前扣除：

（1）财产保险公司的保险保障基金余额达到公司总资产 6% 的。

（2）人身保险公司的保险保障基金余额达到公司总资产 1% 的。

（二）保险公司各类准备金

1. 允许扣除的准备金种类

根据《财政部　国家税务总局关于保险公司准备金支出企业所得税税前扣除有关政策问题的通知》（财税〔2016〕114 号）的规定，自 2016 年 1 月 1 日至 2020 年 12 月 31 日，保险公司按国务院财政部门的相关规定提取的未到期责任准备金、寿险责任准备金、长期健康险责任准备金、已发生已报案未决赔款准备金和已发生未报案未决赔款准备金，准予在税前扣除。

2. 未到期责任准备金、寿险责任准备金、长期健康险责任准备金

未到期责任准备金、寿险责任准备金、长期健康险责任准备金依据经中国保监会核准任职资格的精算师或出具专项审计报告的中介机构确定的金额提取。

未到期责任准备金，是指保险人为尚未终止的非寿险保险责任提取的准备金。

寿险责任准备金，是指保险人为尚未终止的人寿保险责任提取的准备金。

长期健康险责任准备金，是指保险人为尚未终止的长期健康保险责任提取的准备金。

3. 已发生已报案未决赔款准备金、已发生未报案未决赔款准备金

已发生已报案未决赔款准备金，按最高不超过当期已经提出的保险赔款或者给付金额的 100% 提取；已发生未报案未决赔款准备金按不超过当年实际赔款支出额的 8% 提取。

已发生已报案未决赔款准备金，是指保险人为非寿险保险事故已经发生并已向保险人提出索赔、尚未结案的赔案提取的准备金。

已发生未报案未决赔款准备金，是指保险人为非寿险保险事故已经发生、尚未向保险人提出索赔的赔案提取的准备金。

4. 农业保险大灾风险准备金

保险公司经营财政给予保费补贴的农业保险，按不超过财政部门规定的农业保险大灾风险准备金（简称大灾准备金）计提比例，计提的大灾准备金，准予在企业所得税前据实扣除，具体计算公式如下：

本年度扣除的大灾准备金＝本年度保费收入 × 规定比例－上年度已在税前扣除的大灾准备金结存余额

按上述公式计算的数额如为负数，应调增当年应纳税所得额。

财政给予保费补贴的农业保险，是指各级财政按照中央财政农业保险保费补贴政策规定给予保费补贴的种植业、养殖业、林业等农业保险。

规定比例，是指按照《财政部关于印发〈农业保险大灾风险准备金管理办法〉的通知》（财金〔2013〕129 号）确定的计提比例。

（三）准备金的税务处理

根据《财政部　国家税务总局关于保险企业计提准备金有关税收处理问题的通知》（财税〔2015〕115 号）的规定，保险企业因执行财政部企业会计规定计提的准备金与之前执行中国保险业监督管理委员会有关监管规定计提的准备金形成的差额，应计入保险企业应纳税所得额。凡上述准备金差额尚未进行税务处理的，可分 10 年均匀计入 2015 年及以后年度应纳税所得额；已进行税务处理的不再分期计入以后年度应纳税所得额。

根据《财政部　国家税务总局关于保险公司准备金支出企业所得税税前扣除有关政策问题的通知》（财税〔2016〕114 号）的规定，保险公司实际发生的各种保险赔款、给付，应首先冲抵按规定提取的准备金，不足冲抵部分，准予在当年税前扣除。

四、保险行业准备金管理制度

（一）保险保障基金管理办法

1. 基本制度

根据《保险保障基金管理办法》（中国保险监督管理委员会令 2008 年第 2 号）的规定，为了规范保险保障基金的筹集、管理和使用，保障保单持有人合法权益，促进保险业健康发展，维护金融稳定，根据《中华人民共和国保险法》等有关法律、行政法规，制定该办法。

该办法所称保险公司，是指经保险监督管理机构批准设立，并在境内依法登记注册的中资保险公司、中外合资保险公司、外资独资保险公司和外国保险公司分公司。

该办法所称保险保障基金，是指按照《中华人民共和国保险法》规定缴纳形成，在规定的情形下，用于救助保单持有人、保单受让公司或者处置保险业风险的非政府性行业风险救助基金。保单持有人是指在保险公司被依法撤销或者依法实施破产的情形下，对保单利益依法享有请求权的保险合同当事人，包括投保人、被保险人或者受益人。保单受让公司是指经营有人寿保险业务的保险公司被依法撤销或者依法实施破产的，接受该保险公司依法转让的人寿保险合同的经营有人寿保险业务的保险公司。

保险保障基金分为财产保险保障基金和人身保险保障基金。财产保险保障基金由财产保险公司缴纳形成。人身保险保障基金由人身保险公司缴纳形成。

保险保障基金以保障保单持有人利益、维护保险业稳健经营为使用原则，依法集中管理，统筹使用。

设立国有独资的中国保险保障基金有限责任公司（以下简称保险保障基金公司），依法负责保险保障基金的筹集、管理和使用。保险保障基金公司依法独立运作，其董事会对保险保障基金的合法使用以及安全负责。

2. 保险保障基金公司

保险保障基金公司依法建立健全公司治理结构、内部控制制度和风险管理制度，依法运营，独立核算。

保险保障基金公司依法从事下列业务：

（1）筹集、管理、运作保险保障基金；

（2）监测保险业风险，发现保险公司经营管理中出现可能危及保单持有人和保险行业的重大风险时，向中国保险监督管理委员会（以下简称中国保监会）提出监管处置建议；

（3）对保单持有人、保单受让公司等个人和机构提供救助或者参与对保险业的风险处置工作；

（4）在保险公司被依法撤销或者依法实施破产等情形下，参与保险公司的清算工作；

（5）管理和处分受偿资产；

（6）国务院批准的其他业务。

保险保障基金公司按照上述第（2）项规定向中国保监会提出监管处置建议的，应当及时将有关情况同时抄报财政部、中国人民银行。

保险保障基金公司设立董事会，董事会成员由中国保监会、财政部、中国人民银行、国家税务总局、国务院法制办推荐。董事长为公司法定代表人，由中国保监会推荐，报国务院批准。保险保障基金公司应当按照《中华人民共和国公司法》的规定设立有关组织机构，完善公司治理。

为依法救助保单持有人和保单受让公司、处置保险业风险的需要，经中国保监会商有关部门制定融资方案并报国务院批准后，保险保障基金公司可以多种形式融资。

保险保障基金公司应当与中国保监会建立保险公司信息共享机制。中国保监会定期向保险保障基金公司提供保险公司财务、业务等经营管理信息。中国保监会认定存在风险隐患的保险公司，由中国保监会向保险保障基金公司提供该保险公司财务、业务等专项数据和资料。保险保障基金公司对所获悉的保险公司各项数据和资料负有保密义务。

保险保障基金公司解散须经国务院批准。

3. 保险保障基金的筹集

保险保障基金的来源：

（1）境内保险公司依法缴纳的保险保障基金；

（2）保险保障基金公司依法从破产保险公司清算财产中获得的受偿收入；

（3）捐赠；

（4）上述资金的投资收益；

（5）其他合法收入。

保险公司应当按照下列规定，对经营的财产保险业务或者人身保险业务缴纳保险保障基金，缴纳保险保障基金的保险业务纳入保险保障基金救助范围：

（1）非投资型财产保险按照保费收入的 0.8% 缴纳，投资型财产保险，有保证收益的，按照业务收入的 0.08% 缴纳，无保证收益的，按照业务收入的 0.05% 缴纳；

（2）有保证收益的人寿保险按照业务收入的 0.15% 缴纳，无保证收益的人寿保险按照业务收入的 0.05% 缴纳；

（3）短期健康保险按照保费收入的 0.8% 缴纳，长期健康保险按照保费收入的 0.15% 缴纳；

（4）非投资型意外伤害保险按照保费收入的 0.8% 缴纳，投资型意外伤害保险，有保证收益的，按照业务收入的 0.08% 缴纳，无保证收益的，按照业务收入的 0.05% 缴纳。

上述所称业务收入，是指投保人按照保险合同约定，为购买相应的保险产品支付给保险公司的全部金额。

保险公司应当及时、足额将保险保障基金缴纳到保险保障基金公司的专门账户，有下列情形之一的，可以暂停缴纳：

（1）财产保险公司的保险保障基金余额达到公司总资产 6% 的；

（2）人身保险公司的保险保障基金余额达到公司总资产 1% 的。

保险公司的保险保障基金余额减少或者总资产增加，其保险保障基金余额占总资产比例不能满足前款要求的，应当自动恢复缴纳保险保障基金。

保险保障基金公司应当对每一保险公司缴纳的保险保障基金及其变动情况进行单独核算。

保险公司的保险保障基金余额，是指该公司累计缴纳的保险保障基金金额加上分摊的投资收益，扣除各项分摊的费用支出和使用额以后的金额。

4. 保险保障基金的使用

有下列情形之一的，可以动用保险保障基金：

（1）保险公司被依法撤销或者依法实施破产，其清算财产不足以偿付保单利益的；

（2）中国保监会经商有关部门认定，保险公司存在重大风险，可能严重危及社会公共利益和金融稳定的。

动用保险保障基金，由中国保监会拟定风险处置方案和使用办法，商有关部门后，报经国务院批准。保险保障基金公司按照风险处置方案和使用办法的规定，负责办理登记、发放、资金划拨等具体事宜。

保险保障基金公司应当对财产保险保障基金和人身保险保障基金分账管理、分别使用。财产保险保障基金仅用于向财产保险公司的保单持有人提供救助，以及在认定存在重大风险的情形下，对财产保险公司进行风险处置。人身保险保障基金仅用于向人身保险公司的保单持有人和接受人寿保险合同的保单受让公司提供救助，以及在认定存在重大风险的情形下，对人身保险公司进行风险处置。

保险公司被依法撤销或者依法实施破产，其清算财产不足以偿付保单利益的，保险保障基金按照下列规则对非人寿保险合同的保单持有人提供救助：

（1）保单持有人的损失在人民币5万元以内的部分，保险保障基金予以全额救助；

（2）保单持有人为个人的，对其损失超过人民币5万元的部分，保险保障基金的救助金额为超过部分金额的90%；保单持有人为机构的，对其损失超过人民币5万元的部分，保险保障基金的救助金额为超过部分金额的80%。

上述所称保单持有人的损失，是指保单持有人的保单利益与其从清算财产中获得的清偿金额之间的差额。

经营有人寿保险业务的保险公司被依法撤销或者依法实施破产的，其持有的人寿保险合同，必须依法转让给其他经营有人寿保险业务的保险公司；不能同其他保险公司达成转让协议的，由中国保监会指定经营有人寿保险业务的保险公司接收。

被依法撤销或者依法实施破产的保险公司的清算资产不足以偿付人寿保险合同保单利益的，保险保障基金可以按照下列规则向保单受让公司提供救助：

（1）保单持有人为个人的，救助金额以转让后保单利益不超过转让前保单利益的90%为限；

（2）保单持有人为机构的，救助金额以转让后保单利益不超过转让前保单利益的80%为限。

保险保障基金依照前款规定向保单受让公司提供救助的，救助金额应以保护中小保单持有人权益以维护保险市场稳定，并根据保险保障基金资金状况为原则确定。

为保障保单持有人的合法权益，根据社会经济发展的实际情况，经国务院批准，中国保监会可会同有关部门适时调整保险保障基金的救助金额和比例。

保险公司被依法撤销或者依法实施破产，保险保障基金对保单持有人或者保单受让公司予以救助的，按照下列顺序从保险保障基金中扣减：

（1）被依法撤销或者依法实施破产的保险公司保险保障基金余额；

（2）其他保险公司保险保障基金余额。

其他保险公司保险保障基金余额的扣减金额，按照各保险公司上一年度市场份额计算。

保险公司被依法撤销或者依法实施破产的，在撤销决定作出后或者在破产申请依法向人民法院提出前，保单持有人可以与保险保障基金公司签订债权转让协议，保险保障基金公司以保险保障基金向其支付救助款，并获得保单持有人对保险公司的债权。清算结束后，保险保障基金获得的清偿金额多于支付的救助款的，保险保障基金应当将差额部分返还给保单持有人。

下列业务不属于保险保障基金的救助范围，不缴纳保险保障基金：

（1）保险公司承保的境外直接保险业务；

（2）保险公司的再保险分入业务；

（3）由国务院确定的国家财政承担最终风险的政策性保险业务；

（4）保险公司从事的企业年金受托人、账户管理人等企业年金管理业务；

（5）中国保监会会同有关部门认定的其他不属于保险保障基金救助范围的业务。

保险公司被依法撤销或者依法实施破产，其董事、高级管理人员或者股东因违反法律、行政法规或者国家有关规定，对公司被依法撤销或者依法实施破产负有直接责任的，对该董事、高级管理人员在该保险公司持有的保单利益、该股东在该保险公司持有的财产损失保险的保单利益，保险保障基金不予救助。

5. 管理和监督

中国保监会依法对保险保障基金公司的业务和保险保障基金的筹集、管理、运作进行监管。

财政部负责保险保障基金公司的国有资产管理和财务监督。保险保障基金公司预算、决算方案由保险保障基金公司董事会制定，报财政部审批。

保险保障基金公司应当建立科学的业绩考评制度，并将考核结果定期报送中国保监会、财政部等有关部门。

保险保障基金的资金运用应当遵循安全性、流动性和收益性原则，在确保资产安全的前提下实现保值增值。保险保障基金的资金运用限于银行存款，买卖政府债券、中央银行票据、中央企业债券、中央级金融机构发行的金融债券，以及国务院批准的其他资金运用形式。

保险保障基金公司可以委托专业的投资管理机构对保险保障基金进行投资管理，并对委托投资管理的保险保障基金实行第三方托管。

保险保障基金公司应当按照下列规定提交有关报告：

（1）按月向中国保监会、财政部、中国人民银行等有关部门报送保险保障基金筹集、运用、使用情况；

（2）按照有关规定，向中国保监会、财政部、中国人民银行等有关部门报送经审计的公司年度财务报告；

（3）应当依法提交的其他报告。

保险保障基金公司未按照规定及时向国家有关部门提交有关报告的，由国家有关部门责令改正。

保险保障基金公司应当定期向保险公司披露保险保障基金的相关财务信息。

6. 法律责任

保险公司违反《中华人民共和国保险法》规定，未按照规定及时缴纳保险保障基金的，由中国保监会对保险公司和负有直接责任的高级管理人员、直接责任人员依法进行处罚。

保险保障基金公司董事、高级管理人员以及其他工作人员，违反法律、行政法规和《保险保障基金管理办法》规定运用保险保障基金，或者以侵吞、窃取、骗取等手段非法占有保险保障基金，构成犯罪的，依法追究刑事责任。

（二）农业保险大灾风险准备金管理办法

1. 基本制度

根据《财政部关于印发〈农业保险大灾风险准备金管理办法〉的通知》（财金〔2013〕129 号）的规定，为进一步完善农业保险大灾风险分散机制，规范农业保险大灾风险准备金（以下简称大灾准备金）管理，促进农业保险持续健康发展，根据《农业保险条例》《金融企业财务规则》及中央财政农业保险保费补贴政策等相关规定，制定该办法。

该办法所称大灾准备金，是指农业保险经办机构（以下简称保险机构）根据有关法律法规规定，在经营农业保险过程中，为增强风险抵御能力、应对农业大灾风险专门计提的准备金。

该办法适用于各级财政按规定给予保费补贴的种植业、养殖业、林业等农业保险业务（以下简称农业保险）。

大灾准备金的管理遵循以下原则：

（1）独立运作。保险机构根据规定自主计提、使用和管理大灾准备金，对其实行专户管理、独立核算。

（2）因地制宜。保险机构根据规定，结合不同区域风险特征、当地农业保险工作实际和自身风险管控能力等，合理确定大灾准备金的计提比例。

（3）分级管理。保险机构总部与经营农业保险的省级分支机构（以下简称相关省级分支机构），根据规定，计提、使用和管理大灾准备金，并依法接受相关部门的监督。

（4）统筹使用。保险机构计提的大灾准备金可以在本机构农业保险各险种之间、相关省级分支机构之间统筹使用，专门用于弥补农业大灾风险损失。

2. 大灾准备金的计提

保险机构应当根据规定，分别按照农业保险保费收入和超额承保利润的一定比例，计提大灾准备金（以下分别简称保费准备金和利润准备金），逐年滚存。

保险机构应当按照相关规定，公平、合理拟订农业保险条款与费率，结合风险损失、经营状况等建立健全费率调整机制。保险机构农业保险实现承保盈利，且承保利润率连续3年高于财产险行业承保利润率，原则上应当适当降低农业保险盈利险种的保险费率，省级财政部门应当依法予以监督。承保利润率为"1－综合成本率"。其中，财产险行业综合成本率以行业监管部门发布数据为准，保险机构综合成本率以经审计的数据为准。

保险机构计提保费准备金，应当分别以种植业、养殖业、森林等大类险种（以下简称大类险种）的保费收入为计提基础。保险机构总部经营农业保险的，参照所在地省级分支机构计提保费准备金。保费收入为自留保费，即保险业务收入减去分出保费的净额（按照国内企业会计准则）。

保险机构计提保费准备金的比例，由保险机构按照《农业保险大灾风险准备金计提比例表》规定的区间范围，在听取省级财政等有关部门意见的基础上，结合农业灾害风险水平、风险损失数据、农业保险经营状况等因素合理确定。计提比例一旦确定，原则上应当保持3年以上有效。期间，如因特殊情况须调整计提比例，应当由保险机构总部商相关省级财政部门同意后，自下一年度进行调整。

保险机构计提保费准备金，滚存余额达到当年农业保险自留保费的，可以暂停计提。

保险机构经营农业保险实现年度及累计承保盈利，且满足以下条件的，其总部应当在依法提取法定公积金、一般（风险）准备金后，从年度净利润中计提利润准备金，计提标准为超额承保利润的75%（如不足超额承保利润的75%，则全额计提），不得将其用于分红、转增资本：

（1）保险机构农业保险的整体承保利润率超过其自身财产险业务承保利润率，且农业保险综合赔付率低于70%；

（2）专业农业保险机构的整体承保利润率超过其自身与财产险行业承保利润率的均值，且其综合赔付率低于70%；

（3）前两项中，保险机构自身财产险业务承保利润率、专业农业保险机构自身与财产险行业承保利润率的均值为负的，按照其近3年的均值（如近3年均值为负或不足3年则按0确定），计算应当计提的利润准备金。

其中，财产险行业综合赔付率以行业监管部门发布数据为准，保险机构综合赔付率以经审计的数据为准。

保险机构应当按照相关规定，及时足额计提大灾准备金，并在年度财务报表中予以反映，逐年滚存，逐步积累应对农业大灾风险的能力。

3. 大灾准备金的使用

大灾准备金专项用于弥补农业大灾风险损失，可以在农业保险各大类险种之间统筹使用。保险机构使用大灾准备金，应当履行内部相关程序。

保险机构应当以农业保险大类险种的综合赔付率，作为使用大灾准备金的触发标准。

当出现以下情形时，保险机构可以使用大灾准备金：

（1）保险机构相关省级分支机构或总部，其当年 6 月末、12 月末的农业保险大类险种综合赔付率超过 75%（具体由保险机构结合实际确定，以下简称大灾赔付率），且已决赔案中至少有 1 次赔案的事故年度已报告赔付率不低于大灾赔付率，可以在再保险的基础上，使用本机构本地区的保费准备金。

（2）根据前项规定不足以支付赔款的，保险机构总部可以动用利润准备金；仍不足的，可以通过统筹其各省级分支机构大灾准备金，以及其他方式支付赔款。

$$\text{事故年度已报告赔付率}=\frac{\text{已决赔款}+\text{已发生已报告赔案的估损金额}}{\text{已赚保费}}$$

大灾准备金的使用额度，以农业保险大类险种实际赔付率超过大灾赔付率部分对应的再保后已发生赔款为限。保险机构应当采取有效措施，及时足额支付应赔偿的保险金，不得违规封顶赔付。

$$\text{再保后已发生赔款}=\text{已决赔款}-\text{摊回分保赔款}$$

4. 大灾准备金的管理

保险机构应当按照专户管理、独立核算的原则，加强大灾准备金管理。

保险机构当期计提的保费准备金，在成本中列支，计入当期损益。保险机构计提的利润准备金，在所有者权益项下列示。财务处理参照《金融企业财务规则》相关准备金规定执行。

保险机构应当根据保险资金运用的有关规定，按照其内部投资管理制度，审慎开展大灾准备金的资金运用，资金运用收益纳入大灾准备金专户管理。

保险机构应当与有关方面加强防灾防损，通过再保险等方式，多渠道分散农业大灾风险。

保险机构计提大灾准备金，按税收法律及其有关规定享受税前扣除政策。

保险机构不再经营农业保险的，可以将以前年度计提的保费准备金作为损益逐年转回，并按照国家税收政策补缴企业所得税。利润准备金可以转入一般（风险）准备金，按照相关规定使用。

各级财政、行业监管部门依法对大灾准备金的计提、管理、使用等实施监督。

保险机构应当按规定及时足额计提大灾准备金，并于每年 5 月底之前，将上年度大灾准备金的计提、使用、管理等情况报告同级财政部门、行业监管部门。省级财政部门应当于每年 6 月底之前，将本地区保险机构大灾准备金的计提、使用、管理等情况报告财政部。

（三）农业保险大灾风险准备金会计处理规定

1. 适用范围

根据《财政部关于印发〈农业保险大灾风险准备金会计处理规定〉的通知》（财会〔2014〕12 号）的规定，农业保险经办机构（以下简称保险机构）从事各级财政按规定给予保费补贴的种植业、养殖业、林业等农业保险业务（以下简称农业保险），其计提、使用、转回农业保险大灾风险准备金（包括保费准备金和利润准备金，以下简称大灾准备金）的会计处理，适用本规定。

保险机构计提的保险合同准备金（不含该规定所指的大灾准备金），应当按照《保险合同相关会计处理规定》（财会〔2009〕15 号）等相关规定进行会计处理。

2. 科目设置

保险机构应当设置下列会计科目，对大灾准备金进行会计核算：

（1）在损益类科目中设置“6505 提取保费准备金”科目，核算保险机构按规定当期从农业保险保费收入中提取的保费准备金。本科目应按种植业、养殖业、森林等大类险种进行明细核算。

（2）在负债类科目中设置“2605 保费准备金”科目，核算保险机构按规定从农业保险保费收入中提取，并按规定使用和转回的保费准备金。本科目应按种植业、养殖业、森林等大类险种进行明细核算。

（3）在所有者权益类科目中设置“4105 大灾风险利润准备”科目，核算保险机构按规定从净利润中提取，并按规定使用和转回的利润准备金，以及大灾准备金资金运用形成的收益。

在“利润分配”科目下设置“提取利润准备”明细科目，核算保险机构按规定从当期净利润中提取的利润准备金。

在“利润分配”科目下设置“大灾准备金投资收益”明细科目，核算保险机构以大灾准备金所对应的资金用于投资等所产生的收益。

3. 主要账务处理

（1）期末，保险机构按照各类农业保险当期实现的自留保费（即保险业务收入减去分出保费的净额）和规定的保费准备金计提比例计算应提取的保费准备金，借记“提取保费准备金”科目，贷记“保费准备金”科目。

（2）期末，保险机构总部在依法提取法定公积金、一般风险准备金后，按规定从年度净利润中提取的利润准备金，借记“利润分配——提取利润准备”科目，贷记“大灾风险利润准备”科目。

（3）保险机构按规定以大灾准备金所对应的资金用于投资等所产生的收益，借记“应收利息”“应收股利”等科目，贷记“投资收益”等科目；同时，借记“利润分配——大灾准备金投资收益”科目，贷记“大灾风险利润准备”科目。

（4）保险机构在确定支付赔付款项金额或实际发生理赔费用的当期，按照应赔付或实际赔付的金额，借记“赔付支出”科目，贷记“应付赔付款”“银行存款”等科目；按规定以大灾准备金用于弥补农业大灾风险损失时，按弥补的金额依次冲减“保费准备金”“大灾风险利润准备”科目，借记“保费准备金”“大灾风险利润准备”科目，贷记“提取保费准备金”“利润分配——提取利润准备”科目。

（5）保险机构不再经营农业保险的，将以前年度计提的保费准备金的余额逐年转回损益时，按转回的金额，借记“保费准备金”科目，贷记“提取保费准备金”科目；将利润准备金的余额转入一般风险准备时，按转回的金额，借记“大灾风险利润准备”科目，贷记“一般风险准备”科目。

4. 列示与披露

（1）保险机构应当在资产负债表负债项下“长期借款”项目之上增设“保费准备金”项目，反映期末保费准备金的余额。

（2）保险机构应当在资产负债表所有者权益项下“一般风险准备”项目和“未分配利润”项目之间增设“大灾风险利润准备”项目，反映期末利润准备金的余额。

（3）保险机构应当在利润表“减：摊回保险责任准备金”项目和“保单红利支出”项目之间，增设“提取保费准备金”项目，反映保险机构当期按规定提取的保费准备金净额。

（4）保险机构应当在所有者权益变动表“未分配利润”栏目前增设“大灾风险利润准备”栏，反映保险机构期末利润准备金余额的情况；同时，在“（四）利润分配”类的“提取一般风险准备”项目之下增设“提取利润准备”项目，反映保险机构当期按规定提取的利润准备金净额。

五、证券业准备金税前扣除政策

根据《财政部　国家税务总局关于证券行业准备金支出企业所得税税前扣除有关政策问题的通知》（财税〔2017〕23号）的规定，自2016年1月1日起至2020年12月31日，证券行业准备金支出企业所得税税前扣除实行以下政策：

（一）证券类准备金

1. 证券交易所风险基金

上海、深圳证券交易所依据《证券交易所风险基金管理暂行办法》（证监发〔2000〕22 号）的有关规定，按证券交易所交易收取经手费的 20%、会员年费的 10% 提取的证券交易所风险基金，在各基金净资产不超过 10 亿元的额度内，准予在企业所得税税前扣除。

2. 证券结算风险基金

（1）中国证券登记结算公司所属上海分公司、深圳分公司依据《证券结算风险基金管理办法》（证监发〔2006〕65 号）的有关规定，按证券登记结算公司业务收入的 20% 提取的证券结算风险基金，在各基金净资产不超过 30 亿元的额度内，准予在企业所得税税前扣除。

（2）证券公司依据《证券结算风险基金管理办法》（证监发〔2006〕65 号）的有关规定，作为结算会员按人民币普通股和基金成交金额的十万分之三、国债现货成交金额的十万分之一、1 天期国债回购成交额的千万分之五、2 天期国债回购成交额的千万分之十、3 天期国债回购成交额的千万分之十五、4 天期国债回购成交额的千万分之二十、7 天期国债回购成交额的千万分之五十、14 天期国债回购成交额的十万分之一、28 天期国债回购成交额的十万分之二、91 天期国债回购成交额的十万分之六、182 天期国债回购成交额的十万分之十二逐日交纳的证券结算风险基金，准予在企业所得税税前扣除。

3. 证券投资者保护基金

（1）上海、深圳证券交易所依据《证券投资者保护基金管理办法》（证监会令第 27 号、第 124 号）的有关规定，在风险基金分别达到规定的上限后，按交易经手费的 20% 缴纳的证券投资者保护基金，准予在企业所得税税前扣除。

（2）证券公司依据《证券投资者保护基金管理办法》（证监会令第 27 号、第 124 号）的有关规定，按其营业收入 0.5% ～ 5% 缴纳的证券投资者保护基金，准予在企业所得税税前扣除。

（二）期货类准备金

1. 期货交易所风险准备金

大连商品交易所、郑州商品交易所和中国金融期货交易所依据《期货交易管理条例》（国务院令第 489 号）、《期货交易所管理办法》（证监会令第 42 号）和《商品期货交易财务管理暂行规定》（财商字〔1997〕44 号）的有关规定，上海期货交易所依据《期货交易管理条例》（国务院令第 489 号）、《期货交易所管理办法》（证监会令第 42 号）和《关于调整上海期货交易所风险准备金规模的批复》（证监函〔2009〕407 号）的有关规定，分别按向会员收取手续费收入的 20% 计提的风险准备金，在风险准备金余额达到有关规定的额度内，准予在企业所得税税前扣除。

2. 期货公司风险准备金

期货公司依据《期货公司管理办法》（证监会令第 43 号）和《商品期货交易财务管理暂行规定》（财商字〔1997〕44 号）的有关规定，从其收取的交易手续费收入减去应付期货交易所手续费后的净收入的 5% 提取的期货公司风险准备金，准予在企业所得税税前扣除。

3. 期货投资者保障基金

（1）上海期货交易所、大连商品交易所、郑州商品交易所和中国金融期货交易所依据《期货投资者保障基金管理办法》（证监会令第 38 号、第 129 号）和《关于明确期货投资者保障基金缴纳比例有关事项的规定》（证监会 财政部公告〔2016〕26 号）的有关规定，按其向期货公司会员收取的交易手续费的 2%（2016 年 12 月 8 日前按 3%）缴纳的期货投资者保障基金，在基金总额达到有关规定的额度内，准予在企业所得税税前扣除。

（2）期货公司依据《期货投资者保障基金管理办法》（证监会令第 38 号、第 129 号）和《关于明确期货投资者保障基金缴纳比例有关事项的规定》（证监会 财政部公告〔2016〕26 号）的有关规定，从其收取的交易手续费中按照代理交易额的亿分之五至亿分之十的比例（2016 年 12 月 8 日前按千万分之五至千万分之十的比例）缴纳的期货投资者保障基金，在基金总额达到有关规定的额度内，准予在企业所得税税前扣除。

上述准备金如发生清算、退还，应按规定补征企业所得税。

（三）上海国际能源交易中心风险准备金和期货投资者保障基金

根据《财政部　税务总局关于上海国际能源交易中心有关风险准备金和期货投资者保障基金支出企业所得税税前扣除政策问题的通知》（财税〔2019〕32 号）的规定，自 2019 年 1 月 1 日起至 2020 年 12 月 31 日，上海国际能源交易中心股份有限公司（以下称上海国际能源交易中心）依据《期货交易管理条例》《期货交易所管理办法》和《商品期货交易财务管理暂行规定》的有关规定，按其向会员收取手续费收入的 20% 计提的风险准备金，在风险准备金余额达到有关规定的额度内，准予在企业所得税税前扣除。

上海国际能源交易中心依据《期货投资者保障基金管理办法》和《关于明确期货投资者保障基金缴纳比例有关事项的规定》的有关规定，按其向期货公司会员收取的交易手续费的 2% 缴纳的期货投资者保障基金，在基金总额达到有关规定的额度内，准予在企业所得税税前扣除。

上述准备金如发生清算、退还，应按规定补征企业所得税。

六、《特殊行业准备金及纳税调整明细表》的填写

（一）纳税申报表样式（见表 5-4）

表 5-4 A105120 特殊行业准备金及纳税调整明细表

行次	项目			账载金额	税收金额	纳税调整金额
				1	2	3（1—2）
1	一、保险公司（2 + 13 + 14 + 15 + 16 + 19 + 20）					
2	（一）保险保障基金（3 + 4 + 5 +…+ 12）					
3	1. 财产保险业务	非投资型				
4		投资型	保证收益			
5			无保证收益			
6	2. 人寿保险业务	保证收益				
7		无保证收益				
8	3. 健康保险业务	短期				
9		长期				
10	4. 意外伤害保险业务	非投资型				
11		投资型	保证收益			
12			无保证收益			
13	（二）未到期责任准备金					
14	（三）寿险责任准备金					
15	（四）长期健康险责任准备金					
16	（五）未决赔款准备金（17 + 18）					
17	1. 已发生已报案未决赔款准备金					
18	2. 已发生未报案未决赔款准备金					
19	（六）大灾风险准备金					
20	（七）其他					

（续表）

行次	项目	账载金额	税收金额	纳税调整金额
		1	2	3（1—2）
21	二、证券行业（22 ＋ 23 ＋ 24 ＋ 25）			
22	（一）证券交易所风险基金			
23	（二）证券结算风险基金			
24	（三）证券投资者保护基金			
25	（四）其他			
26	三、期货行业（27 ＋ 28 ＋ 29 ＋ 30）			
27	（一）期货交易所风险准备金			
28	（二）期货公司风险准备金			
29	（三）期货投资者保障基金			
30	（四）其他			
31	四、金融企业（32 ＋ 33 ＋ 34）			
32	（一）涉农和中小企业贷款损失准备金			
33	（二）贷款损失准备金			
34	（三）其他			
35	五、中小企业融资（信用）担保机构（36 ＋ 37 ＋ 38）			
36	（一）担保赔偿准备			
37	（二）未到期责任准备			
38	（三）其他			
39	六、小额贷款公司（40 ＋ 41）			
40	（一）贷款损失准备金			
41	（二）其他			
42	七、其他			
43	合计（1 ＋ 21 ＋ 26 ＋ 31 ＋ 35 ＋ 39 ＋ 42）			

（二）适用范围

本表适用于发生特殊行业准备金的纳税人填报。纳税人根据税法相关规定，以及国家统一企业会计制度，填报特殊行业准备金会计处理、税收规定及纳税调整情况。只要会计上发生准备金，不论是否纳税调整，均需填报。

（三）项目填报说明

（1）第1行“一、保险公司”：填报第2＋13＋14＋15＋16＋19＋20行的合计金额。

（2）第2行“（一）保险保障基金”：填报第3＋4＋5＋6＋7＋8＋9＋10＋11＋12行的合计金额。

（3）第3行“1. 财产保险业务—非投资型”：填报保险公司非投资型财产保险业务的保险保障基金相关情况。第1列“账载金额”填报按会计核算计入当期损益的金额；第2列“税收金额”填报按税收规定允许税前扣除的金额；第3列为第1−2列的余额。

（4）第4行“1. 财产保险业务—投资型—保证收益”：填报有保证收益的投资型财产保险业务的保险保障基金的纳税调整情况。填列方法同第3行。

（5）第5行“1. 财产保险业务—投资型—无保证收益”：填报无保证收益的投资型财产保险业务的保险保障基金的纳税调整情况。填列方法同第3行。

（6）第6行“2. 人寿保险业务—保证收益”：填报有保证收益的人寿保险业务的保险保障基金的纳税调整情况。填列方法同第3行。

（7）第7行“2. 人寿保险业务—无保证收益”：填报无保证收益的人寿保险业务的保险保障基金的纳税调整情况。填列方法同第3行。

（8）第8行“3. 健康保险业务—短期”：填报短期健康保险业务的保险保障基金的纳税调整情况。填列方法同第3行。

（9）第9行“3. 健康保险业务—长期”：填报长期健康保险业务的保险保障基金的纳税调整情况。填列方法同第3行。

（10）第10行“4. 意外伤害保险业务—非投资型”：填报非投资型意外伤害保险业务的保险保障基金的纳税调整情况。填列方法同第3行。

（11）第11行“4. 意外伤害保险业务—投资型—保证收益”：填报有保证收益的投资型意外伤害保险业务的保险保障基金的纳税调整情况。填列方法同第3行。

（12）第12行“4. 意外伤害保险业务—投资型—无保证收益”：填报无保证收益的投资型意外伤害保险业务的保险保障基金的纳税调整情况。填列方法同第3行。

（13）第 13 行“（二）未到期责任准备金”：填报未到期责任准备金的纳税调整情况。填列方法同第 3 行。

（14）第 14 行“（三）寿险责任准备金”：填报寿险责任准备金的纳税调整情况。填列方法同第 3 行。

（15）第 15 行“（四）长期健康险责任准备金”：填报长期健康险责任准备金的纳税调整情况。填列方法同第 3 行。

（16）第 16 行“（五）未决赔款准备金”：填报第 17 ＋ 18 行的合计金额。本表调整的未决赔款准备金为已发生已报案未决赔款准备金、已发生未报案未决赔款准备金，不包括理赔费用准备金。

（17）第 17 行“1. 已发生已报案未决赔款准备金”：填报未决赔款准备金中已发生已报案准备金的纳税调整情况。填列方法同第 3 行。

（18）第 18 行“2. 已发生未报案未决赔款准备金”：填报未决赔款准备金中已发生未报案准备金的纳税调整情况。填列方法同第 3 行。

（19）第 19 行“（六）大灾风险准备金”：填报大灾风险准备金的纳税调整情况。填列方法同第 3 行。

（20）第 20 行“（七）其他”：填报除第 2 行至第 19 行以外的允许税前扣除的保险公司准备金的纳税调整情况。填列方法同第 3 行。

（21）第 21 行“二、证券行业”：填报第 22 ＋ 23 ＋ 24 ＋ 25 行的合计金额。

（22）第 22 行“（一）证券交易所风险基金”：填报证券交易所风险基金的纳税调整情况。填列方法同第 3 行。

（23）第 23 行“（二）证券结算风险基金”：填报证券结算风险基金的纳税调整情况。填列方法同第 3 行。

（24）第 24 行“（三）证券投资者保护基金”：填报证券投资者保护基金的纳税调整情况。填列方法同第 3 行。

（25）第 25 行“（四）其他”：填报除第 22 行至第 24 行以外的允许税前扣除的证券行业准备金的纳税调整情况。填列方法同第 3 行。

（26）第 26 行“三、期货行业”：填报第 27 ＋ 28 ＋ 29 ＋ 30 行的合计金额。

（27）第 27 行“（一）期货交易所风险准备金”：填报期货交易所风险准备金的纳税调整情况。填列方法同第 3 行。

（28）第 28 行“（二）期货公司风险准备金”：填报期货公司风险准备金的纳税调整情况。填列方法同第 3 行。

（29）第 29 行“（三）期货投资者保障基金”：填报期货投资者保障基金的纳税调整情况。填列方法同第 3 行。

（30）第 30 行“（四）其他”：填报除第 27 行至第 29 行以外的允许税前扣除的期货行业准备金的纳税调整情况。填列方法同第 3 行。

（31）第31行“四、金融企业”：填报第32＋33＋34行的合计金额。

（32）第32行“（一）涉农和中小企业贷款损失准备金”：填报涉农和中小企业贷款损失准备金的纳税调整情况。填列方法同第3行。

（33）第33行“（二）贷款损失准备金”：填报贷款损失准备金的纳税调整情况。填列方法同第3行。

（34）第34行“（三）其他”：填报除第32行至第33行以外的允许税前扣除的金融企业准备金的纳税调整情况。填列方法同第3行。

（35）第35行“五、中小企业信用担保机构”：填报第36＋37＋38行的合计金额。

（36）第36行“（一）担保赔偿准备”：填报担保赔偿准备的纳税调整情况。填列方法同第3行。

（37）第37行“（二）未到期责任准备”：填报未到期责任准备的纳税调整情况。填列方法同第3行。

（38）第38行“（三）其他”：填报除第36、37行以外的允许税前扣除的中小企业信用担保机构准备的纳税调整情况。填列方法同第3行。

（39）第39行“六、小额贷款公司”：填报第40＋41行的合计金额。

（40）第40行“（一）贷款损失准备金”：填报经省级金融管理部门批准成立的小额贷款公司贷款损失准备金的纳税调整情况。填列方法同第3行。

（41）第41行“（二）其他”：填报除第40行以外的允许税前扣除的小额贷款公司贷款损失准备金的纳税调整情况。填列方法同第3行。

（42）第42行“七、其他”：填报除保险公司、证券行业、期货行业、金融企业、中小企业信用担保机构、小额贷款公司以外的允许税前扣除的特殊行业准备金的纳税调整情况。填列方法同第3行。

（43）第43行“合计”：填报第1＋21＋26＋31＋35＋39＋42行的合计金额。

（四）表内关系

（1）第3列＝第1−2列。

（2）第1行＝第2＋13＋14＋15＋16＋19＋20行。

（3）第2行＝第3＋4＋5＋6＋7＋8＋9＋10＋11＋12行。

（4）第16行＝第17＋18行。

（5）第21行＝第22＋23＋24＋25行。

（6）第26行＝第27＋28＋29＋30行。

（7）第31行＝第32＋33＋34行。

（8）第35行＝第36＋37＋38行。

（9）第39行＝第40＋41行。

（10）第43行＝第1＋21＋26＋31＋35＋39＋42行。

（五）表间关系

（1）第 43 行第 1 列＝表 A105000 第 39 行第 1 列。
（2）第 43 行第 2 列＝表 A105000 第 39 行第 2 列。
（3）若第 43 行第 3 列≥ 0，第 43 行第 3 列＝表 A105000 第 39 行第 3 列；若第 43 行第 3 列＜ 0，第 43 行第 3 列的绝对值＝表 A105000 第 39 行第 4 列。

第五节 房地产开发企业特定业务计算的纳税调整

一、房地产开发经营业务企业所得税处理办法

（一）一般规定

根据《国家税务总局关于印发〈房地产开发经营业务企业所得税处理办法〉的通知》（国税发〔2009〕31 号）的规定，《房地产开发经营业务企业所得税处理办法》适用于中国境内从事房地产开发经营业务的企业（以下简称企业）。

企业房地产开发经营业务包括土地的开发，建造、销售住宅、商业用房以及其他建筑物、附着物、配套设施等开发产品。除土地开发之外，其他开发产品符合下列条件之一的，应视为已经完工：
（1）开发产品竣工证明材料已报房地产管理部门备案。
（2）开发产品已开始投入使用。
（3）开发产品已取得了初始产权证明。

根据《国家税务总局关于房地产开发企业开发产品完工条件确认问题的通知》（国税函〔2010〕201 号）的规定，房地产开发企业建造、开发的开发产品，无论工程质量是否通过验收合格，或是否办理完工（竣工）备案手续以及会计决算手续，当企业开始办理开发产品交付手续（包括入住手续）、或已开始实际投入使用时，为开发产品开始投入使用，应视为开发产品已经完工。房地产开发企业应按规定及时结算开发产品计税成本，并计算企业当年度应纳税所得额。

企业出现《中华人民共和国税收征收管理法》（以下简称《税收征收管

理法》）第三十五条规定的情形，税务机关可对其以往应缴的企业所得税按核定征收方式进行征收管理，并逐步规范，同时按《税收征收管理法》等税收法律、行政法规的规定进行处理，但不得事先确定企业的所得税按核定征收方式进行征收、管理。

（二）收入的税务处理

开发产品销售收入的范围为销售开发产品过程中取得的全部价款，包括现金、现金等价物及其他经济利益。企业代有关部门、单位和企业收取的各种基金、费用和附加等，凡纳入开发产品价内或由企业开具发票的，应按规定全部确认为销售收入；未纳入开发产品价内并由企业之外的其他收取部门、单位开具发票的，可作为代收代缴款项进行管理。

企业通过正式签订《房地产销售合同》或《房地产预售合同》所取得的收入，应确认为销售收入的实现，具体按以下规定确认：

（1）采取一次性全额收款方式销售开发产品的，应于实际收讫价款或取得索取价款凭据（权利）之日，确认收入的实现。

（2）采取分期收款方式销售开发产品的，应按销售合同或协议约定的价款和付款日确认收入的实现。付款方提前付款的，在实际付款日确认收入的实现。

（3）采取银行按揭方式销售开发产品的，应按销售合同或协议约定的价款确定收入额，其首付款应于实际收到日确认收入的实现，余款在银行按揭贷款办理转账之日确认收入的实现。

（4）采取委托方式销售开发产品的，应按以下原则确认收入的实现：

①采取支付手续费方式委托销售开发产品的，应按销售合同或协议中约定的价款于收到受托方已销开发产品清单之日确认收入的实现。

②采取视同买断方式委托销售开发产品的，属于企业与购买方签订销售合同或协议，或企业、受托方、购买方三方共同签订销售合同或协议的，如果销售合同或协议中约定的价格高于买断价格，则应按销售合同或协议中约定的价格计算的价款于收到受托方已销开发产品清单之日确认收入的实现；如果属于前两种情况中销售合同或协议中约定的价格低于买断价格，以及属于受托方与购买方签订销售合同或协议的，则应按买断价格计算的价款于收到受托方已销开发产品清单之日确认收入的实现。

③采取基价（保底价）并实行超基价双方分成方式委托销售开发产品的，属于由企业与购买方签订销售合同或协议，或企业、受托方、购买方三方共同签订销售合同或协议的，如果销售合同或协议中约定的价格高于基价，则应按销售合同或协议中约定的价格计算的价款于收到受托方已销开发产品清单之日确认收入的实现，企业按规定支付受托方的分成额，不得直接从销售

收入中减除；销售合同或协议约定的价格低于基价的，则应按基价计算的价款于收到受托方已销开发产品清单之日确认收入的实现。属于由受托方与购买方直接签订销售合同的，则应按基价加上按规定取得的分成额于收到受托方已销开发产品清单之日确认收入的实现。

④采取包销方式委托销售开发产品的，包销期内可根据包销合同的有关约定，参照上述①至③项规定确认收入的实现；包销期满后尚未出售的开发产品，企业应根据包销合同或协议约定的价款和付款方式确认收入的实现。

企业将开发产品用于捐赠、赞助、职工福利、奖励、对外投资、分配给股东或投资人、抵偿债务、换取其他企事业单位和个人的非货币性资产等行为，应视同销售，于开发产品所有权或使用权转移，或于实际取得利益权利时确认收入（或利润）的实现。确认收入（或利润）的方法和顺序为：

（1）按本企业近期或本年度最近月份同类开发产品市场销售价格确定；

（2）由主管税务机关参照当地同类开发产品市场公允价值确定；

（3）按开发产品的成本利润率确定。开发产品的成本利润率不得低于15%，具体比例由主管税务机关确定。

企业销售未完工开发产品的计税毛利率由各省、自治、直辖市国家税务局、地方税务局按下列规定进行确定：

（1）开发项目位于省、自治区、直辖市和计划单列市人民政府所在地城市城区和郊区的，不得低于15%。

（2）开发项目位于地及地级市城区及郊区的，不得低于10%。

（3）开发项目位于其他地区的，不得低于5%。

（4）属于经济适用房、限价房和危改房的，不得低于3%。

企业销售未完工开发产品取得的收入，应先按预计计税毛利率分季（或月）计算出预计毛利额，计入当期应纳税所得额。开发产品完工后，企业应及时结算其计税成本并计算此前销售收入的实际毛利额，同时将其实际毛利额与其对应的预计毛利额之间的差额，计入当年度企业本项目与其他项目合并计算的应纳税所得额。

在年度纳税申报时，企业须出具对该项开发产品实际毛利额与预计毛利额之间差异调整情况的报告以及税务机关需要的其他相关资料。

企业新建的开发产品在尚未完工或办理房地产初始登记、取得产权证前，与承租人签订租赁预约协议的，自开发产品交付承租人使用之日起，出租方取得的预租价款按租金确认收入的实现。

（三）成本、费用扣除的税务处理

企业在进行成本、费用的核算与扣除时，必须按规定区分期间费用和开发产品计税成本、已销开发产品计税成本与未销开发产品计税成本。

企业发生的期间费用、已销开发产品计税成本、营业税金及附加、土地增值税准予当期按规定扣除。

开发产品计税成本的核算应按第四章的规定进行处理。

已销开发产品的计税成本，按当期已实现销售的可售面积和可售面积单位工程成本确认。可售面积单位工程成本和已销开发产品的计税成本按下列公式计算确定：

可售面积单位工程成本＝成本对象总成本 ÷ 成本对象总可售面积

已销开发产品的计税成本＝已实现销售的可售面积 × 可售面积单位工程成本

企业对尚未出售的已完工开发产品和按照有关法律、法规或合同规定对已售开发产品（包括共用部位、共用设施设备）进行日常维护、保养、修理等实际发生的维修费用，准予在当期据实扣除。

企业将已计入销售收入的共用部位、共用设施设备维修基金按规定移交给有关部门、单位的，应于移交时扣除。

企业在开发区内建造的会所、物业管理场所、电站、热力站、水厂、文体场馆、幼儿园等配套设施，按以下规定进行处理：

（1）属于非营利性且产权属于全体业主的，或无偿赠与地方政府、公用事业单位的，可将其视为公共配套设施，其建造费用按公共配套设施费的有关规定进行处理。

（2）属于营利性的，或产权归企业所有的，或未明确产权归属的，或无偿赠与地方政府、公用事业单位以外其他单位的，应当单独核算其成本。除企业自用应按建造固定资产进行处理外，其他一律按建造开发产品进行处理。

企业在开发区内建造的邮电通讯、学校、医疗设施应单独核算成本，其中，由企业与国家有关业务管理部门、单位合资建设，完工后有偿移交的，国家有关业务管理部门、单位给予的经济补偿可直接抵扣该项目的建造成本，抵扣后的差额应调整当期应纳税所得额。

企业采取银行按揭方式销售开发产品的，凡约定企业为购买方的按揭贷款提供担保的，其销售开发产品时向银行提供的保证金（担保金）不得从销售收入中减除，也不得作为费用在当期税前扣除，但实际发生损失时可据实扣除。

企业委托境外机构销售开发产品的，其支付境外机构的销售费用（含佣金或手续费）不超过委托销售收入 10% 的部分，准予据实扣除。

企业的利息支出按以下规定进行处理：

（1）企业为建造开发产品借入资金而发生的符合税收规定的借款费用，可按企业会计准则的规定进行归集和分配，其中属于财务费用性质的借款费用，可直接在税前扣除。

（2）企业集团或其成员企业统一向金融机构借款分摊集团内部其他成员企业使用的，借入方凡能出具从金融机构取得借款的证明文件，可以在使用借款的企业间合理的分摊利息费用，使用借款的企业分摊的合理利息准予在税前扣除。

企业因国家无偿收回土地使用权而形成的损失，可作为财产损失按有关规定在税前扣除。

企业开发产品（以成本对象为计量单位）整体报废或毁损，其净损失按有关规定审核确认后准予在税前扣除。

企业开发产品转为自用的，其实际使用时间累计未超过 12 个月又销售的，不得在税前扣除折旧费用。

（四）计税成本的核算

计税成本是指企业在开发、建造开发产品（包括固定资产，下同）过程中所发生的按照税收规定进行核算与计量的应归入某项成本对象的各项费用。

成本对象是指为归集和分配开发产品开发、建造过程中的各项耗费而确定的费用承担项目。计税成本对象的确定原则如下：

（1）可否销售原则。开发产品能够对外经营销售的，应作为独立的计税成本对象进行成本核算；不能对外经营销售的，可先作为过渡性成本对象进行归集，然后再将其相关成本摊入能够对外经营销售的成本对象。

（2）分类归集原则。对同一开发地点、竣工时间相近、产品结构类型没有明显差异的群体开发的项目，可作为一个成本对象进行核算。

（3）功能区分原则。开发项目某组成部分相对独立，且具有不同使用功能时，可以作为独立的成本对象进行核算。

（4）定价差异原则。开发产品因其产品类型或功能不同等而导致其预期售价存在较大差异的，应分别作为成本对象进行核算。

（5）成本差异原则。开发产品因建筑上存在明显差异可能导致其建造成本出现较大差异的，要分别作为成本对象进行核算。

（6）权益区分原则。开发项目属于受托代建的或多方合作开发的，应结合上述原则分别划分成本对象进行核算。

根据《国家税务总局关于房地产开发企业成本对象管理问题的公告》（国家税务总局公告 2014 年第 35 号）的规定，2014 年 1 月 28 日，国务院发布《关于取消和下放一批行政审批项目的决定》（国发〔2014〕5 号），取消了房地产开发企业开发产品计税成本对象事先备案制度。为做好取消房地产开发企业开发产品计税成本对象事先备案制度的落实和后续管理工作，实行以下制度：

（1）房地产开发企业应依据计税成本对象确定原则确定已完工开发产品的成本对象，并就确定原则、依据，共同成本分配原则、方法，以及开发项目基本情况、开发计划等出具专项报告，在开发产品完工当年企业所得税年度纳税申报时，随同《企业所得税年度纳税申报表》一并报送主管税务机关。房地产开发企业将已确定的成本对象报送主管税务机关后，不得随意调整或相互混淆。确需调整成本对象的，应就调整的原因、依据和调整前后成本变化情况等出具专项报告，在调整当年企业所得税年度纳税申报时报送主管税务机关。

（2）房地产开发企业应建立健全成本对象管理制度，合理区分已完工成本对象、在建成本对象和未建成本对象，及时收集、整理、保存成本对象涉及的证据材料，以备税务机关检查。

（3）各级税务机关要认真清理以前的管理规定，今后不得以任何理由进行变相审批。主管税务机关应对房地产开发企业报送的成本对象确定专项报告做好归档工作，及时进行分析，加强后续管理。对资料不完整、不规范的，应及时通知房地产开发企业补齐、修正；对成本对象确定不合理或共同成本分配方法不合理的，主管税务机关有权进行合理调整；对成本对象确定情况异常的，主管税务机关应进行专项检查；对不如实出具专项报告或不出具专项报告的，应按《税收征收管理法》的相关规定进行处理。

开发产品计税成本支出的内容如下：

（1）土地征用费及拆迁补偿费。指为取得土地开发使用权（或开发权）而发生的各项费用，主要包括土地买价或出让金、大市政配套费、契税、耕地占用税、土地使用费、土地闲置费、土地变更用途和超面积补交的地价及相关税费、拆迁补偿支出、安置及动迁支出、回迁房建造支出、农作物补偿费、危房补偿费等。

（2）前期工程费。指项目开发前期发生的水文地质勘查、测绘、规划、设计、可行性研究、筹建、场地通平等前期费用。

（3）建筑安装工程费。指开发项目开发过程中发生的各项建筑安装费用，主要包括开发项目建筑工程费和开发项目安装工程费等。

（4）基础设施建设费。指开发项目在开发过程中所发生的各项基础设施支出，主要包括开发项目内道路、供水、供电、供气、排污、排洪、通讯、照明等社区管网工程费和环境卫生、园林绿化等园林环境工程费。

（5）公共配套设施费。指开发项目内发生的、独立的、非营利性的，且产权属于全体业主的，或无偿赠与地方政府、政府公用事业单位的公共配套设施支出。

（6）开发间接费。指企业为直接组织和管理开发项目所发生的，且不能将其归属于特定成本对象的成本费用性支出，主要包括管理人员工资、职工福利费、折旧费、修理费、办公费、水电费、劳动保护费、工程管理费、周转房摊销以及项目营销设施建造费等。

企业计税成本核算的一般程序如下：

（1）对当期实际发生的各项支出，按其性质、经济用途及发生的地点、时间区进行整理、归类，并将其区分为应计入成本对象的成本和应在当期税前扣除的期间费用，同时还应按规定对在有关预提费用和待摊费用进行计量与确认。

（2）对应计入成本对象中的各项实际支出、预提费用、待摊费用等合理的划分为直接成本、间接成本和共同成本，并按规定将其合理的归集、分配至已完工成本对象、在建成本对象和未建成本对象。

（3）对期前已完工成本对象应负担的成本费用按已销开发产品、未销开发产品和固定资产进行分配，其中应由已销开发产品负担的部分，在当期纳税申报时进行扣除，未销开发产品应负担的成本费用待其实际销售时再予扣除。

（4）对本期已完工成本对象分类为开发产品和固定资产并对其计税成本进行结算。其中属于开发产品的，应按可售面积计算其单位工程成本，据此再计算已销开发产品计税成本和未销开发产品计税成本。对本期已销开发产品的计税成本，准予在当期扣除，未销开发产品计税成本待其实际销售时再予扣除。

（5）对本期未完工和尚未建造的成本对象应当负担的成本费用，应按分别建立明细台账，待开发产品完工后再予结算。

企业开发、建造的开发产品应按制造成本法进行计量与核算。其中，应计入开发产品成本中的费用属于直接成本和能够分清成本对象的间接成本，直接计入成本对象，共同成本和不能分清负担对象的间接成本，应按受益的原则和配比的原则分配至各成本对象，具体分配方法可按以下规定选择其一：

（1）占地面积法。指按已动工开发成本对象占地面积占开发用地总面积的比例进行分配。

①一次性开发的，按某一成本对象占地面积占全部成本对象占地总面积的比例进行分配。

②分期开发的，首先按本期全部成本对象占地面积占开发用地总面积的比例进行分配，然后再按某一成本对象占地面积占期内全部成本对象占地总面积的比例进行分配。期内全部成本对象应负担的占地面积为期内开发用地占地面积减除应由各期成本对象共同负担的占地面积。

（2）建筑面积法。指按已动工开发成本对象建筑面积占开发用地总建筑面积的比例进行分配。

①一次性开发的，按某一成本对象建筑面积占全部成本对象建筑面积的比例进行分配。

②分期开发的，首先按期内成本对象建筑面积占开发用地计划建筑面积的比例进行分配，然后再按某一成本对象建筑面积占期内成本对象总建筑面积的比例进行分配。

（3）直接成本法。指按期内某一成本对象的直接开发成本占期内全部成本对象直接开发成本的比例进行分配。

（4）预算造价法。指按期内某一成本对象预算造价占期内全部成本对象预算造价的比例进行分配。

企业下列成本应按以下方法进行分配：

（1）土地成本，一般按占地面积法进行分配。确需结合其他方法进行分配的，应商税务机关同意。土地开发同时联结房地产开发的，属于一次性取得土地分期开发房地产的情况，其土地开发成本经商税务机关同意后可先按土地整体预算成本进行分配，待土地整体开发完毕再行调整。

（2）单独作为过渡性成本对象核算的公共配套设施开发成本，应按建筑面积法进行分配。

（3）借款费用属于不同成本对象共同负担的，按直接成本法或按预算造价法进行分配。

（4）其他成本项目的分配法由企业自行确定。

企业以非货币交易方式取得土地使用权的，应按下列规定确定其成本：

（1）企业、单位以换取开发产品为目的，将土地使用权投资企业的，按下列规定进行处理：

①换取的开发产品如为该项土地开发、建造的，接受投资的企业在接受土地使用权时暂不确认其成本，待首次分出开发产品时，再按应分出开发产品（包括首次分出的和以后应分出的）的市场公允价值和土地使用权转移过程中应支付的相关税费计算确认该项土地使用权的成本。如涉及补价，土地使用权的取得成本还应加上应支付的补价款或减除应收到的补价款。

②换取的开发产品如为其他土地开发、建造的，接受投资的企业在投资交易发生时，按应付出开发产品市场公允价值和土地使用权转移过程中应支付的相关税费计算确认该项土地使用权的成本。如涉及补价，土地使用权的取得成本还应加上应支付的补价款或减除应收到的补价款。

（2）企业、单位以股权的形式，将土地使用权投资企业的，接受投资的企业应在投资交易发生时，按该项土地使用权的市场公允价值和土地使用权转移过程中应支付的相关税费计算确认该项土地使用权的取得成本。如涉及补价，土地使用权的取得成本还应加上应支付的补价款或减除应收到的补价款。

除以下几项预提（应付）费用外，计税成本均应为实际发生的成本。

（1）出包工程未最终办理结算而未取得全额发票的，在证明资料充分的前提下，其发票不足金额可以预提，但最高不得超过合同总金额的10%。

（2）公共配套设施尚未建造或尚未完工的，可按预算造价合理预提建造费用。此类公共配套设施必须符合已在售房合同、协议或广告、模型中明确承诺建造且不可撤销，或按照法律法规规定必须配套建造的条件。

（3）应向政府上交但尚未上交的报批报建费用、物业完善费用可以按规定预提。物业完善费用是指按规定应由企业承担的物业管理基金、公建维修基金或其他专项基金。

企业单独建造的停车场所，应作为成本对象单独核算。利用地下基础设施形成的停车场所，作为公共配套设施进行处理。

企业在结算计税成本时其实际发生的支出应当取得但未取得合法凭据的，不得计入计税成本，待实际取得合法凭据时，再按规定计入计税成本。

开发产品完工以后，企业可在完工年度企业所得税汇算清缴前选择确定计税成本核算的终止日，不得滞后。凡已完工开发产品在完工年度未按规定结算计税成本，主管税务机关有权确定或核定其计税成本，据此进行纳税调整，并按《中华人民共和国税收征收管理法》的有关规定对其进行处理。

（五）特定事项的税务处理

企业以本企业为主体联合其他企业、单位、个人合作或合资开发房地产项目，且该项目未成立独立法人公司的，按下列规定进行处理：

（1）凡开发合同或协议中约定向投资各方（即合作、合资方，下同）分配开发产品的，企业在首次分配开发产品时，如该项目已经结算计税成本，其应分配给投资方开发产品的计税成本与其投资额之间的差额计入当期应纳税所得额；如未结算计税成本，则将投资方的投资额视同销售收入进行相关的税务处理。

（2）凡开发合同或协议中约定分配项目利润的，应按以下规定进行处理：

①企业应将该项目形成的营业利润额并入当期应纳税所得额统一申报缴纳企业所得税，不得在税前分配该项目的利润。同时不能因接受投资方投资额而在成本中摊销或在税前扣除相关的利息支出。

②投资方取得该项目的营业利润应视同股息、红利进行相关的税务处理。

企业以换取开发产品为目的，将土地使用权投资其他企业房地产开发项目的，按以下规定进行处理：

企业应在首次取得开发产品时，将其分解为转让土地使用权和购入开发产品两项经济业务进行所得税处理，并按应从该项目取得的开发产品（包括首次取得的和以后应取得的）的市场公允价值计算确认土地使用权转让所得或损失。

【实操案例】

【例 5–18】

甲房地产公司正忙于企业所得税汇算清缴工作。在结算完工计税成本时，对一笔金额为 8 000 万元的建造施工合同处理与税务机关产生了异议。该合同有部分工程款（约 1 000 万元）未取得发票。甲公司财务人员认为，根据《国家税务总局关于印发〈房地产开发经营业务企业所得税处理办法〉的通知》（国税发〔2009〕31 号）第三十二条的规定，可以预提扣除。税务人员认为，根据《国家税务总局关于企业所得税若干问题的公告》（国家税务总局公告 2011 年第 34 号）第六条规定，在汇算清缴期前未按规定取得正式建安发票而预提的开发成本，全部调整增加所属年度应纳税所得额。

解析：

（1）房地产公司年度结账时，结转完工成本时，应该预提全部未取得的发票成本，该合同应预提 1 000 万元建筑安装成本。会计处理为：

借：开发成本——建筑安装成本　　10 000 000

　　贷：应付账款——预提成本　　10 000 000

至于企业所得税汇算清缴中的纳税调整则另行处理。

（2）国税发〔2009〕31 号第三十二条第一款规定，出包工程未最终办理结算而未取得全额发票的，在证明资料充分的前提下，其发票不足金额可以预提，但最高不得超过合同总金额的 10%。因此，甲公司结算计税成本时，可以列支未取得发票上的金额，但不得超过合同总金额的 10%，即 8 000×10% = 800（万元），超过部分的 200 万元应作纳税调整增加处理。

（3）国家税务总局公告 2011 年第 34 号第六条“关于企业提供有效凭证时间问题”规定，企业当年度实际发生的相关成本、费用，由于各种原因未能及时取得该成本、费用的有效凭证，企业在预缴季度所得税时，可暂按账面发生金额进行核算；但在汇算清缴时，应补充提供该成本、费用的有效凭证。假设甲公司不是房地产开发企业，根据该规定，甲公司预提 1 000 万元，如果能够在汇算清缴期间提供发票，则可以扣除，否则不得扣除。国家税务总局公告 2011 年第 34 号并不只针对房地产开发企业，也并非专指建筑出包工程。而国税发〔2009〕31 号仅针对房地产开发企业结算完工计税成本适用，并非针对所有未取得发票的行为，例如房地产开发企业广告费未取得发票，预提时则应适用国家税务总局公告 2011 年第 34 号的处理。

（4）适用国税发〔2009〕31 号与适用国家税务总局公告 2011 年第 34 号并无矛盾，甲公司预提的 800 万元适用国税发〔2009〕31 号的规定，可以扣除，需作纳税调整的 200 万元工程款如果在汇算清缴期间取得发票也可以扣除。这样甲公司该笔建筑施工合同 8 000 万元的工程款可全部计入计税成本扣除。

（5）如果汇算清缴期未取得发票，而在汇算清缴期之后取得发票，国家税务总局公告 2011 年第 34 号未提及此种情况下应该如何处理，但国税发〔2009〕31 号第三十四条规定，企业在结算计税成本时，其实际发生的支出应当取得但未取得合法凭据的，不得计入计税成本，待实际取得合法凭据时，再按规定计入计税成本。因此，甲公司 200 万元的发票，如果在汇算清缴结束后取得发票，仍可以扣除，但扣除年度为取得发票的年度。

二、《视同销售和房地产开发企业特定业务纳税调整明细表》的填写

（一）纳税申报表样式（见表5-5）

表5-5　A105010　视同销售和房地产开发企业特定业务纳税调整明细表（部分）

行次	项目	税收金额	纳税调整金额
		1	2
21	三、房地产开发企业特定业务计算的纳税调整额（22－26）		
22	（一）房地产企业销售未完工开发产品特定业务计算的纳税调整额（24—25）		
23	1. 销售未完工产品的收入		*
24	2. 销售未完工产品预计毛利额		
25	3. 实际发生的税金及附加、土地增值税		
26	（二）房地产企业销售的未完工产品转完工产品特定业务计算的纳税调整额（28－29）		
27	1. 销售未完工产品转完工产品确认的销售收入		*
28	2. 转回的销售未完工产品预计毛利额		
29	3. 转回实际发生的税金及附加、土地增值税		

（二）适用范围

《视同销售和房地产开发企业特定业务纳税调整明细表》（A105010）适用于发生视同销售、房地产企业特定业务纳税调整项目的纳税人填报。纳税人根据《企业所得税法》《国家税务总局关于企业处置资产所得税处理问题的通知》（国税函〔2008〕828号）、《国家税务总局关于印发〈房地产开发经营业务企业所得税处理办法〉的通知》（国税发〔2009〕31号）、《国家税务总局关于企业所得税有关问题的公告》（国家税务总局公告2016年第80号）等相关规定，以及国家统一企业会计制度，填报视同销售行为、房地产企业销售未完工产品、未完工产品转完工产品特定业务的税收规定及纳税调

整情况。

（三）项目填报说明

（1）第 21 行“三、房地产开发企业特定业务计算的纳税调整额”：填报房地产企业发生销售未完工产品、未完工产品结转完工产品业务，按照税收规定计算的特定业务的纳税调整额。第 1 列“税收金额”填报第 22 行第 1 列减去第 26 行第 1 列的余额；第 2 列“纳税调整金额”等于第 1 列“税收金额”。

（2）第 22 行“（一）房地产企业销售未完工开发产品特定业务计算的纳税调整额”：填报房地产企业销售未完工开发产品取得销售收入，按税收规定计算的纳税调整额。第 1 列“税收金额”填报第 24 行第 1 列减去第 25 行第 1 列的余额；第 2 列“纳税调整金额”等于第 1 列“税收金额”。

（3）第 23 行“1. 销售未完工产品的收入”：第 1 列“税收金额”填报房地产企业销售未完工开发产品，会计核算未进行收入确认的销售收入金额。

（4）第 24 行“2. 销售未完工产品预计毛利额”：第 1 列“税收金额”填报房地产企业销售未完工产品取得的销售收入按税收规定预计计税毛利率计算的金额；第 2 列“纳税调整金额”等于第 1 列“税收金额”。

（5）第 25 行“3. 实际发生的税金及附加、土地增值税”：第 1 列“税收金额”填报房地产企业销售未完工产品实际发生的税金及附加、土地增值税，且在会计核算中未计入当期损益的金额；第 2 列“纳税调整金额”等于第 1 列“税收金额”。

（6）第 26 行“（二）房地产企业销售的未完工产品转完工产品特定业务计算的纳税调整额”：填报房地产企业销售的未完工产品转完工产品，按税收规定计算的纳税调整额。第 1 列“税收金额”填报第 28 行第 1 列减去第 29 行第 1 列的余额；第 2 列“纳税调整金额”等于第 1 列“税收金额”。

（7）第 27 行“1. 销售未完工产品转完工产品确认的销售收入”：第 1 列“税收金额”填报房地产企业销售的未完工产品，此前年度已按预计毛利额征收所得税，本年度结转为完工产品，会计上符合收入确认条件，当年会计核算确认的销售收入金额。

（8）第 28 行“2. 转回的销售未完工产品预计毛利额”：第 1 列“税收金额”填报房地产企业销售的未完工产品，此前年度已按预计毛利额征收所得税，本年结转完工产品，会计核算确认为销售收入，转回原按税收规定预计计税毛利率计算的金额；第 2 列“纳税调整金额”等于第 1 列“税收金额”。

（9）第 29 行“3. 转回实际发生的税金及附加、土地增值税”：填报房地产企业销售的未完工产品结转完工产品后，会计核算确认为销售收入，同时将对应实际发生的税金及附加、土地增值税转入当期损益的金额；第 2 列“纳税调整金额”等于第 1 列“税收金额”。

（四）表内关系

（1）第21行=第22−26行。
（2）第22行=第24−25行。
（3）第26行=第28−29行。

（五）表间关系

（1）第21行第1列=表A105000第40行第2列。
（2）若第21行第2列≥0，第21行第2列=表A105000第40行第3列；若第21行第2列<0，第21行第2列的绝对值=表A105000第40行第4列。

【实操案例】

【例5–19】

甲房地产开发企业，2019年有两个开发项目。

A开发项目为2019年新项目，2019年预售收入8 000万元，实际发生税金及附加600万元，未在2019年转入当期损益。

B开发项目2018年预售收入7 000万元，2019年完工结转开发产品收入7 000万元、结转开发产品成本5 000万元，实际发生税金及附加500万元，未在2019年转入当期损益。

假定A、B项目的预计毛利率均为15%，不考虑增值税及土地增值税因素，以上预收收入口径为不含增值税。

解析：

会计处理：

A项目，2019年预售收入

借：银行存款	80 000 000	
贷：预收账款		80 000 000
借：应交税费	6 000 000	
贷：银行存款		6 000 000

B项目，2019年结转开发产品收入、成本

借：预收账款	70 000 000	
贷：主营业务收入		70 000 000
借：主营业务成本	50 000 000	
贷：开发产品		50 000 000

借：税金及附加　　5 000 000

　　贷：应交税费　　5 000 000

纳税申报表的填写如表 5-6 所示。

表 5-6　A105010　视同销售和房地产开发企业特定业务纳税调整明细表（部分）

单位：万元

行次	项目	税收金额	纳税调整金额
		1	2
21	三、房地产开发企业特定业务计算的纳税调整额（22—26）	50	50
22	（一）房地产企业销售未完工开发产品特定业务计算的纳税调整额（24—25）	600	600
23	1. 销售未完工产品的收入	8 000	*
24	2. 销售未完工产品预计毛利额	1 200	1 200
25	3. 实际发生的税金及附加、土地增值税	600	600
26	（二）房地产企业销售的未完工产品转完工产品特定业务计算的纳税调整额（28—29）	550	550
27	1. 销售未完工产品转完工产品确认的销售收入	7 000	*
28	2. 转回的销售未完工产品预计毛利额	1 050	1 050
29	3. 转回实际发生的税金及附加、土地增值税	500	500

注意以下四个问题：

第一，关于预售收入口径。

营改增后，开发企业取得含税售销收入如何还原计算为不含税销售收入？

不含税销售收入＝含税销售收入 ÷（1＋适用税率或征收率）

销售开发产品适用一般计税方法计税的，按照 9% 的适用税率计算；适用简易计税方法计税的，按照 5% 的征收率计算。

第二，关于税金及附加科目。

税金及附加科目核算企业经营活动发生的消费税、城市维护建设税、资源税、教育费附加及房产税、城镇土地使用税、车船使用税、印花税等相关税费。房地产开发企业缴纳的城镇土地使用税直接计入当期损益，不进行资本化处理。会计核算时已将有关税费计入“税金及附加”科目，已计入当年损益，不能在第25行扣减。

如果A项目中600万元已经计入税金及附加，则第25行不填，只有没有计入税金及附加的部分才在第25行填列调整。但一般而言，在项目满足收入确认条件将预收账款转为收入之前，预交的土地增值税等仅作为预交税费，不确认税金及附加。

会计分录：

借：税金及附加　　6 000 000

　　贷：应交税费　　6 000 000

第三，关于成本核算对象。

成本对象是指为归集和分配开发产品开发、建造过程中的各项耗费而确定的费用承担项目。房地产开发企业应依据计税成本对象确定原则确定已完工开发产品的成本对象，并就确定原则、依据，共同成本分配原则、方法，以及开发项目基本情况、开发计划等出具专项报告，在开发产品完工当年企业所得税年度纳税申报时，随同《企业所得税年度纳税申报表》一并报送主管税务机关。

本案例中A项目、B项目就属于单独的成本核算对象，可能是分期项目，也可能是分期项目中的不同楼栋、业态等。需要注意的是，不同成本核算对象的确定，对企业所得税全盘税负可能会有极大影响。纳税人采取预收款方式销售自行开发的房地产项目企业所得税采取先按计税毛利额实际征收、完工后结算计税成本调整应纳税所得额的方式予以处理，由于企业所得税按计税毛利率实际征收，如跨年度才按实际毛利率结算，则会产生跨年度的纳税差异，由于企业所得税是按年汇算清缴，没有跨年度综合结算后退税的制度，实际上会造成地产项目跨年度企业所得税缴纳多不退少要补的结果。过大的成本对象设置，可能导致以往年度预售收入超税负缴纳后无法及时得到退税，但过小成本对象设置也可能会导致盈亏项目无法互抵，增加核算和纳税规划难度。

第四，关于完工时点的税会差异及调整。

如果某个开发项目，在2019年年末已达到所得税上完工条件，如已经竣备、根据《国家税务总局关于房地产开发企业开发产品完工条件确认问题的通知》（国税函〔2010〕201号）规定已开始投入使用等，房地产开发企业应按规定及时结算开发产品计税成本，并计算企业当年度应纳税所得额，但会计上可能按照交房时点在2020年一季度确认收入。这部分收入的跨年度税会差异调整，不能放在5010表（仅针对房地产企业销售未完工产品、未完工产品转完工产品）调整，只能放在5000表相关行列直接调整，如第43行“（七）其他”：填报其他因会计处理与税收规定有差异需纳税调整的特殊事项金额。

第六节
合伙企业法人合伙人应分得的应纳税所得额

一、合伙企业合伙人所得税基本制度

（一）合伙企业的定义及纳税义务

根据《财政部 国家税务总局关于合伙企业合伙人所得税问题的通知》（财税〔2008〕159号）的规定，合伙企业是指依照中国法律、行政法规成立的合伙企业。

合伙企业以每一个合伙人为纳税义务人。

合伙企业合伙人是自然人的，缴纳个人所得税；合伙人是法人和其他组织的，缴纳企业所得税。

（二）合伙企业“先分后税”的原则

根据《财政部 国家税务总局关于合伙企业合伙人所得税问题的通知》（财税〔2008〕159号）的规定，合伙企业生产经营所得和其他所得采取“先分后税”的原则。具体应纳税所得额的计算按照《财政部 国家税务总局关于个人独资企业和合伙企业投资者征收个人所得税的规定》（财税〔2000〕91号）及《财政部 国家税务总局关于调整个体工商户个人独资企业和合伙企业个人所得税税前扣除标准有关问题的通知》（财税〔2008〕65号）的有关规定执行。上述生产经营所得和其他所得，包括合伙企业分配给所有合伙人的所得和企业当年留存的所得（利润）。

（三）合伙人应纳税所得额的分配

根据《财政部 国家税务总局关于合伙企业合伙人所得税问题的通知》（财税〔2008〕159号）的规定，合伙企业的合伙人按照下列原则确定应纳税所得额：

（1）合伙企业的合伙人以合伙企业的生产经营所得和其他所得，按照合伙协议约定的分配比例确定应纳税所得额。

（2）合伙协议未约定或者约定不明确的，以全部生产经营所得和其他所得，按照合伙人协商决定的分配比例确定应纳税所得额。

（3）协商不成的，以全部生产经营所得和其他所得，按照合伙人实缴出资比例确定应纳税所得额。

（4）无法确定出资比例的，以全部生产经营所得和其他所得，按照合伙人数量平均计算每个合伙人的应纳税所得额。

合伙协议不得约定将全部利润分配给部分合伙人。

（四）合伙企业与合伙人禁止盈亏互抵

根据《财政部　国家税务总局关于合伙企业合伙人所得税问题的通知》（财税〔2008〕159号）的规定，合伙企业的合伙人是法人和其他组织的，合伙人在计算其缴纳企业所得税时，不得用合伙企业的亏损抵减其盈利。

【实操案例】

【例5-20】

2019年6月10日，赵先生、钱先生与甲公司签订一份合伙协议，共同投资50万元设立了兴旺美食餐厅，餐厅性质为合伙企业，三个投资者各占1/3份额。兴旺美食餐厅设立之后，生产经营状况良好，经营规模不断扩大。2020年5月1日，赵先生、钱先生与甲公司决定将兴旺美食餐厅从合伙企业变更为有限责任公司。2019年度和2020年度，兴旺美食餐厅应当如何缴纳所得税？

解析：

根据《企业所得税法》第一条的规定，在中国境内，企业和其他取得收入的组织为企业所得税的纳税人，依照该法的规定缴纳企业所得税。个人独资企业、合伙企业不适用该法。也就是说，个人独资企业和合伙企业不需要缴纳企业所得税。根据《国务院关于个人独资企业和合伙企业征收所得税问题的通知》（国发2000〔16〕号）的规定，为公平税负，支持和鼓励个人投资兴办企业，促进国民经济持续、快速、健康发展，自2000年1月1日起，对个人独资企业和合伙企业停止征收企业所得税，其投资者的生产经营所得，比照个体工商户的生产、经营所得征收个人所得税。

从2019年6月10日到2020年4月30日，兴旺美食餐厅的性质属于合伙企业，不需要缴纳企业所得税，但该餐厅的两位自然人投资者从该餐厅分别获得的1/3生产经营所得，分别按照经营所得缴纳个人所得税。甲公司从兴旺美食餐厅分得的1/3生产经营所得并入其从其他渠道取得的所得合并计算其应纳税所得额，并依法缴纳企业所得税。

从2020年5月1日到2020年12月31日，兴旺美食餐厅的性质属于有限责任公司，属于《企业所得税法》第一条所称的“企业”，因此，应当缴纳企业所得税。该餐厅的两位自然人投资者从该餐厅的税后利润中所分配的所得应当按照“利息、股息、红利所得”缴纳个人所得税，甲公司分配的股息所得属于免税所得，免于缴纳企业所得税。

二、有限合伙制创业投资企业法人合伙人企业所得税政策

（一）基本制度

根据《财政部　国家税务总局关于将国家自主创新示范区有关税收试点政策推广到全国范围实施的通知》（财税〔2015〕116 号）的规定，自 2015 年 10 月 1 日起，全国范围内的有限合伙制创业投资企业采取股权投资方式投资于未上市的中小高新技术企业满 2 年（24 个月）的，该有限合伙制创业投资企业的法人合伙人可按照其对未上市中小高新技术企业投资额的 70% 抵扣该法人合伙人从该有限合伙制创业投资企业分得的应纳税所得额，当年不足抵扣的，可以在以后纳税年度结转抵扣。有限合伙制创业投资企业的法人合伙人对未上市中小高新技术企业的投资额，按照有限合伙制创业投资企业对中小高新技术企业的投资额和合伙协议约定的法人合伙人占有限合伙制创业投资企业的出资比例计算确定。

（二）操作制度

根据《国家税务总局关于有限合伙制创业投资企业法人合伙人企业所得税有关问题的公告》（国家税务总局公告 2015 年第 81 号）的规定，有限合伙制创业投资企业是指依照《合伙企业法》《创业投资企业管理暂行办法》（国家发展和改革委员会令第 39 号）和《外商投资创业投资企业管理规定》（外经贸部、科技部、工商总局、税务总局、外汇管理局令 2003 年第 2 号）设立的专门从事创业投资活动的有限合伙企业。

有限合伙制创业投资企业的法人合伙人，是指依照《企业所得税法》及其实施条例以及相关规定，实行查账征收企业所得税的居民企业。

有限合伙制创业投资企业采取股权投资方式投资于未上市的中小高新技术企业满 2 年（24 个月，下同）的，其法人合伙人可按照对未上市中小高新技术企业投资额的 70% 抵扣该法人合伙人从该有限合伙制创业投资企业分得的应纳税所得额，当年不足抵扣的，可以在以后纳税年度结转抵扣。

所称满 2 年是指 2015 年 10 月 1 日起，有限合伙制创业投资企业投资于

未上市中小高新技术企业的实缴投资满 2 年，同时，法人合伙人对该有限合伙制创业投资企业的实缴出资也应满 2 年。

如果法人合伙人投资于多个符合条件的有限合伙制创业投资企业，可合并计算其可抵扣的投资额和应分得的应纳税所得额。当年不足抵扣的，可结转以后纳税年度继续抵扣；当年抵扣后有结余的，应按照企业所得税法的规定计算缴纳企业所得税。

有限合伙制创业投资企业的法人合伙人对未上市中小高新技术企业的投资额，按照有限合伙制创业投资企业对中小高新技术企业的投资额和合伙协议约定的法人合伙人占有限合伙制创业投资企业的出资比例计算确定。其中，有限合伙制创业投资企业对中小高新技术企业的投资额按实缴投资额计算；法人合伙人占有限合伙制创业投资企业的出资比例按法人合伙人对有限合伙制创业投资企业的实缴出资额占该有限合伙制创业投资企业的全部实缴出资额的比例计算。

有限合伙制创业投资企业应纳税所得额的确定及分配，按照《财政部 国家税务总局关于合伙企业合伙人所得税问题的通知》（财税〔2008〕159 号）相关规定执行。

有限合伙制创业投资企业法人合伙人符合享受优惠条件的，应在符合条件的年度终了后 3 个月内向其主管税务机关报送《有限合伙制创业投资企业法人合伙人应纳税所得额分配情况明细表》。

法人合伙人向其所在地主管税务机关备案享受投资抵扣应纳税所得额时，应提交《法人合伙人应纳税所得额抵扣情况明细表》以及有限合伙制创业投资企业所在地主管税务机关受理后的《有限合伙制创业投资企业法人合伙人应纳税所得额分配情况明细表》，同时将《国家税务总局关于实施创业投资企业所得税优惠问题的通知》（国税发〔2009〕87 号）规定报送的备案资料留存备查。

【实操案例】

【例 5-21】

甲公司占有限合伙制创业投资企业乙的出资份额为 40%，乙企业对未上市中小高新技术企业丙满 2 年的股权投资额为 2 000 万元，在财税〔2015〕116 号文件生效之前，由于乙企业不是企业所得税纳税人，而甲公司又不符合《国家税务总局关于实施创业投资企业所得税优惠问题的通知》（国税发〔2009〕87 号）关于“直接投资”的条件，甲公司和乙企业均不能享受抵扣应纳税所得额的税收优惠。

在财税〔2015〕116 号文件生效之后，通过有限合伙制创业投资企业进行间接投资的法人企业也可以享受以投资额抵扣应纳税所得额的税收优惠，基本消除了直接投资和间接投资的税收待遇差别。

在本例中，有限合伙制创业投资企业乙对丙企业的2 000万元投资中归属于甲的部分为：2 000×40% = 800（万元）。这部分的70%，即560万元可用于抵扣甲公司从乙企业分得的应纳税所得额。

需要注意的是，财税〔2015〕116号文中有限合伙的法人合伙人享受的税收优惠，与直接投资中小高新技术企业的法人企业相比仍然受到限制，因为后者可以按投资额的70%抵扣其全部应纳税所得额，而前者只能抵扣从该合伙企业分得的应纳税所得额。如果该合伙企业在股权投资未上市中小高新技术企业满2年的当年，分配给法人合伙人的所得和该法人合伙人按其占有限合伙制创业投资企业的出资比例应分得的合伙企业留存收益之和少于股权投资额的70%，则需要结转以后年度抵扣。

例如，甲公司对未上市中小高新技术企业满2年的直接股权投资额为800万元，则可以抵扣应纳税所得额相当于投资额的70%，即560万元，如果甲公司当年的应纳税所得额为600万元，则抵扣后应纳税所得额为40万元。

如果甲公司是通过有限合伙企业间接投资于未上市中小高新技术企业，且归属于甲公司的投资额仍为800万元，可以抵扣应纳税所得额仍为560万元。如果甲公司当年的应纳税所得额为600万元，但是从有限合伙企业分得的应纳税所得额为400万元，则甲公司只能抵扣从有限合伙企业分得的部分。抵扣后甲公司的应纳税所得额为：600 − 400 = 200（万元）。当年抵扣后仍有160万余额，需留待以后年度从来自该有限合伙企业的应纳税所得额中抵扣。

三、合伙创投企业投资初创科技型企业税收政策

（一）基本制度

根据《财政部　税务总局关于创业投资企业和天使投资个人有关税收政策的通知》（财税〔2018〕55号）的规定，自2018年1月1日起，有限合伙制创业投资企业（以下简称合伙创投企业）采取股权投资方式直接投资于初创科技型企业满2年的，该合伙创投企业的合伙人分别按以下方式处理：

（1）法人合伙人可以按照对初创科技型企业投资额的70%抵扣法人合伙人从合伙创投企业分得的所得；当年不足抵扣的，可以在以后纳税年度结转抵扣。

（2）个人合伙人可以按照对初创科技型企业投资额的70%抵扣个人合伙人从合伙创投企业分得的经营所得；当年不足抵扣的，可以在以后纳税年度结转抵扣。

（二）相关政策条件

1. 初创科技型企业的条件

初创科技型企业，应同时符合以下条件：

（1）在中国境内（不包括港、澳、台地区）注册成立、实行查账征收的居民企业；

（2）接受投资时，从业人数不超过 200 人，其中具有大学本科以上学历的不低于 30%；资产总额和年销售收入均不超过 3 000 万元；

（3）接受投资时设立时间不超过 5 年（60 个月）；

（4）接受投资时以及接受投资后 2 年内未在境内外证券交易所上市；

（5）接受投资当年及下一纳税年度，研发费用总额占成本费用支出的比例不低于 20%。

2. 创业投资企业符合的条件

享受上述税收政策的创业投资企业，应同时符合以下条件：

（1）在中国境内（不含港、澳、台地区）注册成立、实行查账征收的居民企业或合伙创投企业，且不属于被投资初创科技型企业的发起人；

（2）符合《创业投资企业管理暂行办法》（发展改革委等 10 部门令第 39 号）规定或者《私募投资基金监督管理暂行办法》（证监会令第 105 号）关于创业投资基金的特别规定，按照上述规定完成备案且规范运作；

（3）投资后 2 年内，创业投资企业及其关联方持有被投资初创科技型企业的股权比例合计应低于 50%。

3. 投资的条件

享受上述税收政策的投资，仅限于通过向被投资初创科技型企业直接支付现金方式取得的股权投资，不包括受让其他股东的存量股权。

（三）研发费用口径

根据《财政部　国家税务总局　科技部关于完善研究开发费用税前加计扣除政策的通知》（财税〔2015〕119 号）的规定，研究开发活动（以下简称研发活动），是指企业为获得科学与技术新知识，创造性运用科学技术新知识，或实质性改进技术、产品（服务）、工艺而持续进行的具有明确目标的系统性活动。

企业开展研发活动中实际发生的研究开发费用（以下简称研发费用），未形成无形资产计入当期损益的，在按规定据实扣除的基础上，按照本年度实际发生额的 50%，从本年度应纳税所得额中扣除；形成无形资产的，按照无形资产成本的 150% 在税前摊销。研发费用的具体范围包括：

1. 人员人工费用

直接从事研发活动人员的工资薪金、基本养老保险费、基本医疗保险费、失业保险费、工伤保险费、生育保险费和住房公积金，以及外聘研发人员的劳务费用。

2. 直接投入费用

（1）研发活动直接消耗的材料、燃料和动力费用。

（2）用于中间试验和产品试制的模具、工艺装备开发及制造费，不构成固定资产的样品、样机及一般测试手段购置费，试制产品的检验费。

（3）用于研发活动的仪器、设备的运行维护、调整、检验、维修等费用，以及通过经营租赁方式租入的用于研发活动的仪器、设备租赁费。

3. 折旧费用

用于研发活动的仪器、设备的折旧费。

4. 无形资产摊销

用于研发活动的软件、专利权、非专利技术（包括许可证、专有技术、设计和计算方法等）的摊销费用。

5. 设计与实验费

新产品设计费、新工艺规程制定费、新药研制的临床试验费、勘探开发技术的现场试验费。

6. 其他相关费用

与研发活动直接相关的其他费用，如技术图书资料费、资料翻译费、专家咨询费、高新科技研发保险费，研发成果的检索、分析、评议、论证、鉴定、评审、评估、验收费用，知识产权的申请费、注册费、代理费，差旅费、会议费等。此项费用总额不得超过可加计扣除研发费用总额的 10%。

（四）管理事项及管理要求

1. 各项指标计算标准

从业人数，包括与企业建立劳动关系的职工人员及企业接受的劳务派遣人员。从业人数和资产总额指标，按照企业接受投资前连续 12 个月的平均数计算，不足 12 个月的，按实际月数平均计算。

销售收入，包括主营业务收入与其他业务收入；年销售收入指标，按照企业接受投资前连续 12 个月的累计数计算，不足 12 个月的，按实际月数累计计算。

成本费用，包括主营业务成本、其他业务成本、销售费用、管理费用、财务费用。

2. 投资额

投资额按照创业投资企业或天使投资个人对初创科技型企业的实缴投资

额确定。

合伙创投企业的合伙人对初创科技型企业的投资额，按照合伙创投企业对初创科技型企业的实缴投资额和合伙协议约定的合伙人占合伙创投企业的出资比例计算确定。合伙人从合伙创投企业分得的所得，按照《财政部 国家税务总局关于合伙企业合伙人所得税问题的通知》（财税〔2008〕159号）规定计算。

3. 优惠手续

天使投资个人、公司制创业投资企业、合伙创投企业、合伙创投企业法人合伙人、被投资初创科技型企业应按规定办理优惠手续。

享受上述税收政策的纳税人，其主管税务机关对被投资企业是否符合初创科技型企业条件有异议的，可以转请被投资企业主管税务机关提供相关材料。对纳税人提供虚假资料，违规享受税收政策的，应按税收征管法相关规定处理，并将其列入失信纳税人名单，按规定实施联合惩戒措施。

第七节 发行永续债利息支出

一、永续债的企业所得税制度

（一）按股息红利进行税务处理

根据《财政部 税务总局关于永续债企业所得税政策问题的公告》（财政部 税务总局公告2019年第64号）的规定，自2019年1月1日起，企业发行的永续债，可以适用股息、红利企业所得税政策，即：投资方取得的永续债利息收入属于股息、红利性质，按照现行企业所得税政策相关规定进行处理，其中，发行方和投资方均为居民企业的，永续债利息收入可以适用企业所得税法规定的居民企业之间的股息、红利等权益性投资收益免征企业所得税规定，同时发行方支付的永续债利息支出不得在企业所得税税前扣除。

（二）按利息进行税务处理

企业发行符合规定条件的永续债，也可以按照债券利息适用企业所得税政策，即：发行方支付的永续债利息支出准予在其企业所得税税前扣除，投资方取得的永续债利息收入应当依法纳税。

（三）永续债的定义与条件

永续债是指经国家发展改革委员会、中国人民银行、中国银行保险监督管理委员会、中国证券监督管理委员会核准，或经中国银行间市场交易商协会注册、中国证券监督管理委员会授权的证券自律组织备案，依照法定程序发行、附赎回（续期）选择权或无明确到期日的债券，包括可续期企业债、可续期公司债、永续债务融资工具（含永续票据）、无固定期限资本债券等。

符合规定条件的永续债，是指符合下列条件中 5 条（含）以上的永续债：

（1）被投资企业对该项投资具有还本义务；

（2）有明确约定的利率和付息频率；

（3）有一定的投资期限；

（4）投资方对被投资企业净资产不拥有所有权；

（5）投资方不参与被投资企业日常生产经营活动；

（6）被投资企业可以赎回，或满足特定条件后可以赎回；

（7）被投资企业将该项投资计入负债；

（8）该项投资不承担被投资企业股东同等的经营风险；

（9）该项投资的清偿顺序位于被投资企业股东持有的股份之前。

（四）相关管理要求

企业发行永续债，应当将其适用的税收处理方法在证券交易所、银行间债券市场等发行市场的发行文件中向投资方予以披露。

发行永续债的企业对每一永续债产品的税收处理方法一经确定，不得变更。企业对永续债采取的税收处理办法与会计核算方式不一致的，发行方、投资方在进行税收处理时须作出相应纳税调整。

【实操案例】

【例 5-22】

甲公司购买了乙公司发行的一笔永续债，按季取得固定利率（票面利率）利息，未规定到期时间，但乙公司可以在 10 年后赎回该永续债。乙公司按年召开股东大会，甲公司列席股东大会，但不参与投票决议，也不派出董事、监事、高级管理人员等。账务处理上，乙公司将永续债利息支出列入财务费用，甲公司将永续债利息收入冲减财务费用。

甲公司对乙公司的净资产不拥有所有权，如果乙公司需要清算，优先偿还经营债务，然后偿还永续债，最后向股东分配剩余财产。

税务局对甲公司进行检查时发现，甲公司将取得的利息计入账面收入缴纳企业所得税，但未缴纳过增值税，因此要求甲公司补缴增值税。甲公司认为永续债属于权益性工具，取得的利息不应该缴纳增值税。

解析：

1. 甲公司能否自主选择税务处理方式？

按财政部、税务总局2019年第64号公告的规定，可以自主选择税务处理方式的永续债需至少满足以下任意5个条件：

（1）被投资企业对该项投资具有还本义务；

（2）有明确约定的利率和付息频率；

（3）有一定的投资期限；

（4）投资方对被投资企业净资产不拥有所有权；

（5）投资方不参与被投资企业日常生产经营活动；

（6）被投资企业可以赎回，或满足特定条件后可以赎回；

（7）被投资企业将该项投资计入负债；

（8）该项投资不承担被投资企业股东同等的经营风险；

（9）该项投资的清偿顺序位于被投资企业股东持有的股份之前。

本例中被投资企业没有还本义务，不满足第（1）条；有明确的利率和付息频率，满足第（2）条；没有投资期限，不满足第（3）条；对被投资企业净资产不拥有所有权，满足第（4）条；甲公司不参与投票决议，不派驻人员，满足第（5）条；被投资企业10年后可赎回，满足第（6）条；乙公司账面是否计入负债未列明（虽然账务处理计入财务费用，但不确定是在权益工具还是债务工具列示）；投资是否承担与股东同等经营风险未列明；永续债清偿顺序优于股权，满足第（9）条。因此，本例刚好满足5项条件，即拥有自主选择权，甲公司可以选择按利息处理，也可以选择按股息处理，但甲公司的处理方式必须与乙公司保持一致。

由于乙公司将利息支出计入了财务费用，因此，虽然本例中的永续债可以自主选择税务处理方式，但由于乙公司选择了按债券利息列支，甲公司只能选择同样的税务处理方式。

2. 甲公司取得的收益是否要交增值税？

财政部、税务总局2019年第64号公告只规定了永续债的所得税处理的问题，未规定增值税处理，但其明确了永续债可以作为债券利息或股息红利适用所得税政策，不仅仅是规定了征免问题，更是明确了永续债的两种性质，那么增值税也应当同样适用债券利息或股息红利的政策，且从税种的一致性来看，增值税目前没有相关政策，实践中也倾向于与所得税处理保持一致。因此，甲公司应当缴纳利息收入增值税。

3. 甲公司与乙公司协商一致，能否变更税务处理方式？

财政部、税务总局2019年第64号公告规定，发行永续债的企业对每一永续债产品的税收处理方法一经确定，不得变更。

本例中，当甲公司被税务局要求缴纳增值税后，不能因为选择债券利息处理导致增值税税负增加6%（利息增值税不能抵扣），就选择更改处理方法。即使与乙公司达成一致，乙公司不在税前扣除，也不可以更改。

4. 选择哪种方式对双方更为有利？

第一，实践中，存在向关联方发行永续债的情况，假设发债双方的所得税税率一致，选择适用股息红利税务处理，由于无需缴纳增值税，所得税税负平移，因此税负更轻，且此时企业以权益工具入账，对于减轻报表的资产负债率也更为有利。

第二，如果收取利息方享受了高新技术企业或西部大开发优惠，则增加的增值税税负小于减少的所得税税负，采取债券利息方式处理更为有利；如果支付利息方享受了高新技术企业或西部大开发优惠，则采取股息红利方式处理更为有利。

第三，如果收取利息方享受了小微企业优惠，如果应纳税所得额在100万元以下，则采取债券利息方式处理更为有利；如果应纳税所得额在100万元以上，则采取股息红利方式处理更为有利。如果支付利息方享受了小微企业优惠，则采取股息红利方式处理更为有利。

第四，考虑到亏损影响的情况，如果收取利息方长期亏损，则选择债券利息方式处理更为有利；如果支付利息方长期亏损，而收取利息方盈利，则可能选择股息红利方式处理更为有利。

第五，如果其中一方是非居民企业、个人或合伙企业，由于不能享受股息红利免税政策，此时选择债券利息方式往往更为有利（合伙企业需根据具体适用的税率分析）。

此外，享受企业所得税三免三减半等其他方式的优惠，也会影响到税务处理方式的选择。因此，考虑采用哪种方式，要从整个永续债存续期间考虑，且选择不同处理方式对于报表的影响也未纳入上述考虑。

二、永续债会计处理规定

（一）关于总体要求

根据《财政部关于印发〈永续债相关会计处理的规定〉的通知》（财会〔2019〕2号）的规定，已执行2017年修订的《企业会计准则第22号——金融工具确认和计量》（财会〔2017〕7号，以下简称22号准则）和《企业会计准则第37号——金融工具列报》（财会〔2017〕14号，以下简称37号准则）（以下统称新金融工具准则）的企业，应当按照新金融工具准则和本规定，对永续债进行会计处理。

仍执行2006年印发的22号准则（财会〔2006〕3号）和2014年修订的37号准则（财会〔2014〕23号）（以下统称原金融工具准则）的企业，应当按照原金融工具准则和本规定，对永续债进行会计处理。本规定适用于执行企业会计准则的企业依照国家相关规定在境内外发行的永续债和其他类似工具。

（二）关于永续债发行方会计分类应当考虑的因素

永续债发行方在确定永续债的会计分类是权益工具还是金融负债（以下简称会计分类）时，应当根据37号准则规定同时考虑下列因素：

1. 关于到期日

永续债发行方在确定永续债会计分类时，应当以合同到期日等条款内含的经济实质为基础，谨慎判断是否能无条件地避免交付现金或其他金融资产的合同义务。当永续债合同其他条款未导致发行方承担交付现金或其他金融资产的合同义务时，发行方应当区分下列情况处理：

（1）永续债合同明确规定无固定到期日且持有方在任何情况下均无权要求发行方赎回该永续债或清算的，通常表明发行方没有交付现金或其他金融资产的合同义务。

（2）永续债合同未规定固定到期日且同时规定了未来赎回时间（即“初始期限”）的：

①当该初始期限仅约定为发行方清算日时，通常表明发行方没有交付现金或其他金融资产的合同义务，但清算确定将会发生且不受发行方控制，或者清算发生与否取决于该永续债持有方的，发行方仍具有交付现金或其他金融资产的合同义务。

②当该初始期限不是发行方清算日且发行方能自主决定是否赎回永续债时，发行方应当谨慎分析自身是否能无条件地自主决定不行使赎回权。如不能，通常表明发行方有交付现金或其他金融资产的合同义务。

2. 关于清偿顺序

永续债发行方在确定永续债会计分类时，应当考虑合同中关于清偿顺序的条款。当永续债合同其他条款未导致发行方承担交付现金或其他金融资产的合同义务时，发行方应当区分下列情况处理：

（1）合同规定发行方清算时永续债劣后于发行方发行的普通债券和其他债务的，通常表明发行方没有交付现金或其他金融资产的合同义务。

（2）合同规定发行方清算时永续债与发行方发行的普通债券和其他债务处于相同清偿顺序的，应当审慎考虑此清偿顺序是否会导致持有方对发行方承担交付现金或其他金融资产合同义务的预期，并据此确定其会计分类。

3. 关于利率跳升和间接义务

永续债发行方在确定永续债会计分类时，应当考虑 37 号准则第十条规定的“间接义务”。永续债合同规定没有固定到期日、同时规定了未来赎回时间、发行方有权自主决定未来是否赎回且如果发行方决定不赎回则永续债票息率上浮（即“利率跳升”或“票息递增”）的，发行方应当结合所处实际环境考虑该利率跳升条款是否构成交付现金或其他金融资产的合同义务。

如果跳升次数有限、有最高票息限制（即“封顶”）且封顶利率未超过同期同行业同类型工具平均的利率水平，或者跳升总幅度较小且封顶利率未超过同期同行业同类型工具平均的利率水平，可能不构成间接义务；如果永续债合同条款虽然规定了票息封顶，但该封顶票息水平超过同期同行业同类型工具平均的利率水平，通常构成间接义务。

（三）关于永续债持有方会计分类的要求

除符合《企业会计准则第 2 号——长期股权投资》（财会〔2014〕14 号）规定适用该准则的外，永续债持有方应当区分下列情况对永续债进行会计处理：

1. 持有方已执行新金融工具准则

持有方在判断持有的永续债是否属于权益工具投资时，应当遵循 22 号准则和 37 号准则的相关规定。对于属于权益工具投资的永续债，持有方应当按照 22 号准则的规定将其分类为以公允价值计量且其变动计入当期损益的金融资产，或在符合条件时对非交易性权益工具投资初始指定为以公允价值计量且其变动计入其他综合收益。对于不属于权益工具投资的永续债，持有方应当按照该准则规定将其分类为以摊余成本计量的金融资产，以公允价值计量且其变动计入其他综合收益的金融资产，或以公允价值计量且其变动计入当期损益的金融资产。在判断永续债的合同现金流量特征时，持有方必须严格遵循 22 号准则第十六条至第十九条的规定，谨慎考虑永续债中包含的选择权。

2. 持有方暂未执行新金融工具准则

持有方在判断持有的永续债属于权益工具投资还是债务工具投资时，应当遵循 22 号准则和 37 号准则的相关 5 规定，通常应当与发行方对该永续债的会计分类原则保持一致。对于属于权益工具投资的永续债，持有方应当按照 22 号准则的规定将其分类为以公允价值计量且其变动计入当期损益的金融资产，或可供出售金融资产（权益工具投资）等，符合 22 号准则有关规定的还应当分拆相关的嵌入衍生工具。对于属于债务工具投资的永续债，持有方应当按照 22 号准则规定将其分类为以公允价值计量且其变动计入当期损益的金融资产，或可供出售金融资产（债务工具投资）。

第六章

特别纳税调整

【导读】

本章介绍特别纳税调整，包括十二节内容，分别介绍关联申报、同期资料管理、转让定价方法、转让定价调查及调整、预约定价安排管理、成本分摊协议管理、受控外国企业管理、资本弱化管理、一般反避税管理、相应调整及国际磋商、税务机关内部工作制度以及纳税调整项目明细表的填写。

第一节 关联申报

一、特别纳税调整管理的内容

（一）适用范围

根据《特别纳税调整实施办法（试行）》（国税发〔2009〕2号）第一章的规定，该办法适用于税务机关对企业的转让定价、预约定价安排、成本分摊协议、受控外国企业、资本弱化以及一般反避税等特别纳税调整事项的管理。

（二）转让定价管理

转让定价管理是指税务机关按照《企业所得税法》第六章和《税收征收管理法》第三十六条的有关规定，对企业与其关联方之间的业务往来（以下简称关联交易）是否符合独立交易原则进行审核评估和调查调整等工作的总称。

（三）预约定价安排管理

预约定价安排管理是指税务机关按照《企业所得税法》第四十二条和《税收征收管理法实施细则》第五十三条的规定，对企业提出的未来年度关联交易的定价原则和计算方法进行审核评估，并与企业协商达成预约定价安排等工作的总称。

（四）成本分摊协议管理

成本分摊协议管理是指税务机关按照《企业所得税法》第四十一条第二款的规定，对企业与其关联方签署的成本分摊协议是否符合独立交易原则进行审核评估和调查调整等工作的总称。

（五）受控外国企业管理

受控外国企业管理是指税务机关按照《企业所得税法》第四十五条的规定，对受控外国企业不作利润分配或减少分配进行审核评估和调查，并对归属于中国居民企业所得进行调整等工作的总称。

（六）资本弱化管理

资本弱化管理是指税务机关按照《企业所得税法》第四十六条的规定，对企业接受关联方债权性投资与企业接受的权益性投资的比例是否符合规定比例或独立交易原则进行审核评估和调查调整等工作的总称。

（七）一般反避税管理

一般反避税管理是指税务机关按照《企业所得税法》第四十七条的规定，对企业实施其他不具有合理商业目的的安排而减少其应纳税收入或所得额进行审核评估和调查调整等工作的总称。

二、关联关系与关联交易

（一）关联方

根据《企业所得税法实施条例》第一百零九条的规定，关联方是指与企业有下列关联关系之一的企业、其他组织或者个人：

（1）在资金、经营、购销等方面存在直接或者间接的控制关系；

（2）直接或者间接地同为第三者控制；

（3）在利益上具有相关联的其他关系。

（二）关联关系

根据《国家税务总局关于完善关联申报和同期资料管理有关事项的公告》（国家税务总局公告2016年第42号）的规定，企业与其他企业、组织或者个人具有下列关系之一的，构成关联关系：

（1）一方直接或者间接持有另一方的股份总和达到25%以上；双方直接或者间接同为第三方所持有的股份达到25%以上。

如果一方通过中间方对另一方间接持有股份，只要其对中间方持股比例达到25%以上，则其对另一方的持股比例按照中间方对另一方的持股比例计算。

两个以上具有夫妻、直系血亲、兄弟姐妹以及其他抚养、赡养关系的自然人共同持股同一企业，在判定关联关系时持股比例合并计算。

（2）双方存在持股关系或者同为第三方持股，虽持股比例未达到第（1）项规定，但双方之间借贷资金总额占任一方实收资本比例达到50%以上，或者一方全部借贷资金总额的10%以上由另一方担保（与独立金融机构之间的借贷或者担保除外）。

借贷资金总额占实收资本比例＝年度加权平均借贷资金 ÷ 年度加权平均实收资本

其中：

$$\text{年度加权平均借贷资金}=\text{i笔借入或者贷出资金账面金额}\times\text{i笔借入或者贷出资金年度实际占用天数}\div 365$$

$$\text{年度加权平均实收资本}=\text{i笔实收资本账面金额}\times\text{i笔实收资本年度实际占用天数}\div 365$$

（3）双方存在持股关系或者同为第三方持股，虽持股比例未达到第（1）项规定，但一方的生产经营活动必须由另一方提供专利权、非专利技术、商标权、著作权等特许权才能正常进行。

（4）双方存在持股关系或者同为第三方持股，虽持股比例未达到第（1）项规定，但一方的购买、销售、接受劳务、提供劳务等经营活动由另一方控制。

上述控制是指一方有权决定另一方的财务和经营政策，并能据以从另一方的经营活动中获取利益。

（5）一方半数以上董事或者半数以上高级管理人员（包括上市公司董事会秘书、经理、副经理、财务负责人和公司章程规定的其他人员）由另一方任命或者委派，或者同时担任另一方的董事或者高级管理人员；或者双方各自半数以上董事或者半数以上高级管理人员同为第三方任命或者委派。

仅因国家持股或者由国有资产管理部门委派董事、高级管理人员而存在第（1）至（5）项关系的，不构成关联关系。

（6）具有夫妻、直系血亲、兄弟姐妹以及其他抚养、赡养关系的两个自然人分别与双方具有第（1）至（5）项关系之一。

（7）双方在实质上具有其他共同利益。

除第（2）项规定外，上述关联关系年度内发生变化的，关联关系按照实际存续期间认定。

（三）关联交易的种类

根据《国家税务总局关于完善关联申报和同期资料管理有关事项的公告》（国家税务总局公告2016年第42号）的规定，关联交易主要包括：

（1）有形资产使用权或者所有权的转让。有形资产包括商品、产品、房屋建筑物、交通工具、机器设备、工具器具等。

（2）金融资产的转让。金融资产包括应收账款、应收票据、其他应收款项、股权投资、债权投资和衍生金融工具形成的资产等。

（3）无形资产使用权或者所有权的转让。无形资产包括专利权、非专利技术、商业秘密、商标权、品牌、客户名单、销售渠道、特许经营权、政府许可、著作权等。

（4）资金融通。资金包括各类长短期借贷资金（含集团资金池）、担保费、各类应计息预付款和延期收付款等。

（5）劳务交易。劳务包括市场调查、营销策划、代理、设计、咨询、行政管理、技术服务、合约研发、维修、法律服务、财务管理、审计、招聘、培训、集中采购等。

根据《国家税务总局关于关联股权债权交易适用特别纳税调整法律法规及有关规定的批复》（国税函〔2012〕262号）的规定，股权或债权的关联交易属于关联业务往来的内容，应当适用特别纳税调整的法律法规及有关规定。

三、关联关系报告义务

（一）基本报告义务

根据《国家税务总局关于完善关联申报和同期资料管理有关事项的公告》（国家税务总局公告2016年第42号）的规定，实行查账征收的居民企业和在中国境内设立机构、场所并据实申报缴纳企业所得税的非居民企业向税务机关报送年度企业所得税纳税申报表时，应当就其与关联方之间的业务往来进行关联申报，附送《中华人民共和国企业年度关联业务往来报告表（2016年版）》。

（二）填报国别报告

存在下列情形之一的居民企业，应当在报送年度关联业务往来报告表时，填报国别报告：

1. 该居民企业为跨国企业集团的最终控股企业，且其上一会计年度合并财务报表中的各类收入金额合计超过55亿元

最终控股企业是指能够合并其所属跨国企业集团所有成员实体财务报表的，且不能被其他企业纳入合并财务报表的企业。

成员实体应当包括：

（1）实际已被纳入跨国企业集团合并财务报表的任一实体。

（2）跨国企业集团持有该实体股权且按公开证券市场交易要求应被纳入

但实际未被纳入跨国企业集团合并财务报表的任一实体。

（3）仅由于业务规模或者重要性程度而未被纳入跨国企业集团合并财务报表的任一实体。

（4）独立核算并编制财务报表的常设机构。

2. 该居民企业被跨国企业集团指定为国别报告的报送企业

国别报告主要披露最终控股企业所属跨国企业集团所有成员实体的全球所得、税收和业务活动的国别分布情况。

（三）豁免国别报告

最终控股企业为中国居民企业的跨国企业集团，其信息涉及国家安全的，可以按照国家有关规定，豁免填报部分或者全部国别报告。

（四）国别报告信息交换

税务机关可以按照我国对外签订的协定、协议或者安排实施国别报告的信息交换。

（五）要求提供国别报告

企业虽不属于上述规定填报国别报告的范围，但其所属跨国企业集团按照其他国家有关规定应当准备国别报告，且符合下列条件之一的，税务机关可以在实施特别纳税调查时要求企业提供国别报告：

（1）跨国企业集团未向任何国家提供国别报告。

（2）虽然跨国企业集团已向其他国家提供国别报告，但我国与该国尚未建立国别报告信息交换机制。

（3）虽然跨国企业集团已向其他国家提供国别报告，且我国与该国已建立国别报告信息交换机制，但国别报告实际未成功交换至我国。

（六）延期报送

企业在规定期限内报送年度关联业务往来报告表确有困难，需要延期的，应当按照《税收征收管理法》及其实施细则的有关规定办理。

根据《税收征收管理法》第二十七条的规定，纳税人、扣缴义务人不能按期办理纳税申报或者报送代扣代缴、代收代缴税款报告表的，经税务机关核准，可以延期申报。经核准延期办理前款规定的申报、报送事项的，应当在纳税期内按照上期实际缴纳的税额或者税务机关核定的税额预缴税款，并在核准的延期内办理税款结算。

根据《税收征收管理法实施细则》第三十七条的规定，纳税人、扣缴义务人按照规定的期限办理纳税申报或者报送代扣代缴、代收代缴税款报告表确有困难，需要延期的，应当在规定的期限内向税务机关提出书面延期申请，经税务机关核准，在核准的期限内办理。纳税人、扣缴义务人因不可抗力，不能按期办理纳税申报或者报送代扣代缴、代收代缴税款报告表的，可以延期办理，但是，应当在不可抗力情形消除后立即向税务机关报告。税务机关应当查明事实，予以核准。

【实操案例】

【例 6-1】

重庆甲有限公司是甲（美国）有限公司和甲（中国）有限公司共同出资成立的中外合资企业，注册资本 3 000 万美元，投资总额 5 500 万美元。甲（美国）有限公司持股 60%，甲（中国）有限公司持股 40%。重庆甲有限公司并非上市公司，其最终控股企业是所在地为乙国的甲（控股）有限公司。重庆甲有限公司高管有法人张某某，经理刘某某、副经理陈某、会计主管王某，内设董事会、行政处、财务处等等多个部门。从事行业为仪器仪表制造业。

2019 年度，该企业发生如下关联交易：

（1）销售给甲（美国）有限公司产品 12 亿元；

（2）从甲（韩国）有限公司处取得来料加工原材料 3.2 亿元，加工后作价 4.4 亿元又销售给甲（韩国）有限公司；

（3）销售给其他境外关联方 40 万元；

（4）销售给甲（中国）有限公司产品 6 亿元；

（5）销售给其他境内关联方 40 万元；

（6）从甲（法国）有限公司购进固定资产 0.32 亿元；

（7）从其他境外关联方购进 40 万元；

（8）从甲（深圳）有限公司购进半成品 12 亿元；

（9）从其他境内关联方购进 40 万元；

（10）从甲（美国）有限公司取得客户名单，支付 100 万元；

（11）使用甲（日本）有限公司的专利，支付 1 800 万元；

（12）为甲（中国）有限公司提供物流辅助服务，取得收入 100 万元；

（13）接受甲（美国）有限公司的咨询服务和行政管理服务，支付 500 万元；

（14）接受甲投资有限公司的金融服务，支付 300 万元；

（15）接受甲（中国）有限公司的市场调查服务和营销策划服务，支付 1 000 万元；

（16）因集团资金池业务从甲投资有限公司融入1.5亿元，占用天数365天，支付利息1 500万元；

（17）因融资租赁从甲（法国）有限公司融入3 200万元，占用天数182天，支付利息240万元。

2019年，重庆甲有限公司没有涉及成本分摊协议，但符合提供国别报告的条件。

该公司如何填报相关申报表？

解析：

1. 封面填写如下（见表6-1）

表6-1　中华人民共和国企业年度关联业务往来报告表

（2016年版）

报告年度所属期间：2019年1月1日至2019年12月31日

纳税人识别号：*************

纳税人名称：重庆甲有限公司

金额单位：人民币元，除表内标明其他币种外（列至小数点后两位）

谨声明：此报告表是根据《中华人民共和国企业所得税法》《中华人民共和国企业所得税法实施条例》、有关税收政策以及国家统一会计制度的规定填报的，是真实的、可靠的、完整的。

法定代表人（签章）：张某某　2020年5月10日

（续表）

纳税人公章：	代理申报中介机构公章：	主管税务机关受理专用章：
会计主管：王某某	经办人： 经办人执业证件号码：	受理人：
填表日期： 2020年5月10日	代理申报日期： 年　月　日	受理日期： 年　月　日

国家税务总局监制

注意：

（1）“报告年度所属期间”：正常经营的企业，填报公历当年1月1日至12月31日；年度中间开业的企业，填报实际生产经营之日至当年12月31日；年度中间发生合并、分立、破产、停业等情况的企业，填报公历当年1月1日至实际停业或法院裁定并宣告破产之日；年度中间开业且年度中间又发生合并、分立、破产、停业等情况的企业，填报实际生产经营之日至实际停业或法院裁定并宣告破产之日。

（2）若聘请中介机构代理申报的，加盖代理申报中介机构公章，并填报经办人及其执业证件号码等，没有聘请的，填报“无”。

2. 填报表单的填写（见表6-2）

表6-2　企业年度关联业务往来报告表填报表单

表单编号	表单名称	选择填报情况	
		填 报	不填报
G000000	报告企业信息表	√	×
G100000	中华人民共和国企业年度关联业务往来汇总表	√	×
G101000	关联关系表	√	×
G102000	有形资产所有权交易表	√	×
G103000	无形资产所有权交易表	√	×

（续表）

表单编号	表单名称	选择填报情况	
		填 报	不填报
G104000	有形资产使用权交易表	×	√
G105000	无形资产使用权交易表	√	×
G106000	金融资产交易表	√	×
G107000	融通资金表	√	×
G108000	关联劳务表	√	×
G109000	权益性投资表	√	×
G110000	成本分摊协议表	×	√
G111000	对外支付款项情况表	√	×
G112000	境外关联方信息表	√	×
G113010	年度关联交易财务状况分析表（报告企业个别报表信息）	√	×
G113020	年度关联交易财务状况分析表（报告企业合并报表信息）	×	√
G114010	国别报告—所得、税收和业务活动国别分布表	√	×
G114011	国别报告—所得、税收和业务活动国别分布表（英文）	√	×
G114020	国别报告—跨国企业集团成员实体名单	√	×
G114021	国别报告—跨国企业集团成员实体名单（英文）	√	×
G114030	国别报告—附加说明表	√	×
G114031	国别报告—附加说明表（英文）	√	×

说明：企业应当根据实际情况选择需要填报的表单。

3. 报告企业信息表的填写（见表 6-3 至 6-6）

表 6-3　报告企业信息表

正常报告√		更正报告□				补充报告□		
100 基本信息								
101 纳税人名称	重庆甲有限公司	103 注册地址	国家（地区）	中国	省份	重庆	地级市	**
102 纳税人识别号	*****	104 经营地址	国家（地区）	中国	省份	重庆	地级市	**
105 经营范围	生产制造（按实际经营范围填写）							
106 主管国税机关	重庆某区税务局	108 注册资本	币种	美元	金额	30 000 000	110 登记注册类型	合资企业
107 主管地税机关	重庆某区税务局	109 投资总额	币种	美元	金额	55 000 000	111 所属行业	4 000
112 独立法人	是√　否□	113 法定代表人或负责人	张某某			114 独立核算	是√　否□	
115 适用的会计准则或会计制度	企业会计准则（一般企业√　银行□　证券□　保险□　担保□） 小企业会计准则□　企业会计制度□ 事业单位会计准则（事业单位会计制度□ 科学事业单位会计制度□ 医院会计制度□ 高等学校会计制度□ 中小学校会计制度□ 彩票机构会计制度□） 民间非营利组织会计制度□　村集体经济组织会计制度□　农民专业合作社财务会计制度（试行）□ 其他□							
116 上市公司	是□　否√	117 上市股票代码		118 上市交易所			119 记账本位币	
120 企业集团最终控股企业	是□　否√			121 企业集团最终控股企业名称			甲（控股）有限公司	
122 企业集团最终控股企业所在国家（地区）	156 英属维尔京	123 被指定为国别报告的报送企业			是√　否□			
124 本年度准备同期资料	主体文档√　本地文档√　特殊事项文档□　无□			125 执行预约定价安排	是√ 否□	126 签订或者执行成本分摊协议		是□ 否√

注意：企业根据具体情况选填“正常报告”“更正报告”或者“补充报告”。

正常报告：报告期内，企业第一次年度报告为“正常报告”；

更正报告：报告期内，企业对已报告内容进行更正的为“更正报告”；

补充报告：报告期后，由于企业自查、主管税务机关评估等发现以前年度报告有误而更改报告为“补充报告”。

表 6–4　200 企业内部部门信息

行次	201 部门名称	202 部门履行的职责业务范围及履行职责业务流程	203 员工数量	204 上一级部门名称
1	董事会 / 总经理	公司重大事项决策	5	
2	行政处	制定执行公司管理政策	10	董事会 / 总经理
3	财务处	财务会计核算、纳税申报等财务事项	10	董事会 / 总经理

注意：“203 员工数量”填报本报告年度所属期间内企业内部各职能部门全年从业员工数量。从业员工数量是指与企业建立劳动关系的职工人数和企业接受的劳务派遣用工人数之和。从业员工数量计算公式如下：

从业员工数量＝（年初值＋年末值）÷2

年度中间开业或者终止经营活动的，以其实际经营期作为一个纳税年度确定上述相关指标。

表 6–5　300 企业高级管理人员信息

行次	301 职务名称	302 姓名	303 国家（地区）	304 身份证件名称	305 身份证件号码	306 任职起始日期	307 任职截止日期		
1	经理	刘某某	中华人民共和国	居民身份证	***	***	***		
2	副经理	陈某	中华人民共和国	居民身份证	***	***	***		
3	财务负责人	王某	中华人民共和国	居民身份证	***	***	***		

注意：企业高级管理人员为经理刘某某、副经理陈某、财务负责人王某（在企业内部任职的高级管理人员包括上市公司董事会秘书、经理、副经理、财务负责人和公司章程规定的其他人员）。

表 6-6 400 企业股东信息（前五位）

行次	401 股东名称	402 股东类型	403 国家（地区）	404 登记注册类型	405 证件种类	406 纳税人识别号或身份证件号码	407 持股起始日期	408 持股比例
1	甲（美国）有限公司	企业法人	美国	有限责任公司	***	***	***	60%
2	甲（中国）有限公司	企业法人	中国	有限责任公司	***	***	***	40%

注意：重庆甲有限公司有两个股东，分别为甲（美国）有限公司持股60%和甲（中国）有限公司持股40%。“407 持股起始日期”填报持股比例最近一次发生变动的日期。

4. 关联关系表的填写（见表 6-7）

回归该企业 2019 年实际经营情况：重庆甲有限公司的关联方有甲投资有限公司、甲（法国）有限公司、甲（美国）有限公司、甲（日本）有限公司、甲（深圳）有限公司、甲（中国）有限公司以及甲（韩国）有限公司。

表 6-7 关联关系表

行次	关联方名称	关联方类型	国家（地区）	证件种类	纳税人识别号或身份证件号码	关联关系类型	起始日期	截止日期
	1	2	3	4	5	6	7	8
1	甲投资有限公司	企业法人	英属维尔京		***	A	2016-1-1	2016-12-31
2	甲（法国）有限公司	企业法人	法国		***	E	2016-1-1	2016-12-31
3	甲（美国）有限公司	企业法人	美国		***	A	2016-1-1	2016-12-31
4	甲（日本）有限公司	企业法人	日本		***	C	2016-1-1	2016-12-31
5	甲（深圳）有限公司	企业法人	中国	税务登记证	***	A	2016-1-1	2016-12-31
6	甲（中国）有限公司	企业法人	中国	税务登记证	***	A	2016-1-1	2016-12-31

（续表）

行次	关联方名称	关联方类型	国家（地区）	证件种类	纳税人识别号或身份证件号码	关联关系类型	起始日期	截止日期
	1	2	3	4	5	6	7	8
7	甲（韩国）有限公司	企业法人	韩国		***	A	2016-1-1	2016-12-31

5. 有形资产所有权交易表的填写（见表6-8）

该纳税人在2019年销售给甲（美国）有限公司产品12亿元；从甲（韩国）有限公司处取得来料加工原材料3.2亿元，加工后作价4.4亿元又销售给甲（韩国）有限公司；销售给其他境外关联方40万元；销售给甲（中国）有限公司产品6亿元；销售给其他境内关联方40万元；从甲（法国）有限公司购进固定资产0.32亿元；从其他境外关联方购进40万元；从甲（深圳）有限公司购进半成品12亿元；从其他境内关联方购进40万元。

表6-8　有形资产所有权交易表　　单位：元

行次	关联交易类型	关联方名称	关联交易内容	交易金额	比例
	1	2	3	4	5
1	境外关联有形资产所有权出让（前5位）	甲（美国）有限公司	产品（商品）—其他	1 200 000 000	42.86%
2		甲（韩国）有限公司	产品（商品）—来料加工	440 000 000	15.71%
3					
4					
5					
6	—	其他关联方	—	400 000	0.01%
7	境外关联有形资产所有权出让小计			1 640 400 000	58.59%
8	境内关联有形资产所有权出让（前5位）	甲（中国）有限公司	产品（商品）—其他	600 000 000	21.43%
9					
10					
11					
12					

（续表）

行次	关联交易类型	关联方名称	关联交易内容	交易金额	比例
	1	2	3	4	5
13	—	其他关联方	—	400 000	0.01%
14	境内关联有形资产所有权出让小计			600 400 000	21.44%
15	境内外关联和非关联有形资产所有权出让合计			2 800 000 000	100%
16	境外关联有形资产所有权受让（前5位）	甲（韩国）有限公司	产品（商品）—来料加工	320 000 000	16%
17		甲（法国）有限公司	固定资产—机械机器设备	32 000 000	1.60%
18					
19					
20					
21	—	其他关联方	—	400 000	0.02%
22	境外关联有形资产所有权受让小计			352 400 000	17.62%
23	境内关联有形资产所有权受让（前5位）	甲（深圳）有限公司	原材料—其他，变成品	1 200 000 000	60.00%
24					
25					
26					
27					
28	—	其他关联方	—	400 000	0.02%
29	境内关联有形资产所有权受让小计			1 200 400 000	60.02%
30	境内外关联和非关联有形资产所有权受让合计			2 000 000 000	100%

6. 无形资产所有权交易表的填写（见表6-9）

该纳税人在2019年从甲（美国）有限公司取得客户名单，支付100万元；使用甲（日本）有限公司的专利，支付1 800万元。

表 6–9 无形资产所有权交易表

单位：元

行次	关联交易类型	关联方名称	关联交易内容	交易金额	比例
	1	2	3	4	5
1	境外关联无形资产所有权出让（前5位）				
2					
3					
4					
5					
6	—	其他关联方	—		
7	境外关联无形资产所有权出让小计				
8	境内关联无形资产所有权出让（前5位）				
9					
10					
11					
12					
13	—	其他关联方	—		
14	境内关联无形资产所有权出让小计			0	
15	境内外关联和非关联无形资产所有权出让合计			10 000 000	100%
16	境外关联无形资产所有权受让（前5位）	甲（美国）有限公司	客户名单	10 000 000	100%
17					
18					
19					
20					
21	—	其他关联方	—		
22	境外关联无形资产所有权受让小计			10 000 000	100%
23	境内关联无形资产所有权受让（前5位）				
24					
25					
26					
27					
28	—	其他关联方	—		

（续表）

行次	关联交易类型	关联方名称	关联交易内容	交易金额	比例
	1	2	3	4	5
29	境内关联无形资产所有权受让小计			0	
30	境内外关联和非关联无形资产所有权受让合计			10 000 000	100%

7. 无形资产使用权交易表的填写（见表 6-10）

该纳税人当期存在无形资产使用权交易表信息，使用甲（日本）有限公司的专利，支付 1 800 万元。

表 6-10 无形资产使用权交易表 单位：元

行次	关联交易类型	关联方名称	关联交易内容	交易金额	比例
	1	2	3	4	5
1	境外关联无形资产使用权出让（前 5 位）				
2					
3					
4					
5					
6	—	其他关联方	—		
7	境外关联无形资产使用权出让小计			0	
8	境内关联无形资产使用权出让（前 5 位）				
9					
10					
11					
12					
13	—	其他关联方	—		

（续表）

行次	关联交易类型	关联方名称	关联交易内容	交易金额	比例
	1	2	3	4	5
14	境内关联无形资产使用权出让小计			0	
15	境内外关联和非关联无形资产使用权出让合计			0	100%
16	境外关联无形资产使用权受让（前5位）	甲（日本）有限公司	专利权	18 000 000	100%
17					
18					
19					
20					
21	—	其他关联方	—		
22	境外关联无形资产使用权受让小计			18 000 000	100%
23	境内关联无形资产使用权受让（前5位）				
24					
25					
26					
27					
28	—	其他关联方	—		
29	境内关联无形资产使用权受让小计			0	
30	境内外关联和非关联无形资产使用权受让合计			18 000 000	100%

8. 融通资金表的填写（见表6-11）

该纳税人存在关联资金融通信息：因集团资金池业务从甲投资有限公司融入1.5亿元，占用天数365填，支付利息1 500万元；因融资租赁从甲（法国）有限公司融入3 200万元，占用天数182天，支付利息240万元。

表 6-11　融通资金表　　　单位：元

行次	关联交易类型	关联方名称	关联交易内容	借贷金额	本年实际占用天数	境外关联交易金额（利息）	境内关联交易金额（利息）	年度平均关联债权投资金额
	1	2	3	4	5	6	7	8
1	关联融入资金（全部）	甲投资有限公司	集团资金	150 000 000	365	15 000 000		—
2		甲（法国）有限公司	融资租赁	32 000 000	182	2 400 000		—
3								—
4								—
5								—
6								—
7								—
8								—
9								—
10								—
11								—
12								—
N		合计		—	—	17 400 000	0	165 956 164
N＋1	关联融出资金（全部）							—
N＋2								—
N＋3								—
N＋4								—
N＋5								—
N＋6								—
N＋7								—
N＋8								—
N＋9								—

（续表）

行次	关联交易类型	关联方名称	关联交易内容	借贷金额	本年实际占用天数	境外关联交易金额（利息）	境内关联交易金额（利息）	年度平均关联债权投资金额
	1	2	3	4	5	6	7	8
N＋10	关联融出资金（全部）							—
N＋11								—
N＋N		合计		—	—	0	0	—

注意：

（1）逐笔填报企业发生的关联借入资金情况。年度内偿还部分关联借入资金的，该笔剩余关联借入资金视同新一笔关联债务，重新填报。

（2）逐笔填报企业发生的关联借出资金情况。年度内收回部分关联借出资金的，该笔剩余关联借出资金视同新一笔关联债权，重新填报。

9. 关联劳务表的填写（见表 6-12）

该纳税人存在关联劳务表信息：为甲（中国）有限公司提供物流辅助服务，取得收入 100 万元；接受甲（美国）有限公司的咨询服务合行政管理服务，支付 500 万元；接受甲投资有限公司的金融服务，支付 300 万元；接受甲（中国）有限公司的市场调查服务和营销策划服务，支付 1 000 万元。

表 6-12　关联劳务表　　单位：元

行次	关联交易类型	关联方名称	关联交易内容	交易金额	比例
	1	2	3	4	5
1	境外关联劳务收入（前 5 位）				
2					
3					
4					
5					
6	—	其他关联方	—		
7	境外关联劳务收入小计				

（续表）

行次	关联交易类型	关联方名称	关联交易内容	交易金额	比例
	1	2	3	4	5
8	境内关联劳务收入（前5位）	甲（中国）有限公司	物流辅助服务	1 000 000	100%
9					
10					
11					
12					
13	—	其他关联方	—		
14	境内关联劳务收入小计			1 000 000	100%
15	境内外关联和非关联劳务收入合计			1 000 000	100%
16	境外关联劳务支出（前5位）	甲（美国）有限公司	咨询服务，行政管理	5 000 000	25%
17		甲投资有限公司	金融服务	3 000 000	15%
18					
19					
20					
21	—	其他关联方	—		
22	境外关联劳务支出小计			8 000 000	40%
23	境内关联劳务支出（前5位）	甲（中国）有限公司	市场调查，营销策划	10 000 000	50%
24					
25					
26					
27					
28	—	其他关联方	—		
29	境内关联劳务支出小计			10 000 000	50%
30	境内外关联和非关联劳务支出合计			20 000 000	100%

10. 权益性投资表的填写（见表 6-13）

表 6-13　权益性投资表

100 权益性投资情况　　单位：元

行次	月份	所有者权益金额	实收资本（股本）金额	资本公积金额	平均权益投资金额
		1	2	3	4
1	1	270 012 000	210 000 000	50 000 000	270 012 000
2	2	270 234 000	210 000 000	50 000 000	270 234 000
3	3	270 120 000	210 000 000	50 000 000	270 120 000
4	4	243 000 090	210 000 000	50 000 000	260 000 000
5	5	240 045 000	210 000 000	50 000 000	260 000 000
6	6	240 134 600	210 000 000	50 000 000	260 000 000
7	7	262 490 000	210 000 000	50 000 000	262 490 000
8	8	260 678 000	210 000 000	50 000 000	260 678 000
9	9	260 000 000	210 000 000	50 000 000	260 000 000
10	10	260 124 000	210 000 000	50 000 000	260 124 000
11	11	260 025 000	210 000 000	50 000 000	260 025 000
12	12	260 730 000	210 000 000	50 000 000	260 730 000
13	合计	—	—	—	262 867 750

200 权益性投资股息、红利分配情况

股息、红利金额	其中分配给境外股东股息、红利金额		其中分配给境内股东股息、红利金额	
	境外关联方股东	境外非关联方股东	境内关联方股东	境内非关联方股东
1 ＝ 2+3 +4+5	2	3	4	5

300 权益性投资股息、红利分配给前 5 位股东情况

（续表）

行次	股东名称	股东类型	国家（地区）	股息、红利金额
1				
2				
3				
4				
5				

11. 对外支付款项情况表的填写（见表 6-14）

表 6-14　对外支付款项情况表　　单位：元

行次	项　目	本年度向境外支付款项金额	其中：本年度向境外关联方支付款项金额
		1	2
1	股息、红利		
2	劳务费支出	8 000 000	8 000 000
3	财产转让支出		
4	利息	15 000 000	12 000 000
5	租金		
6	特许权使用费	13 000 000	13 000 000
7	捐赠支出		
8	其他		
9	合　计	36 000 000	33 000 000

第二节 同期资料管理

一、基本制度

（一）同期资料报送义务

根据《企业所得税法》第四十三条的规定，企业向税务机关报送年度企业所得税纳税申报表时，应当就其与关联方之间的业务往来，附送年度关联业务往来报告表。税务机关在进行关联业务调查时，企业及其关联方，以及与关联业务调查有关的其他企业，应当按照规定提供相关资料。

根据《企业所得税法实施条例》第一百一十四条的规定，相关资料包括：

（1）与关联业务往来有关的价格、费用的制定标准、计算方法和说明等同期资料；

（2）关联业务往来所涉及的财产、财产使用权、劳务等的再销售（转让）价格或者最终销售（转让）价格的相关资料；

（3）与关联业务调查有关的其他企业应当提供的与被调查企业可比的产品价格、定价方式以及利润水平等资料；

（4）其他与关联业务往来有关的资料。

与关联业务调查有关的其他企业，是指与被调查企业在生产经营内容和方式上相类似的企业。

企业应当在税务机关规定的期限内提供与关联业务往来有关的价格、费用的制定标准、计算方法和说明等资料。关联方以及与关联业务调查有关的其他企业应当在税务机关与其约定的期限内提供相关资料。

（二）同期资料的内容

根据《国家税务总局关于完善关联申报和同期资料管理有关事项的公告》（国家税务总局公告 2016 年第 42 号）的规定，企业应当依据《企业所得税法实施条例》第一百一十四条的规定，按纳税年度准备并按税务机关要求提供其关联交易的同期资料。同期资料包括主体文档、本地文档和特殊事项文档。

（三）准备主体文档的企业

符合下列条件之一的企业，应当准备主体文档：

（1）年度发生跨境关联交易，且合并该企业财务报表的最终控股企业所属企业集团已准备主体文档。

（2）年度关联交易总额超过 10 亿元。

（四）准备本地文档的企业

年度关联交易金额符合下列条件之一的企业，应当准备本地文档：

（1）有形资产所有权转让金额（来料加工业务按照年度进出口报关价格计算）超过 2 亿元。

（2）金融资产转让金额超过 1 亿元。

（3）无形资产所有权转让金额超过 1 亿元。

（4）其他关联交易金额合计超过 4 000 万元。

二、主体文档的内容

根据《国家税务总局关于完善关联申报和同期资料管理有关事项的公告》（国家税务总局公告 2016 年第 42 号）的规定，主体文档主要披露最终控股企业所属企业集团的全球业务整体情况，包括以下内容：

（一）组织架构

以图表形式说明企业集团的全球组织架构、股权结构和所有成员实体的地理分布。成员实体是指企业集团内任一营运实体，包括公司制企业、合伙企业和常设机构等。

（二）企业集团业务

（1）企业集团业务描述，包括利润的重要价值贡献因素。

（2）企业集团营业收入前五位以及占营业收入超过 5% 的产品或者劳务的供应链及其主要市场地域分布情况。供应链情况可以采用图表形式进行说明。

（3）企业集团除研发外的重要关联劳务及简要说明，说明内容包括主要劳务提供方提供劳务的胜任能力、分配劳务成本以及确定关联劳务价格的转让定价政策。

（4）企业集团内各成员实体主要价值贡献分析，包括执行的关键功能、承担的重大风险以及使用的重要资产。

（5）企业集团会计年度内发生的业务重组，产业结构调整，集团内企业功能、风险或者资产的转移。

（6）企业集团会计年度内发生的企业法律形式改变、债务重组、股权收购、资产收购、合并、分立等。

（三）无形资产

（1）企业集团开发、应用无形资产及确定无形资产所有权归属的整体战略，包括主要研发机构所在地和研发管理活动发生地及其主要功能、风险、资产和人员情况。

（2）企业集团对转让定价安排有显著影响的无形资产或者无形资产组合，以及对应的无形资产所有权人。

（3）企业集团内各成员实体与其关联方的无形资产重要协议清单，重要协议包括成本分摊协议、主要研发服务协议和许可协议等。

（4）企业集团内与研发活动及无形资产相关的转让定价政策。

（5）企业集团会计年度内重要无形资产所有权和使用权关联转让情况，包括转让涉及的企业、国家以及转让价格等。

（四）融资活动

（1）企业集团内部各关联方之间的融资安排以及与非关联方的主要融资安排。

（2）企业集团内提供集中融资功能的成员实体情况，包括其注册地和实际管理机构所在地。

（3）企业集团内部各关联方之间融资安排的总体转让定价政策。

（五）财务与税务状况

（1）企业集团最近一个会计年度的合并财务报表。

（2）企业集团内各成员实体签订的单边预约定价安排、双边预约定价安排以及涉及国家之间所得分配的其他税收裁定的清单及简要说明。

（3）报送国别报告的企业名称及其所在地。

三、本地文档的内容

根据《国家税务总局关于完善关联申报和同期资料管理有关事项的公告》

（国家税务总局公告2016年第42号）的规定，本地文档主要披露企业关联交易的详细信息，包括以下内容：

（一）企业概况

（1）组织结构，包括企业各职能部门的设置、职责范围和雇员数量等。

（2）管理架构，包括企业各级管理层的汇报对象以及汇报对象主要办公所在地等。

（3）业务描述，包括企业所属行业的发展概况、产业政策、行业限制等影响企业和行业的主要经济和法律问题，主要竞争者等。

（4）经营策略，包括企业各部门、各环节的业务流程，运营模式，价值贡献因素等。

（5）财务数据，包括企业不同类型业务及产品的收入、成本、费用及利润。

（6）涉及本企业或者对本企业产生影响的重组或者无形资产转让情况，以及对本企业的影响分析。

（二）关联关系

（1）关联方信息，包括直接或者间接拥有企业股权的关联方，以及与企业发生交易的关联方，内容涵盖关联方名称、法定代表人、高级管理人员的构成情况、注册地址、实际经营地址，以及关联个人的姓名、国籍、居住地等情况。

（2）上述关联方适用的具有所得税性质的税种、税率及相应可享受的税收优惠。

（3）本会计年度内，企业关联关系的变化情况。

（三）关联交易

1.关联交易概况

（1）关联交易描述和明细，包括关联交易相关合同或者协议副本及其执行情况的说明，交易标的的特性，关联交易的类型、参与方、时间、金额、结算货币、交易条件、贸易形式，以及关联交易与非关联交易业务的异同等。

（2）关联交易流程，包括关联交易的信息流、物流和资金流，与非关联交易业务流程的异同。

（3）功能风险描述，包括企业及其关联方在各类关联交易中执行的功能、承担的风险和使用的资产。

（4）交易定价影响要素，包括关联交易涉及的无形资产及其影响，成本节约、市场溢价等地域特殊因素。地域特殊因素应从劳动力成本、环境成本、市场规模、市场竞争程度、消费者购买力、商品或者劳务的可替代性、政府管制等方面进行分析。

（5）关联交易数据，包括各关联方、各类关联交易涉及的交易金额。分别披露关联交易和非关联交易的收入、成本、费用和利润，不能直接归集的，按照合理比例划分，并说明该划分比例的依据。

2. 价值链分析

（1）企业集团内业务流、物流和资金流，包括商品、劳务或者其他交易标的从设计、开发、生产制造、营销、销售、交货、结算、消费、售后服务、循环利用等各环节及其参与方。

（2）上述各环节参与方最近会计年度的财务报表。

（3）地域特殊因素对企业创造价值贡献的计量及其归属。

（4）企业集团利润在全球价值链条中的分配原则和分配结果。

3. 对外投资

（1）对外投资基本信息，包括对外投资项目的投资地区、金额、主营业务及战略规划。

（2）对外投资项目概况，包括对外投资项目的股权架构、组织结构，高级管理人员的雇佣方式，项目决策权限的归属。

（3）对外投资项目数据，包括对外投资项目的营运数据。

4. 关联股权转让

（1）股权转让概况，包括转让背景、参与方、时间、价格、支付方式，以及影响股权转让的其他因素。

（2）股权转让标的的相关信息，包括股权转让标的所在地，出让方获取该股权的时间、方式和成本，股权转让收益等信息。

（3）尽职调查报告或者资产评估报告等与股权转让相关的其他信息。

5. 关联劳务

（1）关联劳务概况，包括劳务提供方和接受方，劳务的具体内容、特性、开展方式、定价原则、支付形式，以及劳务发生后各方受益情况等。

（2）劳务成本费用的归集方法、项目、金额、分配标准、计算过程及结果等。

（3）企业及其所属企业集团与非关联方存在相同或者类似劳务交易的，还应当详细说明关联劳务与非关联劳务在定价原则和交易结果上的异同。

6. 与企业关联交易直接相关的，中国以外其他国家税务主管当局签订的预约定价安排和作出的其他税收裁定。

（四）可比性分析

（1）可比性分析考虑的因素，包括交易资产或者劳务特性，交易各方功能、风险和资产，合同条款，经济环境，经营策略等。

（2）可比企业执行的功能、承担的风险以及使用的资产等相关信息。

（3）可比对象搜索方法、信息来源、选择条件及理由。

（4）所选取的内部或者外部可比非受控交易信息和可比企业的财务信息。

（5）可比数据的差异调整及理由。

（五）转让定价方法的选择和使用

（1）被测试方的选择及理由。

（2）转让定价方法的选用及理由，无论选择何种转让定价方法，均须说明企业对集团整体利润或者剩余利润所做的贡献。

（3）确定可比非关联交易价格或者利润的过程中所做的假设和判断。

（4）运用合理的转让定价方法和可比性分析结果，确定可比非关联交易价格或者利润。

（5）其他支持所选用转让定价方法的资料。

（6）关联交易定价是否符合独立交易原则的分析及结论。

四、特殊事项文档

（一）特殊事项文档的内容

根据《国家税务总局关于完善关联申报和同期资料管理有关事项的公告》（国家税务总局公告 2016 年第 42 号）的规定，特殊事项文档包括成本分摊协议特殊事项文档和资本弱化特殊事项文档。企业签订或者执行成本分摊协议的，应当准备成本分摊协议特殊事项文档。企业关联债资比例超过标准比例需要说明符合独立交易原则的，应当准备资本弱化特殊事项文档。

（二）成本分摊协议特殊事项文档的内容

成本分摊协议特殊事项文档包括以下内容：

（1）成本分摊协议副本。

（2）各参与方之间达成的为实施成本分摊协议的其他协议。

（3）非参与方使用协议成果的情况、支付的金额和形式，以及支付金额在参与方之间的分配方式。

（4）本年度成本分摊协议的参与方加入或者退出的情况，包括加入或者退出的参与方名称、所在国家和关联关系，加入支付或者退出补偿的金额及形式。

（5）成本分摊协议的变更或者终止情况，包括变更或者终止的原因、对已形成协议成果的处理或者分配。

（6）本年度按照成本分摊协议发生的成本总额及构成情况。

（7）本年度各参与方成本分摊的情况，包括成本支付的金额、形式和对象，作出或者接受补偿支付的金额、形式和对象。

（8）本年度协议预期收益与实际收益的比较以及由此作出的调整。

（9）预期收益的计算，包括计量参数的选取、计算方法和改变理由。

（三）资本弱化特殊事项文档的内容

资本弱化特殊事项文档包括以下内容：

（1）企业偿债能力和举债能力分析。

（2）企业集团举债能力及融资结构情况分析。

（3）企业注册资本等权益投资的变动情况说明。

（4）关联债权投资的性质、目的及取得时的市场状况。

（5）关联债权投资的货币种类、金额、利率、期限及融资条件。

（6）非关联方是否能够并且愿意接受上述融资条件、融资金额及利率。

（7）企业为取得债权性投资而提供的抵押品情况及条件。

（8）担保人状况及担保条件。

（9）同类同期贷款的利率情况及融资条件。

（10）可转换公司债券的转换条件。

（11）其他能够证明符合独立交易原则的资料。

五、管理事项

（一）豁免准备文档

根据《国家税务总局关于完善关联申报和同期资料管理有关事项的公告》（国家税务总局公告2016年第42号）的规定，企业执行预约定价安排的，可以不准备预约定价安排涉及关联交易的本地文档和特殊事项文档，且关联交易金额不计入关联交易金额范围。企业仅与境内关联方发生关联交易的，可以不准备主体文档、本地文档和特殊事项文档。

（二）准备文档的期限

主体文档应当在企业集团最终控股企业会计年度终了之日起12个月内准

备完毕；本地文档和特殊事项文档应当在关联交易发生年度次年6月30日之前准备完毕。同期资料应当自税务机关要求之日起30日内提供。

企业因不可抗力无法按期提供同期资料的，应当在不可抗力消除后30日内提供同期资料。

（三）其他管理事项

同期资料应当使用中文，并标明引用信息资料的出处来源。

同期资料应当加盖企业印章，并由法定代表人或者法定代表人授权的代表签章。

企业合并、分立的，应当由合并、分立后的企业保存同期资料。

同期资料应当自税务机关要求的准备完毕之日起保存10年。

企业依照有关规定进行关联申报、提供同期资料及有关资料的，税务机关实施特别纳税调查补征税款时，可以依据《企业所得税法实施条例》第一百二十二条的规定，按照税款所属纳税年度中国人民银行公布的与补税期间同期的人民币贷款基准利率加收利息。

【实操案例】

【例6-2】

2019年，某市税务局顺利完成了一起反避税案件，调增应纳税所得额8 000万元，补缴企业所得税1 600万元。该案件的突出特点是购销环节均为境内非关联交易，问题出在技术受托开发和知识产权的许可使用环节，企业通过低收研发服务费、高付特许权使用费方式转移利润避税。

1. 同期资料发现嫌疑

时间追溯到2016年，某区税务局税务人员在对甲公司的同期资料进行审核时，发现该公司与境外关联交易主要是为国外母公司提供研发服务收取服务费，同时向国外母公司支付特许权使用费。根据以往经验及与本辖区的可比企业比较，该企业研发服务成本加成率偏低、特许权使用费率偏高，“低收高付”，导致企业销售利润率和总利润率偏低，与企业生产经营状况不匹配。

税务人员将相关疑点与企业进行了沟通，企业认为研发服务成本加成率是母公司考虑了各种因素后打包支付的，特许权使用费是母公司基于对所授权专利、技术和商标等特许权的市场价值判定，具备商业实质，且同期资料中显示该比率在可比企业“四分位”区间内，是合理的。

对此，税务人员作出了以下结论：

一是收取的研发服务费偏低，甲公司在向母公司提供研发服务的关联交易中，甲公司的主要功能是在母公司指导下提供合约研发服务，为有限功能企业，承担常规风险，应获得相对合理的利润，经案头分析，该企业研发服务成本加成率不仅低于可比企业中位值，同时大大低于辖区内同类型企业平均利润水平。

二是支付高额特许权使用费，根据母公司授权生产交易中，甲公司按净销售额的一定比例向母公司支付特许权使用费，该比例高于企业同期资料可比企业中位值水平，支付比例不合理。

三是可比企业的筛选受很多因素影响，如筛选不够严谨，必然影响可比性。纵观该公司历年同期资料，发现该公司选取的可比公司前后变动较大，因此，筛选过程可能过于随意。

2. 立案调查解决疑问

在详细的案头分析后，该案件层报国家税务总局立案，并进入现场审计环节。税务人员通过约谈企业的研发、财务、项目管理和供应链部门的人员，查找筛选 BVD 数据库可比企业数据和网络资料，搜集了充足的证据。

税务人员发现，甲公司特许权使用费主要由三部分组成——自己研发、外购、关联公司研发。一方面，有部分研发的发起以中国的客户需求为主，可以认定为自己研发自己使用，虽然从法律形式上来说，母公司通过签订委托研发合同买断甲公司研发成果的知识产权，但甲公司作为技术的原创方应该保留技术的使用权，不应对使用该技术再支付额外费用；另一方面，甲公司的产品所需的软硬件技术来源于自身研发成果和外部授权，少部分会使用集团内其他公司的技术，其自身研发的技术也提供集团内其他公司使用，因此比照其他不参与研发的授权生产企业模式来收取特许权使用费不合理。这些情况进一步验证了该企业与境外母公司转让定价不合理的事实。

3. 反复论证避税调整

经过税务人员细致深入的分析，面对有力的证据资料，甲企业最终接受了其定价存在问题的事实，并向母公司反馈了税务机关的意见。在应调整的比率问题上，税企双方经过多轮谈判和沟通，最终对调整的方案达成一致，调增研发服务成本加成率，调低特许权使用费率，合计调增甲公司6个调查年度应纳税所得额 8 000 万元，补缴企业所得税 1 600 万元，并加收利息。

第三节
转让定价方法

一、转让定价的基本方法

（一）转让定价调整方法

根据《企业所得税法实施条例》第一百一十一条的规定，调整转让定价的合理方法包括：

（1）可比非受控价格法。可比非受控价格法是指按照没有关联关系的交易各方进行相同或者类似业务往来的价格进行定价的方法。

（2）再销售价格法。再销售价格法是指按照从关联方购进商品再销售给没有关联关系的交易方的价格，减除相同或者类似业务的销售毛利进行定价的方法。

（3）成本加成法。成本加成法是指按照成本加合理的费用和利润进行定价的方法。

（4）交易净利润法。交易净利润法是指按照没有关联关系的交易各方进行相同或者类似业务往来取得的净利润水平确定利润的方法。

（5）利润分割法。利润分割法是指将企业与其关联方的合并利润或者亏损在各方之间采用合理标准进行分配的方法。

（6）其他符合独立交易原则的方法。

（二）可比性分析与方法的选择

根据《国家税务总局关于发布〈特别纳税调查调整及相互协商程序管理办法〉的公告》（国家税务总局公告 2017 年第 6 号）的规定，税务机关实施转让定价调查时，应当进行可比性分析，可比性分析一般包括以下五个方面。税务机关可以根据案件情况选择具体分析内容：

（1）交易资产或者劳务特性包括有形资产的物理特性、质量、数量等；无形资产的类型、交易形式、保护程度、期限、预期收益等；劳务的性质和内容；金融资产的特性、内容、风险管理等。

（2）交易各方执行的功能、承担的风险和使用的资产。功能包括研发、设计、采购、加工、装配、制造、维修、分销、营销、广告、存货管理、物流、仓储、融资、管理、财务、会计、法律及人力资源管理等；风险包括投资风险、研发风险、采购风险、生产风险、市场风险、管理风险及财务风险等；资产包括有形资产、无形资产、金融资产等。

（3）合同条款包括交易标的、交易数量、交易价格、收付款方式和条件、交货条件、售后服务范围和条件、提供附加劳务的约定、变更或者修改合同内容的权利、合同有效期、终止或者续签合同的权利等。合同条款分析应当关注企业执行合同的能力与行为，以及关联方之间签署合同条款的可信度等。

（4）经济环境包括行业概况、地理区域、市场规模、市场层级、市场占有率、市场竞争程度、消费者购买力、商品或者劳务可替代性、生产要素价格、运输成本、政府管制，以及成本节约、市场溢价等地域特殊因素。

（5）经营策略包括创新和开发、多元化经营、协同效应、风险规避及市场占有策略等。

税务机关应当在可比性分析的基础上，选择合理的转让定价方法，对企业关联交易进行分析评估。转让定价方法包括可比非受控价格法、再销售价格法、成本加成法、交易净利润法、利润分割法及其他符合独立交易原则的方法。

二、可比非受控价格法

（一）定义与适用范围

根据《国家税务总局关于发布〈特别纳税调查调整及相互协商程序管理办法〉的公告》（国家税务总局公告2017年第6号）的规定，可比非受控价格法以非关联方之间进行的与关联交易相同或者类似业务活动所收取的价格作为关联交易的公平成交价格。

可比非受控价格法可以适用于所有类型的关联交易。

关联交易与非关联交易在以上方面存在重大差异的，应当就该差异对价格的影响进行合理调整，无法合理调整的，应当选择其他合理的转让定价方法。

（二）可比性分析

可比非受控价格法的可比性分析，应当按照不同交易类型，特别考察关联交易与非关联交易中交易资产或者劳务的特性、合同条款、经济环境和经营策略上的差异。

1. 有形资产使用权或者所有权的转让

有形资产使用权或者所有权的转让可比性分析的因素包括：

（1）转让过程包括交易时间与地点、交货条件、交货手续、支付条件、交易数量、售后服务等；

（2）转让环节包括出厂环节、批发环节、零售环节、出口环节等；

（3）转让环境包括民族风俗、消费者偏好、政局稳定程度以及财政、税收、外汇政策等；

（4）有形资产的性能、规格、型号、结构、类型、折旧方法等；

（5）提供使用权的时间、期限、地点、费用收取标准等；

（6）资产所有者对资产的投资支出、维修费用等。

2. 金融资产的转让

金融资产的转让可比性分析的因素包括金融资产的实际持有期限、流动性、安全性、收益性。其中，股权转让交易的分析内容包括公司性质、业务结构、资产构成、所属行业、行业周期、经营模式、企业规模、资产配置和使用情况、企业所处经营阶段、成长性、经营风险、财务风险、交易时间、地理区域、股权关系、历史与未来经营情况、商誉、税收利益、流动性、经济趋势、宏观政策、企业收入和成本结构及其他因素。

3. 无形资产使用权或者所有权的转让

无形资产使用权或者所有权的转让可比性分析的因素包括：

（1）无形资产的类别、用途、适用行业、预期收益；

（2）无形资产的开发投资、转让条件、独占程度、可替代性、受有关国家法律保护的程度及期限、地理位置、使用年限、研发阶段、维护改良及更新的权利、受让成本和费用、功能风险情况、摊销方法以及其他影响其价值发生实质变动的特殊因素等。

4. 资金融通

资金融通可比性分析的因素包括融资的金额、币种、期限、担保、融资人的资信、还款方式、计息方法等。

5. 劳务交易

劳务交易可比性分析的因素包括劳务性质、技术要求、专业水准、承担责任、付款条件和方式、直接和间接成本等。

【实操案例】

【例 6–3】

甲公司 2003 年成立，外商独资企业，注册资本 18 000 万美元，经营期 50 年。主要从事冰激凌的生产和销售，自 2012 年起，开始从事母公司乙公司在华制造企业生产的家庭和个人护理类产品和食品类产品在中国北部的销售。2019 年主营业务收入 49.2 亿元，制造业务和分销业务分别占甲公司中国营业收入总额的 33.14% 和 66.86%。2019 年交易总额 88.5 亿元，关联交易总额 25.4 亿元，其中境内关联交易额 22.4 亿元，境外关联交易额 3 亿元。甲公司在冰激凌生产和销售业务上承担综合性生产厂商，在家庭和个人护理类产品和食品类产品的分销业务定位为销售商。

税务机关在审核该企业关联资料时，发现该企业在支付特许权使用费、劳务费和企业利润率方面存在疑点。一是关于企业产品品牌，税务机关认为甲公司的母公司除了提供品牌名称外，关于品牌的推广、营销、宣传等品牌贡献度主要由甲公司负责，支付给母公司的商标使用费比例过高；二是企业支付给母公司的技术服务费、劳务费的计价依据、受益对象、服务方式等范围、标准和分配办法没有按照独立企业交易原则支付；三是甲公司境外关联利润率0.91%，境内关联企业整体利润率2.23%，远远低于同行业平均利润率7.45%水平。

税务机关企业所得税管理科和国际税收管理科共同约谈了纳税人，提出税务机关在审核中发现的疑点，讲明了税收政策。纳税人对税务机关提出的疑点给予了数字、文字方面的解释和说明，但整体上表示接受，同意进行纳税调整。

特许权使用费、技术服务费都是经常发生在关联公司之间的业务，通过对外支付商标使用费、服务费、劳务费等方式达到避税的目的，也是关联交易侵蚀国家利益的主要方式。企业在可比公司筛选、功能和风险分析、转让定价方法的选择这些司空见惯的事项往往使用障眼法，模糊税务机关的双眼，表面上是按照独立交易原则支付货款、提供服务，实际上达到转移利润的目的，造成税款的流失。无论是税务机关还是纳税人，都要切实提高关联交易的重视程度，降低涉税风险。

三、再销售价格法

（一）定义与计算公式

根据《国家税务总局关于发布〈特别纳税调查调整及相互协商程序管理办法〉的公告》（国家税务总局公告2017年第6号）的规定，再销售价格法以关联方购进商品再销售给非关联方的价格减去可比非关联交易毛利后的金额作为关联方购进商品的公平成交价格。其计算公式如下：

$$\text{公平成交价格}=\text{再销售给非关联方的价格}\times(1-\text{可比非关联交易毛利率})$$

$$\text{可比非关联交易毛利率}=\frac{\text{可比非关联交易毛利}}{\text{可比非关联交易收入净额}}\times 100\%$$

（二）适用范围

再销售价格法一般适用于再销售者未对商品进行改变外形、性能、结构或者更换商标等实质性增值加工的简单加工或者单纯购销业务。

关联交易与非关联交易在以上方面存在重大差异的，应当就该差异对毛利率的影响进行合理调整，无法合理调整的，应当选择其他合理的转让定价方法。

（三）可比性分析

再销售价格法的可比性分析，应当特别考察关联交易与非关联交易中企业执行的功能、承担的风险、使用的资产和合同条款上的差异，以及影响毛利率的其他因素，具体包括营销、分销、产品保障及服务功能，存货风险，机器、设备的价值及使用年限，无形资产的使用及价值，有价值的营销型无形资产，批发或者零售环节，商业经验，会计处理及管理效率等。

四、成本加成法

（一）定义与计算公式

根据《国家税务总局关于发布〈特别纳税调查调整及相互协商程序管理办法〉的公告》（国家税务总局公告 2017 年第 6 号）的规定，成本加成法以关联交易发生的合理成本加上可比非关联交易毛利后的金额作为关联交易的公平成交价格。其计算公式如下：

公平成交价格＝关联交易发生的合理成本×（1＋可比非关联交易成本加成率）

$$\text{可比非关联交易成本加成率}=\frac{\text{可比非关联交易毛利}}{\text{可比非关联交易成本}}\times 100\%$$

（二）适用范围

成本加成法一般适用于有形资产使用权或者所有权的转让、资金融通、劳务交易等关联交易。

关联交易与非关联交易在以上方面存在重大差异的，应当就该差异对成本加成率的影响进行合理调整，无法合理调整的，应当选择其他合理的转让定价方法。

（三）可比性分析

成本加成法的可比性分析，应当特别考察关联交易与非关联交易中企业执行的功能、承担的风险、使用的资产和合同条款上的差异，以及影响成本加成率的其他因素，具体包括制造、加工、安装及测试功能，市场及汇兑风险，机器、设备的价值及使用年限，无形资产的使用及价值，商业经验，会计处理，生产及管理效率等。

【实操案例】

【例 6-4】

甲公司于 2000 年 3 月注册成立，经营期限 25 年，外资企业，投资方为日本乙株式会社，注册资本 200 万美元，主要经营范围：光纤激光器的销售，主要产品包括各式激光器及相关零部件。甲公司为贸易公司，主要销售其母公司生产的产品并提供售后服务。另向母公司提供中国外包工厂的技术支持，其母公司生产的产品主要由中国的代工厂生产。2019 年主要关联交易包括关联采购 12 156 万元，100% 为境外关联交易，关联方为其母公司日本乙株式会社。关联交易劳务收入为 3 680 万元，100% 为境外关联交易，关联方为其母公司日本乙株式会社。

在审核该公司关联申报中发现甲公司 2019 年 100% 关联采购及关联劳务收入均来源于境外关联方，从企业所得税汇算申报资料中未发现该公司存在的疑点，出于了解该公司取得境外劳务收入具体内容的目的，税务机关约谈了企业。

经约谈了解到甲公司其母公司于 1983 年成立，系世界领先的数位板系统、笔感应式数位屏系统和数字界面解决方案制造商。其母公司产品均在中国生产，为了控制产品质量，特委托甲公司负责为其与中国的外包工厂提供支持。甲公司为此项业务特组建了近 50 人的团队，按照成本加成 5% 向其母公司收取劳务费。

税务机关认为甲公司组建一个 50 人的技术及管理团队向母公司提供服务，已经不仅仅承担简单的分销职能，更多地发挥了供应商管理、供应链支持、质量控制等复合管理职能，仅向母公司按 5% 加成率收取劳务费偏低。

甲公司将其 2014 年至 2019 年 5 年期间的劳务收入按照成本加成 8% 进行了调整，累计调整应纳税所得额 285 万元，自行补缴企业所得税 71 万元，并加收利息 7 万元。

本案虽然组收税款金额并不大，通过关联申报审核，也能够挖掘出潜在的反避税风险，同时切忌因“抓大放小”，产生反避税管理的真空地带。对境内企业承担的功能和风险要进行深入分析，使境内公司利润不被轻易转移到境外。

五、交易净利润法

（一）定义与计算公式

根据《国家税务总局关于发布〈特别纳税调查调整及相互协商程序管理办法〉的公告》（国家税务总局公告2017年第6号）的规定，交易净利润法以可比非关联交易的利润指标确定关联交易的利润。利润指标包括息税前利润率、完全成本加成率、资产收益率、贝里比率等。具体计算公式如下：

$$息税前利润率=息税前利润\div营业收入\times100\%$$

$$完全成本加成率=息税前利润\div完全成本\times100\%$$

$$资产收益率=息税前利润\div\frac{年初资产总额+年末资产总额}{2}\times100\%$$

$$贝里比率=毛利\div(营业费用+管理费用)\times100\%$$

利润指标的选取应当反映交易各方执行的功能、承担的风险和使用的资产。利润指标的计算以企业会计处理为基础，必要时可以对指标口径进行合理调整。

（二）适用范围

交易净利润法一般适用于不拥有重大价值无形资产企业的有形资产使用权或者所有权的转让和受让、无形资产使用权受让以及劳务交易等关联交易。

关联交易与非关联交易在以上方面存在重大差异的，应当就该差异对利润的影响进行合理调整，无法合理调整的，应当选择其他合理的转让定价方法。

（三）可比性分析

交易净利润法的可比性分析，应当特别考察关联交易与非关联交易中企业执行的功能、承担的风险和使用的资产，经济环境上的差异，以及影响利润的其他因素，具体包括行业和市场情况，经营规模，经济周期和产品生命周期，收入、成本、费用和资产在各交易间的分配，会计处理及经营管理效率等。

【实操案例】

【例6–5】

A是一家设在甲国的玩具公司，它在乙国设立了子公司B，在丙国设立了子公司C。这两个子公司都使用母公司A研发的专有技术生产玩具娃娃。在乙国的B公司生产的产品销往甲国母公司A，而设在丙国C公司生产的产品销往第三国的批发商。A公司使用资产收益率来评价各个公司的业绩。A公司是一家资本密集型的企业，由于其使用资产收益率指标来评价子公司的经营管理，所以在不存在使用交易法数据资料的情况下使用资产收益率来决定转让定价就非常合适。

在这个例子中，丙国的C公司取得的资产收益率为10%（资产价值按资产的原始成本计算）。两个子公司是世界上唯一生产这种玩具娃娃的公司，使用很独特的生产流程，所以没有外部可比数据。A公司使用以下方法来计算支付给乙国B公司玩具娃娃的价格。乙国B公司使用的资产原始成本为1 000万美元，根据10%的资产收益率，乙国B公司销售给母公司A的玩具娃娃应当取得100万美元的净利润。乙国B公司每年销售50万个娃娃给母公司A，所以每个娃娃的净利润应当为2美元。乙国B公司发生的总成本（销售成本加上一般和管理费用）为每个娃娃10美元。这样，乙国B公司卖给母公司A每个娃娃的价格应当是12美元。这种方法实际上可以转化为成本加利润法，即成本加20%的利润。

六、利润分割法

（一）定义与分类

根据《国家税务总局关于发布〈特别纳税调查调整及相互协商程序管理办法〉的公告》（国家税务总局公告2017年第6号）的规定，利润分割法根据企业与其关联方对关联交易合并利润（实际或者预计）的贡献计算各自应当分配的利润额。利润分割法主要包括一般利润分割法和剩余利润分割法。

一般利润分割法通常根据关联交易各方所执行的功能、承担的风险和使用的资产，采用符合独立交易原则的利润分割方式，确定各方应当取得的合理利润；当难以获取可比交易信息但能合理确定合并利润时，可以结合实际情况考虑与价值贡献相关的收入、成本、费用、资产、雇员人数等因素，分析关联交易各方对价值做出的贡献，将利润在各方之间进行分配。

剩余利润分割法将关联交易各方的合并利润减去分配给各方的常规利润后的余额作为剩余利润，再根据各方对剩余利润的贡献程度进行分配。

（二）适用范围

利润分割法一般适用于企业及其关联方均对利润创造具有独特贡献，业务高度整合且难以单独评估各方交易结果的关联交易。利润分割法的适用应当体现利润应在经济活动发生地和价值创造地征税的基本原则。

（三）可比性分析

利润分割法的可比性分析，应当特别考察关联交易各方执行的功能、承担的风险和使用的资产，收入、成本、费用和资产在各方之间的分配，成本节约、市场溢价等地域特殊因素，以及其他价值贡献因素，确定各方对剩余利润贡献所使用的信息和假设条件的可靠性等。

【实操案例】

【例 6-6】

甲国 A 公司与乙国的 B 公司是关联企业，A 公司的经营资产为 5 000 万美元，B 公司的经营资产为 1.5 亿美元。A 公司的销售成本为 1 000 万美元，取得的经营利润为 200 万美元；B 公司当期取得的经营利润为 300 万美元。现甲国要根据利润分割法来确定 A 公司向 B 公司的合理销售价格，并且用经营资产规模作为衡量对利润贡献大小的唯一参数。由于 A、B 公司的经营资产规模之比为 1 ∶ 3，所以各自取得的利润之比也应为 1 ∶ 3，这样，A 公司的利润就应在两个公司 500 万美元总利润额中占 1/4，即 125 万美元，而 B 公司的利润应为 375 万美元。由于 A 公司的销售成本为 1 000 万美元，其向 B 公司的合理销售价格应为 1125 万美元。

丙国 C 公司是一个制药公司，拥有两种药品的商标权，C 公司将药品的商标使用权和药品加工权转让给了丁国的子公司 D，D 公司生产出药品后全部销售给 C 公司，然后 C 公司再将药品在甲国进行销售。丙国税务部门用利润分割法进行利润分摊，并将 C、D 公司在获利过程中发挥的功能分为 4 种，即：销售、加工制造、销售方面的无形资产和制造方面的无形资产。税务部门按照成本外加 100% 的加价确定销售和制造功能的利润；C、D 两公司的总利润扣除销售和加工制造利润后的剩余利润再按 55% 的比例分割给 D 公司拥有的制造方面的无形资产功能，按 45% 的比例分割给 C 公司拥有的销售方面的无形资产功能。

七、其他符合独立交易原则的方法

（一）其他方法的种类

根据《国家税务总局关于发布〈特别纳税调查调整及相互协商程序管理办法〉的公告》（国家税务总局公告 2017 年第 6 号）的规定，其他符合独立交易原则的方法包括成本法、市场法和收益法等资产评估方法，以及其他能够反映利润与经济活动发生地和价值创造地相匹配原则的方法。

（二）成本法

成本法是以替代或者重置原则为基础，通过在当前市场价格下创造一项相似资产所发生的支出确定评估标的价值的评估方法。成本法适用于能够被替代的资产价值评估。

（三）市场法

市场法是利用市场上相同或者相似资产的近期交易价格，经过直接比较或者类比分析以确定评估标的价值的评估方法。市场法适用于在市场上能找到与评估标的相同或者相似的非关联可比交易信息时的资产价值评估。

（四）收益法

收益法是通过评估标的未来预期收益现值来确定其价值的评估方法。收益法适用于企业整体资产和可预期未来收益的单项资产评估。

第四节 转让定价调查及调整

一、转让定价调查

（一）风险识别

根据《国家税务总局关于发布〈特别纳税调查调整及相互协商程序管理办法〉的公告》（国家税务总局公告 2017 年第 6 号）的规定，税务机关以风险管理为导向，构建和完善关联交易利润水平监控管理指标体系，加强对企业利润水平的监控，通过特别纳税调整监控管理和特别纳税调查调整，促进企业税法遵从。

税务机关通过关联申报审核、同期资料管理和利润水平监控等手段，对企业实施特别纳税调整监控管理，发现企业存在特别纳税调整风险的，可以向企业送达《税务事项通知书》，提示其存在的税收风险。企业收到特别纳税调整风险提示或者发现自身存在特别纳税调整风险的，可以自行调整补税。企业自行调整补税的，应当填报《特别纳税调整自行缴纳税款表》，税务机关仍可按照有关规定实施特别纳税调查调整。企业要求税务机关确认关联交易定价原则和方法等特别纳税调整事项的，税务机关应当启动特别纳税调查程序。

税务机关实施特别纳税调查，应当重点关注具有以下风险特征的企业：

（1）关联交易金额较大或者类型较多；

（2）存在长期亏损、微利或者跳跃性盈利；

（3）低于同行业利润水平；

（4）利润水平与其所承担的功能风险不相匹配，或者分享的收益与分摊的成本不相配比；

（5）与低税国家（地区）关联方发生关联交易；

（6）未按照规定进行关联申报或者准备同期资料；

（7）从其关联方接受的债权性投资与权益性投资的比例超过规定标准；

（8）由居民企业，或者由居民企业和中国居民控制的设立在实际税负低于 12.5% 的国家（地区）的企业，并非由于合理的经营需要而对利润不作分配或者减少分配；

（9）实施其他不具有合理商业目的的税收筹划或者安排。

（二）通知送达与资料提供

1. 通知送达

税务机关应当向已确定立案调查的企业送达《税务检查通知书（一）》。被立案调查企业为非居民企业的，税务机关可以委托境内关联方或者与调查有关的境内企业送达《税务检查通知书（一）》。

经预备会谈与税务机关达成一致意见，已向税务机关提交《预约定价安排谈签意向书》，并申请预约定价安排追溯适用以前年度的企业，或者已向税务机关提交《预约定价安排续签申请书》的企业，可以暂不作为特别纳税调整的调查对象。预约定价安排未涉及的年度和关联交易除外。

2. 要求提供相关资料

税务机关实施特别纳税调查时，可以要求被调查企业及其关联方，或者与调查有关的其他企业提供相关资料：

（1）要求被调查企业及其关联方，或者与调查有关的其他企业提供相关资料的，应当向该企业送达《税务事项通知书》，该企业在境外的，税务机关可以委托境内关联方或者与调查有关的境内企业向该企业送达《税务事项通知书》；

（2）需要到被调查企业的关联方或者与调查有关的其他企业调查取证的，

应当向该企业送达《税务检查通知书（二）》。

3. 企业提供相关资料

被调查企业及其关联方以及与调查有关的其他企业应当按照税务机关要求提供真实、完整的相关资料：

（1）提供由自身保管的书证原件。原本、正本和副本均属于书证的原件。提供原件确有困难的，可以提供与原件核对无误的复印件、照片、节录本等复制件。提供方应当在复制件上注明“与原件核对无误，原件存于我处”，并由提供方签章。

（2）提供由有关方保管的书证原件复制件、影印件或者抄录件的，提供方应当在复制件、影印件或者抄录件上注明“与原件核对无误”，并注明出处，由该有关方及提供方签章。

（3）提供外文书证或者外文视听资料的，应当附送中文译本。提供方应当对中文译本的准确性和完整性负责。

（4）提供境外相关资料的，应当说明来源。税务机关对境外资料真实性和完整性有疑义的，可以要求企业提供公证机构的证明。

（三）调查措施与证据收集

1. 调查措施

税务机关实施特别纳税调查时，应当按照法定权限和程序进行，可以采用实地调查、检查纸质或者电子数据资料、调取账簿、询问、查询存款账户或者储蓄存款、发函协查、国际税收信息交换、异地协查等方式，收集能够证明案件事实的证据材料。收集证据材料过程中，可以记录、录音、录像、照相和复制，录音、录像、照相前应当告知被取证方。记录内容应当由两名以上调查人员签字，并经被取证方核实签章确认。被取证方拒绝签章的，税务机关调查人员（两名以上）应当注明。

2. 电子数据取证

以电子数据证明案件事实的，税务机关可以采取以下方式进行取证：

（1）要求提供方将电子数据打印成纸质资料，在纸质资料上注明数据出处、打印场所，并注明“与电子数据核对无误”，由提供方签章；

（2）采用有形载体形式固定电子数据，由调查人员与提供方指定人员一起将电子数据复制到只读存储介质上并封存。在封存包装物上注明电子数据名称、数据来源、制作方法、制作时间、制作人、文件格式及大小等，并注明“与原始载体记载的电子数据核对无误”，由提供方签章。

3. 调取账簿

税务机关需要将以前年度的账簿、会计凭证、财务会计报告和其他有关资料调回检查的，应当按照税收征管法及其实施细则有关规定，向被调查企业送达《调取账簿资料通知书》，填写《调取账簿资料清单》交其核对后签章确认。调回资料应当妥善保管，并在法定时限内完整退还。

4. 询问笔录

税务机关需要采用询问方式收集证据材料的，应当由两名以上调查人员实施询问，并制作《询问（调查）笔录》。

5. 陈述与证言

需要被调查当事人、证人陈述或者提供证言的，应当事先告知其不如实陈述或者提供虚假证言应当承担的法律责任。被调查当事人、证人可以采取书面或者口头方式陈述或者提供证言，以口头方式陈述或者提供证言的，调查人员可以笔录、录音、录像。笔录应当使用能够长期保持字迹的书写工具书写，也可使用计算机记录并打印，陈述或者证言应当由被调查当事人、证人逐页签章。

陈述或者证言中应当写明被调查当事人、证人的姓名、工作单位、联系方式等基本信息，注明出具日期，并附居民身份证复印件等身份证明材料。

被调查当事人、证人口头提出变更陈述或者证言的，调查人员应当就变更部分重新制作笔录，注明原因，由被调查当事人、证人逐页签章。被调查当事人、证人变更书面陈述或者证言的，不退回原件。

6. 填制关系表和交易表

税务机关应当结合被调查企业年度关联业务往来报告表和相关资料，对其与关联方的关联关系以及关联交易金额进行确认，填制《关联关系认定表》和《关联交易认定表》，并由被调查企业确认签章。被调查企业拒绝确认的，税务机关调查人员（两名以上）应当注明。

7. 被调查企业的法律责任

被调查企业不提供特别纳税调查相关资料，或者提供虚假、不完整资料的，由税务机关责令限期改正，逾期仍未改正的，税务机关按照税收征管法及其实施细则有关规定进行处理，并依法核定其应纳税所得额。

（四）可比性分析与生产加工业务独立性的判断

1. 被测试对象的选择

税务机关分析评估被调查企业关联交易时，应当在分析评估交易各方功能风险的基础上，选择功能相对简单的一方作为被测试对象。

2. 信息的使用规则

税务机关在进行可比性分析时，优先使用公开信息，也可以使用非公开信息。

3. 独立交易原则判定的方法

税务机关分析评估被调查企业关联交易是否符合独立交易原则时，可以根据实际情况选择算术平均法、加权平均法或者四分位法等统计方法，逐年分别或者多年度平均计算可比企业利润或者价格的平均值或者四分位区间。

税务机关应当按照可比利润水平或者可比价格对被调查企业各年度关联交易进行逐年测试调整。

税务机关采用四分位法分析评估企业利润水平时，企业实际利润水平低于可比企业利润率区间中位值的，原则上应当按照不低于中位值进行调整。

4. 来料加工业务的分析

税务机关分析评估被调查企业为其关联方提供的来料加工业务，在可比企业不是相同业务模式，且业务模式的差异会对利润水平产生影响的情况下，应当对业务模式的差异进行调整，还原其不作价的来料和设备价值。企业提供真实完整的来料加工产品整体价值链相关资料，能够反映各关联方总体利润水平的，税务机关可以就被调查企业与可比企业因料件还原产生的资金占用差异进行可比性调整，利润水平调整幅度超过 10% 的，应当重新选择可比企业。除上述情形外，对因营运资本占用不同产生的利润差异不作调整。

5. 不同经济环境企业的分析

税务机关分析评估被调查企业关联交易是否符合独立交易原则时，选取的可比企业与被调查企业处于不同经济环境的，应当分析成本节约、市场溢价等地域特殊因素，并选择合理的转让定价方法确定地域特殊因素对利润的贡献。

6. 境外关联方单一生产业务的分析

企业为境外关联方从事来料加工或者进料加工等单一生产业务，或者从事分销、合约研发业务，原则上应当保持合理的利润水平。

上述企业如出现亏损，无论是否达到《国家税务总局关于完善关联申报和同期资料管理有关事项的公告》（国家税务总局公告 2016 年第 42 号）中的同期资料准备标准，均应当就亏损年度准备同期资料本地文档。税务机关应当重点审核上述企业的本地文档，加强监控管理。

上述企业承担由于决策失误、开工不足、产品滞销、研发失败等原因造成的应当由关联方承担的风险和损失的，税务机关可以实施特别纳税调整。

7. 功能风险匹配与隐匿抵消交易的调整

税务机关对关联交易进行调查分析时，应当确定企业所获得的收益与其执行的功能或者承担的风险是否匹配。

企业与其关联方之间隐匿关联交易直接或者间接导致国家总体税收收入减少的，税务机关可以通过还原隐匿交易实施特别纳税调整。

企业与其关联方之间抵消关联交易直接或者间接导致国家总体税收收入减少的，税务机关可以通过还原抵消交易实施特别纳税调整。

（五）无形资产与劳务独立性的判断

1. 无形资产价值贡献判断

判定企业及其关联方对无形资产价值的贡献程度及相应的收益分配时，应当全面分析企业所属企业集团的全球营运流程，充分考虑各方在无形资产开发、价值提升、维护、保护、应用和推广中的价值贡献，无形资产价值的实现方式，无形资产与集团内其他业务的功能、风险和资产的相互作用。

企业仅拥有无形资产所有权而未对无形资产价值做出贡献的，不应当参与无形资产收益分配。无形资产形成和使用过程中，仅提供资金而未实际执行相关功能和承担相应风险的，应当仅获得合理的资金成本回报。

2. 调整特许权使用费的情形

企业与其关联方转让或者受让无形资产使用权而收取或者支付的特许权使用费，应当根据下列情形适时调整，未适时调整的，税务机关可以实施特别纳税调整：

（1）无形资产价值发生根本性变化；

（2）按照营业常规，非关联方之间的可比交易应当存在特许权使用费调整机制；

（3）无形资产使用过程中，企业及其关联方执行的功能、承担的风险或者使用的资产发生变化；

（4）企业及其关联方对无形资产进行后续开发、价值提升、维护、保护、应用和推广做出贡献而未得到合理补偿。

3. 特许权使用费与收益匹配

企业与其关联方转让或者受让无形资产使用权而收取或者支付的特许权使用费，应当与无形资产为企业或者其关联方带来的经济利益相匹配。与经济利益不匹配而减少企业或者其关联方应纳税收入或者所得额的，税务机关可以实施特别纳税调整。未带来经济利益，且不符合独立交易原则的，税务机关可以按照已税前扣除的金额全额实施特别纳税调整。

企业向仅拥有无形资产所有权而未对其价值创造做出贡献的关联方支付特许权使用费，不符合独立交易原则的，税务机关可以按照已税前扣除的金额全额实施特别纳税调整。

企业以融资上市为主要目的在境外成立控股公司或者融资公司，仅因融资上市活动所产生的附带利益向境外关联方支付特许权使用费，不符合独立交易原则的，税务机关可以按照已税前扣除的金额全额实施特别纳税调整。

4. 劳务交易独立性的判断

企业与其关联方发生劳务交易支付或者收取价款不符合独立交易原则而减少企业或者其关联方应纳税收入或者所得额的，税务机关可以实施特别纳税调整。

符合独立交易原则的关联劳务交易应当是受益性劳务交易，并且按照非关联方在相同或者类似情形下的营业常规和公平成交价格进行定价。受益性劳务是指能够为劳务接受方带来直接或者间接经济利益，且非关联方在相同或者类似情形下，愿意购买或者愿意自行实施的劳务活动。

5. 非受益性劳务

企业向其关联方支付非受益性劳务的价款，税务机关可以按照已税前扣除的金额全额实施特别纳税调整。非受益性劳务主要包括以下情形：

（1）劳务接受方从其关联方接受的，已经购买或者自行实施的劳务活动。

（2）劳务接受方从其关联方接受的，为保障劳务接受方的直接或者间接投资方的投资利益而实施的控制、管理和监督等劳务活动。该劳务活动主要包括：

①董事会活动、股东会活动、监事会活动和发行股票等服务于股东的活动；

②与劳务接受方的直接或者间接投资方、集团总部和区域总部的经营报告或者财务报告编制及分析有关的活动；

③与劳务接受方的直接或者间接投资方、集团总部和区域总部的经营及资本运作有关的筹资活动；

④为集团决策、监管、控制、遵从需要所实施的财务、税务、人事、法务等活动；

⑤其他类似情形。

（3）劳务接受方从其关联方接受的，并非针对其具体实施的，只是因附属于企业集团而获得额外收益的劳务活动。该劳务活动主要包括：

①为劳务接受方带来资源整合效应和规模效应的法律形式改变、债务重组、股权收购、资产收购、合并、分立等集团重组活动；

②由于企业集团信用评级提高，为劳务接受方带来融资成本下降等利益的相关活动；

③其他类似情形。

（4）劳务接受方从其关联方接受的，已经在其他关联交易中给予补偿的劳务活动。该劳务活动主要包括：

①从特许权使用费支付中给予补偿的与专利权或者非专利技术相关的服务；

②从贷款利息支付中给予补偿的与贷款相关的服务；

③其他类似情形。

（5）与劳务接受方执行的功能和承担的风险无关，或者不符合劳务接受方经营需要的关联劳务活动。

（6）其他不能为劳务接受方带来直接或者间接经济利益，或者非关联方不愿意购买或者不愿意自行实施的关联劳务活动。

6. 受益性劳务

企业接受或者提供的受益性劳务应当充分考虑劳务的具体内容和特性，劳务提供方的功能、风险、成本和费用，劳务接受方的受益情况、市场环境，交易双方的财务状况，以及可比交易的定价情况等因素，按照本办法的有关规定选择合理的转让定价方法，并遵循以下原则：

（1）关联劳务能够分别按照各劳务接受方、劳务项目为核算单位归集相关劳务成本费用的，应当以劳务接受方、劳务项目合理的成本费用为基础，确定交易价格。

（2）关联劳务不能分别按照各劳务接受方、劳务项目为核算单位归集相关劳务成本费用的，应当采用合理标准和比例向各劳务接受方分配，并以分配的成本费用为基础，确定交易价格。分配标准应当根据劳务性质合理确定，可以根据实际情况采用营业收入、营运资产、人员数量、人员工资、设备使用量、数据流量、工作时间以及其他合理指标，分配结果应当与劳务接受方的受益程度相匹配。非受益性劳务的相关成本费用支出不得计入分配基数。

（六）其他情形

1. 向境外支付费用

企业向未执行功能、承担风险，无实质性经营活动的境外关联方支付费用，不符合独立交易原则的，税务机关可以按照已税前扣除的金额全额实施特别纳税调整。

2. 境内不避税不调整

实际税负相同的境内关联方之间的交易，只要该交易没有直接或者间接导致国家总体税收收入的减少，原则上不作特别纳税调整。

3. 无问题的结论

经调查，税务机关未发现企业存在特别纳税调整问题的，应当作出特别纳税调查结论，并向企业送达《特别纳税调查结论通知书》。

【实操案例】

【例 6–7】

2019 年，某省某市某区税务局查结一起通过关联交易境外避税案件，经层报国家税务总局批准后，通过特别纳税调整，入库税款及利息 1 500 余万元。

甲公司是一家于 2008 年 6 月成立的外资建材生产企业。2017 年 5 月，调查人员通过对税收综合征管系统中的关联交易数据和甲公司报送的同期资料等数据进行分析发现，甲公司营业收入一直保持较高的增长势头，但历年盈利情况一直处于微亏或微利状态。甲公司的投资方均来自世界著名的避税港地区，企业产品90%销往国外，交易方主要为母公司乙集团及其在百慕大设立的控股子公司丙公司，全部为关联受控交易。该局经过前期案头审核后，认为甲公司的生产经营态势与盈利能力相悖，存在通过关联交易等方式进行利润转移的嫌疑，于2017年7月层报总局立案后对甲公司进行反避税调查。

贯穿本案的关键点在企业的关联交易数据分析、企业功能风险定位和可比企业组选取。为此，一方面，该局对企业2008至2016年度的相关财务指标进行了汇总分析，发现甲公司的偿债能力、运营能力及增长能力与企业的盈利能力不相匹配，存在人为控制利润的嫌疑。另一方面，通过对甲公司及其价值链上的关联方所执行功能、承担风险和资产分析，确定甲公司在关联交易中定位为承担部分研发职能的生产型企业，税务人员据此选取了可比公司，并使用了全球上市公司BVD数据库中建材企业的可比财务数据，选用交易净利润法对甲公司2008年至2016年期间的关联交易进行了调整。在确凿的证据面前，经与甲公司多轮谈判最终达成一致，补缴的税款及利息已全部入库。

二、转让定价调整

（一）转让定价调整的基本程序

1. 税务机关调整的程序

根据《国家税务总局关于发布〈特别纳税调查调整及相互协商程序管理办法〉的公告》（国家税务总局公告2017年第6号）的规定，经调查，税务机关发现企业存在特别纳税调整问题的，应当按照以下程序实施调整：

（1）在测算、论证、可比性分析的基础上，拟定特别纳税调查调整方案。

（2）根据拟定调整方案与企业协商谈判，双方均应当指定主谈人，调查人员应当做好《协商内容记录》，并由双方主谈人签字确认。企业拒签的，税务机关调查人员（两名以上）应当注明。企业拒绝协商谈判的，税务机关向企业送达《特别纳税调查初步调整通知书》。

（3）协商谈判过程中，企业对拟定调整方案有异议的，应当在税务机关规定的期限内进一步提供相关资料。税务机关收到资料后，应当认真审议，并作出审议结论。根据审议结论，需要进行特别纳税调整的，税务机关应当形成初步调整方案，向企业送达《特别纳税调查初步调整通知书》。

（4）企业收到《特别纳税调查初步调整通知书》后有异议的，应当自收到通知书之日起7日内书面提出。税务机关收到企业意见后，应当再次协商、审议。根据审议结论，需要进行特别纳税调整，并形成最终调整方案的，税务机关应当向企业送达《特别纳税调查调整通知书》。

（5）企业收到《特别纳税调查初步调整通知书》后，在规定期限内未提出异议的，或者提出异议后又拒绝协商的，或者虽提出异议但经税务机关审议后不予采纳的，税务机关应当以初步调整方案作为最终调整方案，向企业送达《特别纳税调查调整通知书》。

2. 复议与诉讼

企业收到《特别纳税调查调整通知书》后有异议的，可以在依照《特别纳税调查调整通知书》缴纳或者解缴税款、利息、滞纳金或者提供相应的担保后，依法申请行政复议。

企业收到国家税务局送达的《特别纳税调查调整通知书》后有异议的，向其上一级国家税务局申请行政复议；企业收到地方税务局送达的《特别纳税调查调整通知书》后有异议的，可以选择向其上一级地方税务局或者本级人民政府申请行政复议。

对行政复议决定不服的，可以依法向人民法院提起行政诉讼。

（二）税款与利息的处理

1. 涉外税款不调整

税务机关对企业实施特别纳税调整，涉及企业向境外关联方支付利息、租金、特许权使用费的，除另有规定外，不调整已扣缴的税款。

2. 企业自行缴纳税款

企业可以在《特别纳税调查调整通知书》送达前自行缴纳税款。企业自行缴纳税款的，应当填报《特别纳税调整自行缴纳税款表》。

3. 加收利息

税务机关对企业实施特别纳税调整的，应当根据企业所得税法及其实施条例的有关规定对 2008 年 1 月 1 日以后发生交易补征的企业所得税按日加收利息。

特别纳税调查调整补缴的税款，应当按照应补缴税款所属年度的先后顺序确定补缴税款的所属年度，以入库日为截止日，分别计算应加收的利息额：

（1）企业在《特别纳税调查调整通知书》送达前缴纳或者送达后补缴税款的，应当自税款所属纳税年度的次年 6 月 1 日起至缴纳或者补缴税款之日止计算加收利息。企业超过《特别纳税调查调整通知书》补缴税款期限仍未缴纳税款的，应当自补缴税款期限届满次日起按照税收征管法及其实施细则的有关规定加收滞纳金，在加收滞纳金期间不再加收利息。

（2）利息率按照税款所属纳税年度 12 月 31 日公布的与补税期间同期的中国人民银行人民币贷款基准利率（以下简称基准利率）加 5 个百分点计算，并按照一年 365 天折算日利息率。

（3）企业按照有关规定提供同期资料及有关资料的，或者按照有关规定不需要准备同期资料但根据税务机关要求提供其他相关资料的，可以只按照基准利率加收利息。

经税务机关调查，企业实际关联交易额达到准备同期资料标准，但未按照规定向税务机关提供同期资料的，税务机关补征税款加收利息，适用上述第（2）项规定。

4. 按基准利率加收利息

企业自行调整补税且主动提供同期资料等有关资料，或者按照有关规定不需要准备同期资料但根据税务机关要求提供其他相关资料的，其 2008 年 1 月 1 日以后发生交易的自行调整补税按照基准利率加收利息。

5. 结案与变更注销手续的关系

被调查企业在税务机关实施特别纳税调查调整期间申请变更经营地址或者注销税务登记的，税务机关在调查结案前原则上不予办理税务变更、注销手续。

【实操案例】

【例 6-8】

2019 年，某市税务局对该市外资企业甲公司的反避税调查案件历时两年最终顺利结案，补征企业所得税 4 209 万元，加收利息 829 万元，合计 5 038 万元。该案也成为该市迄今为止单户补税金额最大的一起反避税案件。

1. 比对数据锁定目标

甲公司是一家主营电子产品生产的中日合资企业，注册资本 4306.59 万美元。2017 年 7 月，税务人员在甲公司同期资料审核中，发现该企业销售规模逐年扩大，特别是自 2010 年下半年新项目投产后，年销售规模从 2.7 亿元跃升至 10 亿元，且呈稳步增长态势。但与之形成鲜明对比的是，企业的获利能力表现较差，从成立至今，经营业绩长期维持在微利状态，不符合企业经营实际情况。另一方面，从关联交易比例看，2010 至 2016 年，该公司的关联交易占全部销售收入的比例高达 99.72%，存在避税操作空间。

针对上述疑点问题，税务局运用关联交易同期资料规范化审核分析手册，从形式和实体两方面加强对甲公司同期资料合规性审核。在此基础上，税务人员有重点地将其与征管资料、财务数据和第三方信息等进行比对，分析甲公司有无形成重大转让定价风险，并综合评估企业是否存在税基侵蚀、利润转移的情况。

经过前期询问、数据搜集、可比性因素分析和功能风险分析，税务人员对甲公司 2010 至 2016 年度利润水平进行了核实。结合全市税收征管数据库、OSIRIS 数据库、上市公司信息披露和行业分析报告等内外部信息比对，该企业关联交易转让定价的避税疑点渐渐浮出水面。

税务人员发现，该企业境外关联交易的加权平均完全成本营业利润率仅为 1.76%，明显低于该市电子元器件行业平均成本加成利润率 5.89%。税务局基本确定该企业整体业绩偏低与关联交易存在直接因果关系，因此建议对甲公司进行反避税立案调查。同年 10 月，国家税务总局批准同意对该企业 2010 年度至 2016 年度关联交易情况正式实施转让定价立案调查。

2. 上下联动调查取证

立案调查决定下达后，税务局迅速成立由市局国际税务管理处、甲公司主管税务机关——某区税务局业务骨干组成的专案小组，启动转让定价调查程序。

调查过程并非一帆风顺。尽管专案组在调查前多次研讨学习，对甲公司所处电子设备制造行业进行了充分的了解，但由于调查产品项目属于新型产品，且市场上该产品分类繁多，不同分类分别适用于不同下游产品，在信息不对称的情况下要详尽了解产品情况仍非易事。

面对这一不小的困难，调查人员并未退缩。他们数次深入企业，在企业的无尘车间产品组装流水线，就产品特性、原料供应、客户议价能力等关键信息进行了实地核实。不仅如此，专案组对企业各部门进行了翔实的功能风险调查询问，对企业整体业务模式及关联交易情况做了全面把握。

经调查，专案组初步认定甲公司不承担对核心技术的研发功能，也不承担市场推广、销售及分销功能及其相应风险，仅承担印刷裁剪、封装、测试等单一生产制造任务。同时，专案组通过查阅账册、合同和订单等方式仔细查找蛛丝马迹，获取了大量一手资料，认定甲公司涉及关联交易金额高达 46.4 亿元。

3. 据理力争谈判收官

案情已然明晰，税企双方进入了谈判磋商阶段。专案组调查人员充分利用企业汇算清缴数据、BVD 数据库和互联网信息等内外部数据，反复甄选可比数据，制定了多套调整方案，并先后与甲公司外方高管及其委托的税务代理进行了 7 次正式谈判。

谈判中，税企双方就亏损原因、功能风险定位和转让定价合理性等核心问题进行进行了反复的沟通和磋商。其中，仅针对甲公司低利润水平的归因问题双方就进行了相互举证和论述。企业谈判团队从产品的客户群、应用市场、质量控制难度和所需原材料成本等角度出发，引入产品生命周期理论，试图论证低利润主要归因于市场及产品等客观因素；而专案组调查人员早已做足准备，从其执行迅速扩张的公司战略角度，论证其产品良好的市场竞争力，并以同期行业发展状况侧面验证其产品处于成长期并持有可观利润，逐个击退甲公司对自身价值回报率不足的解释，打破其试图规避关联交易转让定价对企业经营利润有重大影响的意图。

在大量确凿无误的证据面前，税企双方终就公司选择标准、可比数据选用年份、可比公司功能风险财务指标设定和费用分摊口径等关键问题达成一致，并于 2019 年 10 月获国家税务总局审批结案。甲公司同意按税务局的调查结果进行调整，即分纳税年度以企业的完全成本为基础，采用交易净利润法对该公司进行转让定价调整，补缴企业所得税 4 209 万元，并按规定加收利息 829 万元。

第五节 预约定价安排管理

一、预约定价基本制度

（一）预约定价安排的内容与期限

1. 预约定价安排的内容

根据《国家税务总局关于完善预约定价安排管理有关事项的公告》（国家税务总局公告 2016 年第 64 号）的规定，企业可以与税务机关就其未来年度关联交易的定价原则和计算方法达成预约定价安排。

2. 预约定价安排的阶段

预约定价安排的谈签与执行经过预备会谈、谈签意向、分析评估、正式申请、协商签署和监控执行 6 个阶段。预约定价安排包括单边、双边和多边 3 种类型。

（二）预约定价安排适用的期限与企业

1. 预约定价安排适用的期限

预约定价安排适用于主管税务机关向企业送达接收其谈签意向的《税务事项通知书》之日所属纳税年度起 3 至 5 个年度的关联交易。

企业以前年度的关联交易与预约定价安排适用年度相同或者类似的，经企业申请，税务机关可以将预约定价安排确定的定价原则和计算方法追溯适用于以前年度该关联交易的评估和调整。追溯期最长为 10 年。

预约定价安排的谈签不影响税务机关对企业不适用预约定价安排的年度及关联交易的特别纳税调查调整和监控管理。

2. 预约定价安排适用的企业

预约定价安排一般适用于主管税务机关向企业送达接收其谈签意向的《税务事项通知书》之日所属纳税年度前 3 个年度每年度发生的关联交易金

额 4 000 万元人民币以上的企业。

【实操案例】

【例 6–9】

中国国家税务总局与美国联邦税务局，于 2006 年 12 月 22 日，就沃尔玛公司正式签署了中美历史上首个双边预约定价安排。沃尔玛公司于 2006 年 6 月提出双边预约定价安排正式申请。两国主管税务当局经过北京及华盛顿两轮相互磋商，最终达成协议。沃尔玛公司的双边预约定价安排是中、美签订的第一个双边预约定价安排。沃尔玛公司本着积极的态度，迅速完成各项程序及内容，为中、美两国未来的双边预约定价安排起到了很好的示范作用。这个安排之所以能迅速完成，归功于参与各方的充分准备，磋商过程中展示的专业精神，以及两国主管当局代表在相互协商程序时，在完成此项安排上的决心，双方最终达成一份完全符合中美避免双重征税协定以及各自国内税法内容与精神的协议。双边预约定价安排的成功签署，有利于促进沃尔玛公司在中国的投资与发展。

二、预约定价安排的阶段

（一）预备会谈

1. 企业提出

根据《国家税务总局关于完善预约定价安排管理有关事项的公告》（国家税务总局公告 2016 年第 64 号）的规定，企业有谈签预约定价安排意向的，应当向税务机关书面提出预备会谈申请。税务机关可以与企业开展预备会谈。

2. 提交申请书

企业申请单边预约定价安排的，应当向主管税务机关书面提出预备会谈申请，提交《预约定价安排预备会谈申请书》。主管税务机关组织与企业开展预备会谈。

企业申请双边或者多边预约定价安排的，应当同时向国家税务总局和主管税务机关书面提出预备会谈申请，提交《预约定价安排预备会谈申请书》。国家税务总局统一组织与企业开展预备会谈。

3. 企业说明内容

预备会谈期间，企业应当就以下内容作出简要说明：

（1）预约定价安排的适用年度；

（2）预约定价安排涉及的关联方及关联交易；

（3）企业及其所属企业集团的组织结构和管理架构；

（4）企业最近3至5个年度生产经营情况、同期资料等；

（5）预约定价安排涉及各关联方功能和风险的说明，包括功能和风险划分所依据的机构、人员、费用、资产等；

（6）市场情况的说明，包括行业发展趋势和竞争环境等；

（7）是否存在成本节约、市场溢价等地域特殊优势；

（8）预约定价安排是否追溯适用以前年度；

（9）其他需要说明的情况。

企业申请双边或者多边预约定价安排的，说明内容还应当包括：

（1）向税收协定缔约对方税务主管当局提出预约定价安排申请的情况；

（2）预约定价安排涉及的关联方最近3至5个年度生产经营情况及关联交易情况；

（3）是否涉及国际重复征税及其说明。

4. 补充资料

预备会谈期间，企业应当按照税务机关的要求补充资料。

（二）谈签意向

1. 提出谈签意向的条件

税务机关和企业在预备会谈期间达成一致意见的，主管税务机关向企业送达同意其提交谈签意向的《税务事项通知书》。企业收到《税务事项通知书》后向税务机关提出谈签意向。

2. 提交意向书

企业申请单边预约定价安排的，应当向主管税务机关提交《预约定价安排谈签意向书》，并附送单边预约定价安排申请草案。

企业申请双边或者多边预约定价安排的，应当同时向国家税务总局和主管税务机关提交《预约定价安排谈签意向书》，并附送双边或者多边预约定价安排申请草案。

3. 预约定价安排申请草案的内容

单边预约定价安排申请草案应当包括以下内容：

（1）预约定价安排的适用年度；

（2）预约定价安排涉及的关联方及关联交易；

（3）企业及其所属企业集团的组织结构和管理架构；

（4）企业最近3至5个年度生产经营情况、财务会计报告、审计报告、同期资料等；

（5）预约定价安排涉及各关联方功能和风险的说明，包括功能和风险划分所依据的机构、人员、费用、资产等；

（6）预约定价安排使用的定价原则和计算方法，以及支持这一定价原则和计算方法的功能风险分析、可比性分析和假设条件等；

（7）价值链或者供应链分析，以及对成本节约、市场溢价等地域特殊优势的考虑；

（8）市场情况的说明，包括行业发展趋势和竞争环境等；

（9）预约定价安排适用期间的年度经营规模、经营效益预测以及经营规划等；

（10）预约定价安排是否追溯适用以前年度；

（11）对预约定价安排有影响的境内、外行业相关法律、法规；

（12）企业关于不存在税务机关可以拒绝企业提交谈签意向所列举情形的说明；

（13）其他需要说明的情况。

双边或者多边预约定价安排申请草案还应当包括：

（1）向税收协定缔约对方税务主管当局提出预约定价安排申请的情况；

（2）预约定价安排涉及的关联方最近 3 至 5 个年度生产经营情况及关联交易情况；

（3）是否涉及国际重复征税及其说明。

4. 税务机关可以拒绝企业提交谈签意向的情形

有下列情形之一的，税务机关可以拒绝企业提交谈签意向：

（1）税务机关已经对企业实施特别纳税调整立案调查或者其他涉税案件调查，且尚未结案的；

（2）未按照有关规定填报年度关联业务往来报告表；

（3）未按照有关规定准备、保存和提供同期资料；

（4）预备会谈阶段税务机关和企业无法达成一致意见。

（三）分析评估

1. 税务机关分析评估

企业提交谈签意向后，税务机关应当分析预约定价安排申请草案内容，评估其是否符合独立交易原则。根据分析评估的具体情况可以要求企业补充提供有关资料。

2. 分析评估的内容

税务机关可以从以下方面进行分析评估：

（1）功能和风险状况。分析评估企业与其关联方之间在供货、生产、运输、销售等各环节以及在研究、开发无形资产等方面各自作出的贡献、执行的功能以及在存货、信贷、外汇、市场等方面承担的风险。

（2）可比交易信息。分析评估企业提供的可比交易信息，对存在的实质性差异进行调整。

（3）关联交易数据。分析评估预约定价安排涉及的关联交易的收入、成本、费用和利润是否单独核算或者按照合理比例划分。

（4）定价原则和计算方法。分析评估企业在预约定价安排中采用的定价原则和计算方法。如申请追溯适用以前年度的，应当作出说明。

（5）价值链分析和贡献分析。评估企业对价值链或者供应链的分析是否完整、清晰，是否充分考虑成本节约、市场溢价等地域特殊优势，是否充分考虑本地企业对价值创造的贡献等。

（6）交易价格或者利润水平。根据上述分析评估结果，确定符合独立交易原则的价格或者利润水平。

（7）假设条件。分析评估影响行业利润水平和企业生产经营的因素及程度，合理确定预约定价安排适用的假设条件。

（四）正式申请

1. 企业正式申请

分析评估阶段，税务机关可以与企业就预约定价安排申请草案进行讨论。税务机关可以进行功能和风险实地访谈。税务机关认为预约定价安排申请草案不符合独立交易原则的，企业应当与税务机关协商，并进行调整；税务机关认为预约定价安排申请草案符合独立交易原则的，主管税务机关向企业送达同意其提交正式申请的《税务事项通知书》，企业收到通知后，可以向税务机关提交《预约定价安排正式申请书》，并附送预约定价安排正式申请报告。

2. 提交资料

企业申请单边预约定价安排的，应当向主管税务机关提交上述资料。企业申请双边或者多边预约定价安排的，应当同时向国家税务总局和主管税务机关提交上述资料，并按照有关规定提交启动特别纳税调整相互协商程序的申请。

3. 税务机关拒绝的情形

有下列情形之一的，税务机关可以拒绝企业提交正式申请：

（1）预约定价安排申请草案拟采用的定价原则和计算方法不合理，且企业拒绝协商调整；

（2）企业拒不提供有关资料或者提供的资料不符合税务机关要求，且不按时补正或者更正；

（3）企业拒不配合税务机关进行功能和风险实地访谈；

（4）其他不适合谈签预约定价安排的情况。

（五）协商签署

1. 协商方案

税务机关应当在分析评估的基础上形成协商方案，并据此开展协商工作。

2. 拟订安排文本

主管税务机关与企业开展单边预约定价安排协商，协商达成一致的，拟定单边预约定价安排文本。

国家税务总局与税收协定缔约对方税务主管当局开展双边或者多边预约定价安排协商，协商达成一致的，拟定双边或者多边预约定价安排文本。

3. 安排文本的内容

预约定价安排文本可以包括以下内容：

（1）企业及其关联方名称、地址等基本信息；

（2）预约定价安排涉及的关联交易及适用年度；

（3）预约定价安排选用的定价原则和计算方法，以及可比价格或者可比利润水平等；

（4）与转让定价方法运用和计算基础相关的术语定义；

（5）假设条件及假设条件变动通知义务；

（6）企业年度报告义务；

（7）预约定价安排的效力；

（8）预约定价安排的续签；

（9）预约定价安排的生效、修订和终止；

（10）争议的解决；

（11）文件资料等信息的保密义务；

（12）单边预约定价安排的信息交换；

（13）附则。

4. 签署安排

主管税务机关与企业就单边预约定价安排文本达成一致后，双方的法定代表人或者法定代表人授权的代表签署单边预约定价安排。

国家税务总局与税收协定缔约对方税务主管当局就双边或者多边预约定价安排文本达成一致后，双方或者多方税务主管当局授权的代表签署双边或者多边预约定价安排。国家税务总局应当将预约定价安排转发主管税务机关。主管税务机关应当向企业送达《税务事项通知书》，附送预约定价安排，并做好执行工作。

5. 补税款的处理

预约定价安排涉及适用年度或者追溯年度补（退）税款的，税务机关应当按照纳税年度计算应补征或者退还的税款，并向企业送达《预约定价安排补（退）税款通知书》。

（六）监控执行

1. 资料保管

税务机关应当监控预约定价安排的执行情况。

预约定价安排执行期间，企业应当完整保存与预约定价安排有关的文件和资料，包括账簿和有关记录等，不得丢失、销毁和转移。

2. 执行情况报告

企业应当在纳税年度终了后 6 个月内，向主管税务机关报送执行预约定价安排情况的纸质版和电子版年度报告，主管税务机关将电子版年度报告报送国家税务总局；涉及双边或者多边预约定价安排的，企业应当向主管税务机关报送执行预约定价安排情况的纸质版和电子版年度报告，同时将电子版年度报告报送国家税务总局。

年度报告应当说明报告期内企业经营情况以及执行预约定价安排的情况。需要修订、终止预约定价安排，或者有未决问题或者预计将要发生问题的，应当作出说明。

3. 监控内容

预约定价安排执行期间，主管税务机关应当每年监控企业执行预约定价安排的情况。监控内容主要包括：企业是否遵守预约定价安排条款及要求；年度报告是否反映企业的实际经营情况；预约定价安排所描述的假设条件是否仍然有效等。

4. 变化报告

预约定价安排执行期间，企业发生影响预约定价安排的实质性变化，应当在发生变化之日起 30 日内书面报告主管税务机关，详细说明该变化对执行预约定价安排的影响，并附送相关资料。由于非主观原因而无法按期报告的，可以延期报告，但延长期限不得超过 30 日。

税务机关应当在收到企业书面报告后，分析企业实质性变化情况，根据实质性变化对预约定价安排的影响程度，修订或者终止预约定价安排。签署的预约定价安排终止执行的，税务机关可以和企业按照规定的程序和要求，重新谈签预约定价安排。

5. 续签申请

预约定价安排执行期满后自动失效。企业申请续签的，应当在预约定价安排执行期满之日前 90 日内向税务机关提出续签申请，报送《预约定价安排续签申请书》，并提供执行现行预约定价安排情况的报告，现行预约定价安排所述事实和经营环境是否发生实质性变化的说明材料以及续签预约定价安排年度的预测情况等相关资料。

6. 经营结果调整

预约定价安排采用四分位法确定价格或者利润水平，在预约定价安排执行期间，如果企业当年实际经营结果在四分位区间之外，税务机关可以将实际经营结果调整到四分位区间中位值。预约定价安排执行期满，企业各年度经营结果的加权平均值低于区间中位值，且未调整至中位值的，税务机关不再受理续签申请。

双边或者多边预约定价安排执行期间存在上述问题的，主管税务机关应当及时将有关情况层报国家税务总局。

7. 分歧解决

预约定价安排执行期间，主管税务机关与企业发生分歧的，双方应当进行协商。协商不能解决的，可以报上一级税务机关协调；涉及双边或者多边预约定价安排的，必须层报国家税务总局协调。对上一级税务机关或者国家税务总局的决定，下一级税务机关应当予以执行。企业仍不能接受的，可以终止预约定价安排的执行。

8. 暂停或终止安排

在预约定价安排签署前，税务机关和企业均可暂停、终止预约定价安排程序。税务机关发现企业或者其关联方故意不提供与谈签预约定价安排有关的必要资料，或者提供虚假、不完整资料，或者存在其他不配合的情形，使预约定价安排难以达成一致的，可以暂停、终止预约定价安排程序。涉及双边或者多边预约定价安排的，经税收协定缔约各方税务主管当局协商，可以暂停、终止预约定价安排程序。税务机关暂停、终止预约定价安排程序的，应当向企业送达《税务事项通知书》，并说明原因；企业暂停、终止预约定价安排程序的，应当向税务机关提交书面说明。

9. 认定无效与终止安排

没有按照规定的权限和程序签署预约定价安排，或者税务机关发现企业隐瞒事实的，应当认定预约定价安排自始无效，并向企业送达《税务事项通知书》，说明原因；发现企业拒不执行预约定价安排或者存在违反预约定价安排的其他情况，可以视情况进行处理，直至终止预约定价安排。

【实操案例】

【例 6-10】

漳州甲公司是设立在福建省漳州台商投资区的一家大型小家电生产企业，隶属于中国台湾甲坤集团。2014 年，漳州甲公司通过中国香港的关联企业，在印度尼西亚设立全资子公司甲网通有限公司（以下简称印尼甲公司），投资总额 2 392 万美元，主要从事小家电制造。2017 年 2 月 27 日，漳州甲公司为降低双重征税风险，向漳州台商投资区国税局（以下简称台商区国税局）

提交了双边预约定价安排预备会谈申请，希望通过预约定价安排，规范与印尼甲公司关联交易的定价，防范税企双方在业务交易真实性和交易价格合理性方面产生不必要的分歧，稳定公司的生产经营业绩预期，并有效避免双重征税问题。

早在2005年12月29日，国家税务总局牵头，上海市国税局、厦门市国税局、漳州市国税局三地税务机关，分别与甲集团四家关联企业签订了预约定价安排。这是我国首例以联合签署形式签订的单边税收预约定价安排，也是漳州甲公司与漳州国税机关在预约定价安排方面的第一次“牵手”。预约定价成为税企双方的共识。此后每隔3年，税企双方在自愿、平等、守信的原则下准时“赴约”。漳州甲公司先后5次主动向主管税务机关提出续签协议的申请，成功谈签单边税收预约定价安排，涉及4个国家和地区的关联交易；截至2015年度，涵盖关联交易金额共计3.37亿元。其中，第5次“签约”在2016年12月27日，是《国家税务总局关于完善预约定价安排管理有关事项的公告》（国家税务总局公告2016年第64号，以下简称64号公告）生效、单边预约定价权限下放新政落地之后，漳州甲公司与台商区国税局经过反复协调、磋商，最终达成共识，如期“签约”，明确了2017年至2019年漳州甲公司与关联企业之间的货物劳务往来、无形资产等关联交易的转让定价方法、计算依据和关键假设等内容。

按照64号公告规定的谈签程序，漳州甲公司向国家税务总局和主管税务机关台商区国税局提交《预约定价安排预备会谈申请书》，由国家税务总局统一组织与企业开展预备会谈。预备会谈期间，漳州甲公司应就12个方面内容作出简要说明。

如果税企双方达成一致意见，台商区国税局将向漳州甲公司送达同意其提交谈签意向的《税务事项通知书》。企业收到通知书，标志着预备会谈阶段结束，进入第二个阶段，向税务机关提出谈签意向。在谈签意向阶段，漳州甲公司需向国家税务总局和台商区国税局提交意向书及申请草案。

漳州甲公司提交谈签意向后，税务机关从功能和风险状况、可比交易信息、关联交易数据、定价原则和计算方法、价值链分析和贡献分析、交易价格或者利润水平、假设条件等方面，分析预约定价安排申请草案内容，评估其是否符合独立交易原则。根据分析评估的具体情况，要求企业补充提供有关资料。

在分析评估阶段，税务机关可以与企业就预约定价安排申请草案进行讨论、功能和风险实地访谈。如果税务机关认为预约定价安排申请草案不符合独立交易原则，企业应当与税务机关协商，并进行调整；如果税务机关认为预约定价安排申请草案符合独立交易原则，台商区国税局将向漳州甲公司送达同意其提交正式申请的《税务事项通知书》，企业收到通知后，向税务机关提交《预约定价安排正式申请书》，并附送预约定价安排正式申请报告。

接下来，在分析评估的基础上形成协商方案，国家税务总局与印度尼西亚税务主管当局开展双边预约定价安排协商。已经签订税收协定的两个国家税务主管当局经过若干次磋商，求同存异，同意双方关联企业据以核算该关联交易的应纳税所得额或者确定合理的营业利润区间，解决两国税务机关对跨国交易利润分配的分歧和重复征税，保护跨国公司的合法利益，通常需要2年时间。如果协商达成一致，拟定双边预约定价安排文本，双方税务主管当局授权的代表签署双边预约定价安排；国家税务总局将预约定价安排转发台商区国税局，由台商区国税局向企业送达《税务事项通知书》，附送预约定价安排，并做好监控执行工作。

漳州甲公司与印尼甲公司或其他公司关联交易的转让定价，一般都是甲集团全球性的安排，往往受到双边甚至多边税收协定的制约。如果受到某国税务当局的审查，影响的就不仅是处于该国公司的经营。根据税基侵蚀和利润转移（BEPS）项目最低标准的要求，2016年4月1日以后签署的单边预约定价安排，中国承诺将其纳入强制自发情报交换框架，定期与相关国家（地区）进行信息交换。这样一来，如果能够通过签订双边、多边的税收预约定价安排，而且定价适用的期限能达到3年至5年，就可以使漳州甲公司的生产经营少很多不确定性。

三、预约定价安排的其他管理事项

（一）优先受理的条件

根据《国家税务总局关于完善预约定价安排管理有关事项的公告》（国家税务总局公告2016年第64号）的规定，有下列情形之一的，税务机关可以优先受理企业提交的申请：

（1）企业关联申报和同期资料完备合理，披露充分；

（2）企业纳税信用级别为A级；

（3）税务机关曾经对企业实施特别纳税调查调整，并已经结案；

（4）签署的预约定价安排执行期满，企业申请续签，且预约定价安排所述事实和经营环境没有发生实质性变化；

（5）企业提交的申请材料齐备，对价值链或者供应链的分析完整、清晰，充分考虑成本节约、市场溢价等地域特殊因素，拟采用的定价原则和计算方法合理；

（6）企业积极配合税务机关开展预约定价安排谈签工作；

（7）申请双边或者多边预约定价安排的，所涉及的税收协定缔约对方税务主管当局有较强的谈签意愿，对预约定价安排的重视程度较高；

（8）其他有利于预约定价安排谈签的因素。

（二）涉及多个机关的协调

预约定价安排同时涉及两个或者两个以上省、自治区、直辖市和计划单列市税务机关的，由国家税务总局统一组织协调。

企业申请上述单边预约定价安排的，应当同时向国家税务总局及其指定的税务机关提出谈签预约定价安排的相关申请。国家税务总局可以与企业统一签署单边预约定价安排，或者指定税务机关与企业统一签署单边预约定价安排，也可以由各主管税务机关与企业分别签署单边预约定价安排。

单边预约定价安排涉及一个省、自治区、直辖市和计划单列市内两个或者两个以上主管税务机关的，由省、自治区、直辖市和计划单列市相应税务机关统一组织协调。

（三）保密义务与信息使用限制

税务机关与企业在预约定价安排谈签过程中取得的所有信息资料，双方均负有保密义务。除依法应当向有关部门提供信息的情况外，未经纳税人同意，税务机关不得以任何方式泄露预约定价安排相关信息。

税务机关与企业不能达成预约定价安排的，税务机关在协商过程中所取得的有关企业的提议、推理、观念和判断等非事实性信息，不得用于对该预约定价安排涉及关联交易的特别纳税调查调整。

（四）国际信息交换

除涉及国家安全的信息以外，国家税务总局可以按照对外缔结的国际公约、协定、协议等有关规定，与其他国家（地区）税务主管当局就 2016 年 4 月 1 日以后签署的单边预约定价安排文本实施信息交换。企业应当在签署单边预约定价安排时提供其最终控股公司、上一级直接控股公司及单边预约定价安排涉及的境外关联方所在国家（地区）的名单。

第六节 成本分摊协议管理

一、成本分摊协议基本制度

（一）法律的规定

根据《企业所得税法》第四十一条第二款的规定，企业与其关联方共同开发、受让无形资产，或者共同提供、接受劳务发生的成本，在计算应纳税所得额时应当按照独立交易原则进行分摊。

（二）法规的规定

根据《企业所得税法实施条例》第一百一十二条的规定，企业可以依照企业所得税法的规定，按照独立交易原则与其关联方分摊共同发生的成本，达成成本分摊协议。

企业与其关联方分摊成本时，应当按照成本与预期收益相配比的原则进行分摊，并在税务机关规定的期限内，按照税务机关的要求报送有关资料。

企业与其关联方分摊成本时违反上述规定的，其自行分摊的成本不得在计算应纳税所得额时扣除。

（三）规章的规定

根据《特别纳税调整实施办法（试行）》（国税发〔2009〕2号）第七章的规定，企业与其关联方签署成本分摊协议，共同开发、受让无形资产，或者共同提供、接受劳务，应符合规定。

二、成本分摊协议的签订

（一）成本分摊协议各方的权利义务

根据《特别纳税调整实施办法（试行）》（国税发〔2009〕2号）第七章

的规定，成本分摊协议的参与方对开发、受让的无形资产或参与的劳务活动享有受益权，并承担相应的活动成本。关联方承担的成本应与非关联方在可比条件下为获得上述受益权而支付的成本相一致。

参与方使用成本分摊协议所开发或受让的无形资产不需另支付特许权使用费。

（二）无形资产与劳务的分摊

企业对成本分摊协议所涉及无形资产或劳务的受益权应有合理的、可计量的预期收益，且以合理商业假设和营业常规为基础。

涉及劳务的成本分摊协议一般适用于集团采购和集团营销策划。

（三）成本分摊协议的内容

成本分摊协议主要包括以下内容：

（1）参与方的名称、所在国家（地区）、关联关系、在协议中的权利和义务；

（2）成本分摊协议所涉及的无形资产或劳务的内容、范围，协议涉及研发或劳务活动的具体承担者及其职责、任务；

（3）协议期限；

（4）参与方预期收益的计算方法和假设；

（5）参与方初始投入和后续成本支付的金额、形式、价值确认的方法以及符合独立交易原则的说明；

（6）参与方会计方法的运用及变更说明；

（7）参与方加入或退出协议的程序及处理规定；

（8）参与方之间补偿支付的条件及处理规定；

（9）协议变更或终止的条件及处理规定；

（10）非参与方使用协议成果的规定。

（四）协议的报送与后续管理

根据《国家税务总局关于规范成本分摊协议管理的公告》（国家税务总局公告2015年第45号）的规定，企业应自与关联方签订（变更）成本分摊协议之日起30日内，向主管税务机关报送成本分摊协议副本，并在年度企业所得税纳税申报时，附送《中华人民共和国企业年度关联业务往来报告表》。

税务机关应当加强成本分摊协议的后续管理，对不符合独立交易原则和成本与收益相匹配原则的成本分摊协议，实施特别纳税调查调整。

企业执行成本分摊协议期间，参与方实际分享的收益与分摊的成本不配比的，应当根据实际情况做出补偿调整。参与方未做补偿调整的，税务机关应当实施特别纳税调查调整。

（五）特殊签订方式

企业可根据规定采取预约定价安排的方式达成成本分摊协议。

【实操案例】

【例 6-11】

甲公司是澳大利亚一家铁矿石采掘企业，其在中国有一家子公司乙。甲公司将铁矿石销售给乙公司后由乙公司在中国再进行销售。甲公司和乙公司达成了一项成本分摊协议，共同开发一种新技术来提高铁矿石采掘效率。这项开发形成的专利将在中国和世界其他国家注册。

成本分摊协议规定，中国乙公司有权使用这种专利在中国进行铁矿石采掘。甲公司保留在世界其他国家使用该项专利的权利。假设由于中国政府的规定，乙公司无法在中国取得铁矿石的开采权，因而无法使用这项专利在中国进行铁矿石采掘。因此，乙公司就不能成为这项成本分摊协议的参与方，因为它无法从该成本分摊协议形成的无形资产使用中获取收益。

三、成本分摊协议的执行

（一）参与方变更的处理

根据《特别纳税调整实施办法（试行）》（国税发〔2009〕2 号）第七章的规定，已经执行并形成一定资产的成本分摊协议，参与方发生变更或协议终止执行，应根据独立交易原则做如下处理：

（1）加入支付，即新参与方为获得已有协议成果的受益权应做出合理的支付。

（2）退出补偿，即原参与方退出协议安排，将已有协议成果的受益权转让给其他参与方应获得合理的补偿。

（3）参与方变更后，应对各方受益和成本分摊情况做出相应调整。

（4）协议终止时，各参与方应对已有协议成果做出合理分配。

企业不按独立交易原则对上述情况做出处理而减少其应纳税所得额的，税务机关有权做出调整。

【实操案例】

【例 6–12】

在第一年，四个关联企业作为参与方达成了一项成本分摊协议去共同开发一种可行性工艺流程以供商用。基于对该项工程的未来收益的合理估计，每个参与方最终平均分摊成本。就该项工程而言，每位参与方每年所分摊的成本估计在 100 万元人民币左右。在第十年，有第五个企业申请加入该成本分摊协议。由于预计第五个企业能够获取该成本分摊协议预期收益的 1/5，他同意按 1/5 分摊未来发生的成本。在该企业申请加入时，已生效的成本分摊协议形成的无形资产的市场公允价值是 4 500 万元人民币。这时，新加入者就必须向现有的四位参与者进行 900 万元（4 500÷5）的“加入支付”。

甲公司为母公司，乙公司和丙公司为子公司，它们共同加入了一项成本分摊协议去开发一种新型感冒药。根据它们预期能从该成本分摊协议成果中取得的收益份额来测算，甲公司分摊 50% 的成本，乙公司分摊 40% 的成本，丙公司分摊 10% 的成本。经过 10 年的研究开发后，乙公司申请退出该成本分摊协议，并将已经形成的开发成果所涉及的权利按 1 000 万元人民币转让给甲公司。这里甲公司和丙公司分别向乙公司支付 500 万元和 100 万元，这项支付就是“退出补偿”。当然，税务机关此时将根据独立交易原则对该项支付的合理性进行判定以确保支付的数额是否和甲公司和丙公司能从该项无形资产中预期能分享的收益比例相当。

（二）补偿调整

成本分摊协议执行期间，参与方实际分享的收益与分摊的成本不相配比的，应根据实际情况做出补偿调整。

（三）税务处理

对于符合独立交易原则的成本分摊协议，有关税务处理如下：

（1）企业按照协议分摊的成本，应在协议规定的各年度税前扣除；

（2）涉及补偿调整的，应在补偿调整的年度计入应纳税所得额；

（3）涉及无形资产的成本分摊协议，加入支付、退出补偿或终止协议时对协议成果分配的，应按资产购置或处置的有关规定处理。

（四）禁止税前扣除的情形

企业与其关联方签署成本分摊协议，有下列情形之一的，其自行分摊的成本不得税前扣除：

（1）不具有合理商业目的和经济实质；

（2）不符合独立交易原则；

（3）没有遵循成本与收益配比原则；

（4）未按有关规定备案或准备、保存和提供有关成本分摊协议的同期资料；

（5）自签署成本分摊协议之日起经营期限少于20年。

【实操案例】

【例6-13】

甲、乙两家公司达成了一项成本分摊协议，共同开发一项新设备。甲公司和乙公司共同分摊研发设施费、研发人员工资费以及与项目有关的其他合理费用。乙公司同时产生了一项与研发设备相关的测试费用，但它并没有将这项费用包含在成本分摊协议的研发费用中。这样的行为将得不到税务机关的认可，因为乙公司发生的该项支出应包含在整个成本分摊协议的成本中并在所有参与方中按比例分摊。

第七节 受控外国企业管理

一、受控外国企业基本制度

（一）法律的规定

根据《企业所得税法》第四十五条的规定，由居民企业，或者由居民企业和中国居民控制的设立在实际税负明显低于25%税率水平的国家（地区）的企业，并非由于合理的经营需要而对利润不作分配或者减少分配的，上述利润中应归属于该居民企业的部分，应当计入该居民企业的当期收入。

（二）受控外国企业的定义

根据《特别纳税调整实施办法（试行）》（国税发〔2009〕2号）第八章的规定，受控外国企业是指由居民企业，或者由居民企业和居民个人（以下统称中国居民股东，包括中国居民企业股东和中国居民个人股东）控制的设立在实际税负低于25%税率水平50%的国家（地区），并非出于合理经营需要对利润不作分配或减少分配的外国企业。

（三）控制的标准

控制是指在股份、资金、经营、购销等方面构成实质控制。其中，股份控制是指由中国居民股东在纳税年度任何一天单层直接或多层间接单一持有外国企业10%以上有表决权股份，且共同持有该外国企业50%以上股份。

中国居民股东多层间接持有股份按各层持股比例相乘计算，中间层持有股份超过50%的，按100%计算。

二、受控外国企业管理与税务处理

（一）信息报送义务

根据《特别纳税调整实施办法（试行）》（国税发〔2009〕2号）第八章的规定，中国居民企业股东应在年度企业所得税纳税申报时提供对外投资信息，附送《对外投资情况表》。

（二）送达确认书

税务机关应汇总、审核中国居民企业股东申报的对外投资信息，向受控外国企业的中国居民企业股东送达《受控外国企业中国居民股东确认通知书》。中国居民企业股东符合所得税法征税条件的，按照有关规定征税。

（三）视同分配所得的计算

计入中国居民企业股东当期的视同受控外国企业股息分配的所得，应按以下公式计算：

$$\text{中国居民企业股东当期所得}=\frac{\text{视同股息分配额}\times\text{实际持股天数}}{\text{受控外国企业纳税年度天数}}\times\text{股东持股比例}$$

中国居民股东多层间接持有股份的，股东持股比例按各层持股比例相乘计算。

（四）纳税年度差异的处理

受控外国企业与中国居民企业股东纳税年度存在差异的，应将视同股息分配所得计入受控外国企业纳税年度终止日所属的中国居民企业股东的纳税年度。

（五）外国税收抵免

计入中国居民企业股东当期所得已在境外缴纳的企业所得税税款，可按照所得税法或税收协定的有关规定抵免。

（六）实际分配利润的处理

受控外国企业实际分配的利润已根据所得税法规定征税的，不再计入中国居民企业股东的当期所得。

（七）豁免情形

中国居民企业股东能够提供资料证明其控制的外国企业满足以下条件之一的，可免于将外国企业不作分配或减少分配的利润视同股息分配额，计入中国居民企业股东的当期所得：

（1）设立在国家税务总局指定的非低税率国家（地区）；

（2）主要取得积极经营活动所得；

（3）年度利润总额低于 500 万元人民币。

【实操案例】

【例 6–14】

随着对外投资的增加，对“走出去”企业的反避税将是一项艰巨而又繁重的任务，也是维护我国税收权益的重要举措。山东省税务机关通过深入研究，运用受控外国企业反避税措施对境外子公司应归属于内地母公司的利润，进行了特别纳税调整。这是全国首个运用受控外国企业进行反避税的案例，实现了反避税措施运用上的创新与突破，为全国开展“走出去”企业的反避税创造了经验。

1. 案由

2012 年，设立在境外的 B（中国香港）公司向山东省税务机关提起居民企业身份申请，主管税务机关在掌握该公司股权结构的基础上，对其是否及时向母公司——A 公司分配利润问题进行了深入的调查。

2. 企业基本情况

A 公司，于 1999 年经批准设立，注册地址在山东省某工业园，主要从事化工产品（不含危险品）销售。

B（中国香港）公司，为A公司设立在中国香港的全资子公司，主要从事国际贸易、信息咨询、投资业务。董事会成员5人，均为母公司——A公司委派。

C投资公司，是B（中国香港）有限公司在中国香港设立的全资子公司。该企业拥有中国境内三家外商投资企业D公司、E公司、F公司各90%的股份。

3. 关联关系及关联交易情况

B（中国香港）公司是A公司在中国香港设立的全资子公司，根据《企业所得税法实施条例》第一百零九条和《税收征收管理法实施细则》第五十一条的规定，A公司与B（中国香港）公司构成关联关系。

2011年，B（中国香港）公司与荷兰某公司签订了股权转让协议，B（中国香港）公司将C投资公司全部股权转让给该荷兰公司。荷兰公司实际取得中国境内三家外商投资企业D公司、E公司、F公司各90%的股份。扣除相关股权成本，B（中国香港）公司取得股权转让收益3亿元。

为享受《企业所得税法》第二十六条"符合条件的居民企业之间的股息、红利等权益性投资收益"免税条款，B（中国香港）公司向主管税务机关提出居民企业身份申请，上报国家税务总局后未予批准。但对应当归属于母公司——A公司的利润，B（中国香港）公司一直未作分配。

4. 关联交易审计分析

根据A公司与B（中国香港）公司之间的并联关系及业务处理，结合相关文件规定，税务机关认为存在如下事实：

（1）B（中国香港）公司由中国居民企业——A公司控制；

（2）B（中国香港）公司设立在实际税负低于法定税率50%的国家（地区）；

（3）B（中国香港）有限公司所得为消极所得，且非出于合理经营需要对利润不作分配。

基于以上事实，税务机关认为B（中国香港）公司完全符合受控外国企业特别纳税调整事项管理的条件，归属其母公司——A公司的利润3亿元，需要进行特别纳税调整。

5. 处理结果

经过税企双方反复沟通，A公司最终认可了税务机关的意见，同意进行纳税调整。截止到2014年，A公司已申报税款8 000余万元，其中入库企业所得税5 000余万元，入库个人所得税3 000余万元。

6. 案例启示

通过加强受控外国企业管理，一是对"走出去"企业实施反避税，引导企业将境外取得的利润及时汇回境内，能够有效震慑并遏制企业利用低税区或避税地规避我国税收的行为，有助于提高"走出去"企业获得利润回国纳税的遵从度，更好地维护我国的税收权益。二是开拓了反避税的新领域，为"走出去"企业的反避税创造了经验和方法，提供了案例和借鉴，将会推动对"走出去”企业反避税的开展。

第八节 资本弱化管理

一、资本弱化的基本制度

（一）法律的规定

根据《企业所得税法》第四十六条的规定，企业从其关联方接受的债权性投资与权益性投资的比例超过规定标准而发生的利息支出，不得在计算应纳税所得额时扣除。

（二）法规的规定

根据《企业所得税法实施条例》第一百一十九条的规定，债权性投资是指企业直接或者间接从关联方获得的，需要偿还本金和支付利息或者需要以其他具有支付利息性质的方式予以补偿的融资。

企业间接从关联方获得的债权性投资包括：

（1）关联方通过无关联第三方提供的债权性投资；

（2）无关联第三方提供的、由关联方担保且负有连带责任的债权性投资；

（3）其他间接从关联方获得的具有负债实质的债权性投资。

权益性投资是指企业接受的不需要偿还本金和支付利息，投资人对企业净资产拥有所有权的投资。

（三）规章的规定

根据《财政部　国家税务总局关于企业关联方利息支出税前扣除标准有关税收政策问题的通知》（财税〔2008〕121号）的规定，在计算应纳税所得额时，企业实际支付给关联方的利息支出，不超过以下规定比例和企业所得税法及其实施条例有关规定计算的部分，准予扣除，超过的部分不得在发生当期和以后年度扣除。

企业实际支付给关联方的利息支出，除符合例外规定外，其接受关联方债权性投资与其权益性投资比例为：

（1）金融企业，为5：1。

（2）其他企业，为2：1。

企业如果能够按照企业所得税法及其实施条例的有关规定提供相关资料，并证明相关交易活动符合独立交易原则的；或者该企业的实际税负不高于境内关联方的，其实际支付给境内关联方的利息支出，在计算应纳税所得额时准予扣除。

企业同时从事金融业务和非金融业务，其实际支付给关联方的利息支出，应按照合理方法分开计算；没有按照合理方法分开计算的，一律按其他有关企业的比例计算准予税前扣除的利息支出。

企业自关联方取得的不符合规定的利息收入应按照有关规定缴纳企业所得税。

二、资本弱化税制的具体标准

（一）不得扣除利息的计算

根据《特别纳税调整实施办法（试行）》（国税发〔2009〕2号）第九章的规定，不得在计算应纳税所得额时扣除的利息支出应按以下公式计算：

$$\frac{\text{不得扣除}}{\text{利息支出}}=\frac{\text{年度实际支付的}}{\text{全部关联方利息}}\times\left(1-\frac{\text{标准比例}}{\text{关联债资比例}}\right)$$

其中，标准比例是指《财政部　国家税务总局关于企业关联方利息支出税前扣除标准有关税收政策问题的通知》（财税〔2008〕121号）规定的比例。

关联债资比例是指企业从其全部关联方接受的债权性投资（以下简称关联债权投资）占企业接受的权益性投资（以下简称权益投资）的比例，关联债权投资包括关联方以各种形式提供担保的债权性投资。

（二）关联债资比例的计算方法

关联债资比例的具体计算方法如下：

关联债资比例＝年度各月平均关联债权投资之和÷年度各月平均权益投资之和

各月平均关联债权投资＝（关联债权投资月初账面余额＋月末账面余额）÷2

各月平均权益投资＝（权益投资月初账面余额＋月末账面余额）÷2

权益投资为企业资产负债表所列示的所有者权益金额。如果所有者权益小于实收资本（股本）与资本公积之和，则权益投资为实收资本（股本）与资本公积之和；如果实收资本（股本）与资本公积之和小于实收资本（股本）

金额，则权益投资为实收资本（股本）金额。

（三）利息支出的范围

利息支出包括直接或间接关联债权投资实际支付的利息、担保费、抵押费和其他具有利息性质的费用。

（四）不得扣除利息的税务处理

不得在计算应纳税所得额时扣除的利息支出，不得结转到以后纳税年度；应按照实际支付给各关联方利息占关联方利息总额的比例，在各关联方之间进行分配。其中，分配给实际税负高于企业的境内关联方的利息准予扣除；直接或间接实际支付给境外关联方的利息应视同分配的股息，按照股息和利息分别适用的所得税税率差补征企业所得税，如已扣缴的所得税税款多于按股息计算应征所得税税款，多出的部分不予退税。

（五）违反信息提供义务的处理

企业未按规定准备、保存和提供同期资料证明关联债权投资金额、利率、期限、融资条件以及债资比例等符合独立交易原则的，其超过标准比例的关联方利息支出，不得在计算应纳税所得额时扣除。

（六）实际支付利息

"实际支付利息"是指企业按照权责发生制原则计入相关成本、费用的利息。

企业实际支付关联方利息存在转让定价问题的，税务机关应首先按照有关规定实施转让定价调查调整。

【实操案例】

【例 6-15】

2019 年，某省某市税务局完成对甲汽车配件产品生产企业的转让定价特别纳税调整，追回税款近 5 200 万元。

1. 收入连年增长的 A 企业为何亏损高达 1.8 亿元

自 2012 年起，某市税务局为加强反避税管理，实施建立反避税案源库制度，要求各基层单位关注关联交易，定期上报反避税案源。在此机制下，2018 年

6月，甲汽车配件产品生产企业进入该市税务局稽查人员的视线。

征管信息显示，这家企业是2014年成立的跨国公司，主要从事汽车配件的生产销售，2014年至2017年销售收入增势良好，账目显示却是连年亏损，各年度毛利率均为负值，4年累计亏损达1.8亿元。这种巨额亏损与其连年增长的销售收入显然不匹配。另外，该企业同期的销售成本与销售收入严重倒挂，费用金额较大。据此，稽查人员怀疑这家企业存在转让定价避税的可能。

了解情况后，该市税务局在上报案源报告前，一方面组织人员实地走访甲企业，详细了解企业的生产经营、工艺流程、关联申报、货物流以及资金流等情况，核实潜在的关联关系；另一方面综合工商查询、香港网上查询注册中心等渠道提取第三方疑点信息，通过对反避税案源数据库中被查企业的财务数据、涉税信息等相关资料进行可比性分析和功能差异调整，拟定反避税案源审计报告。

2. 一年半审计、核查证实企业避税5 200万元

2018年6月13日，经国家税务总局批准，该市税务局正式对甲企业特别纳税调整事项启动立案调查。

经过一年多的案头审计、实地核查、调取账簿、约谈协商，该市税务局终于厘清了甲企业"通过不合理的产品作价方式、资本弱化等手段进行转让定价，向其境外关联方转移利润，造成巨额累计亏损以避税"的事实。

根据甲企业的实际生产、经营情况，该局充分考虑其合理诉求，决定采用所选取的可比企业2014年至2017年完全成本加成率中位值，作为完全成本加成率的调整口径，对甲企业2014年创办初期特殊因素进行相应的适当调整。

3. 历经5轮谈判，双方终于就反避税调整方案达成共识

具体涉及两项调整，即企业关联销售收入调整和资本弱化问题调整。

（1）关联销售收入调整方面。税务调查证实，甲企业自成立以来，与其国内外多家关联企业发生关联交易，且关联交易额巨大，每年与境内外关联商品销售金额占其当年主营业务收入的比重均达98%以上，产品绝大部分销往其境外关联方。关联销售中，甲企业依据其境外母公司的订单生产和发货，不拥有产品定价权，生产所需的关键原材料主要来源于其境外母公司，采购及销售职能有限，也不承担相应的产品保修与售后服务责任，是典型的合约加工制造商。此外，甲企业不参与实际产品的研发活动，只翻译图纸及安排生产等，却每年定期向境外关联方支付金额为其年销售收入3%的特许权使用费。根据这些因素，税务机关最终确认，甲企业2014年至2017年关联销售收入分别为0.25亿元、3.02亿元、4.82亿元和7.35亿元，合计15.44亿元，扣除自行申报关联销售收入13.24亿元，应调增销售收入2.2亿元。

（2）资本弱化问题调整方面。税务调查证实，甲企业账面上长期亏损，自2015年起处于资不抵债的状况，依靠其境内关联企业提供的委托贷款维持

生产、经营，2015 年至 2017 年累计委托贷款额高达 6.6 亿元，支付关联方利息 1 500 多万元，关联债资比分别为 1.5 ：1、3.12 ：1 和 4.71 ：1。这表明，甲企业是利用债权性投资代替权益性投资多列利息支出。鉴于甲企业除 2016 年外的其他年度，税负率与其境内关联方所在地所得税率相同，2015、2017 年度所发生的关联借款利息准予扣除。因资本弱化不得抵扣的关联利息支出，由 1% 的税负率差异产生应补所得税额，由此确定对甲企业调增 2016 年应纳税所得额近 140 万元。

两项合计调增应纳税所得额 2.21 亿元。调整后甲企业应税所得率为 2.7%，应补缴企业所得税 1 300 万元，并按规定另付利息。此外，相应核增甲企业 2014 年至 2017 年的免抵税额 3 700 多万元。随后，甲企业财务人员到该市税务局补缴企业所得税 1 300 万元、利息 150 多万元，调增免抵税额 3 700 多万元。至此，这个反避税案圆满画上句号。

第九节 一般反避税管理

一、一般反避税基本制度

（一）法律的规定

根据《企业所得税法》第四十七条的规定，企业实施其他不具有合理商业目的的安排而减少其应纳税收入或者所得额的，税务机关有权按照合理方法调整。

（二）法规的规定

根据《企业所得税法实施条例》第一百二十条的规定，不具有合理商业目的，是指以减少、免除或者推迟缴纳税款为主要目的。

二、一般反避税的程序与措施

（一）一般反避税的启动

根据《特别纳税调整实施办法（试行）》（国税发〔2009〕2 号）第十章

的规定，税务机关可依据所得税法第四十七条及所得税法实施条例第一百二十条的规定对存在以下避税安排的企业，启动一般反避税调查：

（1）滥用税收优惠；

（2）滥用税收协定；

（3）滥用公司组织形式；

（4）利用避税港避税；

（5）其他不具有合理商业目的的安排。

（二）审核避税的因素

税务机关应按照实质重于形式的原则审核企业是否存在避税安排，并综合考虑安排的以下内容：

（1）安排的形式和实质；

（2）安排订立的时间和执行期间；

（3）安排实现的方式；

（4）安排各个步骤或组成部分之间的联系；

（5）安排涉及各方财务状况的变化；

（6）安排的税收结果。

（三）反避税措施

税务机关应按照经济实质对企业的避税安排重新定性，取消企业从避税安排获得的税收利益。对于没有经济实质的企业，特别是设在避税港并导致其关联方或非关联方避税的企业，可在税收上否定该企业的存在。

（四）一般反避税调查的程序

税务机关启动一般反避税调查时，应按照《税收征收管理法》及其实施细则的有关规定向企业送达《税务检查通知书》。企业应自收到通知书之日起 60 日内提供资料证明其安排具有合理的商业目的。企业未在规定期限内提供资料，或提供资料不能证明安排具有合理商业目的的，税务机关可根据已掌握的信息实施纳税调整，并向企业送达《特别纳税调查调整通知书》。

（五）要求筹划方提供资料

税务机关实施一般反避税调查，可按照征管法第五十七条的规定要求避税安排的筹划方如实提供有关资料及证明材料。

（六）总局批准

一般反避税调查及调整须层报国家税务总局批准。

三、一般反避税管理办法

（一）基本制度

1. 适用范围

根据《一般反避税管理办法（试行）》（国家税务总局令第32号）的规定，该办法适用于税务机关对企业实施的不具有合理商业目的而获取税收利益的避税安排，实施的特别纳税调整。

下列情况不适用该办法：

（1）与跨境交易或者支付无关的安排；

（2）涉嫌逃避缴纳税款、逃避追缴欠税、骗税、抗税以及虚开发票等税收违法行为。

2. 税收利益的界定

税收利益是指减少、免除或者推迟缴纳企业所得税应纳税额。

3. 避税安排的特征

避税安排具有以下特征：

（1）以获取税收利益为唯一目的或者主要目的；

（2）以形式符合税法规定、但与其经济实质不符的方式获取税收利益。

4. 调整方法

税务机关应当以具有合理商业目的和经济实质的类似安排为基准，按照实质重于形式的原则实施特别纳税调整。调整方法包括：

（1）对安排的全部或者部分交易重新定性；

（2）在税收上否定交易方的存在，或者将该交易方与其他交易方视为同一实体；

（3）对相关所得、扣除、税收优惠、境外税收抵免等重新定性或者在交易各方间重新分配；

（4）其他合理方法。

5. 与特别反避税制度的关系

企业的安排属于转让定价、成本分摊、受控外国企业、资本弱化等其他特别纳税调整范围的，应当首先适用其他特别纳税调整相关规定。

企业的安排属于受益所有人、利益限制等税收协定执行范围的，应当首先适用税收协定执行的相关规定。

（二）立案

各级税务机关应当结合工作实际，应用各种数据资源，如企业所得税汇算清缴、纳税评估、同期资料管理、对外支付税务管理、股权转让交易管理、税收协定执行等，及时发现一般反避税案源。

主管税务机关发现企业存在避税嫌疑的，层报省、自治区、直辖市和计划单列市（以下简称省）税务机关复核同意后，报税务总局申请立案。

省税务机关应当将税务总局形成的立案申请审核意见转发主管税务机关。税务总局同意立案的，主管税务机关实施一般反避税调查。

（三）调查

1. 送达通知书

主管税务机关实施一般反避税调查时，应当向被调查企业送达《税务检查通知书》。

2. 企业提供资料

被调查企业认为其安排不属于避税安排的，应当自收到《税务检查通知书》之日起60日内提供下列资料：

（1）安排的背景资料；

（2）安排的商业目的等说明文件；

（3）安排的内部决策和管理资料，如董事会决议、备忘录、电子邮件等；

（4）安排涉及的详细交易资料，如合同、补充协议、收付款凭证等；

（5）与其他交易方的沟通信息；

（6）可以证明其安排不属于避税安排的其他资料；

（7）税务机关认为有必要提供的其他资料。

企业因特殊情况不能按期提供的，可以向主管税务机关提交书面延期申请，经批准可以延期提供，但是最长不得超过30日。主管税务机关应当自收到企业延期申请之日起15日内书面回复。逾期未回复的，视同税务机关同意企业的延期申请。

3. 拒绝提供资料的处理

企业拒绝提供资料的，主管税务机关可以按照《税收征收管理法》第三十五条的规定进行核定。

4. 筹划方提供资料

主管税务机关实施一般反避税调查时，可以要求为企业筹划安排的单位或者个人（以下简称筹划方）提供有关资料及证明材料。

5. 送达通知

一般反避税调查涉及向筹划方、关联方以及与关联业务调查有关的其他企业调查取证的，主管税务机关应当送达《税务事项通知书》。

6. 核实信息与涉外信息的取得

主管税务机关审核企业、筹划方、关联方以及与关联业务调查有关的其他企业提供的资料，可以采用现场调查、发函协查和查阅公开信息等方式核实。需取得境外有关资料的，可以按有关规定启动税收情报交换程序，或者通过我驻外机构调查收集有关信息。涉及境外关联方相关资料的，主管税务机关也可以要求企业提供公证机构的证明。

（四）结案

主管税务机关根据调查过程中获得的相关资料，自税务总局同意立案之日起 9 个月内进行审核，综合判断企业是否存在避税安排，形成案件不予调整或者初步调整方案的意见和理由，层报省税务机关复核同意后，报税务总局申请结案。

主管税务机关应当根据税务总局形成的结案申请审核意见，分别以下情况进行处理：

（1）同意不予调整的，向被调查企业下发《特别纳税调查结论通知书》；

（2）同意初步调整方案的，向被调查企业下发《特别纳税调查初步调整通知书》；

（3）税务总局有不同意见的，按照税务总局的意见修改后再次层报审核。

被调查企业在收到《特别纳税调查初步调整通知书》之日起 7 日内未提出异议的，主管税务机关应当下发《特别纳税调查调整通知书》。

被调查企业在收到《特别纳税调查初步调整通知书》之日起 7 日内提出异议，但是主管税务机关经审核后认为不应采纳的，应将被调查企业的异议及不应采纳的意见和理由层报省税务机关复核同意后，报税务总局再次申请结案。

被调查企业在收到《特别纳税调查初步调整通知书》之日起 7 日内提出异议，主管税务机关经审核后认为确需对调整方案进行修改的，应当将被调查企业的异议及修改后的调整方案层报省税务机关复核同意后，报税务总局再次申请结案。

主管税务机关应当根据税务总局考虑企业异议形成的结案申请审核意见，分别以下情况进行处理：

（1）同意不应采纳企业所提异议的，向被调查企业下发《特别纳税调查调整通知书》；

（2）同意修改后调整方案的，向被调查企业下发《特别纳税调查调整通

知书》;

（3）税务总局有不同意见的，按照税务总局的意见修改后再次层报审核。

（五）争议处理

被调查企业对主管税务机关作出的一般反避税调整决定不服的，可以按照有关法律法规的规定申请法律救济。

主管税务机关作出的一般反避税调整方案导致国内双重征税的，由税务总局统一组织协调解决。

被调查企业认为我国税务机关作出的一般反避税调整，导致国际双重征税或者不符合税收协定规定征税的，可以按照税收协定及其相关规定申请启动相互协商程序。

【实操案例】

【例 6–16】

2013 年 1 月，巴巴多斯甲公司就其股权转让收益主动向陕西省西安市地税局曲江分局申报缴纳 4 216 万元的企业所得税，这意味着经国家税务总局批准立案的全国首例涉嫌滥用税收协定的一般反避税案件初战告捷。

1. 案件背景错综复杂，交易情况疑点重重

2010 年 12 月，甲公司向西安市地税局曲江分局提出享受税收协定待遇申请。该公司将其持有的西安乙置业有限公司 100% 的股权转让给西安丙购物中心有限公司。协议股权转让价格为 7.74 亿元人民币，转让成本 3.28 亿元人民币，转让收益超过 4 亿元人民币。甲公司依据《中华人民共和国政府和巴巴多斯政府关于对所得避免双重征税和防止偷漏税的协定》所述“财产以外的其他财产取得的收益，应仅在转让者为其居民的缔约国征税”的规定，申请享受不予征税待遇。

甲公司注册于巴巴多斯，未在中国设立办公地点，其持有国际受限责任社团执照，投资方为美国乙公司，成立于 2007 年 3 月 15 日，注册资本 1 000 美元，投资总额 4 950 万美元，主要业务是专注于房地产及与房地产相关的产业，并从中实现资本增值和现金收益。2008 年 3 月，甲公司又在西安市设立乙置业有限公司，之后购置了大量房地产。2010 年 9 月，甲公司转让了西安乙置业有限公司 100% 的股权，同年 11 月办理了股权过户手续。

从基础资料来看，甲公司提供了巴巴多斯税务当局出具的税收居民身份证明，按照中巴税收协定，其转让股权的收益可以享受不在中国境内完税的待遇，而巴国内法对该项收入不征税。试推算，如果以 10% 的税率概算，申请享受不征税的金额达到 4 460 万元。

税务机关接到申请后进行了初步判断，发现诸多疑点：巴巴多斯在业内广受关注，甲公司居民身份是否真实？受限责任社团哪些行为受限？它存在的商业目的是什么？有无实质经营行为？

受让方西安丙购物中心有限公司与甲公司的转让协议在付款时间上有明确规定，若丙公司推迟付款将负违约责任，承担经济损失。为此，曲江分局联合国税局及时出具《对外支付税收证明》，协助丙公司按约定付款，并与其对未付资金 4 550 万元实施专户共管，确保涉税资金安全。

2011 年 5 月 29 日，西安市地税局曲江分局发出《税务事项通知书》，要求该公司提供相关材料。随后，税务人员剖析了大量的证据资料，发现众多避税疑点：一是经营范围受限，甲公司不得在巴巴多斯进行任何经营；二是未发生运营成本，其财务报表显示，自成立以来，其“人工成本”“管理费用”“董事费”项目均为零；三是实际业务仅此一项，甲公司成立后仅仅从事了一项业务，就是在我国投资设立西安乙置业有限公司，购买地产后转让股权。甲公司获利 4.5 亿人民币，数额巨大，而其资产、规模和人员配置与所得不匹配。

甲公司为美国乙公司为了投资中国而在巴巴多斯设立的导管公司，旨在利用中巴税收协定逃避在华纳税义务。据此，地税机关认为：甲公司 4.55 亿元人民币为应税所得，应在中国纳税。中国有优先征税权，税率为 10%，企业所得税为 4 000 多万元。

2. 上下联动制订方案，税企约谈正面交锋

陕西省地税局上下联动，成立了专项调查小组，对此项股权转让情况展开了调查取证，逐步明确了工作方案。

首先，与纳税人及其代理人进行谈判协商，收集证据资料，补充、巩固证据链。其次，及时向国家税务总局汇报工作进展，取得帮助和支持，明确进一步的工作方向。第三步，通过国家税务总局向巴巴多斯税务主管当局发出专项情报请求，对甲公司巴巴多斯税收居民身份进行核实。并向国家税务总局申请立案，开展一般反避税调查并报结案。最后经国家税务总局批准结案，进行特别纳税调整和后续处理。

专项调查小组与甲公司共组织了 4 次约谈和 1 次协商谈判。2011 年 7 月和 9 月，专案组分别就该项税务事项与该公司代理人进行了两次约谈。专案组认为：仅靠税务机关来开展反避税调查还远远不够，还需借助政府协税机制探求避税真相。2011 年 11 月，专案组将公司案件情况书面向西安市曲江新区管委会和陕西省政府进行汇报，争取地方政府的理解和支持，并对案件的调查工作提供线索和帮助。在各方的努力下，专案组与案件的相关责任人进行了第三次约谈，通报了已掌握的证据资料，并准确、直接地阐述了税务机关对案件处理的观点，但仍未获得对方意见。2012 年 6 月，专案组与该公司进行了第四次约谈，告知纳税人案件的处理决定。随后，发出了《税务事项通知书》，书面通知纳税人不予批准享受中巴协定待遇的决定。

复议及诉讼期过后，2012 年 11 月，专案组与该公司代理人就股权转让是否享受协定待遇进行了最后协商。

在这一过程中，该公司代理人陈某始终表示该公司认为其符合协定规定，应该享受协定待遇取得免税，进一步补充了巴税务当局出具的新的税收居民身份证明和巴外交部的所谓抗议，并强硬地提出会采取诉讼的方式要求税务机关撤销先前决定。

依据国际惯例，判定居民身份的标准是由一国国内法规定的。而对巴巴多斯发出的专项情报也迟迟未得到回复，双方正面交锋多次约谈，仍然存在严重分歧，无法达成一致共识。

3. 借力国际联合反避税信息中心，避税企图终告破灭

正值工作陷入僵局之时，专项调查小组得到国家税务总局国际税务司的大力支持，其帮助专案组联系到我国驻国际联合反避税信息中心（JITSIC）英国伦敦办公室代表。

通过与我国常驻代表多次沟通和分析案情，从美国税务当局取得了关键性的证据：甲公司在美国主动选择成为“不被认可的境外实体”，这样甲公司在美国税收上不被视为独立的巴巴多斯公司，而是美国乙公司的一部分，所有支付给甲公司的款项均被视为支付给其美国母公司的款项，并已将该项股权转让收益于2010年向美国申报。同时，美国国内收入署尊重中方税务当局优先行使来源国征税权。

这些证据进一步支持了专案组的初步判断，并与已掌握的内部证据一起形成了完整的证据链，有效识别和遏制了该纳税人试图利用两国税法差异和税收信息交换局限性而实施的不良税收筹划。

最终，甲公司的代表承认存在避税的事实，接受特别纳税调整决定，主动申报缴纳了税款。

第十节
相应调整及国际磋商

一、相互协商程序的启动

（一）相互协商的内容

根据《国家税务总局关于发布〈特别纳税调查调整及相互协商程序管理

办法〉的公告》（国家税务总局公告2017年第6号）的规定，根据我国对外签署的税收协定的有关规定，国家税务总局可以依据企业申请或者税收协定缔约对方税务主管当局请求启动相互协商程序，与税收协定缔约对方税务主管当局开展协商谈判，避免或者消除由特别纳税调整事项引起的国际重复征税。

相互协商内容包括：

（1）双边或者多边预约定价安排的谈签；

（2）税收协定缔约一方实施特别纳税调查调整引起另一方相应调整的协商谈判。

（二）企业提出申请

企业申请启动相互协商程序的，应当在税收协定规定期限内，向国家税务总局书面提交《启动特别纳税调整相互协商程序申请表》和特别纳税调整事项的有关说明。企业当面报送上述资料的，以报送日期为申请日期；邮寄报送的，以国家税务总局收到上述资料的日期为申请日期。

国家税务总局收到企业提交的上述资料后，认为符合税收协定有关规定的，可以启动相互协商程序；认为资料不全的，可以要求企业补充提供资料。

（三）对方提出申请

税收协定缔约对方税务主管当局请求启动相互协商程序的，国家税务总局收到正式来函后，认为符合税收协定有关规定的，可以启动相互协商程序。

国家税务总局认为税收协定缔约对方税务主管当局提供的资料不完整、事实不清晰的，可以要求对方补充提供资料，或者通过主管税务机关要求涉及的境内企业协助核实。

（四）通知企业启动程序

国家税务总局决定启动相互协商程序的，应当书面通知省税务机关，并告知税收协定缔约对方税务主管当局。负责特别纳税调整事项的主管税务机关应当在收到书面通知后15个工作日内，向企业送达启动相互协商程序的《税务事项通知书》。

（五）要求企业补充资料

在相互协商过程中，税务机关可以要求企业进一步补充提供资料，企业应当在规定的时限内提交。

二、相互协商程序的变更

（一）拒绝申请的情形

根据《国家税务总局关于发布〈特别纳税调查调整及相互协商程序管理办法〉的公告》（国家税务总局公告2017年第6号）的规定，有下列情形之一的，国家税务总局可以拒绝企业申请或者税收协定缔约对方税务主管当局启动相互协商程序的请求：

（1）企业或者其关联方不属于税收协定任一缔约方的税收居民；

（2）申请或者请求不属于特别纳税调整事项；

（3）申请或者请求明显缺乏事实或者法律依据；

（4）申请不符合税收协定有关规定；

（5）特别纳税调整案件尚未结案或者虽然已经结案但是企业尚未缴纳应纳税款。

（二）暂停程序的情形

有下列情形之一的，国家税务总局可以暂停相互协商程序：

（1）企业申请暂停相互协商程序；

（2）税收协定缔约对方税务主管当局请求暂停相互协商程序；

（3）申请必须以另一被调查企业的调查调整结果为依据，而另一被调查企业尚未结束调查调整程序；

（4）其他导致相互协商程序暂停的情形。

（三）终止程序的情形

有下列情形之一的，国家税务总局可以终止相互协商程序：

（1）企业或者其关联方不提供与案件有关的必要资料，或者提供虚假、不完整资料，或者存在其他不配合的情形；

（2）企业申请撤回或者终止相互协商程序；

（3）税收协定缔约对方税务主管当局撤回或者终止相互协商程序；

（4）其他导致相互协商程序终止的情形。

（四）通知企业暂停或终止

国家税务总局决定暂停或者终止相互协商程序的，应当书面通知省税务机关。负责特别纳税调整事项的主管税务机关应当在收到书面通知后 15 个工作日内，向企业送达暂停或者终止相互协商程序的《税务事项通知书》。

三、相互协商程序的执行及管理

（一）通知企业协商协议补退税款

根据《国家税务总局关于发布〈特别纳税调查调整及相互协商程序管理办法〉的公告》（国家税务总局公告 2017 年第 6 号）的规定，国家税务总局与税收协定缔约对方税务主管当局签署相互协商协议后，应当书面通知省税务机关，附送相互协商协议。负责特别纳税调整事项的主管税务机关应当在收到书面通知后 15 个工作日内，向企业送达《税务事项通知书》，附送相互协商协议。需要补（退）税的，应当附送《特别纳税调整相互协商协议补（退）税款通知书》或者《预约定价安排补（退）税款通知书》，并监控执行补（退）税款情况。

应纳税收入或者所得额以外币计算的，应当按照相互协商协议送达企业之日上月最后一日人民币汇率中间价折合成人民币，计算应补缴或者应退还的税款。

补缴税款应当加收利息的，按照《企业所得税法实施条例》第一百二十二条规定的人民币贷款基准利率执行。

（二）保密义务

各级税务机关应当对税收协定缔约对方税务主管当局、企业或者其扣缴义务人、代理人等在相互协商中提供的有关资料保密。

（三）虚假行为的处理

企业或者其扣缴义务人、代理人等在相互协商中弄虚作假，或者有其他违法行为的，税务机关应当按照税收征管法及其实施细则的有关规定处理。

（四）资料的语言要求

企业按照规定向国家税务总局提起相互协商申请的，提交的资料应当同时采用中文和英文文本，企业向税收协定缔约双方税务主管当局提交资料内容应当保持一致。

四、税收协定相互协商程序实施办法

（一）基本制度

根据《国家税务总局关于发布〈税收协定相互协商程序实施办法〉的公告》（国家税务总局公告 2013 年第 56 号）的规定，相互协商程序是指我国主管当局根据税收协定有关条款规定，与缔约对方主管当局之间，通过协商共同处理涉及税收协定解释和适用问题的过程。相互协商程序的主要目的在于确保税收协定正确和有效适用，切实避免双重征税，消除缔约双方对税收协定的解释或适用产生的分歧。缔约对方是指与中国签订税收协定，且该税收协定已经生效执行的国家或地区。

相互协商的事项限于税收协定适用范围内的事项，但超出税收协定适用范围，且会造成双重征税后果或对缔约一方或双方利益产生重大影响的事项，经我国主管当局和缔约对方主管当局同意，也可以进行相互协商。

我国负责相互协商工作的主管当局为国家税务总局（以下简称税务总局）；处理相互协商程序事务的税务总局授权代表为税务总局国际税务司司长或副司长，以及税务总局指定的其他人员。省、自治区、直辖市和计划单列市税务局（以下称省税务机关）及以下各级税务机关负责协助税务总局处理相互协商程序涉及的本辖区内事务。

各级税务机关应对缔约对方主管当局与相关纳税人、扣缴义务人、代理人等在相互协商程序中提供的资料保密。

（二）中国居民（国民）申请启动的相互协商程序

如果中国居民（国民）认为，缔约对方所采取的措施，已经或将会导致不符合税收协定所规定的征税行为，可以按规定向省税务机关提出申请，请求税务总局与缔约对方主管当局通过相互协商程序解决有关问题。

申请人依照上述规定向省税务机关提起相互协商程序申请的，填报或提交的资料应采用中文文本。相关资料原件为外文文本且税务机关根据有关规定要求翻译成中文文本的，申请人应按照税务机关的要求翻译成中文文本。

中国居民是指按照《中华人民共和国个人所得税法》和《中华人民共和国企业所得税法》，就来源于中国境内境外的所得在中国负有纳税义务的个人、法人或其他组织。中国国民是指具有中国国籍的个人，以及依照中国法律成立的法人或其他组织。

中国居民有下列情形之一的，可以申请启动相互协商程序：

（1）对居民身份的认定存有异议，特别是相关税收协定规定双重居民身份情况下需要通过相互协商程序进行最终确认的；

（2）对常设机构的判定，或者常设机构的利润归属和费用扣除存有异议的；

（3）对各项所得或财产的征免税或适用税率存有异议的；

（4）违反税收协定非歧视待遇（无差别待遇）条款的规定，可能或已经形成税收歧视的；

（5）对税收协定其他条款的理解和适用出现争议而不能自行解决的；

（6）其他可能或已经形成不同税收管辖权之间重复征税的。

中国国民认为缔约对方违背了税收协定非歧视待遇（无差别待遇）条款的规定，对其可能或已经形成税收歧视时，可以申请启动相互协商程序。

申请人应在有关税收协定规定的期限内，以书面形式向省税务机关提出启动相互协商程序的申请（需提供纸质版和电子版）。

申请人申请启动相互协商程序，且未构成我国税收居民的，个人户籍所在地、法人或其他组织设立地的省税务机关为受理申请的税务机关。

申请人按本章规定提出的相互协商申请符合以下全部条件的，税务机关应当受理：

（1）申请人为按照规定可以提起相互协商请求的中国居民或中国国民；

（2）提出申请的时间没有超过税收协定规定的时限；

（3）申请协商的事项为缔约对方已经或有可能发生的违反税收协定规定的行为；

（4）申请人提供的事实和证据能够证实或者不能合理排除缔约对方的行为存在违反税收协定规定的嫌疑；

（5）申请相互协商的事项不存在规定的禁止情形。

对于不符合上述规定全部条件的申请，税务机关认为涉及严重双重征税或损害我国税收权益、有必要进行相互协商的，也可以决定受理。

受理申请的省税务机关应在15个工作日内，将申请上报税务总局，并将情况告知申请人，同时通知省以下主管税务机关。

因申请人提交的信息不全等原因导致申请不具备启动相互协商程序条件的，省税务机关可以要求申请人补充材料。申请人补充材料后仍不具备启动相互协商程序条件的，省税务机关可以拒绝受理，并以书面形式告知申请人。申请人对省税务机关拒绝受理的决定不服的，可在收到书面告知之日起15个工作日内向省税务机关或税务总局提出异议申请（需提供纸质版和电子版）。省税务机关收到异议后，应在5个工作日内将申请人的材料，连同省税务机关的意见和依据上报税务总局。

税务总局收到省税务机关上报的申请后，应在20个工作日内按下列情况分别处理：

（1）申请具备启动相互协商程序条件的，决定启动相互协商程序，并将情况告知受理申请的省税务机关，省税务机关应告知申请人；

（2）申请已超过税收协定规定的期限，或申请人的申请明显缺乏事实法律依据，或出现其他不具备相互协商条件情形的，不予启动相互协商程序，并以书面形式告知受理申请的省税务机关，省税务机关应告知申请人；

（3）因申请人提交的信息不全等原因导致申请不具备启动相互协商程序条件的，通过受理申请的省税务机关要求申请人补充材料或说明情况。申请人补充材料或说明情况后，再按前两项规定处理。

税务总局启动相互协商程序后，可通过受理申请的省税务机关要求申请人进一步补充材料或说明情况，申请人应在规定的时间内提交，并确保材料的真实与全面。对于紧急案件，税务总局可以直接与申请人联系。

发生下列情形之一的，税务总局可以决定终止相互协商程序，并以书面形式告知省税务机关，省税务机关应告知申请人：

（1）申请人故意隐瞒重要事实，或在提交的资料中弄虚作假的；

（2）申请人拒绝提供税务机关要求的、与案件有关的必要资料的；

（3）因各种原因，申请人与税务机关均无法取得必要的证据，导致相关事实或申请人立场无法被证明，相互协商程序无法继续进行的；

（4）缔约对方主管当局单方拒绝或终止相互协商程序的；

（5）其他导致相互协商程序无法进行、或相互协商程序无法达到预期目标的。

在两国主管当局达成一致意见之前，申请人可以以书面方式撤回相互协商申请。申请人撤回申请或者拒绝接受缔约双方主管当局达成一致的相互协商结果的，税务机关不再受理基于同一事实和理由的申请。

对于相互协商结果，税务总局应以书面形式告知受理申请的省税务机关，省税务机关应告知申请人。

（三）缔约对方主管当局请求启动的相互协商程序

税务总局接受缔约对方主管当局的相互协商请求的范围参照本办法第九条、第十条的规定执行。

发生下列情形之一的，税务总局可以拒绝缔约对方主管当局启动相互协商程序的请求，或者要求缔约对方主管当局补充材料：

（1）请求相互协商的事项不属于税收协定适用范围的；

（2）纳税人提出相互协商的申请超过了税收协定规定时限的；

（3）缔约对方主管当局的请求明显缺乏事实或法律依据的；

（4）缔约对方主管当局提供的事实和材料不完整、不清楚，使税务机关无法进行调查或核实的。

虽属于上款规定的一种或多种情形，但税务总局认为有利于避免双重征税、维护我国税收权益或促进经济合作的，仍可决定接受缔约对方启动相互协商程序的请求。

税务总局在收到缔约对方启动相互协商程序的函后，查清事实，决定是否同意启动相互协商程序，并书面回复对方。在做出是否同意启动相互协商程序决定前，认为需要征求相关省税务机关意见的，可以将相关情况和要求告知省税务机关，省税务机关应在税务总局要求的时间内予以回复。

税务总局在收到缔约对方主管当局提出的启动相互协商程序的请求时，相关税务机关的处理决定尚未做出的，税务总局应将对方提起相互协商程序的情况告知相关税务机关。相互协商程序不影响相关税务机关对有关案件的调查与处理，但税务总局认为需要停止调查和处理的除外。

相互协商程序进行期间，不停止税务机关已生效决定的执行，税务机关或者税务总局认为需要停止执行的除外。

在相互协商过程中，如果缔约对方主管当局撤回相互协商请求，或出现其他情形致使相互协商程序无法进行的，税务总局可以终止相互协商程序。

税务总局决定启动相互协商程序后，如有必要，可将缔约对方主管当局提交的相互协商请求所涉及的案件基本情况、主要证据等以书面形式下达给相关省税务机关，要求其在规定期限内完成核查。

接受任务的省税务机关应组织专人对案件进行核查，并在税务总局要求的期限内将核查结果以公文形式上报税务总局。对复杂或重大的案件，不能在期限内完成核查的，应在核查期限截止日期前 5 个工作日内向税务总局提出延期申请，经税务总局同意后，上报核查结果的时间可适当延长，但延长时间不超过 1 个月。

接受任务的省税务机关认为核查缔约对方主管当局提交的案件需要对方补充材料或就某一事项做出进一步说明的，应及时向税务总局提出。税务总局同意向缔约对方主管当局提出补充要求的，等待对方回复的时间不计入核查时间。缔约对方主管当局在回复中改变立场，或提出新的请求的，核查时间重新计算。

省税务机关上报的核查结果，应包括案件调查的过程、对所涉案件的观点、事实根据和法律依据等内容。

（四）税务总局主动向缔约对方请求启动的相互协商程序

税务总局在下列情况下可以主动向缔约对方主管当局提出相互协商请求：

（1）发现过去相互协商达成一致的案件或事项存在错误，或有新情况需要变更处理的；

（2）对税收协定中某一问题的解释及相关适用程序需要达成一致意见的；

（3）税务总局认为有必要与缔约对方主管当局对其他税收协定适用问题进行相互协商的。

省以下税务机关在适用税收协定时，发现上述情形，认为有必要向缔约对方主管当局提起相互协商请求的，应层报税务总局。

（五）协议的执行及法律责任

双方主管当局经过相互协商达成一致意见的，分别按不同情况处理如下：

（1）双方就协定的某一条文解释或某一事项的理解达成共识的，税务总局应将结果以公告形式发布；

（2）双方就具体案件的处理达成共识，需要涉案税务机关执行的，税务总局应将结果以书面形式通知相关税务机关。

经双方主管当局相互协商达成一致的案件，涉及我国税务机关退税或其他处理的，相关税务机关应在收到通知之日起3个月内执行完毕，并将情况报告税务总局。

纳税人、扣缴义务人、代理人等在税务机关对相互协商案件的核查中弄虚作假，或有其他违法行为的，税务机关应按税收征管法等有关规定处理。

省税务机关在相互协商程序实施过程中存在下列情形之一的，税务总局除发文催办或敦促补充核查、重新核查外，视具体情况予以通报：

（1）未按规定程序受理，或未在规定期限内向税务总局上报我国居民（国民）相互协商请求的；

（2）未按规定时间上报相互协商案件核查报告的；

（3）上报的核查报告内容不全、数据不准，不能满足税务总局对外回复需要的；

（4）未按规定时间执行相互协商达成的协议的。

【实操案例】

【例6–17】

2018年7月，中华人民共和国国家税务总局（以下简称国税总局）与美国国家税务局（IRS）对一家中国"走出去"的甲企业所提出的双边预约定价安排（BAPA）达成共识并于2018年12月正式签署，这是在2017年12月双方通过相互协商程序（MAP）解决了过去年度的转让定价争议后的又一重大成果。这一具有里程碑意义的案例表明，"走出去"企业在境外面临转让定价调查后，MAP和BAPA是降低双重征税税务风险的有效手段。

甲企业在美国的子公司于数年前受到美国IRS的转让定价调查并实施了补税，造成了对企业的双重征税。在补缴税款后，该企业及其母公司高度重视并积极寻求可行的补救措施，并最终于2015年向国税总局和美国IRS同时提交了MAP和BAPA的申请，希望在解决历史年度双重征税问题的同时，也为未来年度的转让定价安排获得确定性，从而降低企业跨境转让定价的税务风险。

该案例受到中美两国主管税务当局的高度重视，并积极推进双方的沟通和协商。2017 年 12 月，国税总局与美国 IRS 在经历多轮会谈后就企业所提出的 MAP 申请原则上达成了共识。2018 年 7 月，双方主管税务当局经过一次协商达成共识，确定签署 BAPA。企业通过 MAP 和 BAPA 获得了切实的利益，既避免了美国转让定价调查给企业带来的双重征税，同时通过 BAPA 就未来的转让定价安排获得了双方主管税务当局的同意，规避了在未来 BAPA 期限内再次发生转让定价调查调整的风险。

这一案例从申请到 MAP 和 BAPA 全部达成共识，历时 3 年时间，体现了双方主管税务当局的重视和高效。这一案例的成功结案在中国转让定价史上具有里程碑的意义。

第十一节
税务机关内部工作制度

一、特别纳税调整内部工作规程

（一）管理体制

根据《特别纳税调整内部工作规程》（税总发〔2016〕137 号）的规定，各级税务机关应当明确专业机构和人员，对本地区特别纳税调整工作实施集中统一管理。各省级税务机关应当建立省级特别纳税调整会审人员库和后备人才队伍。选择具有一定理论水平、业务能力强的人员充实到会审人员库中，打破部门、层级、岗位对人员使用的限制，有效发挥专业人员优势，开展案件调查；积极培养后备人才，满足长期开展特别纳税调整工作的需要。各级税务机关应当为特别纳税调整工作相关人员的培训和发展创造条件，提升其专业能力和水平，稳定专职人员队伍。税源比较集中的地区，省级税务机关可以建立省市一体化管理机制，成立专业化特别纳税调整管理团队，集中开展案源监控、选案分析、案件调查、结案审核等工作。

各省级税务机关应当结合本地实际，利用内部征管信息，海关、银行、工商、统计、证券、商务、外汇管理等其他政府部门信息，以及外购信息等，建立健全特别纳税调整信息资料库。

各省级税务机关应当构建跨境关联交易风险模型和指标体系，通过分析纳税人历年报送的年度所得税申报信息、关联申报信息以及其他涉税信息，对纳税人的生产经营、关联交易等情况进行综合评估，识别特别纳税调整风险，对不同风险等级的纳税人实施相应的应对策略。

（二）调查对象的确定

税务机关发现纳税人存在特别纳税调整风险的，应当采取集体研究讨论的方式确定调查对象；未确定为调查对象的，主管税务机关可以向纳税人提示其存在特别纳税调整风险，并送达《税务事项通知书》。税务机关发现纳税人存在的特别纳税调整风险涉及全国其他省（市）的，应当及时层报税务总局，由税务总局确定特别纳税调整联查案件。对于税务总局确定的特别纳税调整联查案件，主管税务机关应当将联查范围内的纳税人确定为调查对象。

调查对象确定后，主管税务机关应当填制《特别纳税调整立案审核表》，并附立案报告以及有关资料，通过案件管理系统层报省级税务机关进行审核。

属于全国联查案件和一般反避税管理案件的，省级税务机关审核后，应当及时通过案件管理系统呈报税务总局审核，税务总局审核同意后，将《特别纳税调整立案审核表》以及有关资料转发给主管税务机关；税务总局审核后不同意立案或者需进一步补充相关资料的，应当及时通过案件管理系统将意见转发给主管税务机关。

除全国联查案件和一般反避税管理以外的特别纳税调整案件，省级税务机关审核后同意立案的，应当及时通过案件管理系统呈报税务总局备案，并将《特别纳税调整立案审核表》以及有关资料转发给主管税务机关，主管税务机关应当组成办案小组实施调查；省级税务机关审核后不同意立案或者需进一步补充相关资料的，应当及时通过案件管理系统将意见转发给主管税务机关。

（三）确定调查调整方案

涉及全国联查案件的，税务总局牵头从相关省（市）抽调专业人员组成联查办案小组实施调查，集体研究讨论，统一确定调查调整方案。联查过程中需要收集相关资料的，由联查办案小组确定收集资料清单，由税务总局指定税务机关统一送达纳税人。被联查纳税人各成员单位所在地主管税务机关特别是总部所在地主管税务机关，应当积极配合收集相关资料并提供给联查办案小组。

主管税务机关需要收集属于其他省（市）税务机关管辖的被调查纳税人关联方或可比对象相关资料的，应当填写《特别纳税调整工作联系单（适用于协查）》，层报省级税务机关，由省级税务机关转发办理。

主管税务机关需要获取中央各部委有关信息资料的，应当层报税务总局，由税务总局审核后按规定程序办理；需要通过境外税务主管当局获取境外有关信息资料的，应当层报税务总局，由税务总局审核后根据我国对外签订的协定、协议或者安排的有关规定与境外税务主管当局开展信息交换。

主管税务机关办案小组应当集体研究讨论形成案件初步调整方案或不予调整的意见和理由，填制《特别纳税调整结案审核表》，并附结案报告以及有关资料，通过案件管理系统层报省级税务机关，由省级会审小组集体审核。

属于全国联查案件的重大案件，由主管税务机关填制《特别纳税调整结案审核表》，并附结案报告以及有关资料通过案件管理系统层报税务总局，按照有关规定由全国会审小组集体审核，无需经过省级会审小组集体审核。

除全国联查案件以外的重大案件，经省级会审小组审核同意后，通过案件管理系统呈报税务总局，按照有关规定由全国会审小组集体审核。

全国会审小组集体审核案件时，可以听取办案小组成员和省级会审小组成员对案件调查具体情况的汇报，共同讨论、评议案件。

重大案件包括：

（1）全国联查案件；

（2）转让定价调查初步调整方案单案补税金额 1 000 万元以上的案件；

（3）涉及成本分摊管理的案件；

（4）涉及受控外国企业管理的案件；

（5）涉及资本弱化管理的案件；

（6）涉及一般反避税管理的案件；

（7）其他税务总局确定的案件。

（四）会审意见与主管税务机关的处理

全国会审小组或者省级会审小组各成员采取无记名投票的方式出具审核意见。各成员投票一致同意调整方案的，会审小组应当作出同意调整方案的最终意见；各成员投票一致不同意或者意见不一致的，会审小组应当作出修改调整方案或者进一步补充相关资料的意见。办案小组修改调整方案或者进一步补充相关资料后，会审小组应当在综合各方意见的基础上，就是否同意调整方案形成最终会审意见。

属于非重大案件的，省级会审小组形成的最终会审意见，应当通过案件管理系统转发给主管税务机关，同时呈报税务总局备案，税务总局通过抽查等方式实施案件质量管理。

属于重大案件的，全国会审小组形成的最终会审意见，应当通过案件管理系统转发给主管税务机关。

主管税务机关应当根据最终会审意见，分以下情况进行处理：

（1）同意不予调整意见的，向被调查纳税人送达《特别纳税调查结论通知书》；

（2）不同意不予调整意见或初步调整方案的，按照修改或者补充资料的意见完善后，依照有关规定再次层报审核；

（3）同意初步调整方案的，向被调查纳税人送达《特别纳税调查初步调整通知书》。

被调查纳税人收到《特别纳税调查初步调整通知书》后，在规定时限内未提出异议的，或者提出异议后又拒绝协商的，主管税务机关应当以初步调整方案作为最终调整方案，向纳税人送达《特别纳税调查调整通知书》。

被调查纳税人收到《特别纳税调查初步调整通知书》后，在规定时限内提出异议，办案小组集体审核后，认为不应采纳的，应当将被调查纳税人的异议以及不应采纳的意见和理由依照有关规定再次层报审核。会审小组集体审核后同意办案小组意见的，主管税务机关应当以初步调整方案作为最终调整方案，向纳税人送达《特别纳税调查调整通知书》；会审小组集体审核后不同意办案小组意见的，办案小组应当修改调整方案。

被调查纳税人收到《特别纳税调查初步调整通知书》后，在规定时限内提出异议，办案小组或者会审小组集体审核后认为确需对调整方案进行修改的，办案小组应当将修改后的调整方案依照有关规定再次层报审核。经会审小组审核形成最终调整方案的，主管税务机关应当向纳税人送达《特别纳税调查调整通知书》。

（五）跟踪管理

主管税务机关应当及时跟踪特别纳税调整补征税款和预约定价安排、相互协商协议的执行以及补（退）税款情况，并在纳税人实际补（退）税款之日起 10 日内，将补（退）税款、加收利息和滞纳金情况填制《特别纳税调整补征税款情况统计表》《预约定价安排补（退）税款情况统计表》《相互协商协议补（退）税款情况统计表》，通过案件管理系统层报税务总局备案。

主管税务机关应当在对纳税人实施特别纳税调整工作结束后，将工作过程中形成的文书、工作底稿、证据等资料，按有关规定集中归档。税务机关内部需要调阅的，应当严格执行档案转出、接收和调阅手续。

主管税务机关提示纳税人存在特别纳税调整风险，纳税人自行调整的，主管税务机关应当将纳税人自行调整情况通过案件管理系统层报税务总局备案。纳税人拒绝自行调整，或者自行调整不合理的，主管税务机关可以将其确定为调查对象。

（六）单边预约定价

单边预约定价安排仅涉及一个省、自治区、直辖市、计划单列市税务局的，由主管税务机关负责谈签相关工作，或者由省级税务机关统一组织协调谈签相关工作。

税务机关在预备会谈期间和纳税人达成一致意见的，主管税务机关应当填制《单边预约定价安排受理谈签意向审核表》，附预备会谈报告以及有关资料，通过案件管理系统层报省级税务机关审核。省级税务机关审核后同意的，应当及时呈报税务总局备案，并由主管税务机关向纳税人送达同意其提交谈签意向的《税务事项通知书》。

税务机关经分析评估后与纳税人开展预约定价安排协商并达成一致的，主管税务机关应当填制《单边预约定价安排签署审核表》，附单边预约定价安排文本、分析评估报告以及有关资料，参照有关规定，经省级会审小组集体审核后通过案件管理系统呈报税务总局，由全国会审小组集体审核。经审核同意后，由主管税务机关与纳税人签署单边预约定价安排。

主管税务机关应当在签署单边预约定价安排之日起 10 日内，填制《单边预约定价安排信息交换表（中文）》和《单边预约定价安排信息交换表（英文）》，并通过案件管理系统层报税务总局。

单边预约定价安排同时涉及两个或者两个以上省、自治区、直辖市和计划单列市税务机关的，由税务总局统一组织协调，税务总局或者税务总局指定的税务机关负责谈签相关工作。

税务总局或者指定的税务机关在预备会谈期间和纳税人达成一致意见的，由指定的税务机关填制《单边预约定价安排受理谈签意向审核表》，附预备会谈报告以及有关资料，通过案件管理系统层报税务总局审核。经审核同意后，由指定的税务机关向纳税人送达同意其提交谈签意向的《税务事项通知书》。

税务总局或者指定的税务机关经分析评估后与纳税人开展预约定价安排协商并达成一致的，由指定的税务机关填制《单边预约定价安排签署审核表》，附单边预约定价安排文本、分析评估报告以及有关资料，通过案件管理系统层报税务总局，参照本规程第九条第一款的有关规定，由全国会审小组集体审核。经审核同意后，由税务总局或者指定的税务机关与纳税人统一签署单边预约定价安排，并转发各主管税务机关执行，也可以由各主管税务机关与纳税人分别签署单边预约定价安排。

指定的税务机关应当在签署单边预约定价安排之日起 10 日内，填制《单边预约定价安排信息交换表（中文）》和《单边预约定价安排信息交换表（英文）》，并通过案件管理系统层报税务总局。

（七）其他管理制度

对于在特别纳税调整工作中取得的纳税人信息资料以及案件调查调整相关资料，各级税务机关应当按有关规定履行保密义务。

各级税务机关应当依据《反避税专项经费管理暂行办法》（财行〔2011〕173号文件印发）的有关规定，管理反避税专项经费。

省级税务机关应当加强本地区特别纳税调整工作的统筹协调，税务总局对省级税务机关特别纳税调整工作在以下方面进行年度考核：

（1）专业人员管理和培训；

（2）跨境关联交易风险模型和指标体系的运用，包括风险监控、风险提示及纳税人自行调整情况；

（3）立案、调查、资料收集、审核、结案、税款入库、案卷归档等工作的开展情况；

（4）反避税专项经费管理情况；

（5）特别纳税调整案件宣传口径合规情况；

（6）其他有关工作。

税务总局对省级税务机关特别纳税调整工作年度考核情况进行通报；对工作成绩突出的税务机关或人员，给予通报表扬。

二、特别纳税调整重大案件会审工作规程

（一）适用范围

根据《特别纳税调整重大案件会审工作规程（试行）》（国税发〔2012〕16号）的规定，会审工作是指各地税务机关对特别纳税调整重大案件根据《特别纳税调整实施办法（试行）》的规定送达《特别纳税调查结论通知书》或《特别纳税调查初步调整通知书》之前，将审议后的不予调整意见或初步调整方案（以下统称调整方案）按照规定，报请税务总局组织的案件会审小组进行的会同审议工作。

（二）会审制度与人员库

特别纳税调整重大案件会审实行一案一会审小组制度。具体案件的会审小组成员从会审人员库中产生。

税务总局负责会审人员库的建立和日常管理工作，确定入选会审人员库的资格条件，在省税务机关推荐的基础上审定会审人员库人选，并根据工作需要，适时调整会审人员库人选。

会审人员库成员因工作岗位变动等原因，不再从事特别纳税调整工作的，其所在单位应及时将相关变动情况层报税务总局。

（三）人员培训与选择

税务总局应组织会审人员库成员参加业务培训、专业交流和专题调研等

后续教育活动。

税务总局应根据具体案情的需要，从会审人员库中指定 5 名成员组成会审小组，负责会审工作；同时指定一名税务总局人员组织协调会审工作。

特别纳税调整重大案件会审实行回避制度。会审人员库成员不参加涉及本省税务机关特别纳税调整重大案件的会审。

会审小组从组成之日起至案件结案之日止，负责该案件的会审工作，案件结案后会审小组自动解散。

同一案件的会审小组成员一经确定后，在该案件结案前原则上保持不变。确因特殊情况需要变更会审小组成员的，按照本条第一款规定的回避原则从会审人员库中另行指定。

会审小组成员在会审工作中获得的案件信息应仅用于相关案件会审工作，并按照有关规定履行保密义务。

（四）单位支持与会审方式

会审小组成立后，税务总局书面通知会审小组成员所在单位。会审小组成员所在单位应积极支持会审工作，合理安排工作任务，确保会审工作顺利完成。

会审小组成员可通过以下方式分析案情、交换意见：

（1）查阅案件调查资料；

（2）听取办案人员情况介绍；

（3）参加案情分析会；

（4）网络信息交流；

（5）其他适当的方式。

（五）会审截止日期与工作表扬

税务总局根据会审工作进展情况，确定案件调整方案的会审截止日期，并通知会审小组成员。会审小组成员应在确定的会审截止日期前，就是否同意调整方案进行无记名投票，并就法律依据、证据支持、调整原则及方法等内容进行说明，提出修改意见。

税务总局根据工作实际对积极支持会审工作的单位予以通报表扬。会审小组成员所在单位的上级税务机关应将该单位支持会审工作的情况纳入年度工作考核，增加考核分数。

对工作成绩显著、表现突出的会审人员，由税务总局建议其所在单位按照《国家公务员奖励暂行规定》和《税务系统公务员奖励实施细则（试行）》的有关规定进行表彰奖励。

（六）人员库管理与协调机构

会审人员应认真负责、秉公办事、恪尽职守，有以下情形之一的，不再纳入会审人员库：

（1）无正当理由不参加业务培训和专业交流等活动；

（2）不能胜任重大案件会审工作；

（3）有违法违纪行为。

税务总局定点联系企业的特别纳税调整重大案件会审工作由税务总局大企业税收管理司负责组织协调，涉及双边磋商的案件另行规定。其他企业的特别纳税调整工作由税务总局国际税务司负责组织协调。

第十二节 纳税调整项目明细表的填写

一、纳税申报表样式（见表 6–15）

表 6–15　A105000　纳税调整项目明细表

行次	项目	账载金额	税收金额	调增金额	调减金额
		1	2	3	4
1	一、收入类调整项目（2 ＋ 3 ＋…8 ＋ 10 ＋ 11）	*	*		
2	（一）视同销售收入（填写 A105010）	*			*
3	（二）未按权责发生制原则确认的收入（填写 A105020）				
4	（三）投资收益（填写 A105030）				
5	（四）按权益法核算长期股权投资对初始投资成本调整确认收益	*	*	*	
6	（五）交易性金融资产初始投资调整	*	*		*
7	（六）公允价值变动净损益		*		
8	（七）不征税收入	*	*		
9	其中：专项用途财政性资金（填写 A105040）	*	*		
10	（八）销售折扣、折让和退回				

（续表）

行次	项 目	账载金额	税收金额	调增金额	调减金额
		1	2	3	4
11	（九）其他				
12	二、扣除类调整项目（13 ＋ 14 ＋…24 ＋ 26 ＋ 27 ＋ 28 ＋ 29 ＋ 30）	*	*		
13	（一）视同销售成本（填写 A105010）	*		*	
14	（二）职工薪酬（填写 A105050）				
15	（三）业务招待费支出				*
16	（四）广告费和业务宣传费支出（填写 A105060）	*	*		
17	（五）捐赠支出（填写 A105070）				
18	（六）利息支出				
19	（七）罚金、罚款和被没收财物的损失		*		*
20	（八）税收滞纳金、加收利息		*		*
21	（九）赞助支出		*		*
22	（十）与未实现融资收益相关在当期确认的财务费用				
23	（十一）佣金和手续费支出（保险企业填写 A105060）				
24	（十二）不征税收入用于支出所形成的费用	*	*		*
25	其中：专项用途财政性资金用于支出所形成的费用（填写 A105040）	*	*		*
26	（十三）跨期扣除项目				
27	（十四）与取得收入无关的支出		*		*
28	（十五）境外所得分摊的共同支出	*	*		*
29	（十六）党组织工作经费				
30	（十七）其他				
31	三、资产类调整项目（32 ＋ 33 ＋ 34 ＋ 35）	*	*		
32	（一）资产折旧、摊销（填写 A105080）				
33	（二）资产减值准备金		*		
34	（三）资产损失（填写 A105090）				
35	（四）其他				
36	四、特殊事项调整项目（37 ＋ 38 ＋…＋ 43）	*	*		
37	（一）企业重组及递延纳税事项（填写 A105100）				

（续表）

行次	项目	账载金额	税收金额	调增金额	调减金额
		1	2	3	4
38	（二）政策性搬迁（填写 A105110）	*	*		
39	（三）特殊行业准备金（填写 A105120）				
40	（四）房地产开发企业特定业务计算的纳税调整额（填写 A105010）	*			
41	（五）合伙企业法人合伙人应分得的应纳税所得额				
42	（六）发行永续债利息支出				
43	（七）其他	*	*		
44	五、特别纳税调整应税所得	*	*		
45	六、其他	*	*		
46	合计（1 ＋ 12 ＋ 31 ＋ 36 ＋ 44 ＋ 45）	*	*		

二、纳税申报表填报说明

（一）适用范围与总说明

本表由纳税人根据税法、相关税收规定以及国家统一会计制度的规定，填报企业所得税涉税事项的会计处理、税务处理以及纳税调整情况。

纳税人按照“收入类调整项目”“扣除类调整项目”“资产类调整项目”“特殊事项调整项目”“特别纳税调整应税所得”“其他”六类分项填报，汇总计算出纳税“调增金额”和“调减金额”的合计金额。

数据栏分别设置“账载金额”“税收金额”“调增金额”“调减金额”四个栏次。“账载金额”是指纳税人按照国家统一会计制度规定核算的项目金额。“税收金额”是指纳税人按照税收规定计算的项目金额。

对需填报下级明细表的纳税调整项目，其“账载金额”“税收金额”“调增金额”“调减金额”根据相应附表进行计算填报。

（二）收入类调整项目

（1）第 1 行“一、收入类调整项目”：根据第 2 行至第 11 行（不含第 9 行）进行填报。

（2）第 2 行“（一）视同销售收入”：根据《视同销售和房地产开发企业特定业务纳税调整明细表》（A105010）填报。第 2 列“税收金额”填报表

A105010 第 1 行第 1 列金额。第 3 列"调增金额"填报表 A105010 第 1 行第 2 列金额。

（3）第 3 行"（二）未按权责发生制原则确认的收入"：根据《未按权责发生制确认收入纳税调整明细表》（A105020）填报。第 1 列"账载金额"填报表 A105020 第 14 行第 2 列金额。第 2 列"税收金额"填报表 A105020 第 14 行第 4 列金额。若表 A105020 第 14 行第 6 列≥ 0，第 3 列"调增金额"填报表 A105020 第 14 行第 6 列金额。若表 A105020 第 14 行第 6 列＜ 0，第 4 列"调减金额"填报表 A105020 第 14 行第 6 列金额的绝对值。

（4）第 4 行"（三）投资收益"：根据《投资收益纳税调整明细表》（A105030）填报。第 1 列"账载金额"填报表 A105030 第 10 行第 1 ＋ 8 列的合计金额。第 2 列"税收金额"填报表 A105030 第 10 行第 2 ＋ 9 列的合计金额。若表 A105030 第 10 行第 11 列≥ 0，第 3 列"调增金额"填报表 A105030 第 10 行第 11 列金额。若表 A105030 第 10 行第 11 列＜ 0，第 4 列"调减金额"填报表 A105030 第 10 行第 11 列金额的绝对值。

（5）第 5 行"（四）按权益法核算长期股权投资对初始投资成本调整确认收益"：第 4 列"调减金额"填报纳税人采取权益法核算，初始投资成本小于取得投资时应享有被投资单位可辨认净资产公允价值份额的差额计入取得投资当期营业外收入的金额。

（6）第 6 行"（五）交易性金融资产初始投资调整"：第 3 列"调增金额"填报纳税人根据税收规定确认交易性金融资产初始投资金额与会计核算的交易性金融资产初始投资账面价值的差额。

（7）第 7 行"（六）公允价值变动净损益"：第 1 列"账载金额"填报纳税人会计核算的以公允价值计量的金融资产、金融负债以及投资性房地产类项目，计入当期损益的公允价值变动金额。若第 1 列≤ 0，第 3 列"调增金额"填报第 1 列金额的绝对值。若第 1 列＞ 0，第 4 列"调减金额"填报第 1 列金额。

（8）第 8 行"（七）不征税收入"：填报纳税人计入收入总额但属于税收规定不征税的财政拨款、依法收取并纳入财政管理的行政事业性收费以及政府性基金和国务院规定的其他不征税收入。第 3 列"调增金额"填报纳税人以前年度取得财政性资金且已作为不征税收入处理，在 5 年（60 个月）内未发生支出且未缴回财政部门或其他拨付资金的政府部门，应计入应税收入额的金额。第 4 列"调减金额"填报符合税收规定不征税收入条件并作为不征税收入处理，且已计入当期损益的金额。

（9）第 9 行"专项用途财政性资金"：根据《专项用途财政性资金纳税调整明细表》（A105040）填报。第 3 列"调增金额"填报表 A105040 第 7 行第 14 列金额。第 4 列"调减金额"填报表 A105040 第 7 行第 4 列金额。

（10）第 10 行"（八）销售折扣、折让和退回"：填报不符合税收规定的销售折扣、折让应进行纳税调整的金额和发生的销售退回因会计处理与税收规定有差异需纳税调整的金额。第1列“账载金额”填报纳税人会计核算的销售折扣、折让金额和销货退回的追溯处理的净调整额。第2列“税收金额”填报根据税收规定可以税前扣除的折扣、折让的金额和销货退回业务影响当期损益的金额。若第1列≥第2列，第3列“调增金额”填报第1−2列金额。若第1列<第2列，第4列“调减金额”填报第1−2列金额的绝对值，第4列仅为销货退回影响损益的跨期时间性差异。

（11）第11行“（九）其他”：填报其他因会计处理与税收规定有差异需纳税调整的收入类项目金额。若第2列≥第1列，第3列“调增金额”填报第2−1列金额。若第2列<第1列，第4列“调减金额”填报第2−1列金额的绝对值。

（三）扣除类调整项目

（12）第12行“二、扣除类调整项目”：根据第13行至第30行（不含第25行）填报。

（13）第13行“（一）视同销售成本”：根据《视同销售和房地产开发企业特定业务纳税调整明细表》（A105010）填报。第2列“税收金额”填报表A105010第11行第1列金额。第4列“调减金额”填报表A105010第11行第2列的绝对值。

（14）第14行“（二）职工薪酬”：根据《职工薪酬支出及纳税调整明细表》（A105050）填报。第1列“账载金额”填报表A105050第13行第1列金额。第2列“税收金额”填报表A105050第13行第5列金额。若表A105050第13行第6列≥0，第3列“调增金额”填报表A105050第13行第6列金额。若表A105050第13行第6列<0，第4列“调减金额”填报表A105050第13行第6列金额的绝对值。

（15）第15行“（三）业务招待费支出”：第1列“账载金额”填报纳税人会计核算计入当期损益的业务招待费金额。第2列“税收金额”填报按照税收规定允许税前扣除的业务招待费支出的金额。第3列“调增金额”填报第1−2列金额。

（16）第16行“（四）广告费和业务宣传费支出”：根据《广告费和业务宣传费等跨年度纳税调整明细表》（A105060）填报。若表A105060第12行第1列≥0，第3列“调增金额”填报表A105060第12行第1列金额。若表A105060第12行第1列<0，第4列“调减金额”填报表A105060第12行第1列金额的绝对值。

（17）第17行“（五）捐赠支出”：根据《捐赠支出及纳税调整明细表》（A105070）填报。第1列“账载金额”填报表A105070第9行第1列金额。

第 2 列“税收金额”填报表 A105070 第 9 行第 4 列金额。第 3 列“调增金额”填报表 A105070 第 9 行第 5 列金额。第 4 列“调减金额”填报表 A105070 第 9 行第 6 列金额。

（18）第 18 行“（六）利息支出”：第 1 列“账载金额”填报纳税人向非金融企业借款，会计核算计入当期损益的利息支出的金额。发行永续债的利息支出不在本行填报。第 2 列“税收金额”填报按照税收规定允许税前扣除的利息支出的金额。若第 1 列≥第 2 列，第 3 列“调增金额”填报第 1−2 列金额。若第 1 列<第 2 列，第 4 列“调减金额”填报第 1−2 列金额的绝对值。

（19）第 19 行“（七）罚金、罚款和被没收财物的损失”：第 1 列“账载金额”填报纳税人会计核算计入当期损益的罚金、罚款和被没收财物的损失，不包括纳税人按照经济合同规定支付的违约金（包括银行罚息）、罚款和诉讼费。第 3 列“调增金额”填报第 1 列金额。

（20）第 20 行“（八）税收滞纳金、加收利息”：第 1 列“账载金额”填报纳税人会计核算计入当期损益的税收滞纳金、加收利息。第 3 列“调增金额”填报第 1 列金额。

（21）第 21 行“（九）赞助支出”：第 1 列“账载金额”填报纳税人会计核算计入当期损益的不符合税收规定的公益性捐赠的赞助支出的金额，包括直接向受赠人的捐赠、赞助支出等（不含广告性的赞助支出，广告性的赞助支出在表 A105060 中填报）。第 3 列“调增金额”填报第 1 列金额。

（22）第 22 行“（十）与未实现融资收益相关在当期确认的财务费用”：第 1 列“账载金额”填报纳税人会计核算的与未实现融资收益相关并在当期确认的财务费用的金额。第 2 列“税收金额”填报按照税收规定允许税前扣除的金额。若第 1 列≥第 2 列，第 3 列“调增金额”填报第 1−2 列金额。若第 1 列<第 2 列，第 4 列“调减金额”填报第 1−2 列金额的绝对值。

（23）第 23 行“（十一）佣金和手续费支出”：除保险企业之外的其他企业直接填报本行，第 1 列“账载金额”填报纳税人会计核算计入当期损益的佣金和手续费金额，第 2 列“税收金额”填报按照税收规定允许税前扣除的佣金和手续费支出金额，第 3 列“调增金额”填报第 1−2 列金额，第 4 列“调减金额”不可填报。保险企业根据《广告费和业务宣传费等跨年度纳税调整明细表》（A105060）填报，第 1 列“账载金额”填报表 A105060 第 1 行第 2 列。若表 A105060 第 3 行第 2 列≥第 6 行第 2 列，第 2 列“税收金额”填报 A105060 第 6 行第 2 列的金额；若表 A105060 第 3 行第 2 列<第 6 行第 2 列，第 2 列“税收金额”填报 A105060 第 3 行第 2 列＋第 9 行第 2 列的金额。若表 A105060 第 12 行第 2 列≥ 0，第 3 列“调增金额”填报表 A105060 第 12 行第 2 列金额。若表 A105060 第 12 行第 2 列< 0，第 4 列“调减金额”填报表 A105060 第 12 行第 2 列金额的绝对值。

（24）第 24 行"（十二）不征税收入用于支出所形成的费用"：第 3 列"调增金额"填报符合条件的不征税收入用于支出所形成的计入当期损益的费用化支出金额。

（25）第 25 行"专项用途财政性资金用于支出所形成的费用"：根据《专项用途财政性资金纳税调整明细表》（A105040）填报。第 3 列"调增金额"填报表 A105040 第 7 行第 11 列金额。

（26）第 26 行"（十三）跨期扣除项目"：填报维简费、安全生产费用、预提费用、预计负债等跨期扣除项目调整情况。第 1 列"账载金额"填报纳税人会计核算计入当期损益的跨期扣除项目金额。第 2 列"税收金额"填报按照税收规定允许税前扣除的金额。若第 1 列≥第 2 列，第 3 列"调增金额"填报第 1−2 列金额。若第 1 列<第 2 列，第 4 列"调减金额"填报第 1−2 列金额的绝对值。

（27）第 27 行"（十四）与取得收入无关的支出"：第 1 列"账载金额"填报纳税人会计核算计入当期损益的与取得收入无关的支出的金额。第 3 列"调增金额"填报第 1 列金额。

（28）第 28 行"（十五）境外所得分摊的共同支出"：根据《境外所得纳税调整后所得明细表》（A108010）填报。第 3 列"调增金额"填报表 A108010 合计行第 16 + 17 列金额。

（29）第 29 行"（十六）党组织工作经费"：填报纳税人根据有关文件规定，为创新基层党建工作、建立稳定的经费保障制度发生的党组织工作经费及纳税调整情况。

（30）第 30 行"（十七）其他"：填报其他因会计处理与税收规定有差异需纳税调整的扣除类项目金额，企业将货物、资产、劳务用于捐赠、广告等用途时，进行视同销售纳税调整后，对应支出的会计处理与税收规定有差异需纳税调整的金额填报在本行。若第 1 列≥第 2 列，第 3 列"调增金额"填报第 1−2 列金额。若第 1 列<第 2 列，第 4 列"调减金额"填报第 1−2 列金额的绝对值。

（四）资产类调整项目

（31）第 31 行"三、资产类调整项目"：填报资产类调整项目第 32 行至第 35 行的合计金额。

（32）第 32 行"（一）资产折旧、摊销"：根据《资产折旧、摊销及纳税调整明细表》（A105080）填报。第 1 列"账载金额"填报表 A105080 第 36 行第 2 列金额。第 2 列"税收金额"填报表 A105080 第 36 行第 5 列金额。若表 A105080 第 36 行第 9 列≥ 0，第 3 列"调增金额"填报表 A105080 第

36行第9列金额。若表A105080第36行第9列＜0，第4列“调减金额”填报表A105080第36行第9列金额的绝对值。

（33）第33行“（二）资产减值准备金”：填报坏账准备、存货跌价准备、理赔费用准备金等不允许税前扣除的各类资产减值准备金纳税调整情况。第1列“账载金额”填报纳税人会计核算计入当期损益的资产减值准备金金额（因价值恢复等原因转回的资产减值准备金应予以冲回）。若第1列≥0，第3列“调增金额”填报第1列金额。若第1列＜0，第4列“调减金额”填报第1列金额的绝对值。

（34）第34行“（三）资产损失”：根据《资产损失税前扣除及纳税调整明细表》（A105090）填报。第1列“账载金额”填报表A105090第28行第1列金额。第2列“税收金额”填报表A105090第28行第5列金额。若表A105090第28行第6列≥0，第3列“调增金额”填报表A105090第28行第6列金额。若表A105090第28行第6列＜0，第4列“调减金额”填报表A105090第28行第6列金额的绝对值。

（35）第35行“（四）其他”：填报其他因会计处理与税收规定有差异需纳税调整的资产类项目金额。若第1列≥第2列，第3列“调增金额”填报第1−2列金额。若第1列＜第2列，第4列“调减金额”填报第1−2列金额的绝对值。

（五）特殊事项调整项目

（36）第36行“四、特殊事项调整项目”：填报特殊事项调整项目第37行至第43行的合计金额。

（37）第37行“（一）企业重组及递延纳税事项”：根据《企业重组及递延纳税事项纳税调整明细表》（A105100）填报。第1列“账载金额”填报表A105100第16行第1＋4列金额。第2列“税收金额”填报表A105100第16行第2＋5列金额。若表A105100第16行第7列≥0，第3列“调增金额”填报表A105100第16行第7列金额。若表A105100第16行第7列＜0，第4列“调减金额”填报表A105100第16行第7列金额的绝对值。

（38）第38行“（二）政策性搬迁”：根据《政策性搬迁纳税调整明细表》（A105110）填报。若表A105110第24行≥0，第3列“调增金额”填报表A105110第24行金额。若表A105110第24行＜0，第4列“调减金额”填报表A105110第24行金额的绝对值。

（39）第39行“（三）特殊行业准备金”：根据《特殊行业准备金及纳税调整明细表》（A105120）填报。第1列“账载金额”填报表A105120第43行第1列金额。第2列“税收金额”填报表A105120第43行第2列金额。

若表 A105120 第 43 行第 3 列≥ 0，第 3 列“调增金额”填报表 A105120 第 43 行第 3 列金额。若表 A105120 第 43 行第 3 列＜ 0，第 4 列“调减金额”填报表 A105120 第 43 行第 3 列金额的绝对值。

（40）第 40 行“（四）房地产开发企业特定业务计算的纳税调整额”：根据《视同销售和房地产开发企业特定业务纳税调整明细表》（A105010）填报。第 2 列“税收金额”填报表 A105010 第 21 行第 1 列金额。若表 A105010 第 21 行第 2 列≥ 0，第 3 列“调增金额”填报表 A105010 第 21 行第 2 列金额。若表 A105010 第 21 行第 2 列＜ 0，第 4 列“调减金额”填报表 A105010 第 21 行第 2 列金额的绝对值。

（41）第 41 行“（五）合伙企业法人合伙人分得的应纳税所得额”：第 1 列“账载金额”填报合伙企业法人合伙人本年会计核算上确认的对合伙企业的投资所得。第 2 列“税收金额”填报纳税人按照“先分后税”原则和《财政部 国家税务总局关于合伙企业合伙人所得税问题的通知》（财税〔2008〕159 号）文件第四条规定计算的从合伙企业分得的法人合伙人应纳税所得额。若第 1 列≤第 2 列，第 3 列“调增金额”填报第 2－1 列金额。若第 1 列＞第 2 列，第 4 列“调减金额”填报第 2－1 列金额的绝对值。

（42）第 42 行“（六）发行永续债利息支出”：本行填报企业发行永续债采取的税收处理办法与会计核算方式不一致时的纳税调整情况。当永续债发行方会计上按照债务核算，税收上适用股息、红利企业所得税政策时，第 1 列“账载金额”填报支付的永续债利息支出计入当期损益的金额；第 2 列“税收金额”填报 0。永续债发行方会计上按照权益核算，税收上按照债券利息适用企业所得税政策时，第 1 列“账载金额”填报 0；第 2 列“税收金额”填报永续债发行方支付的永续债利息支出准予在企业所得税税前扣除的金额。若第 2 列≤第 1 列，第 3 列“调增金额”填报第 1－2 列金额。若第 2 列＞第 1 列，第 4 列“调减金额”填报第 1－2 列金额的绝对值。

（43）第 43 行“（七）其他”：填报其他因会计处理与税收规定有差异需纳税调整的特殊事项金额。

（六）特殊纳税调整所得项目

（44）第 44 行“五、特别纳税调整应税所得”：第 3 列“调增金额”填报纳税人按特别纳税调整规定自行调增的当年应税所得。第 4 列“调减金额”填报纳税人依据双边预约定价安排或者转让定价相应调整磋商结果的通知，需要调减的当年应税所得。

（七）其他

（45）第 45 行“六、其他”：填报其他会计处理与税收规定存在差异需纳税调整的项目金额，包括企业执行《企业会计准则第 14 号——收入》（财会〔2017〕22 号发布）产生的税会差异纳税调整金额。

（46）第 46 行“合计”：填报第 1 + 12 + 31 + 36 + 44 + 45 行的合计金额。

三、表内、表间关系

（一）表内关系

（1）第 1 行＝第 2 + 3 + 4 + 5 + 6 + 7 + 8 + 10 + 11 行。

（2）第 12 行＝第 13 + 14 +…+ 23 + 24 + 26 + 27 + 28 + 29 + 30 行。

（3）第 31 行＝第 32 + 33 + 34 + 35 行。

（4）第 36 行＝第 37 + 38 + 39 + 40 + 41 + 42 + 43 行。

（5）第 46 行＝第 1 + 12 + 31 + 36 + 44 + 45 行。

（二）表间关系

（1）第 2 行第 2 列＝表 A105010 第 1 行第 1 列；第 2 行第 3 列＝表 A105010 第 1 行第 2 列。

（2）第 3 行第 1 列＝表 A105020 第 14 行第 2 列；第 3 行第 2 列＝表 A105020 第 14 行第 4 列；若表 A105020 第 14 行第 6 列≥ 0，第 3 行第 3 列＝表 A105020 第 14 行第 6 列；若表 A105020 第 14 行第 6 列＜ 0，第 3 行第 4 列＝表 A105020 第 14 行第 6 列的绝对值。

（3）第 4 行第 1 列＝表 A105030 第 10 行第 1 + 8 列；第 4 行第 2 列＝表 A105030 第 10 行第 2 + 9 列；若表 A105030 第 10 行第 11 列≥ 0，第 4 行第 3 列＝表 A105030 第 10 行第 11 列；若表 A105030 第 10 行第 11 列＜ 0，第 4 行第 4 列＝表 A105030 第 10 行第 11 列的绝对值。

（4）第 9 行第 3 列＝表 A105040 第 7 行第 14 列；第 9 行第 4 列＝表 A105040 第 7 行第 4 列。

（5）第 13 行第 2 列＝表 A105010 第 11 行第 1 列；第 13 行第 4 列＝表 A105010 第 11 行第 2 列的绝对值。

（6）第 14 行第 1 列＝表 A105050 第 13 行第 1 列；第 14 行第 2 列＝表 A105050 第 13 行第 5 列；若表 A105050 第 13 行第 6 列≥ 0，第 14 行第 3 列＝表 A105050 第 13 行第 6 列；若表 A105050 第 13 行第 6 列＜ 0，第 14 行第 4 列＝表 A105050 第 13 行第 6 列的绝对值。

（7）若表 A105060 第 12 行第 1 列≥ 0，第 16 行第 3 列＝表 A105060 第 12 行第 1 列，若表 A105060 第 12 行第 1 列＜ 0，第 16 行第 4 列＝表

A105060 第 12 行第 1 列的绝对值。

（8）第 17 行第 1 列＝表 A105070 第 9 行第 1 列；第 17 行第 2 列＝表 A105070 第 9 行第 4 列；第 17 行第 3 列＝表 A105070 第 9 行第 5 列；第 17 行第 4 列＝表 A105070 第 9 行第 6 列。

（9）保险企业：第 23 行第 1 列＝表 A105060 第 1 行第 2 列。若表 A105060 第 3 行第 2 列≥第 6 行第 2 列，第 2 列＝表 A105060 第 6 行第 2 列；若表 A105060 第 3 行第 2 列＜第 6 行第 2 列，第 2 列＝表 A105060 第 3 行第 2 列＋第 9 行第 2 列。若表 A105060 第 12 行第 2 列≥ 0，第 3 列＝表 A105060 第 12 行第 2 列。若表 A105060 第 12 行第 2 列＜ 0，第 4 列＝表 A105060 第 12 行第 2 列的绝对值。

（10）第 25 行第 3 列＝表 A105040 第 7 行第 11 列。

（11）第 28 行第 3 列＝表 A108010 第 10 行第 16 ＋ 17 列。

（12）第 32 行第 1 列＝表 A105080 第 36 行第 2 列；第 32 行第 2 列＝表 A105080 第 36 行第 5 列；若表 A105080 第 36 行第 9 列≥ 0，第 32 行第 3 列＝表 A105080 第 36 行第 9 列；若表 A105080 第 36 行第 9 列＜ 0，第 32 行第 4 列＝表 A105080 第 36 行第 9 列的绝对值。

（13）第 34 行第 1 列＝表 A105090 第 28 行第 1 列；第 34 行第 2 列＝表 A105090 第 28 行第 5 列；若表 A105090 第 28 行第 6 列≥ 0，第 34 行第 3 列＝表 A105090 第 28 行第 6 列；若表 A105090 第 28 行第 6 列＜ 0，第 34 行第 4 列＝表 A105090 第 28 行第 6 列的绝对值。

（14）第 37 行第 1 列＝表 A105100 第 16 行第 1 ＋ 4 列；第 37 行第 2 列＝表 A105100 第 16 行第 2 ＋ 5 列；若表 A105100 第 16 行第 7 列≥ 0，第 37 行第 3 列＝表 A105100 第 16 行第 7 列；若表 A105100 第 16 行第 7 列＜ 0，第 37 行第 4 列＝表 A105100 第 16 行第 7 列的绝对值。

（15）若表 A105110 第 24 行≥ 0，第 38 行第 3 列＝表 A105110 第 24 行；若表 A105110 第 24 行＜ 0，第 38 行第 4 列＝表 A105110 第 24 行的绝对值。

（16）第 39 行第 1 列＝表 A105120 第 43 行第 1 列；第 39 行第 2 列＝表 A105120 第 43 行第 2 列；若表 A105120 第 43 行第 3 列≥ 0，第 39 行第 3 列＝表 A105120 第 43 行第 3 列；若表 A105120 第 43 行第 3 列＜ 0，第 39 行第 4 列＝表 A105120 第 43 行第 3 列的绝对值。

（17）第 40 行第 2 列＝表 A105010 第 21 行第 1 列；若表 A105010 第 21 行第 2 列≥ 0，第 40 行第 3 列＝表 A105010 第 21 行第 2 列；若表 A105010 第 21 行第 2 列＜ 0，第 40 行第 4 列＝表 A105010 第 21 行第 2 列的绝对值。

（18）第 46 行第 3 列＝表 A100000 第 15 行；第 46 行第 4 列＝表 A100000 第 16 行。